Node.js와 fluentd를 활용해서 배우는
오픈소스 몽고DB

Node.js와 fluentd를 활용해서 배우는
오픈소스 몽고DB

2016. 3. 17. 1판 1쇄 인쇄
2016. 3. 24. 1판 1쇄 발행

지은이	홍선학, 최영우
펴낸이	이종춘
펴낸곳	BM 주식회사 성안당
주소	04032 서울시 마포구 양화로 127 첨단빌딩 5층(출판기획 R&D 센터) 10881 경기도 파주시 문발로 112(제작 및 물류)
전화	02) 3142-0036 031) 950-6300
팩스	031) 955-0510
등록	1973.2.1 제406-2005-000046호
출판사 홈페이지	www.cyber.co.kr
ISBN	978-89-315-5400-7 (13000)
정가	30,000원

이 책을 만든 사람들

책임 | 최옥현
편집 · 진행 | 조혜란
교정 · 교열 | 안종군
본문 · 표지 디자인 | 앤미디어
홍보 | 전지혜
국제부 | 이선민, 조혜란, 김해영, 김필호
마케팅 | 구본철, 차정욱, 나진호, 이동후, 강호묵
제작 | 김유석

이 책의 어느 부분도 저작권자나 BM 주식회사 성안당 발행인의 승인 문서 없이 일부 또는 전부를 사진 복사나 디스크 복사 및 기타 정보 재생 시스템을 비롯하여 현재 알려지거나 향후 발명될 어떤 전기적, 기계적 또는 다른 수단을 통해 복사하거나 재생하거나 이용할 수 없음.

※ 잘못된 책은 바꾸어 드립니다.

Node.js와 fluentd를 활용해서 배우는

오픈소스
몽고DB

홍선학 · 최영우 공저

www.cyber.co.kr

머리말

••• 몽고DB의 무궁무진함을 날개 삼아 비상하시길

작년 여름 몽고DB(데이터베이스)가 사물인터넷(IoT) 환경에 적합하다는 말을 듣고 막연하게나마 의구심을 갖고 있던 차에 ㈜엑셈 CTO 박재호 이사로부터 소개받은 MEAN 스택 공부를 끝내고 몽고DB의 활용 가능성을 확신하게 되었습니다.

아두이노, 테슬, 비글본, 라즈베리 파이와 같은 오픈 소스 플랫폼에서 수집한 환경 데이터를 처리하는 기술만으로는 무엇인가 부족하다는 생각이 드는 분이라면 이번 기회에 몽고DB를 만나보시기 바랍니다. 몽고DB를 만나면 수집이 가능한 단계로 도약할 수 있기 때문입니다.

몽고DB는 오픈 소스 플랫폼으로 전 세계의 많은 데이터베이스 관리자와 웹 서버, 애플리케이션 분야에 광범위하게 적용되어 활용되고 있으며, 사용자가 지속적으로 증가할 것으로 예상됩니다. 또한 MEAN 스택을 공부한 후에는 반드시 몽고DB를 마스터하는 것이 좋습니다.

이 책에서는 몽고DB 설치, CRUD와 같은 기본 동작 연산, 집계, 인덱스, 관리, 샤딩, Node.js 및 fluentd와 연결되는 활용 방법을 다양하게 소개하고 있습니다. 특히 Node.js와 fluentd 분야는 몽고DB와 호환성을 갖고 있으며, 풀 스택 엔지니어를 선호하는 산업체 수요에도 부응할 수 있습니다. 실제로 미국 실리콘 밸리에서는 이 분야를 공부한 풀 스택 엔지니어를 찾는 수요가 늘어나고 있다는 보고가 발표되기도 했습니다.

MongoDB

　이 책을 마스터한 후에는 몽고DB university 온라인 자격증을 취득할 것을 추천합니다. 기본 과정에는 Node.js 분야와 Java 분야가 있으며, 심화 과정에는 데이터베이스 관리자(DBA)와 개발자 과정이 있으므로 독자 여러분이 원하는 트랙으로 자격을 선택하여 취득할 수 있습니다.

　마지막으로 이 책의 공저 제안을 흔쾌히 동감해주신 숙명여대 컴퓨터과학부 최영우 교수님께 감사드리고, 처음부터 끝까지 몽고DB 집필 작업에 많은 도움을 준 서일대 컴퓨터응용과 홍민예, 박동영에게 감사드립니다.

　책 내용에 대하여 궁금한 점이 있는 독자께서는 hongsh@seoil.ac.kr로 문의하시면 적극 답변을 드리겠습니다. 이 책을 공부하시는 독자 여러분의 건승을 기원합니다.

저자 홍선학 · 최영우

목차

머리말   몽고DB의 무궁무진함을 날개 삼아 비상하시길   4

Chapter 1 몽고DB 소개

몽고DB란?   23
(1) 실행 환경 설치   25
    1) 운영체제 설치   25
      ❶ 버추얼박스 설치   25
      ❷ 우분투 설치   25
      ❸ 우분투 업데이트 및 업그레이드 수행   26
(2) Node.js와 익스프레스 설치   26
    1) Node.js 설치   26
    2) Node.js 실행   29
    3) 익스프레스 설치 및 실행   30

몽고DB 설치 및 실행   32
(1) 몽고DB란?   32
(2) 몽고DB 패키지 설치   34
(3) 몽고DB 설치   35
(4) 몽고DB 실행   36
      ❶ 몽고DB 시작하기   37
      ❷ 몽고DB가 성공적으로 시작했는지 확인하기   37
      ❸ 몽고DB 종료하기   37
      ❹ 몽고DB 재시작하기   38
(5) 몽고DB 제거   38
      ❶ 몽고DB 종료   38
      ❷ 패키지 제거   38
      ❸ 데이터 디렉토리 제거   38

몽고DB의 기본 지식 이해   39
(1) 몽고DB JSON 다큐먼트   39
(2) 몽고DB 셸(Shell) 이해   40
(3) 몽고DB에는 스키마가 없다   42
(4) 몽고DB 동적 스키마 설계   45
(5) 몽고DB 명령어 활용   47
      ❶ print 명령어   47
      ❷ Tab 키 사용하기   48
      ❸ 변수 할당하기   48

연습 문제   49

MongoDB

Chapter 2

몽고DB CRUD 연산

몽고DB CRUD 소개	52
(1) 데이터 처리 기본 동작	53
1) 쿼리(Query) 사용	53
2) 데이터 수정하기	54
(2) 몽고DB의 중요 기능	55
1) 인덱스	55
❶ 인덱스를 사용하는 이유	55
❷ 인덱스의 특징	55
❸ 인덱스 사용 방법	55
❹ 인덱스 사용 시 주의 사항	56
2) 복제 셋 읽기 우선 기능	56
3) 쓰기 확인(WriteConcern)	56
4) 집계	57
몽고DB CRUD 읽기 동작	57
(1) 읽기 동작	57
1) 읽기 동작	57
2) 쿼리 인터페이스	57
3) 쿼리 특성	58
4) 쿼리 명령	58
5) 프로젝션(Projections)	59
6) 프로젝션 예제	61
7) 프로젝션 특성	62
(2) 커서 동작 특징	62
1) 비활성 커서 중지하기	63
2) 커서 고정	63
3) 커서 배치 처리 동작	63
4) 커서 정보	64
(3) 쿼리 최적화	65
1) 읽기 동작을 지원하는 인덱스 만들기	65
2) 쿼리 식별	65
3) 처리된 쿼리	65
4) 성능	66
(4) 쿼리 계획	66
1) 쿼리 최적화	67
2) 쿼리 계획 수정과 캐시화 인터페이스	67
3) 인덱스 필터	67
(5) 분산 쿼리	68
1) 샤드 클러스터에 읽기 동작	68
2) 복제 셋에 대한 읽기 동작	70
(6) 몽고DB 읽기 동작 연산자 활용	70
연습 문제	76

Chapter 3
몽고DB CRUD 쓰기 연산

다큐먼트 쓰기 동작   79
- (1) 쓰기 동작   79
  - 1) 삽입 동작   79
    - ❶ 삽입 동작 특성   79
    - ❷ 다큐먼트를 추가하는 또 다른 방법   80
  - 2) 다큐먼트 삽입   80
    - ❶ 컬렉션에 다큐먼트의 삽입   80
    - ❷ 삽입된 다큐먼트 확인   81
  - 3) 다큐먼트 배열 삽입   81
    - ❶ 배열 다큐먼트 생성   81
    - ❷ 다큐먼트 삽입   82
  - 4) Bulk를 사용한 다중 다큐먼트 삽입   82
    - ❶ Bulk 동작 빌더 초기화   82
    - ❷ Bulk 객체에 삽입 동작 추가   83
    - ❸ Bulk 동작 실행   83
  - 5) 갱신 동작   84
    - ❶ 기본 갱신 동작   85
    - ❷ upsert 조건을 갖는 갱신 동작   85
  - 6) 제거 동작   85
- (2) 쓰기 확인 동작   86
  - 1) 고려 사항   86
    - ❶ 기본 쓰기 확인   86
    - ❷ 타임 아웃   86
  - 2) 쓰기 확인 레벨   87
    - ❶ Unacknowledged   87
    - ❷ Acknowledged   87
    - ❸ Journalized   88
    - ❹ Replica Acknowledged   88
- (3) 원자성과 통신   89
  - 1) $isolated 연산자   89
  - 2) 트랜잭션을 요구하는 구조   89
- (4) 분산 쓰기 동작   89
  - 1) 샤드 클러스터에서의 쓰기 동작   89
  - 2) 복제 셋에서의 쓰기 동작   91

다큐먼트 쿼리   92
- (1) 컬렉션의 모든 다큐먼트를 선택   92
- (2) 항등 조건 설정   92
- (3) 쿼리 연산자를 사용해 조건 설정   92
- (4) AND 조건 설정   93
- (5) OR 조건 설정   93
- (6) AND와 OR 조건을 혼합한 설정   94
- (7) 내장 다큐먼트   94
  - 1) 내장 다큐먼트와 일치   94
  - 2) 내장 다큐먼트 내부의 필드에서 일치   95
- (8) 배열   95
  - 1) 배열의 일치   95
  - 2) 배열 항목들과 일치   96
  - 3) 배열의 특정 항목과 일치   96
  - 4) 배열 항목들에 여러 가지 기준을 설정   97
    - ❶ 하나의 항목이 기준을 만족하는 경우   97

	❷ 항목들의 조합이 기준을 만족하는 경우	97
(9) 내장된 다큐먼트들의 배열		98
	1) 배열 인덱스를 사용하여 내장 다큐먼트의 필드와 일치	98
	2) 배열 인덱스를 지정하지 않고 필드와 일치	99
(10) 다큐먼트 배열에 여러 기준을 지정		100
	1) 하나의 항목이 기준을 만족하는 경우	100
	2) 항목들의 조합이 기준을 만족하는 경우	101

다큐먼트 수정   102

(1) 특정 필드 갱신		102
	❶ update 연산자를 사용한 필드 값 갱신	102
	❷ 내장 필드 갱신	103
	❸ 다중 다큐먼트 갱신	103
(2) 다큐먼트 교체		104
(3) upsert 조건		105
	❶ { upsert : true } 조건을 설정한 update 연산	105
	❷ { upsert : true } 조건을 설정한, 특정 필드에 대한 update 연산	106
(1) 컬렉션의 모든 다큐먼트 제거		107
(2) 특정 다큐먼트 제거		107
(3) 조건과 일치하는 하나의 다큐먼트 제거		107

다큐먼트 제거   107

쿼리에서 리턴되는 필드 제한   108

(1) 모든 필드 반환	108
(2) _id 필드와 특정 필드 반환	109
(3) 특정 필드 반환	109
(4) 배제된 필드는 제외하고 모두 반환하기	109
(5) 내장 다큐먼트의 특정 필드 반환	109
(6) 배열 필드 프로젝션	110

갱신 후에 배열에서 항목 개수 제한하기   112

(1) 동작 방식	112

몽고 셸에서 커서 반복   113

(1) 수동적으로 커서 반복하기	113
(2) 반복자 인덱스	114

쿼리 성능 분석   115

(1) 쿼리 성능 평가		115
	1) 인덱스 없이 쿼리하기	115
	2) 인덱스를 사용한 쿼리	117
(2) 인덱스 성능 비교		118

2단계 명령 실행   121

(1) 배경	121

(2) 동작 방식 122
　1) 동작 원리 122
　2) 입출금 통장 초기화 122
　3) 거래 기록 초기화 122
　4) 2단계 명령을 사용한 통장 간 송금 123
　　❶ 거래 시작 123
　　❷ 거래 대기 상태 갱신 123
　　❸ 2개 계좌에서 거래 124
　　❹ 요청된 거래 상태 갱신 125
　　❺ 거래 대기 계좌 목록을 갖는 2개 통장 갱신 125
　　❻ 처리된 거래 상태 갱신 126
(3) 실패 극복 방법 126
　1) 복구 동작 126
　　❶ 대기 상태에서의 거래 127
　　❷ 요청 상태에서의 거래 127
　2) 거래 취소 동작 127
　　❶ 요청 상태에서의 거래 127
　　❷ 대기 상태에서 거래 127
(4) 2단계 명령을 생산 공정에 활용하는 방법 129

연습 문제 130

Chapter 4
몽고DB 데이터 모델링

데이터 모델링 소개 133
　(1) 다큐먼트 구조 133
　　1) 참조 데이터 모델 133
　　2) 임베디드 데이터 모델 134
　(2) 쓰기(write) 동작의 원자성(Atomicity) 134
　(3) 다큐먼트 성장 135
　(4) 데이터 사용과 성능 135

데이터 모델링 개념 135
　(1) 데이터 모델 설계 135
　　1) 임베디드 데이터 모델 135
　　2) 정규화된 데이터 모델 137
　(2) 동작 요소와 데이터 모델 137
　　1) 다큐먼트 성장 138
　　2) 원자성 138
　　3) 샤딩 138
　　4) 인덱스 139
　　5) 컬렉션의 개수 139
　　6) 데이터 수명 관리 140
　(3) GridFS 140
　　1) GridFS로 파일 저장 방법 141
　　2) GridFS는 두 가지 컬렉션 141
　　3) GridFS 인덱스 141

데이터 모델링 활용 142

- (1) 다큐먼트 사이의 모델링 관계 · · · · · · 142
  - 1) 일대일 다큐먼트 모델 · · · · · · 142
  - 2) 일대다 다큐먼트 모델 · · · · · · 143
  - 3) 일대일 다큐먼트 참조 모델 · · · · · · 145
- (2) 모델 트리 구조 · · · · · · 147
  - 1) 부모 참조 모델 트리 구조 · · · · · · 147
  - 2) 자식 참조 모델 트리 구조 · · · · · · 148
  - 3) 조상 배열 모델 트리 구조 · · · · · · 149
  - 4) 실체화된 경로 모델 트리 구조 · · · · · · 150
  - 5) 중첩된 셋(Nested Sets) 모델 트리 구조 · · · · · · 152
- (3) 특정 데이터 모델링 활용 방법 · · · · · · 153
  - 1) 원자적 연산용 데이터 모델링 · · · · · · 154
  - 2) 키워드 검색용 데이터 모델링 · · · · · · 155
  - 3) 통화량 데이터 모델링 · · · · · · 156
    - ❶ Exact Precision · · · · · · 157
    - ❷ Arbitrary Precision · · · · · · 157
  - 4) 시간 데이터 모델링 · · · · · · 157

데이터 모델링 참조 · · · · · · 158

- (1) 다큐먼트 특성 · · · · · · 158
  - 1) 다큐먼트 포맷 · · · · · · 158
  - 2) 다큐먼트 구조 · · · · · · 158
  - 3) 필드 이름 · · · · · · 159
  - 4) 필드 값 제한 · · · · · · 160
  - 5) 다큐먼트 제한 특성 · · · · · · 160
    - ❶ 다큐먼트 크기 제한 · · · · · · 160
    - ❷ 다큐먼트 필드 순서 · · · · · · 160
  - 6) _id 필드 · · · · · · 160
  - 7) 점 표기법 · · · · · · 161
- (2) 데이터베이스 기준 · · · · · · 161
  - 1) 매뉴얼 참조 · · · · · · 162
    - ❶ 백그라운드 · · · · · · 162
    - ❷ 프로세스 · · · · · · 162
    - ❸ 사용 · · · · · · 162
  - 2) DBRefs · · · · · · 163
    - ❶ 백그라운드 · · · · · · 163
    - ❷ 포맷 · · · · · · 163
- (3) GridFS 특성 · · · · · · 164
  - 1) 청크 컬렉션 · · · · · · 164
  - 2) files 컬렉션 · · · · · · 164
    - (4) ObjectId · · · · · · 165
  - 1) ObjectId( ) 래퍼 클래스 · · · · · · 166
  - 2) 몽고 셸에서 ObjectId( ) 래퍼 클래스 사용 · · · · · · 166
- (5) BSON 형식 · · · · · · 168
  - 1) 비교/분류 우선순위 · · · · · · 168
  - 2) ObjectId의 크기 · · · · · · 169
  - 3) 문자열 · · · · · · 169
  - 4) 타임스탬프 · · · · · · 170
  - 5) Date · · · · · · 170

연습 문제 · · · · · · 172

Chapter 5
관리

동작 전략	175
(1) 몽고DB 백업 방법	175
1) 기본 데이터 파일 복사 후 백업	175
2) mongodump를 사용한 백업	176
3) 몽고DB 클라우드 매니저 백업	177
4) Ops 매니저 백업 소프트웨어	178
(2) 몽고DB를 위한 모니터링	178
1) 모니터링 전략	178
2) 몽고DB 리포트 툴	179
❶ 유틸리티	179
❷ HTTP 콘솔	180
❸ 명령어	180
❹ 모니터링 툴(서드 파티 툴)	181
❺ SaaS 모니터링 툴	182
3) 프로세스 로깅	182
❶ 성능 문제 진단	183
(3) 런타임 데이터베이스 구성	183
1) 데이터베이스 환경 설정	184
(4) 실제 서비스 시 고려 사항	185
1) 몽고DB	185
❶ 저장 엔진	185
❷ 최근의 안정적인 패키지를 사용	185
❸ 64bit 빌드를 사용	185
2) 동시성	186
❶ MMAPv1	186
❷ WiredTiger	186
데이터베이스 관리 구성, 유지 보수 및 분석	186
(1) THP(Transparent Huge Pages) 비활성화하기	186
1) init 스크립트	187
❶ init.d 스크립트 생성	187
❷ 실행 가능 권한	187
❸ OS 부팅 시에 실행되도록 설정	188
2) 설정 변경 확인	188
(2) DB 명령어 사용하기	188
1) DB 명령어 형식	189
2) 명령어 실행하기	189
3) "admin" DB 명령어	189
4) 명령 응답	189
(3) mongod 프로세스 관리	190
1) mongod 프로세스 시작	190
❶ 데이터 디렉토리 지정	191
❷ TCP 포트 설정	191
❸ 데몬으로 mongod 실행	192
2) mongod 프로세스 중지	192
❶ shutdownServer() 사용	192
❷ --shutdown 사용	192
❸ Ctrl+C 사용	193
❹ kill 사용	193
3) 복제 셋 종료	193
❶ 절차	193
❷ 복제 셋 강제 종료	193
(4) 실행 중인 동작 중지	194

1) maxTimeMS	194
2) killOp	194
(5) DB 동작 성능 분석	195
1) 프로파일링 레벨	195
2) DB 프로파일링 설정과 프로파일링 레벨 설정	196
3) 느린 동작을 위한 경계 값(threshold) 지정	196
4) 프로파일링 레벨 확인하기	197
5) 프로파일링 비활성화	197
(6) 로그 파일 교체	198
1) 로그 교체의 기본 동작	198
❶ mongod 인스턴스 시작하기	199
❷ 로그 파일의 목록	199
❸ 로그 파일 교체	199
❹ 새로운 로그 파일 확인	199
2) --logRotate reopen을 사용한 로그 교체	199
❶ 몽고DB 인스턴스를 시작하여 reopen	
❷ 로그 파일 확인	200
❸ 로그 파일 교체	200
3) Syslog Log Rotation	200
❶ --syslog 옵션을 사용하여 mongod 인스턴스 시작하기	200
❷ 로그 교체	201
4) 강제 SIGUSR1로 Log Rotation	201
(7) 저널링 개요	201
(8) 저널링 관리	206
1) 실행 기록 활성화	206
2) 실행 기록 비활성화	207
3) MMAPv1에서 사전 할당의 지연 방지	207
4) 실행 기록 상태 모니터링	208
5) MMAPv1에서 그룹 커밋 간격 변경	208
6) 예기치 않은 종료 후 데이터 복구하기	208
연습 문제	209

Chapter 6

몽고DB 인증 및 보안

인증 및 보안 개요	212
(1) 쓰기 인증 권한 설정하기	213
1) 기본 관리자 만들기	214
2) 역할을 갖는 사용자 만들기	214
3) 역할이 없는 사용자 만들기	215
4) 특정 역할을 갖는 관리자 만들기	215
(2) 사용자 정보 변경하기	216
1) 기본 데이터베이스	217
2) 데이터 수정하기	218
3) 수정된 내용 확인하기	218
(3) 사용자 비밀번호 변경하기	218
인증(Authentication)	219
(1) 인증 메커니즘	219
(2) SCRAM-SHA-1	220

역할 기반 접근 제어(Role-Based Access Control)   221
   (1) 기본 역할   221
      1) 데이터베이스 사용자 역할   221
      2) 데이터베이스 관리자 역할   222
      3) 클러스터 관리자 역할   222
      4) 백업과 복구 역할   222
      5) 모든 데이터베이스 역할   223
      6) 수퍼 사용자 역할   223
      7) 내부 역할   224
   (2) 사용자 정의 역할   224
   (3) 컬렉션 레벨 접근 제어   224

암호화   225
   (1) 암호화 전송   225
   (2) 저장 시 암호화   225

데이터베이스 동작 감시(Auditing)   226
   (1) 감시(Auditing) 동작 설정   227
   (2) 감시 필터(Audit Filters) 동작 설정   229
      ❶ 다중 동작 방식 필터   229
      ❷ 단일 데이터베이스의 인증 동작에 대한 필터   230
      ❸ 단일 데이터베이스의 컬렉션 생성과 제거 동작에 대한 필터   231
      ❹ 관리 역할로 필터   231
      ❺ 읽기와 쓰기 동작으로 필터   232
      ❻ 컬렉션에서 읽기와 쓰기 동작으로 필터   233
   (3) 필드 레벨 Redaction 구현   234

연습 문제   238

Chapter 7 집계 연산

집계 동작 소개   241

집계 연산 동작   244
   (1) 파이프라인 연산   244
   (2) 맵-리듀스   245
   (3) 집계 연산   246
   (4) 집계 연산 특성   247

집계 동작 특성   247
   (1) 집계 파이프라인   247
      1) 파이프라인   248
      2) 파이프라인 연산식   248
      3) 집계 파이프라인의 특성   248
         ❶ 파이프라인 연산자와 인덱스   248
         ❷ 선점 필터링(Early Filtering)   248
   (2) 맵-리듀스   250
      1) 맵-리듀스 자바스크립트 함수   250

2) 맵-리듀스 동작 특성 ... 250
(3) 집계 연산 동작 ... 251
- 1) $count 연산자 ... 251
- 2) $distinct 연산자 ... 251
- 3) $group 연산자 ... 252
- 4) $sum 연산자 ... 253
- 5) $addToSet 연산자 ... 254
- 6) $push 연산자 ... 255
- 7) $max와 $min 연산자 ... 256
- 8) $project 연산자 ... 257
- 9) $match 연산자 ... 258
- 10) $sort 연산자 ... 259
- 11) $limit와 $skip 연산자 ... 260
- 12) $first와 $last 연산자 ... 261
- 13) $unwind 연산자 ... 261

집계 연산 활용 ... 263
(1) 우편번호 데이터 셋의 집계 동작 ... 263
- 1) 데이터 모델 ... 263
- 2) aggregate( ) 메소드 ... 264
- 3) 인구가 1,000만 명 이상인 주(states) 반환 ... 264
  - ❶ $group 단계 ... 264
  - ❷ $match 단계 ... 264
- 4) 각 주(states)의 도시 인구 평균을 반환 ... 265
  - ❶ 첫 번째 $group 단계 ... 265
  - ❷ 두 번째 $group 단계 ... 265
- 5) 각 주(states)의 도시 인구가 가장 많은 곳과 적은 곳을 반환 ... 266
  - ❶ 첫 번째 $group 단계 ... 266
  - ❷ 두 번째 $sort 단계 ... 267
  - ❸ 세 번째 $group 단계 ... 267
  - ❹ 네 번째 $project 단계 ... 267

(2) 사용자의 선호 데이터 집계 연산 활용 ... 267
- 1) 데이터 모델 ... 268
- 2) 다큐먼트 정규화와 분류 ... 268
- 3) 가입 월별로 사용자 이름 반환 ... 269
- 4) 월별로 가입한 회원 숫자 반환 ... 269
- 5) 회원들이 가장 선호하는 종목 반환 ... 271

(3) 맵-리듀스 활용 사례 ... 272
- 1) 고객별 합산 금액 반환 ... 272
- 2) 물품별 전체 수량과 평균 주문량 계산 ... 273

(4) 증가형 맵-리듀스 활용 사례 ... 275
- 1) 데이터 셋 ... 275
- 2) 현재 컬렉션의 맵-리듀스 초기화하기 ... 276
- 3) 연속적으로 증가하는 맵-리듀스 ... 278

연습 문제 ... 279

Chapter 8
인덱스

인덱스 개요 284
  (1) 인덱스 종류 285
    1) 기본 _id 285
    2) 단일 필드 285
    3) 복합 인덱스 286
    4) 멀티 키 인덱스 287
    5) 공간 정보 인덱스 288
    6) 텍스트 인덱스 288
    7) 해시 인덱스 288
  (2) 인덱스 특성 288
    1) 고유 인덱스 288
    2) 희소 인덱스 288
    3) TTL 인덱스 289
  (3) 커버드 쿼리 289

인덱스 유형 289
  (1) 단일 필드 인덱스 290
    1) _id 필드 인덱스 290
    2) 임베디드 필드 인덱스 291
    3) 임베디드 다큐먼트 인덱스 291
  (2) 복합 인덱스 292
    1) 정렬 순서 293
    2) 인덱스 프리픽스 293
    3) 인덱스 교차 294
  (3) 멀티 키 인덱스 294
    1) 멀티 키 인덱스 생성 295
    2) 인덱스 범위 295
    3) 제한 295
      ❶ 복합 멀티 키 인덱스 295
      ❷ 샤드 키 인덱스 296
      ❸ 해시 인덱스 296
      ❹ 커버드 쿼리 296
    4) 활용 사례 297
      ❶ 기본 배열 인덱스 297
      ❷ 내장된 다큐먼트와 인덱스 배열 297
  (4) 공간 정보 인덱스와 쿼리 299
    1) 표면(Surfaces) 299
      ❶ 구(球)형 299
      ❷ 평면 299
    2) 위치 데이터 299
      ❶ GeoJSON 객체 299
      ❷ 기존 좌표 쌍 300
    3) 쿼리 동작 300
      ❶ 포함(Inclusion) 300
      ❷ 교차(Intersection) 300
      ❸ 근접(Proximity) 300
    4) 공간 정보 인덱스 300
      ❶ 2d 인덱스 활용 사례 301
      ❷ 범위 지정 활용 301
      ❸ 복합 공간에 대한 정보 색인 활용 302
    5) 공간 정보 인덱스와 샤딩 302

6) 추가 리소스	302
(5) 텍스트 인덱스	303
1) 텍스트 인덱스 생성하기	303
2) 와일드카드 텍스트 인덱스	303
(6) 해시 인덱스	304

인덱스 특성(Properties)   305

(1) TTL(Time to Live) 인덱스	305
1) 특성(Behavior)	305
❶ 데이터의 종료	305
❷ 제거 동작	305
❸ 제거 동작의 타이밍	306
❹ 복제 셋	306
(2) 고유 인덱스	306
1) 특성	306
❶ 개별 다큐먼트에서 고유 제한 조건	306
❷ 고유 인덱스와 누락된 필드	307
(3) 희소 인덱스	308
1) 특성	308
❶ 희소 인덱스와 불완전한 결과	308
❷ 기본적으로 희소 속성인 인덱스	308
❸ 희소 복합 인덱스	309
❹ 희소와 고유 속성	309
2) 예제	309
❶ 컬렉션에 희소 인덱스 생성하기	309
❷ 완전환 결과를 반환하지 못하는 컬렉션에서 희소 인덱스	310
❸ 고유 제한 조건과 희소 인덱스	311

인덱스 생성   312

(1) 백그라운드 설정	312
1) 특성	313
2) 성능	313
3) 인터럽트된 인덱스 실행	313
4) 세컨더리에 인덱스 실행하기	313
(2) 인덱스 명칭	314
(3) Explain 메소드 사용하기	315

인덱스 활용 방법   320

(1) 인덱스 크기 설정	320
(2) 인덱스 항목 개수	322

공간 정보 인덱스 활용 방법   323

(1) 2d 공간 정보 인덱스	323
(2) 2dsphere 공간 정보 인덱스	326

연습 문제   328

Chapter 9 복제

복제 개념 — 331
  (1) 복제 셋 멤버 — 331
    1) 복제 셋 프라이머리 — 337
    2) 복제 셋 세컨더리 멤버 — 337
      ❶ 우선순위가 0인 복제 셋 멤버 — 337
      ❷ 숨겨진 복제 셋 멤버 — 338
      ❸ 지연된 복제 셋 멤버 — 339
    3) 복제 셋 아비터 — 341
  (2) 복제 셋 전개 아키텍처 — 342
    1) 전략 — 342
      ❶ 멤버들의 수를 결정 — 342
      ❷ 멤버 분배 정하기 — 343
      ❸ 태그 셋을 이용한 타깃 동작 — 344
      ❹ 전원 장애로부터 지키기 위한 저널링 사용 — 344
      ❺ 복제 셋 이름 정하기 — 344
      ❻ 동작 패턴 — 344
    2) 세 멤버로 구성된 복제 셋 — 344
      ❶ 2개의 세컨더리 멤버와 프라이머리로 구성된 셋 — 344
      ❷ 세컨더리, 아비터와 프라이머리로 구성된 셋 — 345
    3) 4개 이상의 멤버로 구성된 복제 셋 — 346
      ❶ 개요 — 346
      ❷ 고려 사항 — 346
      ❸ 지역적으로 분산된 복제 셋의 예제 — 347
  (3) 복제 셋의 고가용성 — 348
    1) 복제 셋 선출 — 349
      ❶ 행동 — 349
      ❷ 선출에 영향을 끼치는 요인과 조건 — 349
      ❸ 선출 메커니즘 — 350
      ❹ 투표에 참여하지 않는 멤버 — 351
    2) 복제 셋 장애 복구 시 롤백 — 352
      ❶ 롤백 데이터 수집 — 353
      ❷ 복제 셋 롤백 피하기 — 353
      ❸ 롤백 제한 — 353
  (4) 복제 셋의 읽기 쓰기 의미 — 354
    1) 복제 셋의 읽기 확인 — 354
      ❶ 복제 셋의 읽기 동작 확인 — 354
      ❷ 기본 쓰기 확인 수정 — 355
    2) 읽기 선호 — 355
      ❶ 사용 사례 — 356
      ❷ 읽기 선호 모드 — 357
      ❸ 태그 셋 — 358
      ❹ 읽기 선호 과정 — 358
  (5) 복제 과정 — 359
    1) 복제 셋 oplog — 359
    2) Oplog 크기 — 359

연습 문제 — 362

Chapter 10 샤딩

샤딩 개요 — 364
  (1) 몽고DB의 샤딩 — 365
  (2) 데이터 분할 — 366
    ❶ 샤드 키 — 366

- ❷ 범위 기반 샤딩(Range based sharding) — 366
- ❸ 해시 기반 샤딩(Hash based sharding) — 367
- ❹ 범위 기반과 해시 기반 샤딩의 성능 차이 — 367
- ❺ 태그를 갖는 샤딩의 데이터 분포 — 368
- (3) 균형잡힌 데이터 분포 관리하기 — 368
  - ❶ 스플리팅(splitting) — 368
  - ❷ 밸런싱 — 369
  - ❸ 클러스터에 샤드를 추가/제거 — 370

샤딩 특성 — 370

- (1) 샤드 클러스터 구성 요소 — 370
  - 1) 샤드 — 371
    - ❶ 프라이머리 샤드 — 371
    - ❷ 샤드 상태 — 372
  - 2) Config 서버 — 372
    - ❶ config 서버에서의 읽기 쓰기 동작 — 373
    - ❷ config 서버 활용 — 373
- (2) 샤드 클러스터 아키텍처 — 374
  - 1) 샤드 클러스터 자격 요건 — 374
  - 2) 실제 서비스 클러스터 아키텍처 — 375
  - 3) 테스트용 샤드 클러스터 아키텍처 — 376
- (3) 샤드 클러스터 특성 — 377
  - 1) 샤드 키 — 377
    - ❶ 고려 사항 — 377
    - ❷ 해시 샤드 키 — 377
    - ❸ 클러스터 동작 시 샤드 키의 영향 — 378
    - ❹ 쓰기 스케일링 — 378
    - ❺ 쿼리잉 — 378
    - ❻ 쿼리 격리 — 378
    - ❼ 컬렉션을 위한 샤드 키 선택하기 — 379
  - 2) 샤드 클러스터 고가용성 — 379
    - ❶ 애플리케이션 서버나 mongos 인스턴스가 활용 불가능한 경우 — 379
    - ❷ 샤드의 단일 mongod가 활용 불가능한 경우 — 379
    - ❸ 복제 셋의 모든 멤버가 활용 불가능한 경우 — 380
    - ❹ 1~2개의 config 서버가 활용 불가능한 경우 — 380
    - ❺ config 서버 이름 바꾸기와 클러스터 고가용성 — 380
    - ❻ 샤드 키 및 클러스터 고가용성 — 380
  - 3) 샤드 클러스터 쿼리 라우팅 — 381
    - ❶ 라우팅 프로세스 — 381
    - ❷ mongos 인스턴스의 연결 확인 — 381
    - ❸ 브로드캐스트 동작과 타깃 동작 — 382
    - ❹ 샤드된 데이터와 샤드되지 않은 데이터 — 384
  - 4) 태그 인식 샤딩 — 386
    - ❶ 고려 사항 — 386
    - ❷ 특성 및 동작 — 386
- (4) 샤딩 구조 특성 — 387
  - 1) 샤드 컬렉션 밸런싱 — 387
  - 2) 샤드 간의 청크 이동 — 387
    - ❶ 청크 이동 — 387
    - ❷ 점보 청크 — 387
  - 3) 샤드 키 인덱스 — 387
  - 4) 샤드 클러스터 메타데이터 — 388

샤드 클러스터 — 389

- (1) 샤드 클러스터 실행 — 389

1) Config 서버 데이터베이스 인스턴스 시작	389
2) mongos 인스턴스 시작	390
3) 클러스터에 샤드 추가	390
4) 데이터베이스 샤딩 활성화	391
5) 컬렉션 샤드	392
(2) 샤드 키 선택 시 고려 사항	392
1) 샤드 키 선택	392
2) 올바른 샤드 키 선택 방법	393
❶ 쉽게 나눌 수 있는 샤드 키 생성	393
❷ 높은 레벨의 난수를 갖는 샤드 키 생성	393
❸ 단일 샤드를 타깃하는 샤드 키 생성	393
❹ 복합 샤드 키를 이용한 샤딩	393
3) 샤드 키 선택 전략	394
연습 문제	395

Chapter 11 활용

Node.js 드라이버	**399**
(1) 이벤트 구동 방식	399
(2) 콜백(Callback) 동작 방식	400
Node.js 드라이버 활용	**402**
(1) 노드 드라이버에서 find( ), findOne( ) 및 cursors 활용하기	402
(2) 노드 드라이버에서 Field Projection 사용하기	408
(3) 노드 드라이버에서 $gt와 $lt 연산자 사용하기	409
(4) 노드 드라이버를 사용한 외부 데이터 삽입(import)	410
(5) 노드 드라이버에서 $regex 활용	411
(6) 노드 드라이버에서 점 표기법 활용	412
(7) 노드 드라이버에서 Skip, Limit, Sort 메소드 활용	414
(8) 노드 드라이버에서 삽입(insert)과 _id	415
(9) 노드 드라이버에서의 갱신	417
(10) 노드 드라이버에서의 Upserts	420
(11) 노드 드라이버에서 findAndModify	421
(12) 노드 드라이버에서 제거	422
연습 문제	424

Chapter 12 fluentd

fluentd 소개	**427**
(1) fluentd 특성	428
1) JSON 형식을 활용한 일관된 로깅	428
2) 플러그 가능한 구조	428
3) 최소한의 필요 자원	429
4) 내장된 신뢰성	429

(2) fluentd 설치 　　　　　　　　　　　　　　　　　　　　430
　　1) Apt Repository로부터 설치 　　　　　　　　　　　　430
　　2) 데몬(Daemon) 시작 　　　　　　　　　　　　　　　432
　　3) HTTP를 통해 샘플 로그 띄우기 　　　　　　　　　　432
　　4) 설정 파일 　　　　　　　　　　　　　　　　　　　433
　　5) fluentd 이벤트 동작 방식 　　　　　　　　　　　　433

Node.js 애플리케이션에서 fluentd로 데이터 가져오기　　436
(1) 기본 조건 　　　　　　　　　　　　　　　　　　　　　436
(2) 설정 파일 　　　　　　　　　　　　　　　　　　　　　436
(3) Fluent-logger-node 라이브러리 사용 　　　　　　　　　436
　　1) 예제 애플리케이션 만들기 　　　　　　　　　　　　436

Apache Log를 몽고DB에 저장　　　　　　　　　　　　438
(1) 구조 　　　　　　　　　　　　　　　　　　　　　　　438
(2) fluentd의 세 가지 역할 　　　　　　　　　　　　　　　439
(3) 설치 　　　　　　　　　　　　　　　　　　　　　　　439
　　❶ 설치할 소프트웨어 　　　　　　　　　　　　　　　439
　　❷ 명령어 사용 　　　　　　　　　　　　　　　　　　439
　　❸ access.log 파일에 접근 권한 부여 　　　　　　　　　439
(4) 설정 방법 　　　　　　　　　　　　　　　　　　　　　440
　　❶ Tail 입력 　　　　　　　　　　　　　　　　　　　440
　　❷ 몽고DB 출력 　　　　　　　　　　　　　　　　　　440
(5) 점검하기 　　　　　　　　　　　　　　　　　　　　　441
　　1) fluentd와 몽고DB 　　　　　　　　　　　　　　　　443
　　2) 설정 파일 　　　　　　　　　　　　　　　　　　　443
몽고DB 출력 플러그 인 　　　　　　　　　　　　　　　　　443
(3) 테스트 　　　　　　　　　　　　　　　　　　　　　　444
(4) 매개변수 　　　　　　　　　　　　　　　　　　　　　445

몽고DB 복제 셋 출력 플러그 인　　　　　　　　　　　446
(1) 설정 파일 　　　　　　　　　　　　　　　　　　　　　446
(2) 매개변수 　　　　　　　　　　　　　　　　　　　　　446

Treasure Agent 모니터링 서비스를 활용한 예제　　　447
(1) Treasure Data 계정 생성 　　　　　　　　　　　　　　447
(2) 설정 파일 　　　　　　　　　　　　　　　　　　　　　447
(3) Treasure Agent 모니터링 서비스 　　　　　　　　　　449

Chapter별 연습 문제 답안　　　　　　　　　　　　　　451

부록 몽고DB DBA 인증시험 대비 연습문제 80　　　　459
　정답　　　　　　　　　　　　　　　　　　　　　　　　479

참고 문헌 사이트　　　　　　　　　　　　　　　　　　480

Chapter 1 몽고DB 소개

몽고 DB

몽고DB는 최근에 많은 관심을 끌고 있는 빅데이터 시대의 사물인터넷 (IoT: Internet of Things) 환경에 적합한 오픈 소스 플랫폼이며, 쉽게 배워 다양한 모바일 응용 분야에 활용할 수 있는 다큐먼트 기반의 데이터베이스이다. 이번 장에서는 몽고DB를 컴퓨터에 설치하는 방법을 소개한다.

몽고DB란?

몽고DB는 NoSQL(Not only SQL의 약어) 데이터베이스로, JSON(JavaScript Object Notation) 형태의 데이터를 저장한다. SQL을 지원하지 않기 때문에 조인(Join) 개념이 없고, 스키마(schema)는 유동적이다. 여기서 유동적이라는 말은 몽고DB에서 저장하는 데이터 단위가 '다큐먼트'라는 것을 의미하는데, 이는 관계형 데이터베이스(RDBMS)에서 행 단위의 레코드라고 할 수 있다. 따라서 몽고DB의 다큐먼트 속성은 SQL처럼 정형화되어 있지 않고, 가변적이기 때문에 모든 문서 형태가 비정형 데이터를 저장하고 처리하는 데 적합하다.

[그림 1-1]은 유사한 데이터베이스와의 성능, 규모 확장성 및 기능적인 측면을 비교한 것이다. 관계형 데이터베이스는 하드웨어를 확장해야만 성능이 실질적으로 향상되는데, 몽고DB는 memcached 또는 Key/Value 저장보다 기능이 많으면서도 관계형 데이터베이스보다는 우수한 성능을 목표로 한다.

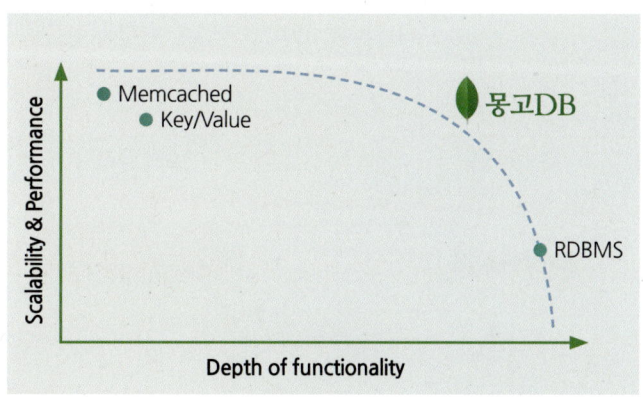

[그림 1-1] 데이터베이스 성능 및 확장성 비교

다른 관점에서 말하자면 몽고DB는 다큐먼트 지향(Document Oriented) 데이터베이스이다. 다큐먼트를 집합적으로 부를 때는 '컬렉션'이라 한다. 컬렉션은 관계형 데이터베이스에서 테이블 개념과 논리적으로 유사하지만, 테이블과 달리 컬렉션을 저장하기에 앞서 데이터 구조를 미리 정의할 필요가 없다. 몽고DB는 성능을 향상시키기 위해 관계형 데이터베이스가 갖고 있는 조인(Join) 기능은 포기하고, 이를 내장(Embedding)과 링킹(Linking) 기능으로 대체하였다. 또한 다큐먼트 간의 트랜잭션은 없지만, 다큐먼트가 계층화되어 있고, 다큐먼트를 단위적(Atomic)으로 처리할 수 있으므로 트랜잭션과 유사한 효과를 낸다. 또한 몽고DB는 여러 다큐먼트 간에 걸친 트랜잭션을 지원하지 않는다. [그림 1-2]는 몽고DB와 관계형 데이터베이스의 특성을 비교한 것이다.

RDBMS	MongoDB
Database	Database
Table	Collection
Index	Index
Row	Document
Join	Embedding & Linking

[그림 1-2] 몽고DB와 관계형 데이터베이스의 특성 비교

[그림 1-3]은 몽고DB와 MEAN(MongoDB, Express, AngularJS, Node.js)의 스택 구조를 나타낸다. 여기서 Node App은 서버로 클라이언트에게 서비스를 제공하고, 클라이언트는 웹 브라우저 등으로 Node App에게 서비스를 요청(Request)한다. 서버에서는 Node.js가 실행되며 C++ 또는 V8 자바스크립트로 실행된다. 데이터를 저장하거나 추출할 때 몽고DB에 요청하여 응답(Reply)을 얻는다. 몽고 셸(Shell)은 명령어 입력 터미널인 자바스크립트 인터프리터로서, 내부에서는 C++ 언어로 동작한다. Mongoose 드라이버는 라이브러리로, API(Application Program Interface) 또는 프로토콜을 제공한다.

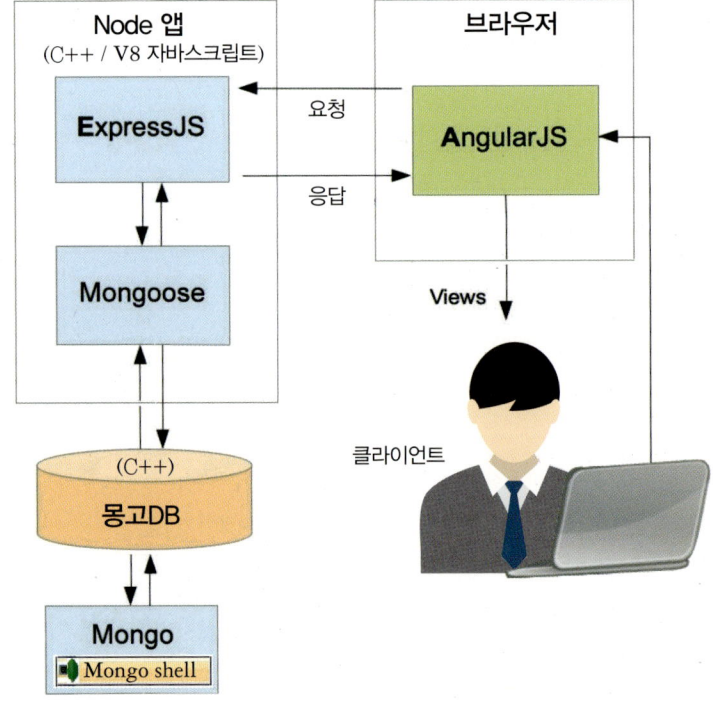

[그림 1-3] 몽고DB와 MEAN의 스택 구조

(1) 실행 환경 설치

1) 운영체제 설치

❶ 버추얼박스 설치

버추얼박스 공식 사이트의 다운로드 페이지(https://www.virtualbox.org/wiki/Downloads)에서 최신 버전의 버추얼박스를 다운로드하여 설치한다. 이 책에서는 윈도우 호스트용 x86/amd64 버추얼박스 5.0.6 버전을 사용한다.

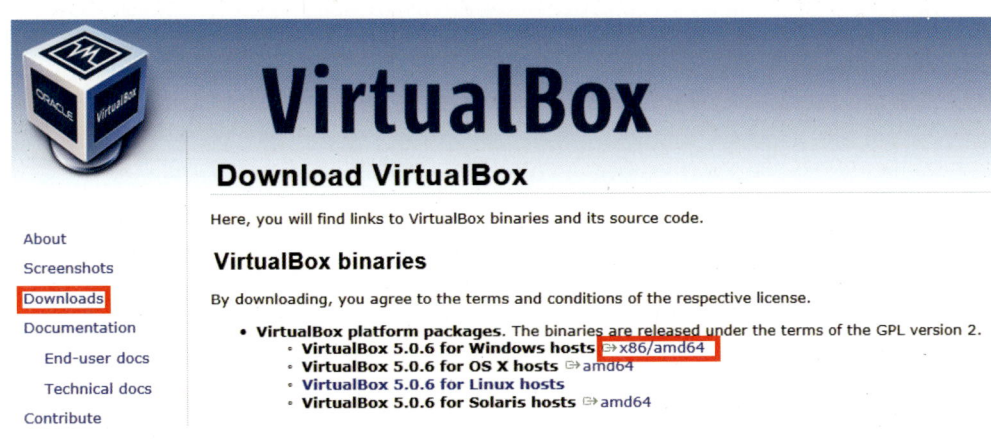

[그림 1-4] 버추얼박스 설치

❷ 우분투 설치

우분투 공식 사이트의 다운로드 페이지(http://www.ubuntu.com/download/desktop)에서 최신 버전의 우분투를 다운로드하여 설치한다. 이 책에서는 우분투 14.04-64bit용을 사용한다.

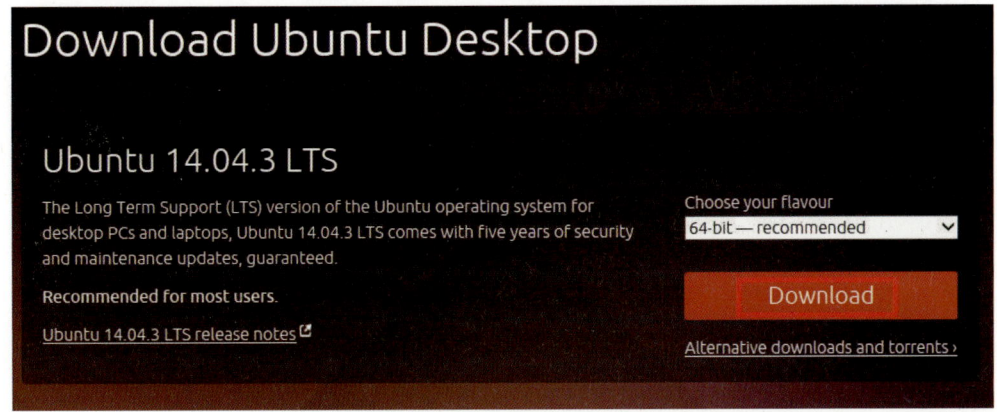

[그림 1-5] 우분투 설치

❸ 우분투 업데이트 및 업그레이드 수행

다음 명령어를 사용하여 업데이트및 업그레이드를 수행한다.

```
$ sudo apt-get update && sudo apt-get -y upgrade
```

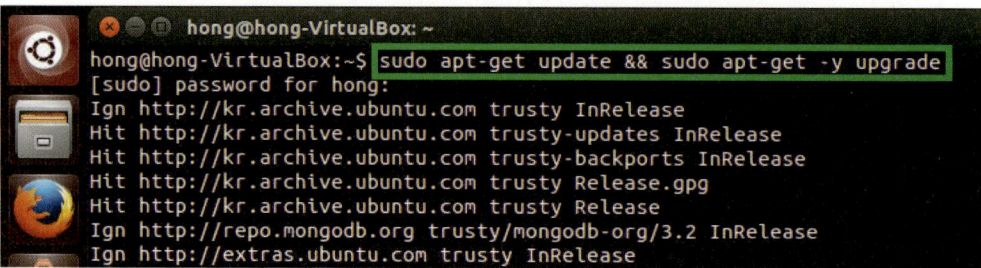

[그림 1-6] 우분투 업데이트

(2) Node.js와 익스프레스 설치

1) Node.js 설치

Node.js 버전을 관리하기 위해 노드 패키지 관리자를 통해 우분투나 데비안 리눅스 계열의 배포판을 사용할 수 있다. Node.js 공식 사이트는 https://nodejs.org/en/download/package-manager이다.

❶ 우분투에서 Node.js를 설치하는 방법은 다음과 같다.

```
$ sudo curl -sL https://deb.nodesource.com/setup_4.x | sudo -E bash
```

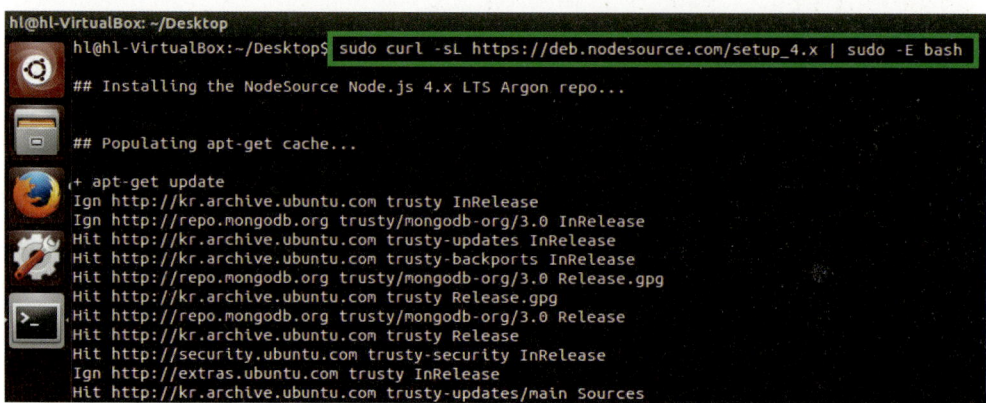

[그림 1-7] Node.js 설치 ①

```
$ sudo apt-get install -y nodejs
```

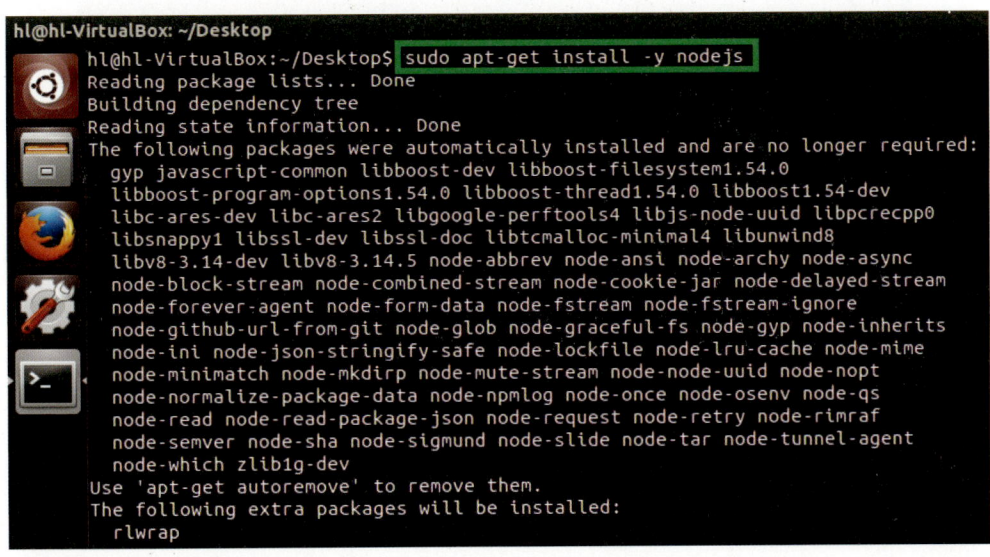

[그림 1-8]　Node.js 설치 ②

❷ 데비안에서는 다음과 같이 root 디렉토리에 설치한다.

```
$ sudo curl -sL https://deb.nodesource.com/setup_4.x | bash -
```

```
$ sudo apt-get install -y nodejs
```

❸ npm에서부터 native add-ons를 설치하고, 컴파일하기 위해 build tools를 설치하는 것이 바람직하다.

```
$ sudo apt-get install --yes build-essential
```

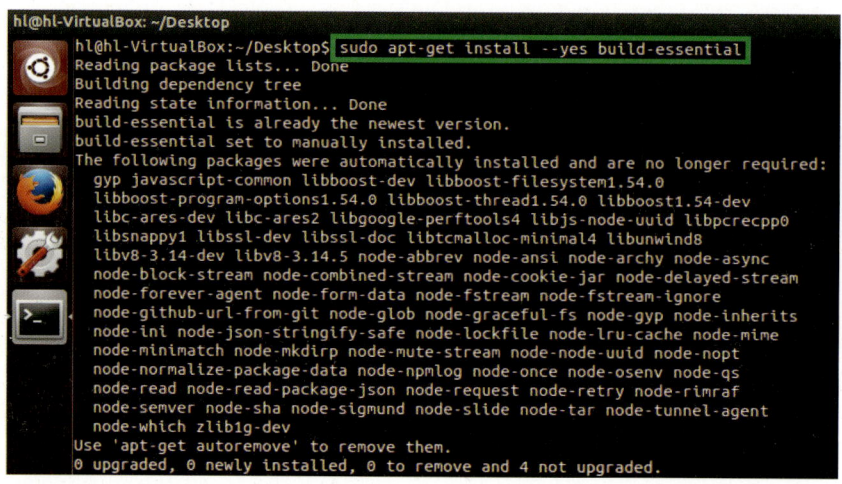

[그림 1-9] build 툴 설치

노드 패키지 관리자가 설치되면, 다음과 같이 노드 버전과 관리자 버전을 확인하다. 버전은 향후 지속적으로 갱신될 것이므로 현재 보이는 내용과 다르게 표시될 것이다.

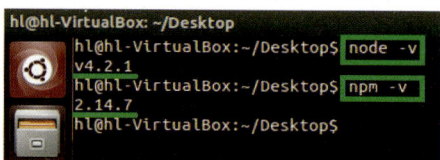

[그림 1-10] 노드 버전과 관리자 버전 확인

■ 활용 가능한 아키텍처

- i386(32bit)
- amd64(64bit)
- armhf(ARM 32bit hard-float, ARMv7 and up: arm-linux-gnueabihf)

■ 지원되는 우분투 버전

- Ubuntu 10.04 LTS(Lucid Lynx, armhf build not available)
- Ubuntu 12.04 LTS(Precise Pangolin)
- Ubuntu 14.04 LTS(Trusty Tahr)
- Ubuntu 14.10(Utopic Unicorn)

■ 지원되는 데비안 버전

- Debian 7 / stable(wheezy)
- Debian testing(jessie)
- Debian unstable(sid)

리눅스 Fedora, RedHat Enterprise Linux, CentOS, Gentoo 및 윈도우 등의 설치 방법은 인터넷 사이트인 https://nodejs.org/en/download/package-manager에서 얻을 수 있다.

2) Node.js 실행

❶ Node.js를 실행하기 위해 가장 먼저 nodejs 폴더를 만든다.

```
$ mkdir nodejs
$ cd nodejs
```

❷ 간단한 예제로서 nano 또는 vi 편집기를 사용하여 'Hello World'를 출력하는 코드를 app.js로 저장한다.

```
$ console.log('Hello World');
```

❸ 터미널에서 'node app.js'로 'app.js'를 실행한다.

```
$ node app.js
Hello World
```

❹ 이번에는 간단한 http 웹 서버를 만들기 위해 편집기로 app.js를 다음과 같이 확장한다.

```
var http = require('http');

var server = http.createServer(function (req, res){
  res.writeHead(200, { 'Content-Type' : 'text/plain'});
  res.end('Hello World');
});
server.listen(8000);
```

node는 서버로 동작할 수 있는 HTTP 모듈을 자체적으로 포함하고 있으며, 이를 이용해서 간단한 'Hello World' 서버를 만들어 보았다.

터미널에서 node app.js를 실행하면 서버가 구동된다. 실행 파일은 `server.listen()` 함수에

의하여 접속을 대기한다. 브라우저에 'http://localhost:8000'을 입력하면, 화면에 결과가 출력된다. createServer 함수의 내부 코드는 바로 실행되지 않으며, 웹 서버가 새로운 요청을 받을 때 콜백으로 동작한다. 노드는 코드의 어떤 부분도 차단하지 않으며, 단지 요청이 들어오면 나중에 사용하기 위한 함수를 저장할 뿐이다.

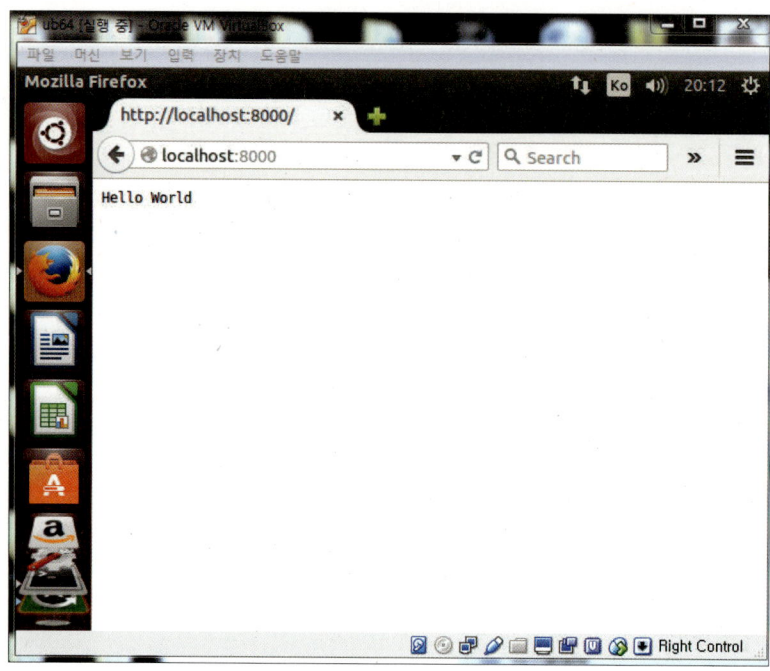

[그림 1-11] 'http://localhost:8000' 입력 결과

3) 익스프레스 설치 및 실행

익스프레스는 웹서버를 구축하기 위한 NPM 패키지이다. 즉, 노드로 웹 애플리케이션을 구축하기 위한 가장 일반적인 패키지이다.

❶ 가장 먼저 편집기로 app-express.js를 다음과 같이 만든다.

```
var express = require('express');
var app = express();
app.get('/', function(req, res) {
  res.send(200, 'Hello SEOUL');
});
app.listen(8888);
```

❷ 먼저 익스프레스를 설치하기 위해 관리자 모드에서 '#npm install express'를 실행한다.

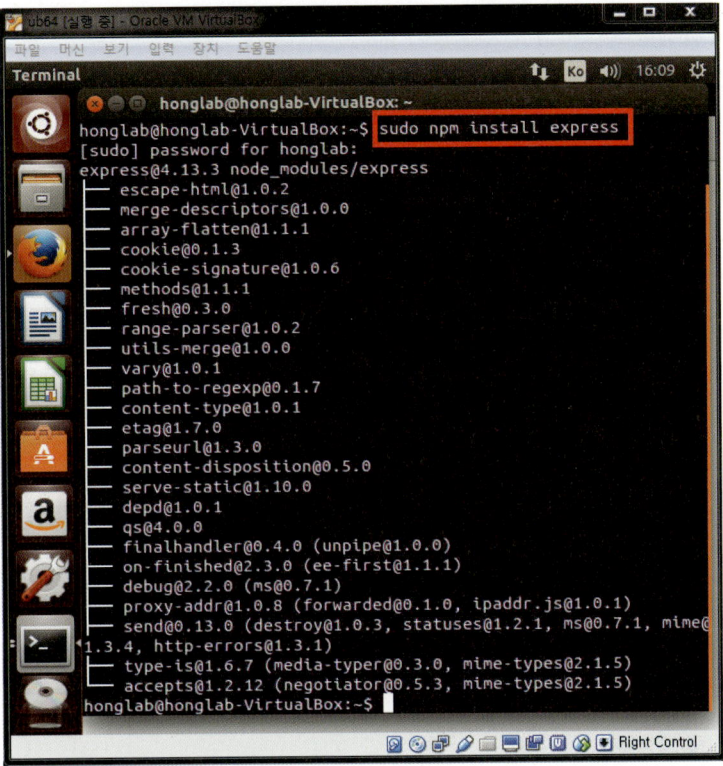

[그림 1-12] '#npm install express' 실행

❸ 명령어 창에서 '#node app-express.js'를 실행한 후, 브라우저를 실행하여 'http://localhost:8888'로 접속한다. 그러면 'Hello SEOUL'이 다음과 같이 브라우저 화면에 표시된다.

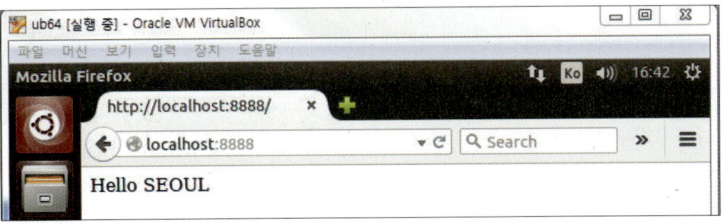

[그림 1-13] 'Hello SEOUL' 출력

익스프레스는 노드의 자체 기능과 비교하여 더 많은 일을 해주지는 않지만, 코드 구조가 훨씬 간결해진다. 또한 로그인, 인증, 권한 부여와 같은 작업에 필요한 단순한 미들웨어 구현을 담당한다. 이는 웹 제작에 유용하고 JSON 코드를 직렬화 또는 역직렬화하기 위한 간단한 도구이기도 하다.

예제 1-1 브라우저에서 'http://localhost:8000'으로 접속하여 Hello World를 브라우저 화면에 표시하는 Express 자바스크립트를 작성하시오.

답
```
var express = require('express');
var app = express();
app.get('/', function(req, res) {
  res.send(200, 'Hello Wdrld');
});
app.listen(8000);
```

몽고DB 설치 및 실행

(1) 몽고DB란?

몽고DB는 자바스크립트를 사용해서 명령어를 입력할 수 있으며, JSON을 간결한 방식으로 지원한다. 몽고DB에서는 독자적인 내부 저장 엔진을 위해 JSON 확장 집합을 사용한다.

몽고DB는 테이블과 행을 저장하는 SQL과 달리 컬렉션에 다큐먼트를 저장하는 구조이다. 컬렉션은 테이블과 유사하지만, 다큐먼트는 행과 달리 더 많은 정보를 포함하여 저장할 수 있다.

SQL에서는 데이터를 구조화하여 중복되는 정보가 없도록 최대한 정규화(normalized)하는 것이 목표이지만, 몽고DB는 데이터를 가능한 한 쉽게 표현하여 애플리케이션에서 사용하도록 만든다. 역할-이름을 변경하는 처리는 대부분의 데이터베이스 작업에서 빈번하게 발생하지 않지만, 사용자의 역할이 무엇인지를 찾는(find) 작업과 질의(query)는 자주 발생한다. 몽고DB는 이러한 측면에서 다른 데이터베이스와 구분되며, 다음과 같은 특징을 갖는다.

❶ BSON(Binary JSON) 형태로 데이터를 저장하여 다큐먼트와 객체를 자연스럽게 매핑시킨다. 내장된 다큐먼트와 배열은 JOIN 연산이 필요하지 않다.

[표 1-1]은 BSON 데이터의 명칭과 크기 및 사용 방법을 보여준다. 다큐먼트는 int 32 BSON, ObjectId는 12byte, 문자열은 UTF-8 형식이다.

[표 1-1] BSON 데이터 형식

명칭	크기	설명
byte	1byte	8bit
int32	4byte	32bit 부호형 정수, 2의 보수
int64	8byte	64bit 부호형 정수, 2의 보수
double	8byte	64bit 실수형 데이터
다큐먼트 ::=	int32 e_list x00	BSON 다큐먼트
e_list ::=	element e_list	
항목(element)::=	e_name 더블(x01)	64bit 2진 부동 소수점
	문자열(x02)	UTF-8 문자열
	다큐먼트(x03)	내장된 다큐먼트
	다큐먼트(x04)	배열
	2진수(x05)	이진 데이터
	12 byte(x07)	ObjectId
	(x08)	부울 대수 "참" 또는 "거짓"
	(x0A)	Null 값
	cstring(x0B)	정규 표현식
	문자열(x0D)	자바스크립트 코드
	int32(x10)	32bit 정수형
	int64(x11)	타임스탬프
	int64(x12)	64bit 정수형
e_name ::=	cstring	key 이름
subtype ::=	x01	함수
subtype ::=	x04	UUID

❷ 자동 샤딩을 사용한 수평 확장이 가능하므로 통신량이 늘어날 경우, 클러스터에 컴퓨터만 추가하여 확장할 수 있다. 이는 10장에서 보다 자세히 살펴보도록 한다.

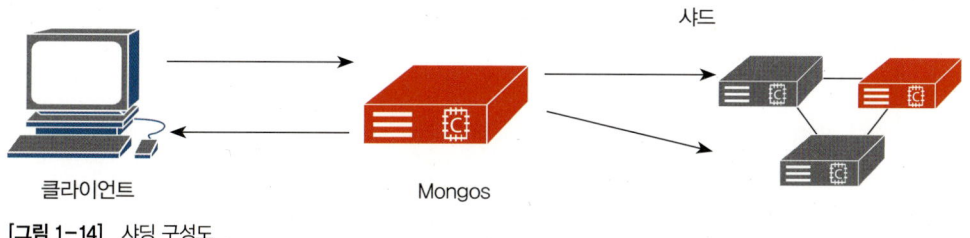

[그림 1-14] 샤딩 구성도

❸ SQL에서는 데이터 입력에 앞서 모든 테이블과 데이터 구조를 정의하는 스키마 설계가 필요하지만, 몽고DB에서는 스키마가 없으므로 다형성을 쉽게 구현할 수 있다.

(2) 몽고DB 패키지 설치

이번에는 리눅스 우분투 상에서 몽고DB 공식 사이트의 몽고DB를 설치하는 방법을 설명한다. 이에 해당하는 사이트는 http://docs.mongodb.org/manual/tutorial/install-mongodb-on-ubuntu/이다.

❶ deb 패키지에서 LTS 우분투 리눅스 시스템용 몽고DB를 설치한다. 우분투는 자체적으로 몽고DB 패키지를 포함하고 있지만, 공식 몽고DB 패키지를 설치하면 업데이트를 지원받을 수 있다. 지원되는 플랫폼은 64bit LTS 우분투 배포판용 패키지이며, 현재 12.04LTS(Precise Pangolin)와 14.04LTS(Trusty Tahr)가 있다.

❷ 지원 패키지는 다음과 같다.
- mongodb-org: 이 패키지는 다음 네 가지 구성의 패키지를 자동으로 설치하는 metapacakge이다.
- mongodb-org-server: 이 패키지는 mongod 데몬과 연관된 구성과 초기화 스크립트를 포함한다.
- mongodb-org-mongos: 이 패키지는 mongos 데몬을 포함한다.
- mongdb-org-shell: 이 패키지는 몽고 셸을 포함한다.
- mongdodb-org-tools: 이 패키지는 다음과 같은 툴들을 포함한다.

　　　mongoimport bsondump, mongodump, mongoexport, mongofiles, mongooplog, mongoperf, mongorestore, mongostat, mongotop.

❸ init 스크립트

mongodb-org 패키지는 init 스크립트, /etc/init.d/mongod를 포함하는 여러 가지 init 스크립트를 내포하고 있다. 이들 스크립트는 데몬 프로세스의 중지, 시작 및 재시작에 사용된다. init 스크립트에 덧붙인 후 /etc/mongod.conf 파일을 사용하여 몽고DB를 설정한다.

❹ 고려 사항

몽고DB는 64bit 장기간 지원 우분투 배포용 패키지만을 제공하며, 현재 이 패키지는 12.04(Precise pangolin)와 14.04(Trusty Tahr) 버전을 의미한다. 사용자는 이들 패키지들과 mongodb, mongodb-server 또는 mongodb-clients 패키지를 동시에 설치할 수 없다. 기본적으로 3.0 버전 시리즈로 제공되는 /etc/mongod.conf 설정 파일은 bind_ip를 '127.0.0.1'로 설정한다. 이러한 기본 설정을 변경하려면 복제 셋(replica set)을 초기화하기 전에 환경 변수를 변경해야 한다.

(3) 몽고DB 설치

❶ 패키지 관리 시스템에서 사용되는 'public key'를 임포트한다.

우분투 패키지 관리 툴(dpkg 또는 apt)은 GPG 키 값으로 배포된 패키지임을 확인하기 위해 패키지 일관성과 승인을 확인한다. MongoDB public GPG key 값을 불러오기 위해 다음 명령어를 사용한다.

```
sudo apt-key adv --keyserver hkp://keyserver.ubuntu.com:80 --recv 7F0CEB10
```

> **참고**
> GPG key 값은 보안과 승인때문에 자주 변하므로 http://docs.mongodb.org/manual/tutorial/install-mongodb-on-ubuntu/에서 반드시 확인하여야 한다.

❷ 몽고DB용 목록 파일을 생성한다.

우분투 버전에 따라 적절한 명령어를 사용하여 /etc/apt/sources.list.d/mongodb-org-3.0.list 파일을 생성한다.

- 우분투 12.04

```
echo "deb http://repo.mongodb.org/apt/ubuntu precisecise/mongodb-org/3.0 multiverse" | sudo tee /etc/apt/sources.list.d/mongodb-org-3.0.list
```

- 우분투 14.04

```
echo "deb http://repo.mongodb.org/apt/ubuntu trusty/mongodb-org/3.0 multiverse" | sudo tee /etc/apt/sources.list.d/mongodb-org-3.0.list
```

❸ 로컬 패키지 데이터베이스를 다시 로드한다.

로컬 패키지 데이터베이스를 다시 로드하기 위해 다음 명령어를 사용한다.

```
sudo apt-get update
```

❹ 몽고DB 패키지 설치하기

사용자는 몽고DB의 가장 안정적인 버전 또는 특정 버전을 선택하여 설치할 수 있다.

몽고DB의 가장 안정적인 버전을 설치하려면 다음과 같은 명령을 사용해야 한다.

```
sudo apt-get install -y mongodb-org
```

몽고DB의 특정 버전을 설치하려면 다음과 같이 특정 버전의 컴포넌트 패키지를 선택해야 한다.

```
sudo apt-get install -y mongodb-org=3.0.7 mongodb-org-server=3.0.7
mongodb-org-shell=3.0.7 mongodb-org-mongos=3.0.7 mongodb-org-tools=3.0.7
```

만약 사용자가 mongodb-org = 3.0.7만을 설치하고 나머지 컴포넌트 패키지를 설치하지 않은 경우에는 몽고DB 컴포넌트 패키지의 가장 최신 버전이 설치된다.

apt-get 명령어는 사용자가 몽고DB의 특정 버전을 선택하더라도 활용 가능한 새로운 버전의 패키지로 업그레이드하기 때문에 원하지 않는 업그레이드를 막기 위해 패키지를 지정할 수 있다. 현재 설치된 버전으로 몽고DB을 고정시키려면, 다음과 같은 명령을 사용해야 한다.

```
echo "mongodb-org hold" | sudo dpkg --set-selections
echo "mongodb-org-server hold" | sudo dpkg --set-selections
echo "mongodb-org-shell hold" | sudo dpkg --set-selections
echo "mongodb-org-mongos hold" | sudo dpkg --set-selections
echo "mongodb-org-tools hold" | sudo dpkg --set-selections
```

몽고DB 2.6 버전 이전에는 데이터 저장 공간을 다르게 사용하기 때문에 사용자의 몽고DB 버전에 따라 데이터 저장 공간에 대한 확인이 필요하다.

(4) 몽고DB 실행

몽고DB 인스턴스는 기본적으로 데이터 파일을 /var/lib/mongodb에 저장하고, 로그 파일은 /var/log/mongodb에 저장하며, mongodb 사용자 계정을 사용하여 실행한다. 사용자는 /etc/mongod.conf에서 또 다른 로그와 데이터 파일 디렉토리를 설정할 수 있다.

만약 몽고DB 프로세스를 실행하는 사용자를 변경하고자 한다면 반드시 /var/lib/mongodb와 /var/log/mongodb 디렉토리의 접근 권한을 변경해야 한다.

❶ 몽고DB 시작하기

mongod를 시작하기 위해서는 다음 명령을 사용해야 한다.

```
sudo service mongod start
```

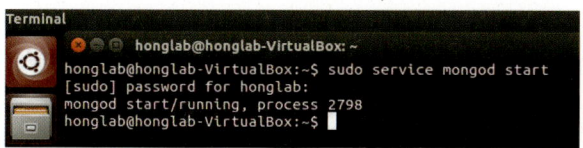

[그림 1-15] 몽고DB 시작

❷ 몽고DB가 성공적으로 시작했는지 확인하기

mongod 프로세스가 성공적으로 시작했는지를 확인하기 위해서는 /var/log/mongodb/mongod.log 파일을 다음과 같이 점검해야 한다. 여기서 <port>는 기본적으로 '27017'로 설정되고, 이 포트는 /etc/mongod.conf에서 설정되는 것을 확인할 수 있다.

```
[initandlisten] waiting for connections on port <port>
```

[그림 1-16] 시작 확인

❸ 몽고DB 종료하기

mongod 프로세스를 종료하려면 다음과 같은 명령어를 사용해야 한다.

```
sudo service mongod stop
```

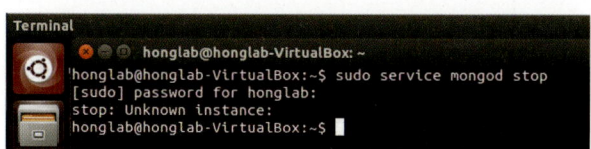

[그림 1-17] mongod 프로세스 종료

❹ 몽고DB 재시작하기

mongod를 재시작하기 위해 다음과 명령어를 사용한다.

```
sudo service mongod restart
```

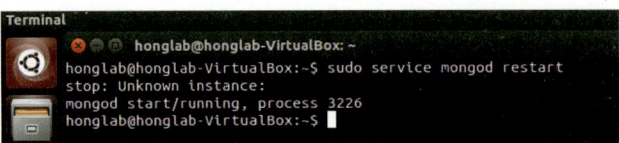

[그림 1-18] 몽고DB 재시작

(5) 몽고DB 제거

몽고DB를 시스템에서 완전히 제거하려면 사용자는 반드시 몽고DB 애플리케이션, 구성 파일 및 데이터와 로그 파일을 포함하는 모든 디렉토리를 제거해야 한다. 다음은 이러한 절차를 단계별로 설명한 것이다.

❶ 몽고DB 종료

mongod 프로세스를 종료하기 위해서는 다음과 같은 명령어를 사용해야 한다.

```
sudo service mongod stop
```

❷ 패키지 제거

이전에 설치한 모든 몽고DB 패키지를 제거하기 위해서는 다음과 같은 명령어를 사용해야 한다.

```
sudo apt-get purge mongodb-org*
```

❸ 데이터 디렉토리 제거

몽고DB 데이터베이스 및 log 파일을 제거하기 위해서는 다음과 같은 명령어를 사용해야 한다.

```
sudo rm -r /var/log/mongodb
sudo rm -r /var/lib/mongodb
```

몽고DB의 기본 지식 이해

(1) 몽고DB JSON 다큐먼트

몽고DB의 JSON 다큐먼트 안에는 key(키)와 value(값)가 있다. 다음 JSON 다큐먼트는 'name'이라는 키(key)와 'Andrew'라는 값(value)을 갖는다.

```
{ "name": "Andrew" }
```

다음은 필드와 값이 더 많이 포함된 JSON 다큐먼트이다.

```
{ "a" : 4, "b" : 5, "c" : 7 }
```

필드와 값({ "a" : 6, "b" : 7 })과 배열({"fruit": ["apple", "pear", "banana"]})을 갖는 JSON 다큐먼트의 형식은 다음과 같다.

```
{ "a" : 6, "b" : 7, "fruit": ["apple", "pear", "banana"]}
```

JSON은 기본적으로 2개의 데이터 구조체를 만들기 위해 배열과 딕셔너리(dictionary)를 사용한다. 배열은 [, ,]로, 딕셔너리는 { keyword : value, value, ... }으로 표현된다. 배열({class: ["CH707", "BC388", "AZ208"]})과 딕셔너리({name: "Park", SN: 38010})를 조합하면 다음과 같은 다큐먼트를 만들 수 있다.

```
{ name: "Park", SN: 38010, class: [ "CH707", "BC388", "AZ208" ] }
```

예제 1-2 단일 key "fruit"이 3개 문자열 "apple", "banana", "grape"를 배열 값으로 갖는 단일 다큐먼트를 JSON 데이터 형식으로 표현하시오.

답

```
{"fruit" : ["apple", "banana", "grape"]}
```

몽고DB는 스키마(Schema)가 없으며, 이는 서로 다른 2개의 다큐먼트가 동일한 스키마를 가질 필요가 없다는 것을 의미한다. 또한 몽고DB는 확장성을 유지하기 위해 생략하는 특징이 있으며, Join 연산을 지원하지 않고, 여러 컬렉션 사이의 트랜잭션 기능도 없다.

(2) 몽고DB 셸(Shell) 이해

몽고DB를 실행하면 프로세스가 시작된다. 서버를 연결시키는 여러 가지 방법 중 하나가 몽고 셸을 이용하는 것이다. 몽고 셸은 자바스크립트 기반의 'mongo'라는 단일 프로그램으로 자바스크립트를 해석한다.

[그림 1-19]는 왼쪽 터미널 1에서 mongod를 실행한 후, 오른쪽 터미널 2에서 mongo를 실행하여 몽고DB 셸에 연결된 것을 보여준다.

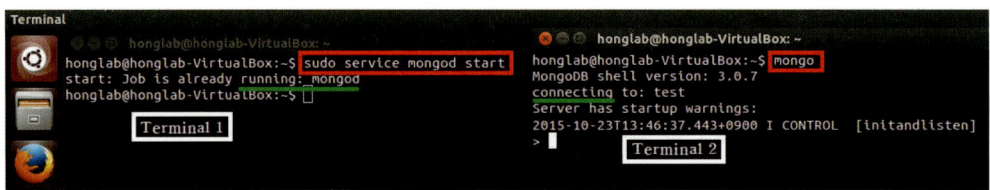

[그림 1-19] mongod와 몽고DB 셸 실행

몽고 셸이 실행되면 사용자는 원하는 데이터베이스로 이동해야 한다. 다음과 같이 use를 이용하면 사용하려는 데이터베이스로 이동할 수 있다. 다음 명령어는 'test'라는 데이터베이스로 이동하는 사용 예이다.

```
> use test
switched to db test
```

기본적으로 몽고DB는 [그림 1-20]과 같이 3개의 데이터 모델 계층을 갖는다.

- 데이터베이스: 보통 서버당 데이터베이스가 여러 개 존재하며, 애플리케이션 이름을 공유하고 애플리케이션당 데이터베이스가 1개인 경우도 있다.
- 컬렉션: 유사한 데이터의 그룹이다. 속성 – 값 쌍으로 이루어진 데이터 객체를 전달하기 위해 사용하는 개방형 표준 포맷이다. 비동기 브라우저/서버 통신용으로 XML 방식을 대체하는 JSON 파일, 몇 개의 필드를 쉼표로 구분한 텍스트 데이터 또는 CSV(Comma-Separated Values) 텍스트 파일을 mongoimport 명령어를 사용하여 컬렉션으로 변환시킬 수 있다.

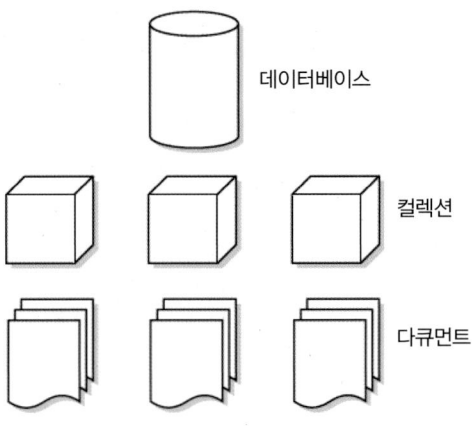

[그림 1-20] 몽고DB의 데이터 모델 계층

만약 컬렉션이 이전에 만들어지지 않았다면, 이름을 지정했을 때 자동으로 생성된다. 예를 들면 셸 명령어 db.things.save()로 'things'라는 컬렉션이 만들어진다. 이 컬렉션 안에 다큐먼트를 포함시킬 수 있으며, a는 1, b는 2, 그리고 c는 33이 포함된 다큐먼트를 지정해보자. 여기서 'db'는 셸 안의 기본 키워드이고, 'things'는 컬렉션이며, 'save'는 메소드 명령어이다. 또한 데이터베이스 내부에 JSON 다큐먼트가 포함되어 있으며, 실행하면 1개의 다큐먼트가 삽입된 것을 확인할 수 있다.

```
> db.things.save( { a : 1, b : 2, c : 3 } )
WriteResult ({ "nInserted" : 1 })
```

삽입한 다큐먼트를 찾기 위해 find() 명령어를 사용한다.

```
>db.things.find()
{ "_id" : ObjectId("534496f13e1ff533a25efd2c"), "a" : 1, "b" : 2, "c" : 3 }
```

이번에는 기존 다큐먼트 필드를 유지하면서 필드 d를 새롭게 추가하는 다큐먼트를 만들어 보자. 이는 몽고DB가 스키마를 갖지 않으면서 2개의 다큐먼트가 동일한 컬렉션에 동시에 존재하는 것을 보여준다.

```
> db.things.save( { a : 3, b : 2, c : 3, d : 200 } )
WriteResult ({ "nInserted" : 1 })
```

2개의 다큐먼트가 존재하는 것이 다음과 같이 확인된다.

```
>db.things.find()
{ "_id" : ObjectId("534496f13e1ff533a25efd2c"), "a" : 1, "b" : 2, "c" : 3 }
{ "_id" : ObjectId("534497573e1ff533a25efd2d"), "a" : 3, "b" : 2, "c" : 3, "d" : 200}
```

특정 조건을 사용하여 다큐먼트를 검색하는 것도 가능하다. { a : 1 }을 포함하는 다큐먼트를 검색하면 첫 번째 다큐먼트를 찾을 수 있다.

```
>db.things.find( { a : 1 })
{ "_id" : ObjectId("534496f13e1ff533a25efd2c"), "a" : 1, "b" : 2, "c" : 3 }
```

예제 1-3 현재 사용 중인 데이터베이스 목록과 컬렉션 목록을 확인하는 명령어는?

답
```
show dbs, show collections
```

(3) 몽고DB에는 스키마가 없다

관계형 데이터베이스에서 기존 테이블에 항목을 추가하려면 테이블을 확장시켜야 하지만, 몽고DB에서는 다른 다큐먼트마다 서로 다른 스키마를 가질 수 있다. 예를 들면 student 컬렉션에 insert()로 다큐먼트를 삽입한 후, find()를 이용하여 컬렉션의 모든 다큐먼트를 확인하면 다음과 같다.

```
db.student.insert({name : "Choi", city_of_birth : "Pusan"})
db.student.find().pretty()
```

기존의 student 컬렉션에 자료가 삽입되어 있지 않다면 다음과 같이 출력된다.

> **📖 참고**
> 몽고 셸 도움어 명령어 기능
>
> ```
> >help
>     db.help()                       db 메소드에 대한 도움말
>     db.mycoll.help()                컬렉션 메소드에 대한 도움말
>     sh.help()                       샤딩 도움말
>     rs.help()                       복제 셋 도움말
>     help admin                      관리자 도움 기능
>     help connect                    db 도움 기능에 연결하기
>     help keys                       단축키 기능
>     help misc                       데이터 형 변환과 같은 다양한 도움 기능
>     help mr                         맵 리듀스 도움 기능
>     show dbs                        데이터베이스 이름 확인하기
>     show collections                현재 DB의 컬렉션 확인하기
>     show users                      현재 DB의 사용자 확인하기
>     show profile                    가장 최근 system.profile 항목 확인하기
>     show logs                       접근 가능한 logger 이름 확인하기
>     show log [name]                 메모리의 log 마지막 세그먼트 출력하기, 'global' 기본
>     use <db_name>                   현재 데이터베이스 설정하기
>     db.foo.find()                   컬렉션 foo의 객체 보여주기
>     db.foo.find( { a : 1 } )        foo에서 a == 1인 객체 보여주기
>     it                              마지막으로 계산된 결과 보여주기
>     DBQuery.shellBatchSize = x      셸에 표시되는 기본 항목 개수 설정하기
>     exit                            몽고 셸 종료하기
> ```

```
{
    "_id" : ObjectId("5345e6c714b5151cb579e394"),
    "name" : "Choi",
    "city_of_birth" : "Pusan"
}
```

이전의 다큐먼트와 다른 스키마를 갖는 다큐먼트를 student 컬렉션에 추가한 후 find()를 이용하여 컬렉션의 다큐먼트를 확인하면 다음과 같다.

```
db.student.insert({name : "Park", city_of_birth : "Seoul", year_of_birth : "1994"})
db.student.find().pretty()
```

서로 다른 스키마의 다큐먼트가 출력된다.

```
{
        "_id" : ObjectId("5345e6c714b5151cb579e394"),
        "name" : "Choi",
        "city_of_birth" : "Pusan"
}
{
        "_id" : ObjectId("5345e72514b5151cb579e395"),
        name : "Park",
        city_of_birth : "Seoul",
        year_of_birth:"1994"
}
```

name 필드 값이 'Choi'인 다큐먼트에 year_of_birth 필드와 '1992' 값을 추가하기 위해 다음과 같이 실행한다.

```
var j = db.student.findOne({name:"Choi"})
j.year_of_birth = "1992"
```

실행 결과는 다음과 같이 출력된다.

```
1992
```

결과를 저장하기 위해 db.student.save() 명령어를 실행한 후 find()를 사용하여 결과를 확인하면 다음과 같이 출력된다.

```
{
        "_id" : ObjectId("5345e6c714b5151cb579e394"),
        "name" : "Choi",
        "city_of_birth" : "Pusan",
        year_of_birth:"1992"
}
{
        "_id" : ObjectId("5345e72514b5151cb579e395"),
        name : "Park",
        city_of_birth : "Seoul",
        year_of_birth:"1994"
}
```

(4) 몽고DB 동적 스키마 설계

몽고DB는 동적 스키마를 갖지만 모든 다큐먼트가 스키마를 가질 필요는 없다. 따라서 이러한 특성은 데이터베이스를 설계할 때 어떤 스키마를 사용해야 하는지를 고려해야 할 중요한 사항이다. 대부분의 애플리케이션에서 여러 다큐먼트 사이에 동일한 스키마를 갖게 하거나 내장된 다큐먼트의 사용 또는 서로 다른 컬렉션의 사용 여부를 결정하는 것은 데이터베이스의 성능을 결정하는 중요한 항목이기 때문이다.

몽고DB에서는 사용자가 스키마 설계를 통해 사용자 애플리케이션에 데이터가 입력되는 형식을 지정할 수 있다. 이러한 특징은 다큐먼트 개수를 증가시킬 수 있고, join 연산을 하지 않으며, 원자적(Atomic) 연산이 가능하고, 미리 지정된 정적 스키마가 없어도 된다. 이러한 특징을 정리하면 다음과 같다.

- 다큐먼트 기반
- 임베딩 데이터
- join 연산 없음.
- 원자적 연산 기능
- 미리 정의된 스키마 없음.

예제 1-4 몽고DB에서 사용자 애플리케이션 스키마를 설계할 때 가장 중요한 항목은?

　　① 확장 가능한 데이터베이스를 만드는 것
　　② 사용자 가독성(Readable)
　　③ 애플리케이션 데이터 액세스 패턴을 일치시키는 것
　　④ 데이터를 정규 형식으로 유지하는 것

답 ③

몽고DB를 활용하여 Social Network용 사용자 애플리케이션 블로그를 제작할 때에는 스키마 디자인에 대한 고려가 필요하다. [그림 1-21]과 같은 test Post 블로그를 제작하면서 스키마 설계를 고려해보자. 다음 블로그의 타이틀은 'This is a test Post'이며, test body, Filed Under 태그 및 comments 등으로 구성된다.

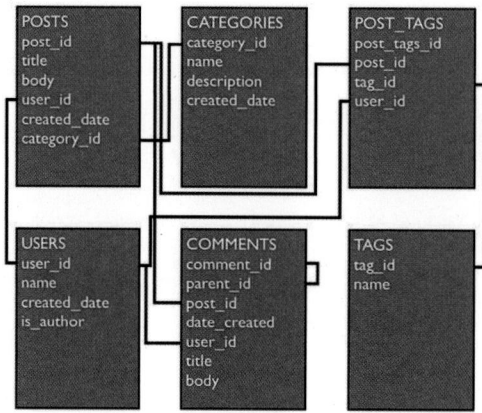

[그림 1-21] Test Post 몽고DB 블로그

[그림 1-22]는 posts 컬렉션에 포함된 test Post 블로그의 자바스크립트 다큐먼트로, 1개 다큐먼트 내부의 키(key)들은 _id, author, body, comments, date, permalink, tags 및 title을 사용하고, comments는 다시 내장된(embedding) 다큐먼트로, body, email, author 키를 사용하며, 모든 키는 값을 갖는다.

```
> db.posts.findOne();
{
        "_id" : ObjectId("508d27069cc1ae293b36928d"),
        "title" : "This is the title",
        "body" : "This is the body text.",
        "tags" : [
                ObjectId("508d35349cc1ae293b369299"),
                ObjectId("508d35349cc1ae293b36929a"),
                ObjectId("508d35349cc1ae293b36929b"),
                ObjectId("508d35349cc1ae293b36929c")
        ],
        "created_date" : ISODate("2012-10-28T12:41:39.110Z"),
        "author_id" : ObjectId("508d280e9cc1ae293b36928e"),
        "category_id" : ObjectId("508d29709cc1ae293b369295"),
        "comments" : [
                ObjectId("508d359a9cc1ae293b3692a0"),
                ObjectId("508d359a9cc1ae293b3692a1"),
                ObjectId("508d359a9cc1ae293b3692a2")
        ]
}
```

[그림 1-22] 몽고DB 블로그 다큐먼트

사용자 애플리케이션 블로그를 [그림 1-23]과 같은 방법으로 설계해보자. 여기서 다큐먼트를 단일 컬렉션이 아닌 3개의 컬렉션으로 분리해보자. 이때 posts의 _id는 comments와 tag의 post_id와 동일하지만, 몽고DB에서는 join 연산이 없기 때문에 하나의 post를 보여주기 위해서는 수동적으로 모아야 하며, 각각의 파일에서 찾아야 한다. 그러므로 몽고DB를 설계할 때 관계형 데이터베이스처럼 다큐먼트를 3개로 분리해서 설계하는 것이 좋은 접근 방법은 아니다.

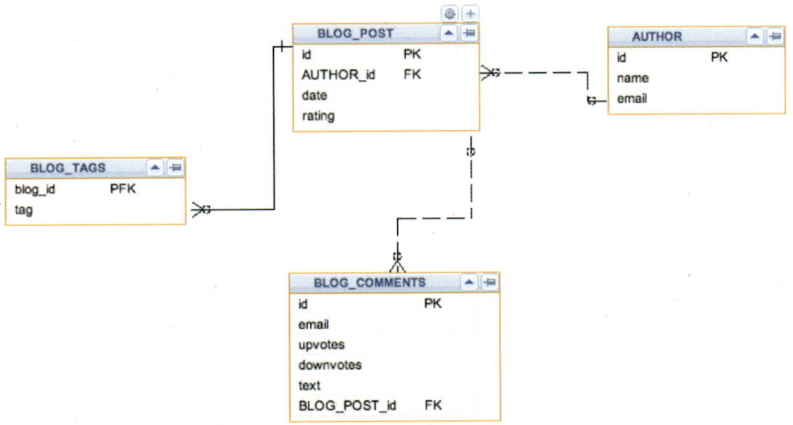

[그림 1-23] 사용자 애플리케이션 블로그 설계 방법

예제 1-5 몽고DB로 블로그를 제작하기 위해 다큐먼트 스키마를 설계할 때 몇 개의 컬렉션을 사용하는 것이 바람직한가?

① 0

② 1

③ 2

④ 4

답 ②

---

(5) 몽고DB 명령어 활용

몽고 셸 명령어를 익히면 몽고DB를 사용하여 프로그램을 작성하는 데 많은 도움이 된다.

❶ print 명령어

```
> for (i = 0; i < 3; I++) print("Hello, MongoDB students!");
Hello, MongoDB students!
Hello, MongoDB students!
Hello, MongoDB students!
> for (i = 0; i < 3; I++) print("Hello, MongoDB students!"+i);
Hello, MongoDB students!0
Hello, MongoDB students!1
Hello, MongoDB students!2
```

예제 1-6 몽고 셸에서 help keys를 입력한 후에 실행하면 다음과 같은 단축키가 나타난다. 이들 각각에 대한 기능을 설명하시오.

Ctrl + A :

Ctrl + E :

Ctrl + K :

Ctrl + C :

답 차례대로 '줄의 시작 부분으로 이동하기', '줄의 끝부분으로 이동하기', '줄의 끝까지 삭제하기', '데이터 입력 취소하기'이다.

❷ Tab 키 사용하기

```
> for (i = 0; i < 3; I++) pri
```

'pri'라고 입력한 후 Tab 키를 누르면 나머지가(print) 완성된다.

❸ 변수 할당하기

```
> x = 1
> y = "abc"
> z = {a :1}
> z.a
> w = "a"
> z[w]
> 1
```

예제 1-7 다음과 같은 자바스크립트 출력 결과는 무엇인가?

```
> x = { "a" : 1 };
> y = "a";
> x[y]++;
> print(x, a);
```

답 2

Chapter 1 MongoDB 연습 문제

Q1 몽고DB의 특징에 대해 올바른 것을 모두 고르시오.
① 몽고DB는 동적 스키마가 있다.
② 몽고DB는 Join을 지원한다.
③ 몽고DB는 SQL을 지원한다.
④ 몽고DB는 다큐먼트 지향적이다.

Q2 몽고DB가 확장성을 유지하기 위해 생략하는 특징을 모두 고르시오.
① 여러 컬렉션 사이의 트랜잭션
② 조인(Join)
③ 세컨더리 인덱스
④ 인덱스

Q3 JSON 다큐먼트에 사용 가능한 표현을 고르시오.
① {a:1, b:2, c:3}
② {a,1; b,4, c,6}
③ {a:1; b:1; c:4}
④ (A,1; b:2; c,4)

Q4 다음 JSON 다큐먼트 중 몽고 셸이 받아들일 수 있는 파일을 모두 고르시오.
① { a : 1, b : 2, c : 3 }
② { a : 1, b : 2, c : [1, 2, 3, 4, 5] }
③ { a : 1, b : { }, c : [{ a : 1, b : 2 }, 5, 6] }
④ { }

Q5 BSON에서 활용 가능한 데이터 형식이 아닌 것은?
① UTF-8 문자열
② 배열과 ObjectId
③ BCD(이진화 10진수) 코드
④ 타임스탬프

Q6 "food"라는 key를 갖고, "bread", "pasta", "curry" 3개의 배열을 갖는 다큐먼트를 위한 JSON 파일을 작성해보시오.

Q7 "Country", "province", "region", "zipcode"를 값으로 갖는 하나의 "address" 키를 포함한 JSON 다큐먼트를 작성해보시오(이때, 각 항목의 값은 순서대로 "Korea", "Gyeongbuk, Ulleung-gun", "Ulleung-eup, Dokdo-ri 1-96", "799-805").

Q8 다음 내용 가운데 데이터를 다큐먼트에 내장할 수 없기 때문에 별도의 컬렉션에 데이터를 삽입해야만 하는 경우는?
① 내장된 데이터가 몽고DB에서 제한한 16MB를 초과하는 경우
② 데이터가 동일 구조(isomorphic)가 아닌 경우
③ 데이터 항목에 인덱스가 필요한 경우
④ 컬렉션에 있는 복수의 객체에 중복되는 데이터가 있는 경우

Chapter 2 몽고DB CRUD 연산

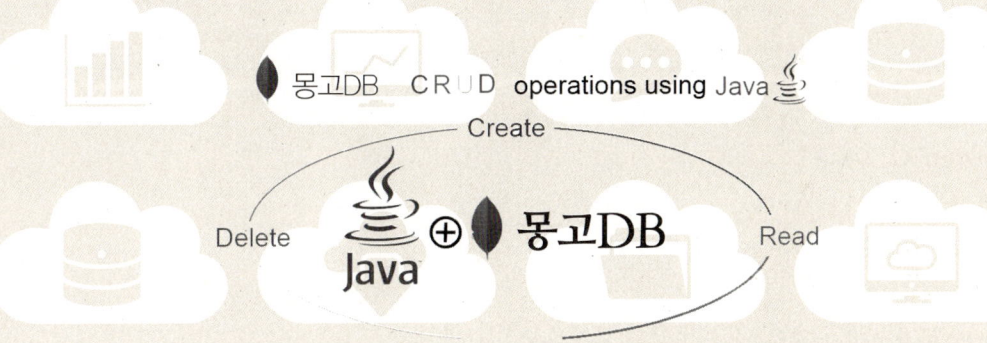

몽고DB 데이터 연산은 쿼리(Query)를 통하여 다큐먼트 데이터를 읽고(Read), 데이터를 수정할 때에는 데이터의 생성, 수정, 삭제(Create, Update 및 Delete) 연산 동작을 사용한다. 이들 연산을 합쳐 'CRUD 연산'이라고 부른다. 이번 장에서는 몽고DB의 기본 동작을 배운다.

몽고DB의 CRUD(Create, Read, Update 및 Delete) 연산은 별도의 프로그래밍 언어가 아니며, 프로그래밍 언어인 API의 메소드(method) 또는 함수(function)로 동작한다.

[그림 2-1] CRUD 역할

몽고DB에서는 다큐먼트를 JSON 형태로 전달하면서 2진 JSON인 BSON(Binary JSON) 코드로 저장한다. BSON은 다른 다큐먼트 내부에 다큐먼트나 배열을 포함하는 것을 허용한다. 또한 BSON은 경량화(lightweight), 이식성(traversable) 및 효율성(efficient)을 고려하여 데이터 타입을 정의한다. BSON은 배열, 부울 대수, 자바스크립트 문자열, 정수, 실수, 2진수 및 UTC 시간, 타임스탬프, 다큐먼트 등의 데이터 형식을 모두 활용할 수 있다.

예제 2-1 BSON에서 활용 가능한 데이터 형식을 모두 고르시오.

① 문자열

② 실수형 숫자

③ 복소수(Complex Numbers)

④ 배열

⑤ 내장 다큐먼트의 객체(Objects of Sub-Documents)

⑥ 타임스탬프(Timestamps)

답 ①, ②, ④, ⑤, ⑥

몽고DB CRUD 소개

몽고DB는 JSON 스타일의 필드(field)와 값(value)을 조합하여 다큐먼트 형식으로 데이터를 저장한다. 다큐먼트는 값(values: 딕셔너리, 해시, 맵, 배열 등)을 갖는 키(key)에 대응하는 프로그래밍 언어 구조와 유사하다. 몽고DB는 공식적으로 BSON 다큐먼트이며, BSON은 추가 정보를 갖는 'Binary JSON'의 약자이다. 다큐먼트에서 필드 값은 다른 다큐먼트, 배열 또는 다큐먼트의 배열들로, 모두 BSON 데이터 형식이다.

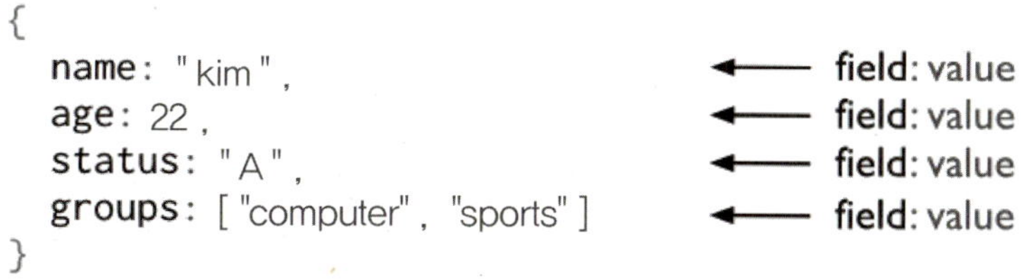

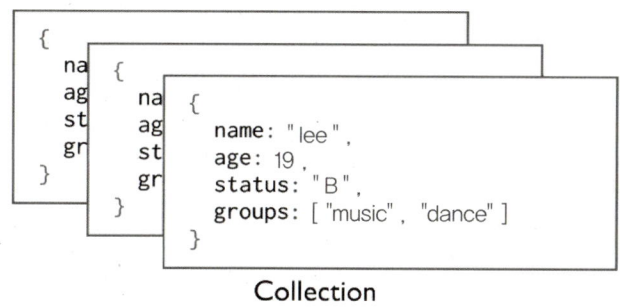

[그림 2-2] 다큐먼트 필드 및 값

몽고DB는 컬렉션(collection)에 모든 다큐먼트를 저장하며, 컬렉션은 공유하는 3개의 인덱스 셋을 갖는 관련 다큐먼트의 묶음이다. 컬렉션은 관계형 데이터베이스의 테이블과 유사하다.

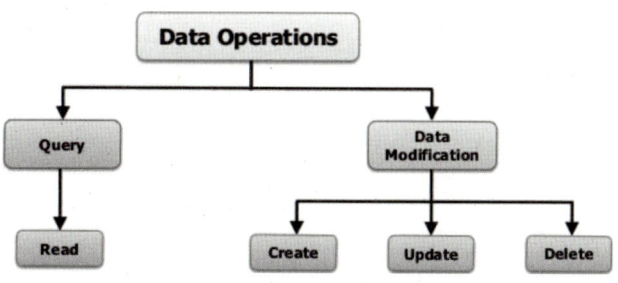

[그림 2-3] 컬렉션 구조

(1) 데이터 처리 기본 동작

몽고DB에서 데이터 처리 기본 동작은 [그림 2-4]와 같이 쿼리를 사용한 데이터 읽기 동작과 Create, Update 및 Delete 연산을 사용한 데이터 수정 동작이 있다.

[그림 2-4] 몽고DB 데이터 처리 기본 동작

1) 쿼리(Query) 사용

몽고DB에서의 질의는 특정 컬렉션의 다큐먼트를 찾는 것이다. 쿼리는 다큐먼트의 식별 기준 (criteria) 또는 조건(conditions)을 설정할 수 있다. 따라서 사용자는 선택적으로 쿼리를 수정하기 위해 `limit`, `skip`, `sort` 등의 연산자를 사용한다. 다음 [그림 2-5]는 쿼리 기준과 분류 순서를 설정하는 쿼리 절차이다.

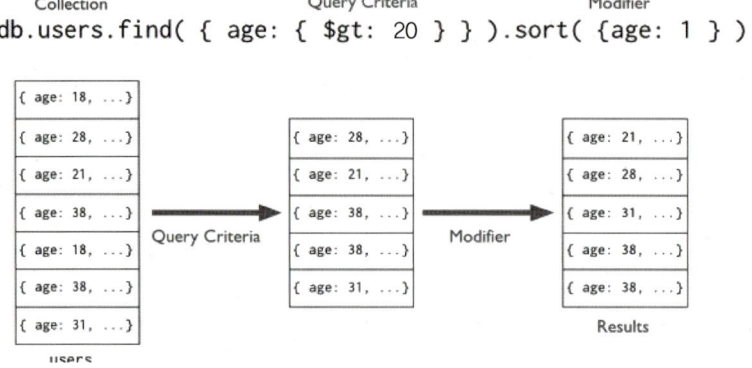

[그림 2-5] 몽고DB 쿼리 절차

2) 데이터 수정하기

데이터 수정은 데이터를 생성하고(create), 갱신하고(update), 제거하는(delete) 연산을 말한다. 몽고DB에서 이들 연산은 단일 컬렉션의 데이터를 수정한다. 갱신하고 제거하는 연산에서는 사용자가 이 연산들을 수행할 다큐먼트를 설정해야 한다. [그림 2-6]은 추가(insert) 연산을 사용하여 'users'라는 컬렉션에 새로운 다큐먼트를 추가하는 과정을 보여준다.

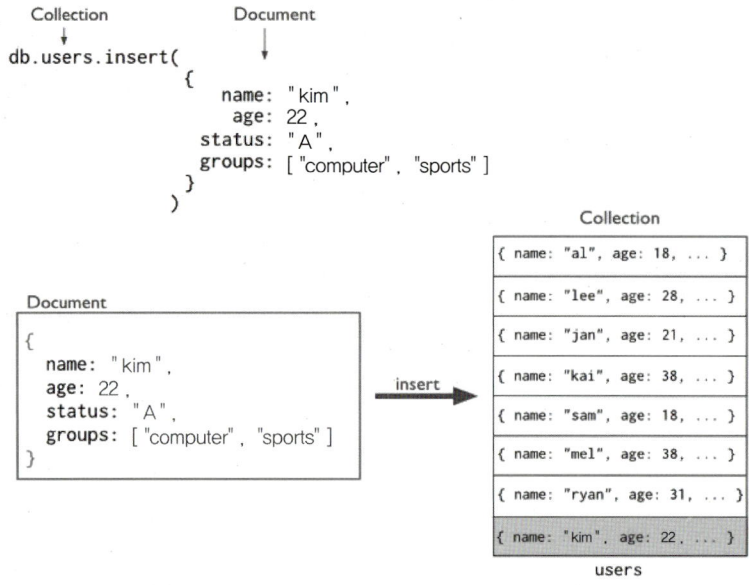

[그림 2-6] users 컬렉션에 새로운 다큐먼트 추가

예제 2-2 몽고DB의 fruit 컬렉션에서 "name"은 "apple", "color"는 "red", "shape"은 "round" 속성을 갖는 다큐먼트를 "insert" 메소드를 사용하여 작성하시오.

답 db.fruit.insert({"name":"apple", "color": "red", "shape": "round"})

(2) 몽고DB의 중요 기능

1) 인덱스

몽고DB는 일반적인 쿼리 및 업데이트 성능을 향상시키기 위해 인덱스를 완벽하게 지원한다. 인덱스는 애플리케이션에서 데이터 구조를 효율적으로 관리하면서 컬렉션의 일정 부분을 "view"로 저장하도록 지원한다. 대부분의 인덱스들은 필드의 모든 값 또는 필드 그룹을 순서 표기에 따라 저장한다. 또한 인덱스는 고유성(uniqueness)을 유지하고 객체를 공간적으로 표현하며 저장되어 텍스트 탐색 기능에 활용된다.

❶ 인덱스를 사용하는 이유
- 인덱스는 DB 테이블에 대한 처리 속도를 높여주는 자료 구조로서, 저장된 자료에 대한 빠른 조회가 가능해진다.
- 인덱스는 키-필드 형태를 가지며, 스캔을 거치지 않고 원하는 문서의 주소로 바로 이동하게 한다.
- 컬렉션이 커지면 읽기 동작(Read operation)에서 정보 전체 읽기(Table scan)가 발생하여 처리 속도가 느려지므로, 서버는 정보 전체 읽기가 발생하지 않도록 해야 한다.

❷ 인덱스의 특징
- 몽고DB는 자동적으로 _id 필드에 고유한(unique) 인덱스를 생성한다.
- 각 인덱스는 8KB의 데이터 공간이 필요하다.
- 인덱스 생성 시 쓰기(write) 및 변경(update) 동작의 성능은 떨어진다.
- 인덱스는 system.indexes 컬렉션에 저장되며, db.system.indexes.find()로 색인된 키를 확인할 수 있다.

❸ 인덱스 사용 방법

```
db.users.find( {"username":"david" })에 대한 인덱스 생성은
db.users.ensureIndex( {"username":1 })
db.users.ensuerIndex({"date":1,"username":1 })   -> "1"은 오름차순 방향
```

예제 2-3 몽고DB users 컬렉션에서 다음과 같은 고유 인덱스 명령어는 언제 사용하는가?

```
> db.users.ensureIndex( {"name":1 }, {"unique":true})
> db.system.indexes.find()
```

답 system.indexes 컬렉션에 저장된 다큐먼트의 색인된 키를 db.system.indexes.find( ) 명령을 이용해 확인할 수 있다.

❹ 인덱스 사용 시 주의 사항
- 모든 키에 대하여 인덱스하지 않는다.
- 컬렉션의 절반 이상을 반환해야 하는 경우에는 인덱스를 사용하지 않는다.

2) 복제 셋 읽기 우선 기능

복제 셋 구성 요소를 갖는 복제 셋과 샤드 클러스터에서의 애플리케이션은 읽기 우선으로 설정된다. 읽기 우선은 클라이언트가 셋의 직접 읽기 동작을 어떻게 수행할 것인지를 결정한다.
- 데이터 중복을 방지한다.
- 고장 복구 기능을 제공한다.
- Eventual Consistency를 활용하면 몽고DB의 Read Scalability를 향상시킬 수 있다.
- Write Scalability는 복제 셋을 대신하여 샤딩으로 해결해야 한다.

3) 쓰기 확인(WriteConcern)

애플리케이션은 '쓰기 확인'을 사용하여 쓰기 연산 동작을 제어한다. 특히, 복제 셋 연산에 유용하도록 쓰기 기능 문법이 클라이언트가 쓰기 동작을 성공했다고 통보할 때, 몽고DB가 제공하는 쓰기 확인을 설정할 수 있다.
- 드라이버 단의 슬레이브에 쓰기 적용을 확인하는 방법이다.
- 서버가 2대인 경우, 최소한 2대의 서버에 write되어야 하며, write될 때까지 설정된 시간 동안 대기해야 한다.

WriteConcern(서버 수, 시간, fsync 여부)

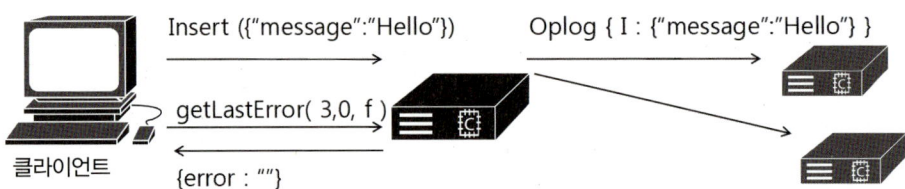

[그림 2-7] 쓰기 확인(WriteConcern) 동작

4) 집계

몽고DB는 기본적인 쿼리뿐만 아니라 데이터의 다양한 집계 기능도 제공한다. 예를 들면 몽고DB는 쿼리와 일치하는 다큐먼트의 개수를 반환하고, 필드의 특정 값의 개수를 반환하거나 다양한 데이터 처리 파이프 라인이나 맵-리듀스 연산을 사용하여 다큐먼트의 컬렉션을 처리한다.

몽고DB CRUD 읽기 동작

몽고DB 연산의 읽기 동작을 설명한다.

(1) 읽기 동작

몽고DB에서 쿼리는 데이터를 반환하는 핵심 연산 기능이다. 여기서는 쿼리의 동작과 성능에 대하여 설명한다.

1) 읽기 동작

쿼리 또는 읽기 동작은 몽고DB에서 데이터를 반환받는 핵심 동작으로, 쿼리는 단일 컬렉션에서 다큐먼트를 선택한다. 몽고DB가 클라이언트에게 반환하는 다큐먼트를 식별하는 기준(criteria) 또는 조건(conditions)들을 쿼리에서 설정할 수 있다. 또한 쿼리는 반환된 다큐먼트로부터 필드를 설정하는 '프로젝션(projection)' 기능을 포함할 수 있다. 프로젝션을 통해 몽고DB가 네트워크 상에서 클라이언트에 반환하는 데이터의 양을 제한한다.

- 커서(Cursors): 쿼리는 전체 결과 셋을 소유하는 커서라고 부르는 반복적인 객체를 반환한다.
- 쿼리 최적화: 쿼리 성능을 분석하고 개선한다.
- 분산 쿼리: 샤드된 클러스터(Sharded Clusters)와 복제 셋이 읽기 연산 성능에 어떤 영향을 미치는지를 설명한다.

2) 쿼리 인터페이스

몽고DB는 쿼리 연산으로, `db.collection.find()` 메소드를 제공한다. 이 메소드는 쿼리 기준(criteria)과 프로젝션에 사용되며, 매칭된 다큐먼트 커서를 반환한다. 사용자는 limit, skip, sort order 등을 선택적으로 사용하여 쿼리를 변형시켜 활용할 수 있다. [그림 2-8]은 몽고DB 쿼리 동작의 구성 요소를 보여준다.

```
db.users.find(                    ← collection
    { age: { $gt: 18 } },         ← query criteria
    { name: 1, address: 1 }       ← projection
).limit(5)                        ← cursor modifier
```

[그림 2-8] 몽고DB 쿼리 동작

여기서 쿼리는 age가 18세보다 큰 조건을 만족하는 users 컬렉션에서 다큐먼트를 선택한다. 쿼리 기준은 보다 큰(greater than) 조건을 설정하기 위해 "$gt"의 쿼리 선택 연산자를 사용한다. 쿼리는 최대 5개의 일치한 다큐먼트를 반환하거나 이들 다큐먼트를 1개의 커서(cursor)로 반환한다. 매칭된 다큐먼트는 _id, name 및 address 필드를 반환한다. 실행 결과는 다음과 같다.

```
> db.users.find( {age : {$gt:18}}, {name : 1, address: 1}).limit(5)
{ "_id" : ObjectId("562db3f62d41566d002cb2f8"), "name" : "lee" }
{ "_id" : ObjectId("562db40f2d41566d002cb2f9"), "name" : "jan" }
{ "_id" : ObjectId("562db4252d41566d002cb2fa"), "name" : "kai" }
{ "_id" : ObjectId("562db45e2d41566d002cb2fc"), "name" : "mel" }
{ "_id" : ObjectId("562db4702d41566d002cb2fd"), "name" : "ryan" }
>
```

[그림 2-9] 실행 결과 화면

3) 쿼리 특성

몽고DB에서의 쿼리는 다음과 같이 동작한다.

- 몽고DB에서 모든 쿼리는 단일 컬렉션에서 사용된다.
- 사용자는 limit, skips 및 sort order를 사용하여 쿼리를 수정할 수 있다.
- sort()가 설정되지 않으면 쿼리에서 반환되는 다큐먼트 순서는 정의되지 않는다.
- 기존의 다큐먼트를 갱신(update)하는 동작은 쿼리가 갱신하려는 다큐먼트를 선택하는 것과 동일한 쿼리 문법을 사용한다.
- $match 파이프라인 작업은 집계 파이프라인에서 몽고DB 쿼리에 접근한다.

몽고DB에서 db.collection.findOne() 메소드는 하나의 다큐먼트만 반환하는 find() 메소드의 특별한 방법 중 하나다.

4) 쿼리 명령

[그림 2-10]은 쿼리 기준(criteria)과 정렬 수정기(sort modifier)를 설정하는 쿼리 절차이다.

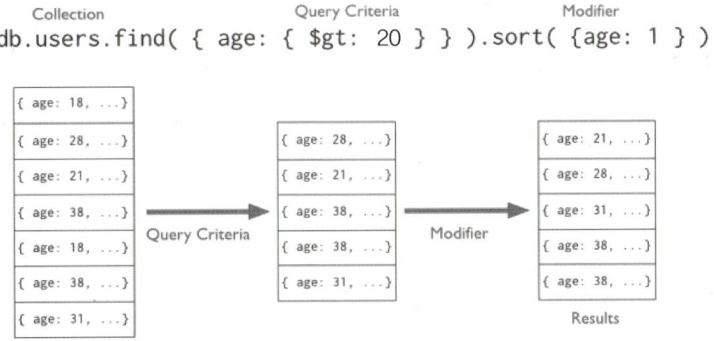

[그림 2-10] 몽고DB의 쿼리 절차

[그림 2-9]에서 쿼리는 users 컬렉션에서 다큐먼트를 선택하며, 다큐먼트 매칭에 대한 조건을 정의하는 쿼리 선택 연산자(selection operator)를 사용하여 age가 18세보다 큰($gt : greater than) 다큐먼트들이 선택된다. 다음에는 sort() 정렬기로 age가 오름차순으로 정렬된다. 실행 결과는 다음과 같다.

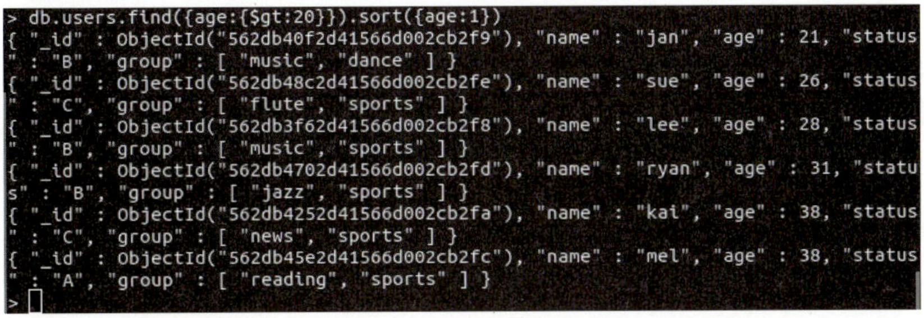

[그림 2-11] 실행 결과 화면

예제 2-4 몽고DB의 users 컬렉션에서 키(key) name은 "ryan"인데, 키 _id를 제외하고, status만을 되돌려받기 위해 findOne() 메소드의 사용법을 작성하시오.

답 db.users.findOne({"name":"ryan"},{"_id":false,"status":true})

5) 프로젝션(Projections)

몽고DB에서 쿼리는 기본적으로 매칭된 모든 다큐먼트 내부의 필드를 반환한다. 따라서 몽고DB가 애플리케이션으로 전송하는 데이터의 양을 줄이기 위해 쿼리에 프로젝션을 추가하여 사용할 수 있다. 이러한 결과 값을 필드에 추가함으로써 네트워크의 오버헤드와 처리 과정을 줄일 수 있다.

프로젝션은 find() 메소드의 두 번째 매개변수로, 반환되는 필드 목록을 설정하거나 결과 다큐먼트에서 필드 목록을 제거할 수 있다. [그림 2-12]는 쿼리 기준(criteria)과 프로젝션을 설정하는 절차를 보여준다.

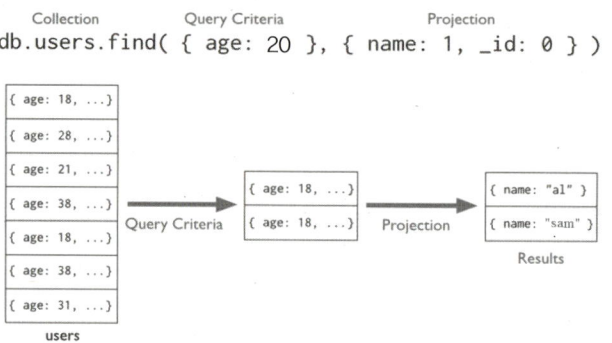

[그림 2-12] 몽고DB의 쿼리 절차

[그림 2-12]는 users 컬렉션에서 쿼리 기준인 age가 20인 다큐먼트를 먼저 선택한 후, 프로젝션은 매칭된 다큐먼트의 name 필드만을 반환하도록 설정한 것이다. 실행 결과는 다음과 같다.

```
> db.users.find({age:20},{name:1, _id:0})
{ "name" : "al" }
{ "name" : "sam" }
>
```

[그림 2-13] 실행 결과 화면

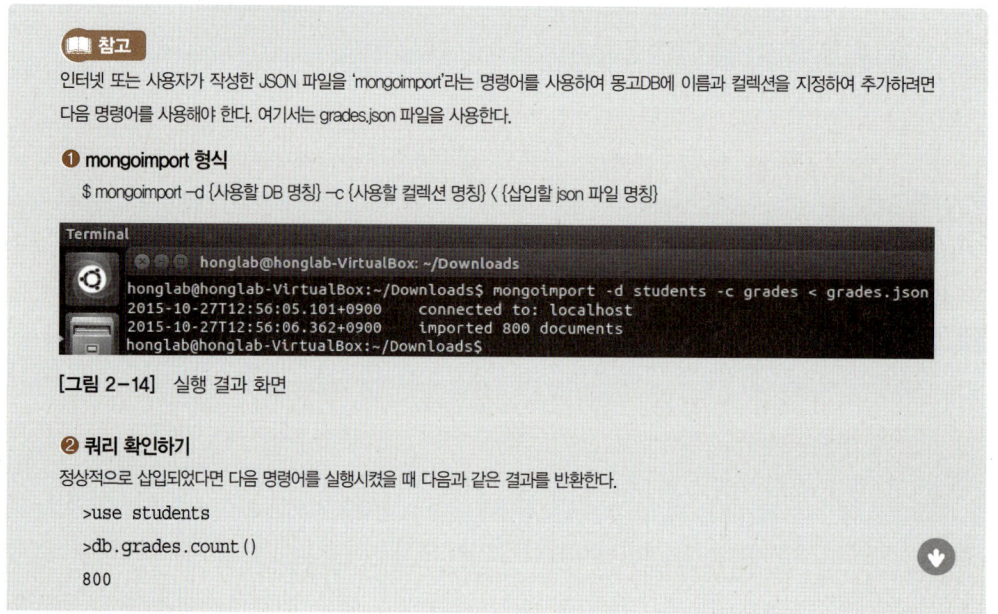

[그림 2-14] 실행 결과 화면

❸ **확인 쿼리**
800개 데이터의 평균 점수를 계산하여 1개의 결과만을 출력하려면 다음 명령을 사용해야 한다.
```
>db.grades.aggregate({'$group':{'_id':'$student_id', 'average':{$avg:'$score'}}},
{'$sort':{'average':-1}}, {'$limit':1})
89.3
```

예제 2-5 grades 컬렉션에서 score가 50 이상과 60 이하의 값을 갖는 다큐먼트를 반환받기 위해 find() 메소드를 올바르게 사용한 것은?

① db.grades.find({ score : { $gt : 50 , $lt : 60 } });
② db.grades.find({ score : { $gte : 50 , $lte : 60 } });
③ db.grades.find({ score : { $gt : 50 , $lte : 60 } });
④ db.grades.find({ score : { $gte : 50 , $lt : 60 } });
⑤ db.grades.find({ score : { $gt : 50 } });

답 ②

6) 프로젝션 예제

- 결과 셋에서 1개 필드 추출하기

```
db.grades.find( { "student_id" : { $lt : 42 } } , { "homework" : 0})
```

쿼리는 조건 { "student_id": { $lt : 42 } }와 일치하는 grades 컬렉션 내부의 다큐먼트를 선택하고, 결과 셋에 들어 있는 다큐먼트로부터 "homework" 필드를 추출하기 위해 프로젝션 { "homework" : 0}을 사용한다.

- 2개 필드와 _id 필드를 리턴하기

```
db.grades.find( { "student_id" : { $lt : 42 } } , { "type" : 1 , "score" : 1 })
```

쿼리는 조건 { "student_id" : { $lt : 42 } }와 일치하는 grades 컬렉션 내부의 다큐먼트를 선택하고, 결과 셋에 들어 있는 다큐먼트로부터 암시적으로 포함된 _id 필드, type 필드와 score 필드를 반환하기 위해 프로젝션 { "type" : 1 , "score" : 1 }을 사용한다.

- _id 필드는 배제하고 2개 필드 리턴하기

```
db.grades.find( { "student_id" : { $lt : 42 } } , { "_id" : 0, "type" : 1 , "score" : 1 })
```

쿼리는 조건 {"student_id" : { $lt : 42} }와 일치하는 grades 컬렉션 내부의 다큐먼트를 선택하고, 결과 셋에 들어 있는 다큐먼트로부터 type 필드와 score 필드를 반환하기 위해 프로젝션 {"_id" : 0, "type" : 1 , "score" : 1}을 사용한다.

예제 2-6 grades 컬렉션에서 name이 'F'와 'Q' 사이에 존재하는 다큐먼트를 반환받기 위해 find() 메소드를 올바르게 사용한 것을 모두 고르시오.

① db.grades.find({ name : { $gt : "F" , $lt : "Q" } });
② db.grades.find({ name : { $gte : "F" , $lte : "Q" } });
③ db.grades.find({ name : { $gt : "F" , $lte : "Q" } });
④ db.grades.find({ name : { $lte : "F" , $gte : "Q" } });

답 ②, ④

---

7) 프로젝션 특성

몽고DB 프로젝션은 다음과 같은 특징이 있다.

- 기본적으로 _id 필드는 결과에 포함된다. 결과 셋에서 _id 필드를 제거하려면 프로젝션 다큐먼트에서 "_id"를 0으로 설정해야 한다.
- 몽고DB는 배열이 포함된 필드에서 $elemMatch, $slice, $와 같은 프로젝션 연산자를 제공한다.
- 집계 프레임워크 파이프라인에서 연관된 프로젝션 기능으로 $project 파이프라인을 사용할 수 있다.

(2) 커서 동작 특징

몽고 셸에서 읽기 동작의 첫 번째 방법은 `db.collection.find( )` 메소드이다. 이 메소드는 컬렉션을 쿼리하고 반환되는 다큐먼트에게 커서를 반환한다. 사용자는 다큐먼트에 접근하기 위해 커서를 반복해야 한다. 그런데 몽고 셸에서는 반환되는 커서가 var 키워드를 사용하여 변수를 할당할 수 없다면, 커서는 자동으로 결과 셋에 처음부터 다큐먼트를 출력하기 위해 반복적으로 실행된다.

예를 들면 몽고 셸에서 읽기 명령은 type : 'exam'과 일치하는 다큐먼트를 갖는 grades 컬렉션을 검색하여 먼저 일치하는 다큐먼트를 자동으로 출력한다.

```
db.grades.find( { type: 'exam' } );
```

다큐먼트에 수동적으로 접근하려면 몽고 셸의 find( ) 메소드에서 반환되는 커서에 var 키워드를 사용하여 변수를 할당해야 한다.

```
var myCursor = db.grades.find( { type: 'exam' } );
```

예제 2-7 몽고DB의 grades 컬렉션에서 type : essay와 score : 50 및 student 필드는 포함하지만 _id 필드는 제외시켜 처리하도록 find( ) 메소드를 작성하시오.

답 db.grades.find({type : "essay", score : 50}, {student : true,_id : false});

1) 비활성 커서 중지하기

기본적으로 서버는 동작을 멈춘 후 10초가 지나면 자동으로 커서를 종료하거나 클라이언트가 커서를 중지하면 커서가 종료된다. 이러한 동작을 중단시키고 싶을 때는 사용자가 addOption( ) 메소드를 사용하여 쿼리에 noTimeout 플래그를 설정하면 된다. 그러나 이 경우에는 사용자가 반드시 수동으로 종료시켜야 하며, noTimeout 플래그를 다음과 같이 설정한다.

```
var myCursor = db.grades.find().addOption(DBQuery.Option.noTimeout);
```

2) 커서 고정

커서가 동작하는 도중에는 고정되지 않기 때문에 커서가 포함된 다큐먼트에 쓰기 동작을 끼워 넣는다면 다큐먼트에 어떤 변화를 발생시킬 수 있다. cursor.snapshot( ) 메소드는 심지어 쓰기 작업으로 인해 다큐먼트의 크기가 커져서 이동이 발생할 때에도 쿼리가 다큐먼트를 여러 번 반환하지 않도록 한다.

3) 커서 배치 처리 동작

몽고DB 서버는 쿼리 결과를 배치 단위로 처리해서 반환한다. 배치 단위는 BSON 다큐먼트의 크기가 최대 16MB를 넘지 않는다. 대부분의 쿼리에서 첫 번째 배치 처리는 1MB를 넘거나 101개 다큐먼트 정도를 반환하며, 다음 배치 크기는 4MB이다. 기본 배치 단위를 초과하려면 `batchSize()`와 `limit()` 메소드를 사용해야 한다. 서버는 인덱스를 갖지 않는 분류 동작을 수행하는 쿼리를 처리하기 위해 모든 결과를 리턴하기에 앞서 분류 작업을 수행하기 위해 모든 다큐먼트를 메모리에 반드시 로드해야 한다. 사용자는 커서가 반복 작업을 수행하면서 얼마나 많은 다큐먼트가 남아 있는지를 확인하기 위해 `objectLeftInBatch()` 메소드를 다음과 같이 사용할 수 있다.

```
var myCursor = db.grades.find()
var myFirstDocument = myCursor.hasNext() ? myCursor.next() : null;
myCursor.objsLeftInBatch();
```

4) 커서 정보

`db.serverStatus()` 메소드는 `metrics` 필드에 포함된 다큐먼트를 반환한다. `metrics` 필드는 다음과 같은 정보로, 커서 필드를 포함한다.

- 최종 서버가 다시 시작한 이후부터 커서가 사용된 시간
- 동작 중지 시간 이후에 시간 경과를 차단하는 조건 DBQuery.Option.noTimeOut으로 열려진 작동 커서 개수
- '고정된' 작동 커서 개수
- 전체 작동 커서 개수

다음 예제는 `db.serverStatus()` 메소드를 호출하고, 그 결과에서 `metrics` 필드에 접근하여 `cursor` 필드를 확인하는 것이다.

```
db.serverStatus().metrics.cursor
```

결과는 다음과 같다.

```
{
    "trimedOut" : <number>,
    "open" : {
       "noTimeout" : <number>,
       "prinned" : <number>,
       "total" : <number>
    }
}
```

(3) 쿼리 최적화

인덱스는 쿼리 연산에 필요한 데이터의 양을 축소시킴으로써 읽기 동작의 효율성을 높이며, 이는 몽고DB 안에서 쿼리를 처리해야 하는 연관된 모든 작업을 단순화시켜준다.

1) 읽기 동작을 지원하는 인덱스 만들기

만약 사용자 애플리케이션이 특정 필드 또는 필드 집합에 대해 컬렉션에서 검색 작업을 한다면, 쿼리된 필드 상의 1개 인덱스 또는 필드 집합의 복합 인덱스를 검색하려는 전체 컬렉션을 탐색하지 않으면서 쿼리 결과를 반환한다.

예제 2-8 몽고DB의 grades 컬렉션에서 typeValue 변수를 사용자가 정의하고 type: 'exam'을 검색하는 방법을 find( ) 메소드를 사용하여 작성하시오.

답 db.grades.find({type:"essay",score:50},{student:true,_id:false});

2) 쿼리 식별

쿼리 식별은 쿼리가 컬렉션에서 다큐먼트를 얼마나 잘 예측하고 제외시키며 필터링하는지를 나타내는 것이다. 쿼리 식별로써 쿼리가 인덱스를 효율적으로 사용하는지와 전혀 사용하지 않는지를 결정할 수 있다. 쿼리는 식별 조건이 많아질수록 다큐먼트와 일치할 가능성이 낮아진다. 예를 들면 유일한 _id 필드의 정확한 매치는 기껏해야 1개의 다큐먼트를 찾을 정도로 식별성이 높아진다.

쿼리의 식별성이 낮을 경우, 다큐먼트의 많은 부분과 매치되기 때문에 인덱스로 사용하기에는 효율성이 낮거나 사용하기 어렵다. 예를 들면 부등식 연산자 $nin과 $ne는 인덱스의 많은 부분과 일치되기 때문에 전혀 식별성을 갖지 못한다.

3) 처리된 쿼리

인덱스는 다음 두 가지 경우에 적용할 때 쿼리를 처리한다.
- 쿼리 내부의 모든 필드는 인덱스의 일부분이다.
- 결과로 반환된 모든 필드는 동일한 인덱스이다.

예를 들어 컬렉션 grades는 type과 score 필드 상에 다음과 같은 인덱스를 갖는다.

```
db.grades.createIndex( { type : 1 , score : 1 })
```

이 인덱스는 type과 score 필드에 대해서 쿼리하고 score 필드만 반환하는 동작을 처리한다.

```
db.grades.find(
    { type : 'exam' , score : 40 })
    { score: 1, _id: 0}
)
```

프로젝션 다큐먼트는 특정한 인덱스가 쿼리를 처리하기 위해 명시적으로 _id : 0을 설정하여 인덱스가 _id 필드를 포함하지 않도록 함으로써 결과로부터 _id 필드를 배제한다.

예제 2-9 몽고DB의 grades 컬렉션에서 인덱스가 type과 score인 필드에서 어떤 쿼리가 특정 동작을 담당하고 score 필드에서 반환되도록 하는 find() 메소드를 작성하시오(type 필드는 quiz, score 필드는 50인 데이터를 갖는다).

답 db.grades.find({ type : 'quiz' , score : 50 }, { score: 1, _id: 0})

4) 성능

인덱스는 쿼리가 요청하는 모든 필드를 포함하기 때문에 몽고DB는 쿼리 조건과 인덱스만을 사용하여 결과를 반환할 수 있다. 인덱스만으로 쿼리하는 것이 인덱스에 없는 다큐먼트를 쿼리하는 것보다 빠르다. 인덱스의 키들은 일반적으로 그들이 목록으로 갖고 있는 다큐먼트보다 작고, 램(RAM)에서 사용되거나 디스크 상에 순차적으로 위치하므로 실행 속도가 빠르다.

(4) 쿼리 계획

몽고DB의 쿼리 최적기(query optimizer processes)는 쿼리를 처리하고, 활용 가능한 인덱스를 갖는 쿼리에서 가장 효율적인 쿼리 계획을 세운다. 쿼리 시스템은 쿼리가 실행될 때마다 쿼리 계획을 사용한다.

쿼리 최적기만이 1개 이상의 실현 가능한 계획을 가질 수 있는 쿼리 방식 중에서 계획을 캐시한다. 쿼리 최적기는 때때로 최적의 쿼리 계획을 확인하기 위해 컬렉션이 변경된 내용으로 쿼리 계획을 재평가한다. 또한 사용자는 인덱스 필터를 사용하여 어떤 인덱스가 최적인지를 평가할 수 있다. 주어진 쿼리의 쿼리 계획에 대한 통계 처리를 보기 위해 db.collection.explain() 또는 cursor.explain() 메소드를 사용할 수 있다.

1) 쿼리 최적화

쿼리 최적기는 새로운 쿼리 계획을 만들기 위해 다음 사항을 수행한다.

❶ 다양한 후보 인덱스 대신에 병렬로 쿼리를 실행한다.
❷ 공통의 결과 버퍼에 매치를 기록한다.
❸ 후보 계획의 점검을 멈추고 순서가 정해진 쿼리 계획 중에서 인덱스를 선택한다.

선택된 인덱스는 쿼리 계획에서 설정된 인덱스가 된다. 쿼리 동작 방식은 다음의 2개 쿼리처럼 값이 서로 다른 조건으로 쿼리를 선택하는 것이다.

```
db.grades.find( { type : 'exam' } )
db.grades.find( { type : 'quiz' } )
```

2) 쿼리 계획 수정과 캐시화 인터페이스

컬렉션은 시간에 따라 변하기 때문에 쿼리 최적기는 다음 이벤트에 따라 쿼리 계획을 취소하거나 재평가해야 한다.

❶ 컬렉션에서 1,000번 쓰기 동작을 하였다.
❷ reindex가 인덱스를 다시 만들었다.
❸ 사용자가 인덱스를 추가하거나 제거하였다.
❹ mongod가 다시 실행되었다.

몽고DB는 캐시된 쿼리 계획을 보거나 수정하기 위해 Query Plan Cache 메소드를 제공한다.

3) 인덱스 필터

인덱스 필터는 쿼리 형태에서 어떤 인덱스가 최적인지를 결정하는 것이다. 쿼리 구성은 쿼리, 분류, 프로젝션 구조의 결합이다. 만약 인덱스 필터가 주어진 쿼리 형태로 존재한다면, 최적기는 단지 이들 인덱스가 필터 내부에 설정되었다고 판단한다.

인덱스 필터가 쿼리 형태로 존재할 때, 몽고DB는 hint() 메소드를 무시한다. 인덱스 필터는 단지 어떤 인덱스가 최적인지를 평가할 뿐이다. 최적기는 주어진 쿼리 형태에서 우수한 계획으로 평가되는 컬렉션을 선택한다. 인덱스 필터는 서버 프로세스가 동작 중일 때 존재하며, 서버가 멈추면 존재하지 않는다. 몽고DB에는 수동적으로 필터를 제거하는 명령어가 있다. 인덱스 필터가 hint() 메소드처럼, 최적기의 예상 특성을 무시하기 때문에 인덱스 필터를 간헐적으로 사용해야 한다.

(5) 분산 쿼리

1) 샤드 클러스터에 읽기 동작

샤드 클러스터는 mongod 인스턴스의 클러스터 가운데 하나의 데이터 셋을 애플리케이션으로 연결되도록 분할을 허용한다. [그림 2-15]는 샤드 클러스터의 전체 동작을 나타낸다. 샤드 클러스터에서 애플리케이션은 클러스터와 연관된 mongos 인스턴스 중 1개 동작을 수행한다.

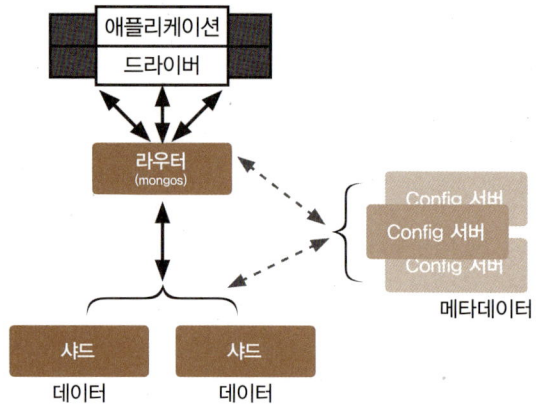

[그림 2-15] 몽고DB 샤드 읽기 동작

샤드 클러스터에 대한 읽기 동작은 특정 샤드로 직접 전달될 때 가장 효율적이다. 샤드 컬렉션에 대한 쿼리는 반드시 컬렉션에서 샤드 키를 포함해야 한다. 쿼리가 샤드 키를 포함할 때 mongos는 쿼리가 샤드되는 경로에서 config database로부터 클러스터 메타데이터를 사용할 수 있다.

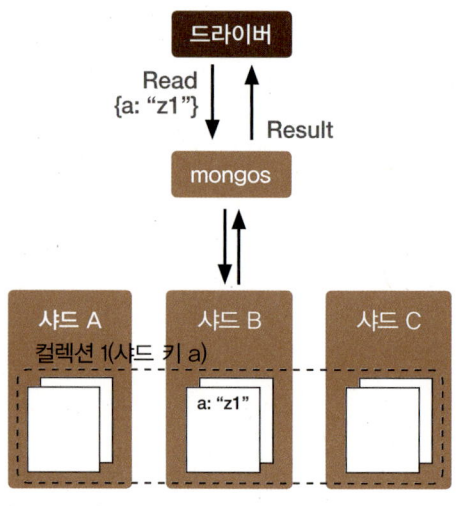

[그림 2-16] 몽고DB 샤드 처리 동작

만약 쿼리가 샤드 키를 포함하지 않으면, mongos는 [그림 2-17]과 같이 클러스터 안에서 쿼리가 모든 샤드를 향하도록 해야 한다. 그러나 scatter gather 쿼리는 비효율적이며 대규모 클러스터에서 루틴 동작을 구현할 수 없는 단점이 있다.

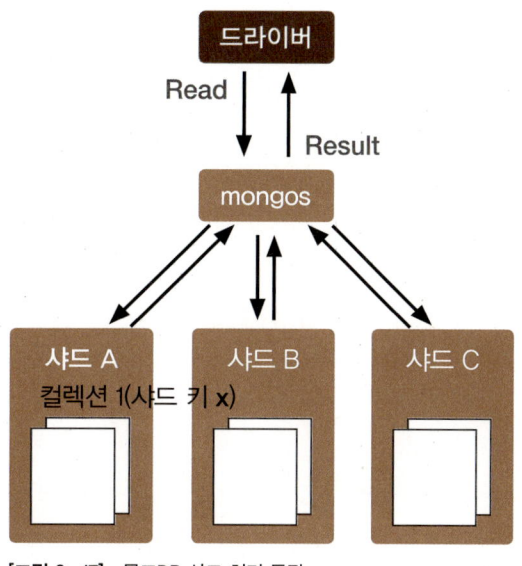

[그림 2-17] 몽고DB 샤드 처리 동작

예제 2-10 샤드 클러스터에서의 읽기 동작 시 틀린 것을 고르시오.

① 샤드 클러스터에서 애플리케이션은 클러스터와 연관된 mongos 인스턴스 가운데 하나에게 동작을 수행한다.

② 샤드 컬렉션에 대한 쿼리는 컬렉션의 샤드 키를 포함하지 않아도 된다.

③ 만약 쿼리가 샤드 키를 포함하지 않으면, mongos는 반드시 클러스터 안에서 쿼리가 모든 샤드를 향하도록 해야 한다.

④ scatter gather 쿼리는 대규모 클러스터에서 루틴 동작을 구현할 수 없다.

답 ②

해설 샤드 컬렉션에 대한 쿼리는 반드시 컬렉션의 샤드 키를 포함해야 한다. 쿼리가 샤드 키를 포함할 때 mongos는 쿼리가 샤드되는 경로에서 config database로부터 클러스터 메타데이터를 사용할 수 있다.

2) 복제 셋에 대한 읽기 동작

복제 셋은 자신의 멤버에 대한 읽기 동작 절차를 어디서, 어떻게 할 것인지를 결정하기 위해 '읽기 참조(read reference)'를 사용한다. 기본적으로 몽고DB는 항상 복제 셋 프라이머리에서 데이터를 읽는다. 사용자는 읽기 참조 모드를 수정하면서 이러한 특성을 변경할 수 있다.

접속 또는 동작 기반과 읽기 참조 모드로 세컨더리에서 읽기를 허용하도록 설정할 수 있다.

❶ 멀티데이터센터 동작에서 지연을 줄인다.
❷ 읽기 양을 크게 하면서 읽기 결과를 증가시킨다.
❸ 백업 동작을 수행한다.
❹ 고장 시에 읽기를 허용한다.

복제 셋의 세컨더리 멤버로부터 읽기 동작은 프라이머리의 현재 상태를 반영하지 못하고, 세컨더리 상태는 시간이 지난 후에 프라이머리를 따른다.

(6) 몽고DB 읽기 동작 연산자 활용

이제까지 몽고DB 읽기 동작에 대한 연산자를 설명하였지만, 여기서는 이를 정리해보자.

■ 조건을 만족하는 다큐먼트를 검색하기 위한 find()와 findOne()

조건을 만족하는 다큐먼트를 검색하기 위해 find() 메소드와 findOne() 메소드를 사용할 수 있다. 단, findOne() 메소드는 복수의 다큐먼트가 조건을 만족하더라도 하나의 다큐먼트만을 반환한다. 이들 두 가지 메소드의 첫 번째 인자는 검색할 조건을 지정하고, 두 번째 인자는 옵션으로 검색된 다큐먼트에서 변환할 필드를 정할 수 있다. 두 번째 인자에서 특정 필드들에 대해 false 또는 true 중 하나로 지정하면 나머지 필드에 대해서는 그 반대의 값으로 지정되어 출력된다. 다음 명령어처럼 false와 true를 혼합하여 사용할 경우, 다른 필드의 값은 모두 false로 지정된다. 부가적으로 find() 메소드는 count()와 pretty(), limit() 등과 혼합하여 사용할 수 있다. 검색할 다큐먼트 수가 많아지면 상대적으로 처리 시간이 길어질 수 있다.

```
>db.users.findOne({ name : "kai"}, {"name": true , "_id": false , "age": true })
>db.users.find({"age":{ $gt : 30 } }, { name : true, _id : false }).pretty()
```

■ 범위에 대한 $gte와 $lte

특정 범위의 값을 조건으로 가질 때는 $gte와 $lte를 사용할 수 있다. $gte는 조건보다 크거나 같은 범위의 값을 지정하고, $lte는 조건보다 작거나 같은 범위를 정할 수 있다. 이때 숫자형뿐만 아니라 문자열에 대해서도 아스키 코드이기 때문에 연산자를 사용할 수 있다.

```
>db.users.find({"age" : {$gt : 30, $lte : 40}}, {name : true, _id : false}).count()
```

■ 값에 대해 특수한 조건을 지정하는 $regex, $exists, $type 연산자

서로 다른 구조의 다큐먼트를 갖는 컬렉션에서 특정 필드가 존재하는 다큐먼트에 대해 동작하기 위해 $exists를 사용하고, 특정 필드에 특정 데이터 유형(지정하는 $type 값에 대해서는 BSON type 값과 같다)을 갖는 다큐먼트에 대해 동작하기 위해 $type을 사용하며, 특정 필드의 값에 대해 특정 문자 또는 문자열을 포함하는 다큐먼트에 대해 동작하는 $regex를 사용할 수 있다. 다음 코드는 age 필드가 존재하는 다큐먼트를 찾고, name 필드에서 type에 따라 다큐먼트를 찾을 수 있으므로, 문자열을 찾기 위해서는 $type:2를 사용한다. 또한 name 필드에서 a 글자가 있는 다큐먼트를 찾는다.

```
>db.users.find({ age : { $exists : true } })
>db.users.find({ name : { $type : 2 } })
>db.users.find({ name : { $regex : "a" } })
```

예제 2-11 users 컬렉션에서 name 필드에 "k" 글자를 갖고, email 필드를 포함하는 다큐먼트를 반환하기 위한 쿼리를 작성하시오.

답 db.users.find({name :{$regex:"k"},email :{$exists:true}});

■ 복수 조건에 대한 $or와 $and 연산자

복수 특정 조건에 대해 모두 만족하는 다큐먼트에 대해 동작하게 하려면 $and를 사용해야 하고, 복수의 특정 조건 중 하나 이상을 만족하는 다큐먼트에 대해 동작하게 하려면 $or를 사용해야 한다. users 컬렉션의 group 필드에서 news와 cooking을 모두($and) 포함하거나 하나만($or) 포함하는 사람을 찾고 싶다면 다음 연산자를 사용해야 한다.

```
>db.users.find({ $and : [ { group : "news" } , { group : "cooking" } ] })
>db.users.find({ $or : [ { group : "news" } , { group : "cooking" } ] })
```

예제 2-12 grades 컬렉션에서 score가 50 이하이거나 90 이상인 모든 다큐먼트를 반환하기 위한 쿼리를 작성하시오.

답 db.grades.find({$or :[{score :{$lte:50}},{score :{$gte:90}}]});

■ 복수 조건에 대한 $in과 $all 연산자

$in은 $or과 같이 같이 복수의 특정 조건 중 하나 이상을 만족하는 다큐먼트에 대해 동작하지만, 단일 필드에 대해서만 동작할 때에는 $or보다 좋다. 반면 복수의 특정 조건에 대해 모두 만족하는 다큐먼트에 대해 동작한다. 즉 아래의 두 쿼리는 같다. 이때 $all과 $in 모두 순서의 차이가 오류를 발생시키지 않는다. $all 연산자는 dance를 좋아하는 Korean을 찾고, $in 연산자는 device 필드 안에서 Laptop과 PC를 포함하는 다큐먼트를 찾는다.

```
> db.articles.find( { tags: { $all: [ [ "ssl", "security" ] ] } } )> db.articles.find( { tags: [ "ssl", "security" ] } )
```

예제 2-13 다음 쿼리에 대해 반환될 다큐먼트로 옳은 것은?

```
> db.users.find( { group : { $all : [ "dance" , "korean" ] }, device : { $in : [ "Labtop" , "PC" ] } } )
```

① { "_id" : ... , "name" : "sue", "age" : 26, "status" : "C", "group" : ["flute", "soccer", "cooking", "computer"], "device" : ["Smart Phone"] }

② { "_id" : ... , "name" : "kai", "age" : 38, "status" : "C", "group" : ["news", "swimming", "cooking", "soccer"], "device" : ["Smart Phone"] }

③ { "_id" : ... , "name" : "mel", "age" : 38, "status" : "A", "group" : ["reading", "tennis", "korean", "computer"], "device" : ["PC"] }

④ { "_id" : ... , "name" : "jan", "age" : 21, "status" : "B", "group" : ["music", "dance", "drawing", "korean"], "device" : ["PC", "Smart Phone"] }

답 ④

■ 내장된 배열에서 질의하기

다큐먼트에 내장된 특정 배열 필드에 대해 질의할 수 있다. 예를 들어, 다음 구조의 다큐먼트를 갖고 있는 "users" 컬렉션에서, 특정 배열 필드의 지정된 값의 범위를 갖는 다큐먼트를 검색하기 위해 다음 쿼리를 사용한다.

```
>db.users.find({ "group" : "flute", "age" : { $gt : 25 } })
```

예제 2-14 music 컬렉션에서 다음과 같은 tags 배열을 갖는 다큐먼트에서 쿼리한 결과로 올바른 것을 모두 고르시오.

　　　db.music.find({ tags : "shiny" });

　　① _id : 42, name : "clarinet", tags :["white","shiny","sonata"]}
　　② _id : 702, name : "piano", tags :["blue","medicore","samik"]}
　　③ _id : 1040, name : "flute", tags :["white","shiny","youngchang"]}
　　④ _id : 12345, name : "drum", tags :["black","old","sonata"]}

답 ①, ③

■ 점 표기법을 사용해 질의하기

점 표기법에 대해 알기 위해 다음 쿼리들에 대해 살펴본다. 이때 컬렉션의 다큐먼트 구조를 다음으로 가정한다.

```
{ "_id" : ... , "name" : "mel", "age" : 38, "status" : "A", "group" : { "reading" : "A",
"korean" : "B" }, "device" : [ "PC" ] }
```

1번 쿼리에 대한 실행으로 "name"이 "mel"인 다큐먼트를 반환하지만, 2번 쿼리에 대한 실행으로는 아무것도 반환하지 않는다. 그 이유는 값의 순서가 다르면, 다큐먼트의 BSON은 다르고, 몽고DB는 byte 단위로 값을 비교하기 때문에 2번째 쿼리와 "mel" 다큐먼트는 다른 값으로 판단한다.

```
1)
>db.users.find({ "group" : { "reading" : "A", "korean" : "B" } })
2)
>db.users.find({ "group" : { "korean" : "B", "reading" : "A" } })
```

"group" 배열 필드에 { "reading" : "A" } 값을 포함한 다큐먼트를 찾기 위해 3번 쿼리를 실행해 보면 조건에 일치하는데도 일부 다큐먼트를 검색해낼 수 없을 것이다. 그 이유는 앞서 언급한 바와 같이 "group" 필드가 정확하게 조건문과 일치해야만 반환하기 때문이다. 원하는 조건을 만족하는 다큐먼트를 모두 검색하기 위해서는 4번 쿼리를 사용해야 한다. 실행에 따라 반환되는 다큐먼트는 "group" 필드에 "reading" : "A" 값 또는 그것을 포함하는 배열을 갖는 모든 다큐먼트이다.

```
3)
>db.test.find({ "group" : { "reading" : "A"} })
4)
>db.test.find({ "group.reading" : "A" })
```

예제 2-15 다음과 같이 인터넷 상거래를 취급하는 catalog 컬렉션을 사용한 데이터베이스를 가정하자. 가격(price)이 10,000원 이상이고, 고객 만족도가 5 이상인 모든 물건을 검색하는 쿼리를 작성하시오.

```
{ product : "Ear-phone",
  price : 5000,
  reviews : [ { user : "Fred", comment : "Great", rating : 5 },
              { user : "Tomd", comment : "Middle", rating : 3 } ], ...}
```

답 db.catalog.find({"price" : {"$gte":10000, "reviews.rating":{"$gte":5 }});

■ 커서를 사용한 질의하기

　cursor를 사용하여 쿼리하는 방법에 대해 살펴보자. cursor 객체는 결과를 반환하기 전에 어떤 지점에서도 변경할 수 있고, 반환한 후에는 변경할 수 없다. 따라서 다시 설정해주어야 한다. cursor에 대한 메소드는 count(), limit(), max(), next() 등을 제공하고 있다. 다른 프로그램 언어에서 변수를 설정하듯이 cursor를 설정할 수 있다.

```
> cursor = db.users.find(); null; //
null
>cursor.limit(3).pretty()
```

```
>cursor = db.users.find(); null;
null
>cursor.sort({name:-1}).pretty()
```

cursor라는 변수를 객체로 사용할 수 있다. cursor.hasNext() 메소드를 사용하여 다음에 처리할 파일이 있는지를 확인할 수 있으며, 결과가 true이면 처리할 파일이 있다는 의미이다.

```
> cursor = db.users.find(); null; //
null
> cursor.hasNext()
true
> cursor.next()
> {
    "_id" : ObjectId("55c58cc4b7f069dd64975373")
    "name" : "Park", "age" : 20, "profession" : "hacker"   }
```

■ 결과의 개수 반환하기

조건과 일치하는 다큐먼트의 개수를 반환하기 위한 방법으로 count() 메소드를 사용한다. count() 메소드를 활용한 다음의 두 가지 쿼리는 같은 결과를 반환한다.

```
>db.users.find( "age" : 21 ).count()
>db,users.count(" age" : 21 )
```

예제 2-16 grades 컬렉션에서 type이 "essay"이고, score가 "80" 이상인 다큐먼트를 계수하는 쿼리를 작성하시오.

답 db.grades.count({type : "essay", score : { "$gte" : 80 }});

Chapter 2 MongoDB 연습 문제

Q1 몽고DB의 grades 컬렉션에서 name이 "Gildong"이고, _id를 포함하며, score는 제외하고 되돌려 받기 위해 findOne() 메소드를 사용하여 작성하시오.

Q2 몽고DB 쿼리의 특성이 아닌 것을 고르시오.
① 몽고DB에서 모든 쿼리는 단일 컬렉션에서 사용된다.
② 쿼리에서 반환하는 다큐먼트 순서는 sort()를 설정하지 않으면 정의되지 않는다.
③ 기존의 다큐먼트를 갱신하는 동작은 쿼리가 갱신하려는 다큐먼트를 선택하는 것과 다른 쿼리 문법을 사용해야 한다.
④ 집계 파이프라인에서 $match 동작으로 몽고DB 쿼리에 접근한다.

Q3 몽고DB에서 인덱스 특성이 아닌 것은 무엇인가?
① 인덱스는 DB 검색의 동작 속도를 높여주는 자료 구조이다.
② 인덱스는 키-필드 형태를 가지며, scan을 거치지 않고 문서의 위치로 이동한다.
③ 몽고DB는 자동적으로 _id 필드에 unique index를 생성한다.
④ 인덱스를 사용하면 쓰기(write) 동작 및 갱신(update) 동작 성능이 향상된다.

Q4 사용자가 작성한 JSON 파일(test.json)을 명령어 mongoimport를 사용하여 몽고DB에 이름(test)과 컬렉션(test)을 지정한 후 추가할 수 있는 명령어를 작성하시오.

Q5 grades 컬렉션에서 65보다 크거나 같은 exam scores를 scores 오름차순으로 정렬하고, 그중 가장 낮은 exam scores를 가진 student_id를 구하는 메소드를 작성하시오.

Q6 몽고DB 프로젝션의 특성 가운데 옳지 않은 것은 무엇인가?
① 몽고DB에서 기본적으로 _id 필드는 결과에 포함된다. 결과 셋에서 _id 필드를 제거하기 위해 다큐먼트에서 "_id"를 0으로 설정한다.
② 배열이 포함된 필드에서 몽고DB는 $elemMatch, $slice 및 $와 같은 프로젝션 연산자를 제공한다.
③ 집계 프레임워크 파이프라인에서 연관된 프로젝션 기능으로 $project 파이프라인을 사용할 수 있다.
④ 몽고DB에서 모든 프로젝션은 다중 컬렉션에서 사용된다.

Q7 몽고DB의 grades 컬렉션에서, 인덱스가 type과 score인 필드에서 어떤 쿼리가 특정 동작을 담당하고 score 필드에서 반환되도록 하는 find() 메소드를 작성하시오(type 필드는 exam, score 필드는 70인 데이터를 갖는다).

Q8 몽고DB의 grades 컬렉션에서 find() 결과가 { "_id" : ObjectId ("50906d7fa3c412bb040eb709"), "student_id" : 100, "type" : "homework" , "score" : 88.50425479139126}로 나타났다면, 쿼리한 내용으로 알맞은 것은 무엇인가?
① db.grades.find().sort({'score':-1}).skip(100).limit(1)
② db.grades.find().sort({'score':1}).skip(200).limit(1)
③ db.grades.find().sort({'score':-1}).skip(10).limit(2)
④ db.grades.find().sort({'score':1}).skip(10).limit(2)

Q9 다음 쿼리는 어떤 결과를 출력하는가?

```
db.grades.find( { score : {$gt : 50}, score : { $lt : 60 } } );
```

① 50점과 60점 사이의 모든 다큐먼트를 찾는다.
② 50점 이상의 다큐먼트를 찾는다.
③ 60점 미만의 다큐먼트를 찾는다.
④ 정답 없음.

Chapter 3
몽고DB CRUD 쓰기 연산

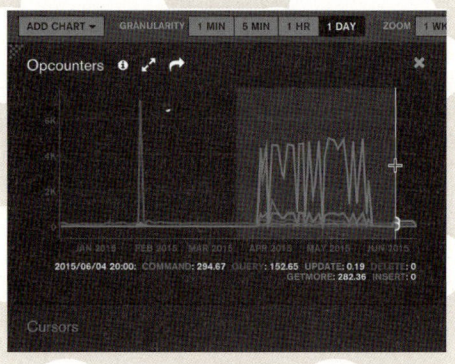

이번 장에서는 몽고DB의 CRUD 연산 동작 가운데 쓰기 동작을 배운다. 쓰기 동작은 몽고DB 인스턴스에서 데이터를 만들거나 수정하는 모든 작업을 말한다. 몽고DB에서 쓰기 동작은 단일 컬렉션을 대상으로 단일 다큐먼트 레벨에서 원자적으로 실행된다. 쓰기 동작은 '삽입', '갱신', '제거'의 세 가지 종류로 나누어진다.

다큐먼트 쓰기 동작

(1) 쓰기 동작

쓰기 동작은 몽고DB 인스턴스에서 데이터를 만들거나 수정하는 모든 작업을 말한다. 몽고DB에서 쓰기 동작은 단일 컬렉션을 대상으로 한다. 모든 쓰기 동작은 단일 다큐먼트 레벨에서 원자적으로 실행된다.

쓰기 동작은 '삽입', '갱신', '제거'의 세 가지 종류로 나누어진다. 삽입 동작은 컬렉션에 새로운 데이터를 추가하고, 갱신 동작은 기존의 데이터를 수정한다. 제거 동작은 컬렉션에서 데이터를 삭제한다. 위의 세 가지 동작은 한 번의 동작으로 여러 다큐먼트에 영향을 미칠 수 없다.

갱신과 제거 작업의 경우, 적용할 다큐먼트를 사용자가 설정할 수 있다. 이 동작은 읽기 동작처럼 쿼리 문법을 사용하여 기준을 설정할 수 있다. 몽고DB는 애플리케이션이 쓰기 동작에 필요한 레벨을 결정할 수 있다.

1) 삽입 동작

`db.collection.insert()` 메소드는 컬렉션에 새로운 다큐먼트를 추가한다. [그림 3-1]은 몽고DB의 삽입 동작을 보여준다.

```
db.users.insert (            ←  collection
   {
      name: "lee",            ←  field: value  ⎫
      age: 22,                ←  field: value  ⎬ document
      status: "B",            ←  field: value  ⎭
   }
)
```

[그림 3-1] 몽고DB 삽입 동작

예제 3-1 users 컬렉션에 name, age, status 필드의 값이 각각 'zoe', 56 , 'D' 인 다큐먼트를 삽입하는 메소드를 작성하시오.

답 db.users.insert({ name: "zoe", age: 56, status: "D"})

---

❶ 삽입 동작 특성

사용자가 _id 필드 없이 새로운 다큐먼트를 추가할 경우, 클라이언트 라이브러리 또는

mongod 인스턴스는 _id 필드를 추가하고 그 필드에 유일한 ObjectId를 부여한다. 사용자가 _id 필드의 값을 지정한다면 그 값은 컬렉션에서 유일해야 한다. 쓰기 연산 시 중복되는 _id 값으로 다큐먼트를 생성하려면, mongod는 중복 키를 사용할 수 없기 때문에 다큐먼트를 삽입하지 않고 _id 값을 반환시켜야 한다.

❷ 다큐먼트를 추가하는 또 다른 방법

사용자는 upsert 조건을 갖는 update( ) 메소드를 사용하여 컬렉션에 새로운 다큐먼트를 추가할 수 있다. 다큐먼트가 조건과 일치하면 다큐먼트를 수정하고, 조건과 일치하는 다큐먼트가 존재하지 않으면 새로운 다큐먼트를 생성한다.

2) 다큐먼트 삽입

❶ 컬렉션에 다큐먼트 삽입

inventory 컬렉션에 다큐먼트를 삽입할 때, 컬렉션이 존재하지 않으면 컬렉션을 만들고 삽입한다.

```
db.inventory.insert(
   {
      item: "ABC1",
      details: {
         model: "14Q3",
         manufacturer: "XYZ Company"
      },
      stock: [ { size: "S", qty: 25 }, { size: "M", qty: 50 } ],
      category: "clothing"
   }
)
```

이 작업은 동작의 상태를 포함하는 WriteResult 객체를 반환한다. 다큐먼트가 성공적으로 삽입되면 다음과 같은 객체가 반환된다.

```
WriteResult({ "nInserted" : 1 })
```

여기서 nInserted 필드는 삽입된 다큐먼트의 개수를 나타낸다. 에러 발생 시 WriteResult 객체는 에러 정보를 포함한다.

❷ 삽입된 다큐먼트 확인

삽입 동작이 성공적으로 이루어진 것을 확인하기 위해 해당 컬렉션을 검색한다.

```
db.inventory.find()
```

그 결과, 다음과 같이 삽입된 다큐먼트가 반환된다.

```
{ "_id" : ObjectId("53d98f133bb604791249ca99"), "item" : "ABC1", "details" : { "model" : "14Q3", "manufacturer" : "XYZ Company" }, "stock" : [ { "size" : "S", "qty" : 25 }, { "size" : "M", "qty" : 50 } ], "category" : "clothing" }
```

반환된 다큐먼트의 내부에는 몽고DB가 추가한 _id 필드가 있다. 사용자가 _id 필드가 포함되지 않은 다큐먼트를 삽입하면, 몽고DB는 ObjectId 값을 생성하여 추가한다. 이때 ObjectId 값은 유일하며, 다른 다큐먼트 값과는 다르다.

3) 다큐먼트 배열 삽입

여러 다큐먼트를 삽입하기 위해 db.collection.insert() 메소드에 다큐먼트 배열을 전달한다.

❶ 배열 다큐먼트 생성

배열을 포함하는 다큐먼트들을 삽입하기 위해 다음과 같이 mydocuments 변수를 선언한다.

```
var mydocuments =
  [
    {
      item: "ABC2",
      details: { model: "14Q3", manufacturer: "M1 Corporation" },
      stock: [ { size: "M", qty: 50 } ],
      category: "clothing"
    },
    {
      item: "MNO2",
      details: { model: "14Q3", manufacturer: "ABC Company" },
      stock: [ { size: "S", qty: 5 }, { size: "M", qty: 5 }, { size: "L", qty: 1 } ],
      category: "clothing"
    },
    {
      item: "IJK2",
```

```
              details: { model: "14Q2", manufacturer: "M5 Corporation" },
              stock: [ { size: "S", qty: 5 }, { size: "L", qty: 1 } ],
              category: "houseware"
         }
   ];
```

❷ 다큐먼트 삽입

생성된 배열 다큐먼트를 삽입하기 위해 `mydocuments` 배열을 `db.collection.insert()`에 전달한다.

```
db.inventory.insert( mydocuments );
```

메소드는 동작 상태를 포함하는 `BulkWriteResult` 객체를 반환한다. 다큐먼트가 성공적으로 삽입되면 다음과 같이 객체를 반환한다.

```
BulkWriteResult({
    "writeErrors" : [ ],
    "writeConcernErrors" : [ ],
    "nInserted" : 3,
    "nUpserted" : 0,
    "nMatched" : 0,
    "nModified" : 0,
    "nRemoved" : 0,
    "upserted" : [ ]
})
```

`nInserted` 필드는 삽입된 다큐먼트의 개수를 나타낸다. 에러가 발생했을 경우, `BulkWriteResult` 객체는 에러 정보를 포함한다. 몽고DB는 삽입된 각각의 다큐먼트에 `_id` 필드를 추가한다.

4) Bulk를 사용한 다중 다큐먼트 삽입

몽고DB는 다중 쓰기 동작을 하는 `Bulk()` API를 제공한다. 다음은 `Bulk()` API를 사용해 몽고DB 컬렉션에 다큐먼트 그룹을 삽입하는 동작들이다.

❶ Bulk 동작 빌더 초기화

inventory 컬렉션에서 Bulk 동작 빌더를 초기화한다.

```
var bulk = db.inventory.initializeUnorderedBulkOp();
```

이 동작은 실행할 동작의 목록을 관리하는 비정렬 동작 빌더를 반환한다. 비정렬 동작은 몽고DB가 병렬 방식으로도 실행할 수 있음을 의미한다. 몽고DB는 한 번의 쓰기 동작 처리 과정에서 에러가 발생하더라도 목록에 남아 있는 쓰기 동작을 계속한다.

❷ Bulk 객체에 삽입 동작 추가

Bulk.insert() 메소드를 사용해 2개의 삽입 동작을 추가한다.

```
bulk.insert(
   {
     item: "BE10",
     details: { model: "14Q2", manufacturer: "XYZ Company" },
     stock: [ { size: "L", qty: 5 } ],
     category: "clothing"
   }
);
bulk.insert(
   {
     item: "ZYT1",
     details: { model: "14Q1", manufacturer: "ABC Company" },
     stock: [ { size: "S", qty: 5 }, { size: "M", qty: 5 } ],
     category: "houseware"
   }
);
```

❸ Bulk 동작 실행

목록에 있는 동작을 실행하기 위해 Bulk 객체의 `execute()` 메소드를 호출한다.

```
bulk.execute();
```

메소드는 동작의 상태를 포함하는 `BulkWriteResult` 객체를 반환한다. 다큐먼트의 삽입 동작이 성공하면 다음과 같은 객체를 반환한다.

```
BulkWriteResult({
   "writeErrors" : [ ],
   "writeConcernErrors" : [ ],
   "nInserted" : 2,
   "nUpserted" : 0,
   "nMatched" : 0,
   "nModified" : 0,
   "nRemoved" : 0,
```

```
        "upserted" : [ ]
})
```

nInserted 필드는 삽입된 다큐먼트의 수를 나타낸다. 동작 중 에러 발생 시 `BulkWriteResult` 객체는 에러 정보를 포함한다.

예제 3-2 다음은 대용량 삽입을 위해 mydocuments 배열을 db.collection.insert()에 전달한 결과이다. 이 경우 쓰인 메소드는 어떤 형태인지 작성하고, 삽입된 다큐먼트는 몇 개인지 작성하시오.

```
BulkWriteResult({
    "writeErrors" : [ ],
    "writeConcernErrors" : [ ],
    "nInserted" : 7,
    "nUpserted" : 0,
    "nMatched" : 0,
    "nModified" : 0,
    "nRemoved" : 0,
    "upserted" : [ ]
})
```

답 db.inventory.insert(mydocuments); 7개

5) 갱신 동작

`db.collection.update()` 메소드는 컬렉션에 이미 존재하는 다큐먼트를 수정한다. 이 메소드는 어떤 다큐먼트를 갱신할 것인지를 결정하기 위해 쿼리 기준을 정하거나 `multi` 조건으로 다중 다큐먼트를 갱신할 수 있다. update 동작으로 수행되는 연산은 단일 다큐먼트에서 원자적으로 동작한다. [그림 3-2]는 몽고DB 갱신 동작을 보여준다.

```
db.users.update(                    ◀── 컬렉션
    { age: { $gt: 18 } },           ◀── 업데이트(갱신) 기준
    { $set: { status: "A" } },      ◀── 업데이트 액션
    { multi: true }                 ◀── 업데이트 옵션
)
```

[그림 3-2] 몽고DB 갱신 동작

❶ 기본 갱신 동작

　　`db.collection.update()` 메소드는 기본적으로 단일 다큐먼트를 갱신한다. 여기에 `multi` 조건을 추가로 사용하면 `update()`는 쿼리와 일치되는 컬렉션의 모든 다큐먼트를 갱신한다. 이 메소드는 존재하는 다큐먼트의 특정 필드를 갱신하거나 다큐먼트 자체를 대체할 수 있다. 다큐먼트의 허용 공간을 초과하는 갱신 동작을 수행할 경우, 갱신 동작은 디스크에서 다큐먼트를 재배치한다. 몽고DB는 다음의 경우를 제외하고 쓰기 동작 이후의 다큐먼트 필드 순서를 유지한다.

- _id 필드는 항상 다큐먼트의 첫 번째 필드이다.
- 필드 이름을 다시 정하는 갱신 동작은 다큐먼트의 필드 순서를 다시 정할 수 있다.

❷ upsert 조건을 갖는 갱신 동작

　　`update()` 메소드가 `upsert : true`를 포함하고, 갱신 동작의 쿼리 부분과 일치하는 다큐먼트가 존재하지 않으면, 갱신 동작은 새로운 다큐먼트를 만든다. 만약 일치하는 다큐먼트가 존재한다면, `upsert : true` 조건을 갖는 갱신 동작은 매칭되는 다큐먼트를 수정한다.

　　`upsert : true`를 설정함으로써, 애플리케이션은 단일 연산으로 작업이 마무리됨을 나타낸다. 일치하지 않는 다큐먼트에서 갱신할 내용을 검색할 경우, insert 연산이 반드시 수행된다. `update()` 연산 시 `upsert` 조건을 사용하여 다큐먼트를 만들 경우, 중복 연산을 피하기 위해 `unique index`를 사용하는 것이 좋다.

[예제 3-3] users 컬렉션에서 update 연산을 이용하여 age가 30보다 큰 다큐먼트들의 status 필드를 "A"로 설정하는 메소드를 작성하시오.

[답] `db.users.update({ age: { $gt: 30,}}, { $set: { status: "A"}}, { multi: true })`

6) 제거 동작

　　`db.collection.remove()` 메소드는 컬렉션에서 다큐먼트를 제거한다. 이 메소드는 어떤 다큐먼트를 제거할 것인지를 결정하기 위해 쿼리 기준을 정한다. [그림 3-3]은 몽고DB 제거 동작을 나타낸다.

```
db.users.remove(          ← collection
    { status: "D" }       ← remove criteria
)
```

[그림 3-3] 몽고DB 제거 동작

예제 3-4 users 컬렉션에 remove 연산을 사용하여 status 필드의 값이 "J"인 모든 다큐먼트들을 제거하는 메소드를 작성하시오.

답 db.users.remove({ status: "J" })

기본적으로 `db.collection.remove()` 메소드는 쿼리와 일치하는 모든 다큐먼트를 제거한다. 이 메소드는 단일 다큐먼트에서만 제거 연산을 수행하도록 플래그를 정할 수 있다. 쓰기 동작이 내장된 여러 다큐먼트를 수정할 경우에도 항상 단일 다큐먼트를 기본으로 수정한다. 만약 쓰기 동작이 여러 다큐먼트를 수정하면, 원자적 동작 원칙에 어긋나서 다른 동작이 끼어들 수 있기 때문이다. 따라서 사용자는 `isolation` 연산자를 사용하여 다중 다큐먼트에 영향을 끼치는 쓰기 동작을 차단할 수 있다. `db.collection.save()` 메소드는 다큐먼트를 _id 필드로 찾을 수 없을 경우, 기존의 다큐먼트를 갱신하거나 삽입할 수 있다.

(2) 쓰기 확인 동작

쓰기 확인 동작은 몽고DB의 쓰기 동작의 성공 여부를 알려준다. 삽입, 갱신 그리고 제거 과정이 불확실한 쓰기 확인을 할 경우, 쓰기 동작은 빠르게 반환된다. 쓰기 작업이 실패할 경우, 쓰기 동작은 지속되지 않는다. 클라이언트가 몽고DB에 쓰기 동작을 전송한 후 확인되는 동안 대기하는 과정이 있어야 정확한 쓰기 동작 확인이 가능하다.

몽고DB는 애플리케이션의 특별한 요구를 충족하기 위해 다양한 단계의 쓰기 확인을 실행한다. 클라이언트는 중요한 동작들이 몽고DB의 전체 구조에서 성공적으로 지속되도록 쓰기 확인을 조정한다. 중요 동작들에 비해 비교적 덜 중요한 동작들인 경우, 클라이언트는 지속성을 신경쓰기보다는 신속하게 진행되도록 쓰기 확인을 조정한다.

1) 고려 사항

❶ 기본 쓰기 확인

몽고 셸과 몽고DB 드라이버는 Acknowledged를 기본 쓰기 확인으로 사용한다.

❷ 타임 아웃

클라이언트는 wtimeout 값을 복제하여 Acknowledged 쓰기 확인의 일부분으로 지정할 수 있다. 쓰기 확인이 구체적으로 지정되어 있지 않을 경우, 쓰기 확인이 성공적으로 끝나더라도 에러가 발생한다.

2) 쓰기 확인 레벨

몽고DB의 쓰기 확인은 다음과 같이 가장 약한 쓰기 동작부터 강도 높은 쓰기 동작까지 단계별로 구성되어 있다.

❶ Unacknowledged

unacknowledged 쓰기 확인을 이용하면, 몽고DB는 쓰기 동작의 결과를 인지하지 못한다. unacknowledged는 무시된 에러와 비슷하지만, 드라이버는 가능한 한 네트워크의 에러를 전송받아 처리하려고 한다. 드라이버의 시스템 네트워크 구성 감지 능력은 시스템 네트워크의 구성에 의존한다.

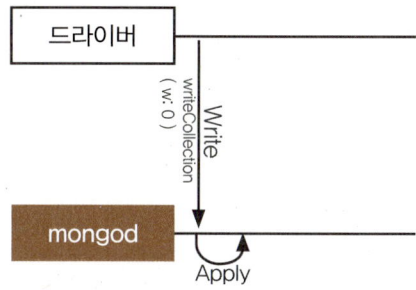

[그림 3-4] Unacknowledged 쓰기 확인

❷ Acknowledged

mongod는 Acknowledged 쓰기 확인의 결과를 바탕으로 쓰기 동작을 전달받고, 데이터의 내장 메모리에 변화를 적용하였는지 확인한다. Acknowledged 쓰기 동작은 클라이언트가 네트워크, 복제 키 그리고 다른 에러들을 감지할 수 있게 한다.

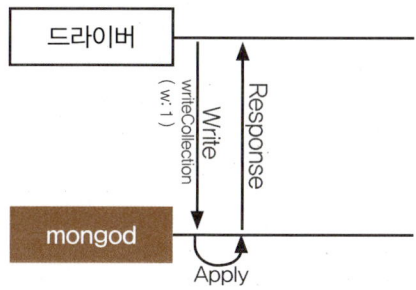

[그림 3-5] Acknowledged 쓰기 확인

❸ Journalized

Journalized 쓰기 확인에서 몽고DB는 데이터를 journal에 적용시킨 이후에만 동작을 인지한다. 이러한 쓰기 확인은 몽고DB가 프로그램의 정지 또는 전원 공급의 문제가 생겼을 경우, 복구되도록 한다. Journalized 쓰기 확인을 사용하려면 journaling을 활성화해야 한다.

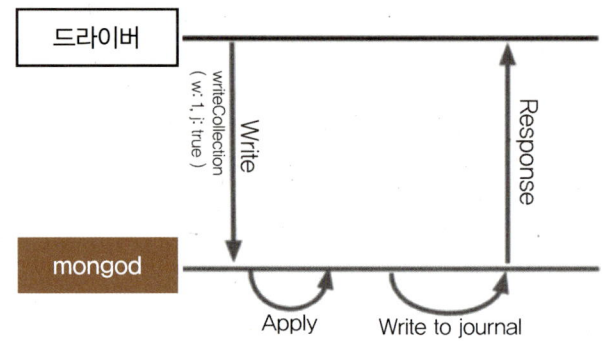

[그림 3-6] Journalized 쓰기 확인

❹ Replica Acknowledged

쓰기 확인은 기본적으로 프라이머리에서만 Acknowledgement를 요구한다. 사용자의 쓰기 동작은 복제 Acknowledged 쓰기 확인을 통해 복제 셋의 다른 멤버들에도 영향을 끼친다.

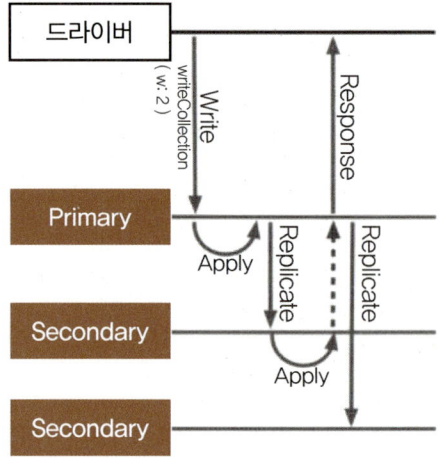

[그림 3-7] Replica Acknowledged 쓰기 확인

(3) 원자성과 통신

모든 쓰기 동작은 단일 다큐먼트를 포함하는 여러 내장 다큐먼트를 수정하는 작업을 할 때에도 원자적으로 실행된다. 하지만 전체 동작이 원자적이지는 않고, 몇몇 동작들은 교차 배치된다. $isolated 연산자를 사용하여 여러 다큐먼트에 영향을 끼치는 단일 쓰기 동작을 격리시킬 수 있다.

1) $isolated 연산자

$isolated 연산자를 사용하면 여러 개의 다큐먼트에 영향을 끼치는 쓰기 동작을 할 때 다른 작업이 인터리빙하지 못한다. 이 연산자는 쓰기 동작이 끝나거나 에러가 나기 전에는 어떤 연산자도 변화를 확인할 수 없게 한다. isolate 쓰기 동작은 에러가 발생하더라도 에러 발생 이전의 변화를 롤백하지 않는다.

2) 트랜잭션을 요구하는 구조

단일 다큐먼트는 여러 개의 다큐먼트를 포함할 수 있기 때문에 많은 사례들에 도움이 된다. 연속 쓰기 동작들이 단일 트랜잭션 같은 구조로 실행되어야 하는 경우, 애플리케이션에서 2단계 명령(two-phase-commit)을 이용해 실행할 수 있다.

2단계 명령은 데이터의 일관성을 보장하지만, 2단계 명령 도중이나 동작을 취소하는 과정에서 애플리케이션이 중간 데이터를 반환할 수 있다.

(4) 분산 쓰기 동작

1) 샤드 클러스터에서의 쓰기 동작

mongos는 애플리케이션의 쓰기 동작을 샤드 클러스터의 컬렉션에서 데이터 셋의 특정 부분을 책임지는 샤드로 직접 보낸다.

mongos는 쓰기 동작을 올바른 샤드로 보내기 위해 config 데이터베이스의 클러스터 메타데이터를 사용한다.

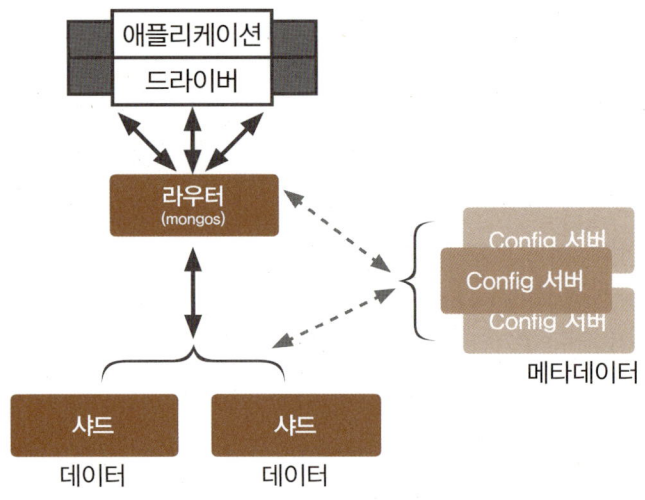

[그림 3-8] 몽고DB 분산 쓰기 동작

[그림 3-9]에서 알 수 있듯이 샤드된 컬렉션의 샤드 키 값을 기준으로 데이터를 분할하고, 이 청크들을 샤드로 분배한다. 샤드 키는 샤드에 들어갈 청크들의 방향을 결정하고, 이것이 클러스터 안에서의 쓰기 작업에 영향을 끼친다.

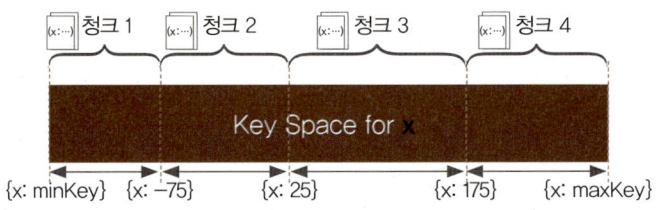

[그림 3-9] 몽고DB 분산 청크 쓰기 동작

> **중요**
> 단일 다큐먼트에 영향을 끼치는 update 동작은 샤드 키 또는 _id 필드를 포함해야 한다. 여러 다큐먼트에 영향을 끼치는 갱신 동작이 샤드 키를 포함하면 더욱 효율적이다.

각 입력마다 샤드 키의 값이 증가하거나 감소하면, 모든 입력 동작은 1개의 샤드에만 영향을 끼친다. 결론적으로, 단일 샤드의 수용력이 샤드 클러스터 입력 한계치의 기준이 된다.

2) 복제 셋에서의 쓰기 동작

복제 셋에서는 모든 쓰기 동작이 셋의 프라이머리로 전송된다. 프라이머리는 쓰기 동작을 지원하고, 이를 프라이머리의 operation log(oplog)에 저장한다. oplog는 복제 가능한 동작들의 시퀀스이다. 셋의 두 번째 멤버들은 oplog를 계속 복제하고 동작을 비동기적으로 자신들에게 적용한다.

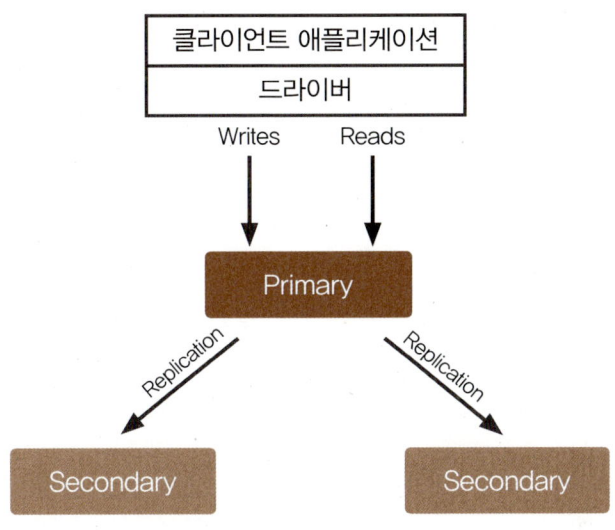

[그림 3-10] 몽고DB 복제 셋 쓰기 동작

세컨더리는 프라이머리로부터 대규모 쓰기 동작을 복제할 때 어려움을 느낄 수 있다. 이러한 현상은 세컨더리의 상태를 프라이머리보다 뒤처지게 한다. 프라이머리보다 뒤처진 세컨더리는 복제 셋이 동작할 경우, 동작 취소나 읽기 지속 형태의 장애 복구 문제를 일으킨다.

이러한 문제를 예방하기 위해 사용자는 쓰기 동작을 확인할 때 복제 셋의 또 다른 멤버를 반환한다. 이 작업을 통해 세컨더리는 프라이머리의 상태와 같아진다. 쓰기 확인은 쓰기 동작의 전반적인 처리 과정 속도를 느리게 하지만, 세컨더리가 현재의 형태로 프라이머리에 의존할 수 있게 해준다.

다큐먼트 쿼리

몽고DB에서 db.collection.find() 메소드는 컬렉션의 다큐먼트들을 되돌려주고, 되돌아온 다큐먼트에 커서를 반환한다. db.collection.findOne() 메소드는 하나의 다큐먼트를 반환하기 위해 읽기 동작을 실행한다. db.collection.findOne() 메소드는 db.collection.find() 메소드에 '1'이라는 제한이 붙은 형태이다.

(1) 컬렉션의 모든 다큐먼트를 선택

비어 있는 쿼리 다큐먼트({})는 컬렉션에서 모든 다큐먼트를 선택한다.

```
db.inventory.find( {} )
```

find()에 쿼리 다큐먼트를 지정하지 않으면, 비어 있는 쿼리 다큐먼트가 선택된다.

```
db.inventory.find( )
```

(2) 항등 조건 설정

항등 조건을 설정하기 위해 쿼리 다큐먼트 { <field>: <value> }를 사용하여 구체적인 값 <value>을 갖는 필드(<field>)를 포함하는 다큐먼트를 선택한다.

다음 예문은 inventory 컬렉션에서 type 필드 중 snacks 값을 갖는 다큐먼트를 리턴받는다.

```
db.inventory.find( { type: "snacks" } )
```

(3) 쿼리 연산자를 사용해 조건 설정

쿼리 다큐먼트는 쿼리 연산자를 사용해 몽고DB 쿼리 조건을 설정할 수 있다.

다음 예문은 inventory 컬렉션의 다큐먼트 중 type 값이 'food' 또는 'snacks'인 다큐먼트를 리턴받는다.

```
db.inventory.find( { type: { $in: [ 'food', 'snacks' ] } } )
```

$or 연산자를 사용하여 쿼리를 실행할 수도 있지만, 같은 필드에서 확인할 경우에는 $or 대신 $in을 사용하는 것이 바람직하다.

예제 3-5 diary 컬렉션의 다큐먼트 중 type의 값이 'date' 또는 'time'인 것을 찾는 메소드를 작성하시오.

답 db.diary.find({ type: { $in: ['date', 'time'] } }).

---

(4) AND 조건 설정

복합 쿼리는 컬렉션 내 다큐먼트에 1개 이상의 필드에 조건을 설정할 수 있다. 논리 And 연산자는 복합 쿼리 성분들을 연결하여 쿼리가 컬렉션 안의 모든 조건을 만족하는 다큐먼트를 선택하게 한다.

다음 예문은 type 필드 값이 'food'이고 less than ($lt) 비교 연산자를 이용해 9.95보다 작은 값으로 price 필드의 범위를 설정한다.

```
db.inventory.find( { type: 'food', price: { $lt: 9.95 } } )
```

이때 쿼리는 type 필드가 'food'를 포함하고 price 필드 값이 9.95보다 작은 다큐먼트를 모두 검색한다.

(5) OR 조건 설정

$or 연산자는 하나의 조건이라도 만족하는 다큐먼트를 반환한다. 다음 예문에서 쿼리 다큐먼트는 qty 필드 값이 100보다 크거나($gt), price 필드의 값이 9.95보다 작은($lt) 다큐먼트들을 선택한다.

```
db.inventory.find(
   {
      $or: [ { qty: { $gt: 100 } }, { price: { $lt: 9.95 } } ]
   }
)
```

(6) AND와 OR 조건을 혼합한 설정

다음 예문을 살펴보면, 복합 쿼리 다큐먼트의 type 필드 값은 'food'이고, qty의 값이 100보다 크거나 price 필드 값이 9.95보다 작은 문서를 찾는다.

```
db.inventory.find(
   {
     type: 'food',
     $or: [ { qty: { $gt: 100 } }, { price: { $lt: 9.95 } } ]
   }
)
```

예제 3-6 diary 컬렉션에서 type 필드의 값은 'date'이고, event 필드 값은 2보다 작거나 time 필드의 값이 3보다 큰 다큐먼트를 찾는 예문을 작성하시오.

답
```
db.diary.find(
{
    type: 'date',
    $or: [ { event: { $lt: 2 } }, { price: { $gt: 3 } } ]
  }
)
```

(7) 내장 다큐먼트

필드가 내장 다큐먼트를 포함할 때, 쿼리는 내장 다큐먼트와 정확히 일치하는 내용을 지정하거나 점 표기법을 사용하여 내장 다큐먼트 내의 각각의 필드와 일치하는 데이터를 지정할 수 있다.

1) 내장 다큐먼트와 일치

모든 내장 다큐먼트에서 일치하도록 설정하려면 { <field>: <value> } 쿼리를 사용해야 한다. 이때 <value>는 일치해야 하는 다큐먼트 값이다.

내장 다큐먼트와 정확하게 일치하는 데이터를 찾기 위해서는 필드 순서와 <value>가 정확히 같아야 한다.

다음 예문에서 쿼리는 필드 producer 안의 내장 다큐먼트 중 'ABC123'의 값을 갖는 company 필드와 '123 Street'의 값을 갖는 address 필드가 순서에 맞게 포함되어 있는 다큐먼트만 찾아낸다.

```
db.inventory.find(
    {
      producer:
        {
          company: 'ABC123',
          address: '123 Street'
        }
    }
)
```

2) 내장 다큐먼트 내부의 필드에서 일치

내장 다큐먼트 안의 특정 필드와 일치하는 데이터를 찾기 위해 점 표기법으로 내장 다큐먼트 내 특정 필드의 값을 포함하는 데이터를 찾는다. 이때 내장 다큐먼트는 다른 필드들을 가질 수 있다.

다음 쿼리는 점 표기법을 사용해 내장된 producer 다큐먼트 중 'ABC123' 값이 있는 company 필드와 일치하는 문서를 찾는다. 내장된 producer 다큐먼트는 다른 필드들을 포함할 수 있다.

```
db.inventory.find( { 'producer.company': 'ABC123' } )
```

(8) 배열

필드가 배열을 포함할 경우, 사용자는 배열이나 배열 안의 특정 값을 검색할 수 있다. 배열 안에 내장된 다큐먼트가 있다면, 사용자는 점 표기법을 사용하여 내장 다큐먼트 안의 특정 필드를 검색할 수 있다.

$elemMatch 연산자를 사용하여 여러 조건을 지정할 경우, 배열은 모든 조건 중 적어도 하나의 항목은 만족해야 한다. $elemMatch 연산자를 사용하지 않고 여러 개의 조건들을 지정할 경우, 몇 개의 배열 항목들이 조건을 모두 만족해야 한다.

1) 배열의 일치

배열의 정확한 일치를 지정하려면 <value> 항목과 일치하는 배열인 쿼리 다큐먼트 { <field>: <value> }를 사용해야 한다.

다음과 같은 다큐먼트를 포함하는 inventory 컬렉션이 있다고 가정해보자.

```
{ _id: 5, type: "food", item: "aaa", ratings: [ 5, 8, 9 ] }
{ _id: 6, type: "food", item: "bbb", ratings: [ 5, 9 ] }
{ _id: 7, type: "food", item: "ccc", ratings: [ 9, 5, 8 ] }
```

다음 예문은 모든 다큐먼트의 rating 필드 중 배열이 순서대로 5, 8, 9 항목을 갖는 것을 검색한다.

```
db.inventory.find( { ratings: [ 5, 8, 9 ] } )
```

실행하면 다음과 같은 결과가 반환된다.

```
{ "_id" : 5, "type" : "food", "item" : "aaa", "ratings" : [ 5, 8, 9 ] }
```

2) 배열 항목들과 일치

배열의 항목 중 하나라도 조건과 일치하는 것을 검색하고자 한다면 다음 명령어를 사용한다.

```
db.inventory.find( { ratings: 5 } )
```

실행하면 다음과 같은 결과가 반환된다.

```
{ "_id" : 5, "type" : "food", "item" : "aaa", "ratings" : [ 5, 8, 9 ] }
{ "_id" : 6, "type" : "food", "item" : "bbb", "ratings" : [ 5, 9 ] }
{ "_id" : 7, "type" : "food", "item" : "ccc", "ratings" : [ 9, 5, 8 ] }
```

3) 배열의 특정 항목과 일치

다음 쿼리는 점 표기법을 사용하여 ratings 배열 안에 5를 첫 번째 항목으로 갖는 다큐먼트를 검색한다.

```
db.inventory.find( { 'ratings.0': 5 } )
```

성안당 e러닝 인기 동영상 강의 교재

" 국가기술자격 수험서는 52년 전통의 '성안당' 책이 좋습니다 "

소방설비기사 필기
공하성 지음

산업위생관리기사 필기
서영민 지음

공조냉동기계기사 필기
허원회 지음

전기기사 필기
문영철, 오우진 지음

전기자기학
전수기 지음

화학분석기사 필기
박수경 지음

품질경영기사 필기
염경철 지음

건축기사 필기
정하정 지음

일반기계기사 필기
허원회 지음

온실가스관리기사 필기
박기학, 김서현 지음

빅데이터분석기사 필기
김민지 지음

영상정보관리사
서재오, 최상균, 최윤미 지음

성안당 e러닝

국가기술자격교육 NO.1

합격이 **쉬워**진다,
합격이 **빨라**진다!

당신의 합격 메이트,
성안당 이러닝

bm.cyber.co.kr

단체교육 문의 ▶ 031-950-6332

성안당 e러닝

쉬운대비 빠른합격

대통령상 2회 수상

국가기술자격시험 교육 부문

2019, 2020, 2021, 2022, 2023, 2024

6년 연속 소비자의 선택
대상 수상

중앙SUNDAY · 중앙일보 · 산업통상자원부

2024 소비자의 선택
The Best Brand of the
Chosen by CONSUMER

성안당 e러닝 주요강좌

소방설비기사·산업기사	전기(공사)기사·산업기사·전자기사	정보처리기사·빅데이터분석기사
건축(설비)기사·지적기사	에너지관리기사·일반기계기사	네트워크관리사·시스코네트워킹
산업위생관리기사·산업기사	품질경영기사	위험물산업기사·기능사
공조냉동기계기사·산업기사	가스기사·산업기사	산림기사·식물보호기사
신재생에너지발전설비기사	토목기사	영상정보관리사
G-TELP LEVEL 2	직업상담사 1급·이러닝운영관리사	화학분석기사·온실가스관리기사

성안당 e러닝 BEST

전기/전자
전수기, 정종연, 임한규, 류선희, 김영복, 김태영 교수

전기기능장, 전기(공사)기사·산업기사
전기기능사, 전자기사

소방
공하성, 유장범 교수

소방기술사
소방설비기사·산업기사
소방시설관리사, 소방공무원

G-TELP
오정석 교수

G-TELP LEVEL 2
문법·독해&어휘, 모의고사

산업위생/환경
서영민, 임대성, 박기학, 김서현 교수

산업위생관리기술사
산업위생관리기사·산업기사
산업보건지도사, 온실가스관리기사

사회복지/교육
이시현, 김재진, 최정빈 교수

직업상담사 1급
이러닝운영관리사

품질/화학/위험물
염경철, 박수경, 현성호 교수

품질경영기사, 화학분석기사
화공기사, 위험물기능장
위험물산업기사, 위험물기능사

기계/정보통신
허원회, 김민지 교수

공조냉동기계기사·산업기사
에너지관리기사, 일반기계기사
빅데이터분석기사

건축/토목
안병관, 심진규, 최승윤, 신민석, 정하정 교수

건축기사, 건축설비기사
전산응용건축제도기능사

실행하면 다음과 같은 결과가 반환된다.

```
{ "_id" : 5, "type" : "food", "item" : "aaa", "ratings" : [ 5, 8, 9 ] }
{ "_id" : 6, "type" : "food", "item" : "bbb", "ratings" : [ 5, 9 ] }
```

4) 배열 항목들에 여러 가지 기준을 설정

❶ 하나의 항목이 기준을 만족하는 경우

$elemMatch 연산자를 사용하여 주어진 여러 기준들 중 하나의 항목이라도 일치하는 다큐먼트를 검색한다. 다음은 ratings 배열 안의 적어도 1개의 항목 중 5보다 크고($gt) 9보다 작은($lt) 다큐먼트를 검색한다.

```
db.inventory.find( { ratings: { $elemMatch: { $gt: 5, $lt: 9 } } } )
```

명령어를 실행하면 다음과 같이 기준에 맞는 결과를 볼 수 있다.

```
{ "_id" : 5, "type" : "food", "item" : "aaa", "ratings" : [ 5, 8, 9 ] }
{ "_id" : 7, "type" : "food", "item" : "ccc", "ratings" : [ 9, 5, 8 ] }
```

❷ 항목들의 조합이 기준을 만족하는 경우

ratings 배열에서 항목들의 조합이 기준을 만족하는 경우, 배열의 한 항목이 5보다 크고 배열의 또 다른 항목이 9보다 작거나 두 가지 조건을 모두 만족하는 한 가지 항목의 경우에도 검색된다.

```
db.inventory.find( { ratings: { $gt: 5, $lt: 9 } } )
```

위 예문을 실행한 결과는 다음과 같다.

```
{ "_id": 5, "type" : "food", "item": "aaa", "ratings": [ 5, 8, 9 ] }
{ "_id": 6, "type" : "food", "item": "bbb", "ratings": [ 5, 9 ] }
{ "_id": 7, "type" : "food", "item": "ccc", "ratings": [ 9, 5, 8 ] }
```

"ratings": [5, 9]를 포함하는 다큐먼트는 항목 9가 5보다 크다는 조건을 만족하고, 항목 5가 9보다 작다는 조건을 만족하기 때문에 기준과 일치한다.

예제 3-7 다음과 같은 메소드를 입력했을 경우에 나타나는 결과를 모두 고르시오.

```
db.inventory.find( { ratings: { $gt: 2, $lt: 7 } } )
```

① { "_id": 3, "type": "food", "item": "eee", "ratings": [2, 7] }
② { "_id": 2, "type": "food", "item": "ggg", "ratings": [2, 5, 8] }
③ { "_id": 8, "type": "food", "item": "ddd", "ratings": [7, 6, 3] }
④ { "_id": 9, "type": "food", "item": "fff", "ratings": [5, 2, 7] }

답 ①, ②, ③, ④

(9) 내장된 다큐먼트들의 배열

inventory 컬렉션이 다음과 같은 다큐먼트를 포함하는 경우를 가정한다.

```
{
  _id: 100,
  type: "food",
  item: "xyz",
  qty: 25,
  price: 2.5,
  ratings: [ 5, 8, 9 ],
  memos: [ { memo: "on time", by: "shipping" }, { memo: "approved", by: "billing" } ]
}
{
  _id: 101,
  type: "fruit",
  item: "jkl",
  qty: 10,
  price: 4.25,
  ratings: [ 5, 9 ],
  memos: [ { memo: "on time", by: "payment" }, { memo: "delayed", by: "shipping" } ]
}
```

1) 배열 인덱스를 사용하여 내장 다큐먼트의 필드와 일치

내장 다큐먼트의 배열을 알고 있다면, 점 표기법을 사용하여 다큐먼트의 위치를 알아내 다큐먼트를 지정할 수 있다. 다음은 다큐먼트 memos에 포함된 배열의 첫 번째 항목이 (즉, 인덱스가 0인) 'shipping'을 값으로 갖는 필드를 포함하는 다큐먼트를 선택하는 예문이다.

```
db.inventory.find( { 'memos.0.by': 'shipping' } )
```

실행 결과는 다음과 같다.

```
{
  _id: 100,
  type: "food",
  item: "xyz",
  qty: 25,
  price: 2.5,
  ratings: [ 5, 8, 9 ],
  memos: [ { memo: "on time", by: "shipping" }, { memo: "approved", by: "billing" } ]
}
```

2) 배열 인덱스를 지정하지 않고 필드와 일치

배열에서의 인덱스 위치를 모른다면, 배열을 포함하는 필드의 이름과 내장 다큐먼트의 필드 이름을 점(.)으로 연결시켜준다. 'shipping'을 값으로 갖는 필드가 포함된 내장 다큐먼트를 적어도 1개 갖는 배열을 포함한 memos 필드의 다큐먼트를 선택하는 예제이다.

```
db.inventory.find( { 'memos.by': 'shipping' } )
```

실행 결과는 다음과 같다.

```
{
  _id: 100,
  type: "food",
  item: "xyz",
  qty: 25,
  price: 2.5,
  ratings: [ 5, 8, 9 ],
  memos: [ { memo: "on time", by: "shipping" }, { memo: "approved", by: "billing" } ]
}
```

```
{
  _id: 101,
  type: "fruit",
  item: "jkl",
  qty: 10,
  price: 4.25,
  ratings: [ 5, 9 ],
  memos: [ { memo: "on time", by: "payment" }, { memo: "delayed", by: "shipping" } ]
}
```

(10) 다큐먼트 배열에 여러 기준을 지정

1) 하나의 항목이 기준을 만족하는 경우

$elemMatch 연산자를 사용하여 주어진 여러 기준들 중 하나의 항목이라도 일치하는 다큐먼트를 검색한다. 다음 예문은 다큐먼트에서 memos 배열 안의 내장 다큐먼트 중 'on time'과 일치하는 memo 필드와 'shipping'과 일치하는 by 필드 두 가지를 모두 포함하는 것을 검색한다.

```
db.inventory.find(
    {
      memos:
        {
          $elemMatch:
            {
              memo: 'on time',
              by: 'shipping'
            }
        }
    }
)
```

결과는 다음과 같다.

```
{
   _id: 100,
   type: "food",
   item: "xyz",
   qty: 25,
```

```
    price: 2.5,
    ratings: [ 5, 8, 9 ],
    memos: [ { memo: "on time", by: "shipping" }, { memo: "approved", by: "billing" } ]
}
```

2) 항목들의 조합이 기준을 만족하는 경우

항목들의 조합이 기준을 만족하는 memos 배열을 포함하는 다큐먼트를 검색한다.

한 가지 항목의 memo 필드는 'on time'이고, 다른 항목의 by 필드가 기준 'shipping'인 경우와 위 두 가지 조건을 모두 만족하는 항목도 검색한다.

```
db.inventory.find(
  {
    'memos.memo': 'on time',
    'memos.by': 'shipping'
  }
)
```

실행 결과는 다음과 같다.

```
{
    _id: 100,
    type: "food",
    item: "xyz",
    qty: 25,
    price: 2.5,
    ratings: [ 5, 8, 9 ],
    memos: [ { memo: "on time", by: "shipping" }, { memo: "approved", by: "billing" } ]
}
{
    _id: 101,
    type: "fruit",
    item: "jkl",
    qty: 10,
    price: 4.25,
    ratings: [ 5, 9 ],
    memos: [ { memo: "on time", by: "payment" }, { memo: "delayed", by: "shipping" } ]
}
```

다큐먼트 수정

몽고DB는 컬렉션의 다큐먼트를 갱신하기 위한 update() 메소드를 제공한다. 이 메소드의 매개 변수는 다음과 같다.

- 갱신할 대상 다큐먼트 조건
- 갱신할 내용
- 옵션

갱신 대상을 설정하기 위해 쿼리 조건과 동일한 구조의 문법을 사용한다. update() 메소드는 기본적으로 다큐먼트 하나만 갱신하지만, 'multi' 옵션으로 다중 다큐먼트를 갱신할 수도 있다.

(1) 특정 필드 갱신

몽고DB는 다큐먼트의 특정 필드 값만 바꾸기 위해 '$set'과 같은 update 연산자를 제공한다. $set과 같은 일부 update 연산자들은 필드가 존재하지 않으면 새로운 필드를 생성한다.

❶ update 연산자를 사용한 필드 값 갱신

item 필드 값이 'MNO2'인 다큐먼트들에 대해 '$set' 연산자를 사용하여 category, details 필드 값을 갱신하고, $currentDate 연산자를 사용하여 lastModified 필드를 갱신한다.

```
db.inventory.update(
   { item: "MNO2" },
   {
     $set: {
       category: "apparel",
       details: { model: "14Q3", manufacturer: "XYZ Company" }
     },
     $currentDate: { lastModified: true }
   }
)
```

update 동작은 동작 상태를 포함하는 WriteResult 객체를 반환한다. 다음과 같은 객체가 반환되면 갱신이 성공적으로 이루어진 것이다.

```
WriteResult({ "nMatched" : 1, "nUpserted" : 0, "nModified" : 1 })
```

nMatched 필드는 조건과 일치하는 다큐먼트의 개수이며, nModified 필드는 수정이 이루어진 다큐먼트의 개수이다.

❷ 내장 필드 갱신

점 표기법을 사용하여 내장 다큐먼트를 갖는 필드를 갱신할 수 있다. 이때 괄호의 내부에 점 표기로 필드 전체를 포함해야 한다. details 필드에 내장된 model 필드를 갱신하는 코드는 다음과 같다.

```
db.inventory.update(
  { item: "ABC1" },
  { $set: { "details.model": "14Q2" } }
)
```

update 동작은 동작 상태를 포함하는 WriteResult 객체를 반환한다. 다음과 같은 객체가 반환된다면 갱신이 성공적으로 이루어진 것이다.

```
WriteResult({ "nMatched" : 1, "nUpserted" : 0, "nModified" : 1 })
```

❸ 다중 다큐먼트 갱신

update() 메소드는 기본적으로 하나의 다큐먼트만 갱신하지만, multi 옵션을 사용하여 다중 다큐먼트를 갱신할 수도 있다.

category 필드 값이 'clothing'인 모든 다큐먼트의 category 필드를 'apparel'로, lastModified 필드를 현재 날짜로 갱신한다.

```
db.inventory.update(
  { category: "clothing" },
  {
    $set: { category: "apparel" },
    $currentDate: { lastModified: true }
  },
  { multi: true }
)
```

update 동작은 동작 상태를 포함하는 WriteResult 객체를 반환한다. 다큐먼트 갱신이 성공적으로 이루어지면 다음과 같은 객체를 반환한다.

```
WriteResult({ "nMatched" : 3, "nUpserted" : 0, "nModified" : 3 })
```

예제 3-8 diary 컬렉션에서 dates 필드 값이 '12'인 모든 다큐먼트의 dates 필드의 값을 '14'로, lastModified 필드를 현재 날짜로 갱신하는 update 메소드를 multi 조건을 사용하여 작성하시오.

답
```
db.diary.update(
    { dates: '12' },
    {
     $set: { dates: '14' },
     $currentDate: { lastModified: true }
    },
    { multi : true }
)
```

(2) 다큐먼트 교체

새로 교체할 다큐먼트의 내용을 update()의 두 번째 인자로 전달하면, _id 필드를 제외한 원본 다큐먼트의 내용 전체를 교체할 수 있다.

교체된 다큐먼트는 원본 다큐먼트와 다른 필드를 가질 수 있다. 이때 _id 필드는 불변하기 때문에 새로 교체할 다큐먼트의 내용에서 제외될 수 있다. 만약 다큐먼트 내용에 _id 필드를 포함시키려면 원본 다큐먼트 값과 동일한 값이어야 한다.

다음 연산은 item이 'BE10'인 다큐먼트를 교체한다. 새롭게 교체된 다큐먼트는 이전의 _id 필드와 새롭게 교체된 다큐먼트 필드를 갖는다.

```
db.inventory.update(
   { item: "BE10" },
   {
     item: "BE05",
     stock: [ { size: "S", qty: 20 }, { size: "M", qty: 5 } ],
     category: "apparel"
   }
)
```

update 동작은 동작 상태를 포함하는 WriteResult 객체를 반환한다. 다큐먼트 갱신이 성공적으로 이루어지면 다음과 같은 객체를 반환한다.

```
WriteResult({ "nMatched" : 1, "nUpserted" : 0, "nModified" : 1 })
```

(3) upsert 조건

기본적으로 쿼리와 일치하는 다큐먼트가 없으면, update() 메소드는 어떤 동작도 하지 않는다. 그러나 upsert를 설정하면, update() 메소드는 쿼리와 일치하는 다큐먼트가 있는 경우 update 동작을 하고, 일치하는 다큐먼트가 없는 경우 update와 동일한 조건으로 새로운 다큐먼트를 생성한다.

❶ { upsert : true } 조건을 설정한 update 연산

{ upsert : true } 옵션을 설정하면, 몽고DB는 일치하는 다큐먼트로 대체되고, 일치하는 다큐먼트를 찾지 못하는 경우 update와 동일한 조건으로 새로운 다큐먼트를 생성한다.

다음 코드는 { item : "TBD1" }과 일치하는 다큐먼트를 주어진 내용으로 대체하거나 일치하는 다큐먼트가 존재하지 않을 경우 주어진 내용으로 새로운 다큐먼트를 추가하는 코드이다.

```
db.inventory.update(
   { item: "TBD1" },
   {
     item: "TBD1",
     details: { "model" : "14Q4", "manufacturer" : "ABC Company" },
     stock: [ { "size" : "S", "qty" : 25 } ],
     category: "houseware"
   },
   { upsert: true }
)
```

update 연산은 db.collections.update() 메소드가 기존 다큐먼트를 수정하거나 새로운 다큐먼트를 추가하는 동작 상태를 포함한 WriteResult 객체를 반환한다.

```
WriteResult({
    "nMatched" : 0,
    "nUpserted" : 1,
    "nModified" : 0,
    "_id" : ObjectId("53dbd684babeaec6342ed6c7")
})
```

nMatched 필드의 '0'은 일치하는 다큐먼트가 없다는 것을, nUpserted 필드의 '1'은 생성된 다큐먼트가 1개라는 것을, nModified 필드의 '0'은 수정 동작이 이루어지지 않았다는 것을 나타낸다. "_id" 필드는 생성된 다큐먼트의 _id 필드를 나타낸다.

❷ { upsert : true } 조건을 설정한, 특정 필드에 대한 update 연산

upsert 조건을 설정했을 때, 일치하는 다큐먼트의 특정 필드만을 수정하거나 일치하는 다큐먼트가 없는 경우에는 주어진 조건으로 새로운 다큐먼트를 만든다. 이와 같은 코드는 다음의 형태이다.

```
db.inventory.update(
   { item: "TBD2" },
   {
     $set: {
       details: { "model" : "14Q3", "manufacturer" : "IJK Co." },
       category: "houseware"
     }
   },
   { upsert: true }
)
```

update 동작은 db.collections.update() 메소드의 동작 상태를 포함하는 WriteResult 객체를 반환한다.

```
WriteResult({
    "nMatched" : 0,
    "nUpserted" : 1,
    "nModified" : 0,
    "_id" : ObjectId("53dbd7c8babeaec6342ed6c8")
})
```

nMatched 필드의 '0'은 일치하는 다큐먼트가 없다는 것을, nUpserted 필드의 '1'은 upsert 동작이 한 번 이루어졌다는 것을, nModified 필드의 '0'은 수정 동작이 이루어지지 않았다는 것을 나타낸다. _id 필드는 upsert 동작으로 생성된 다큐먼트의 _id 필드를 나타낸다.

추가로, db.collection.findModify()와 db.collection.save() 메소드를 활용하여 다큐먼트를 수정하거나 새로운 다큐먼트를 삽입할 수 있다.

다큐먼트 제거

몽고DB에서 db.collecion.remove() 메소드는 컬렉션의 다큐먼트를 제거한다. 이때 컬렉션의 모든 다큐먼트, 조건에 일치하는 다큐먼트 또는 단일 다큐먼트를 제거할 수 있다.

(1) 컬렉션의 모든 다큐먼트 제거

컬렉션의 모든 다큐먼트를 제거하기 위해 remove() 메소드에 비어 있는 쿼리 다큐먼트 {}를 사용하고, 이때 인덱스는 제거하지 않는다. inventory 컬렉션의 모든 다큐먼트를 제거하는 remove() 메소드는 다음과 같다.

```
db.inventory.remove({})
```

경우에 따라 drop() 메소드를 사용하여 다큐먼트와 인덱스를 포함한 컬렉션의 전부를 제거하고, 컬렉션과 인덱스를 다시 만드는 것이 더 효과적일 수 있다.

(2) 특정 다큐먼트 제거

조건에 맞는 다큐먼트를 제거하기 위해 쿼리 매개변수를 이용하여 remove() 메소드를 호출한다. inventory 컬렉션에서 type 필드의 값이 food인 모든 다큐먼트를 제거하는 코드는 다음과 같다.

```
db.inventory.remove( { type : "food" } )
```

대규모 제거 동작의 경우, 필요한 다큐먼트들을 새로운 컬렉션에 복사하고, drop()을 사용하여 컬렉션을 제거하는 것이 효과적이다.

(3) 조건과 일치하는 하나의 다큐먼트 제거

하나의 다큐먼트를 제거하기 위해 justOne 매개변수 값을 'true' 또는 '1'로 설정하여 remove()를 호출한다. inventory 컬렉션의 type 필드 값이 food인, 하나의 다큐먼트를 제거하는 remove()는 다음과 같다.

```
db.inventory.remove( { type : "food" }, 1 )
```

특정한 순서로 정렬한 후 하나의 다큐먼트를 제거하는 경우, findAndModify() 메소드를 사용한다.

예제 3-9 diary 컬렉션에서 dates 필드 값이 '12'가 아닌 모든 다큐먼트를 제거하기 위해 사용할 수 있는 remove 메소드를 작성하시오(이때 특정 값이 아닌 다큐먼트를 지정하기 위해 $ne 연산자를 사용할 수 있다).

답 db.diary.remove({ dates: { $ne: '12' }})

쿼리에서 리턴되는 필드 제한

프로젝션 다큐먼트는 일치하는 모든 다큐먼트의 반환되는 필드를 제한하며, 특정 필드를 포함하거나 배제할 수 있다. 규칙은 다음과 같다.

문법	설명
〈field〉 : 〈 1 또는 true 〉	필드를 포함하도록 설정한다.
〈field〉 : 〈 0 또는 false 〉	필드를 배제하도록 설정한다.

기본적으로 _id 필드는 결과 셋에 포함된다. 결과 셋에서 _id 필드를 제거하려면 프로젝션 다큐먼트에 { _id: 0 }을 설정해야 한다.

사용자는 _id 필드를 제외하고 단일 프로젝션에서 포함과 배제(semantics)를 섞어 사용할 수 없다.

(1) 모든 필드 반환

프로젝션을 설정하지 않으면, find() 메소드는 일치하는 다큐먼트들의 모든 필드를 반환한다. inventory 컬렉션의 type 필드 값이 'food'인 다큐먼트의 모든 필드를 반환하기 위해 다음 코드를 사용한다.

```
db.inventory.find( { type: 'food' } )
```

(2) _id 필드와 특정 필드 반환

프로젝션은 특정 필드들만 나타낸다. type 필드가 'food'이고 item, qty 필드만 반환하는 find() 메소드는 다음과 같다.

```
db.inventory.find( { type: 'food' }, { item: 1, qty: 1 } )
```

(3) 특정 필드 반환

프로젝션에서 설정하여 반환되는 결과에서 _id 필드를 제거할 수 있다. type 필드 값이 'food'인 다큐먼트의 item과 qty 필드만 반환하는 프로젝션을 사용한 쿼리는 다음과 같다.

```
db.inventory.find( { type: 'food' }, { item: 1, qty: 1, _id:0 } )
```

(4) 배제된 필드는 제외하고 모두 반환하기

프로젝션에서 필드 그룹 또는 단일 필드를 배제할 수 있으며, type 필드가 food인 모든 다큐먼트를 반환한다. 결과 셋에서는 매칭한 다큐먼트에서 type 필드를 반환하지 않는다.

```
db.inventory.find( { type: 'food' }, { type:0 } )
```

(5) 내장 다큐먼트의 특정 필드 반환

내장 다큐먼트의 특정 필드를 반환하거나 특정 필드만을 배제하여 반환하기 위해 점 표기법을 사용할 수 있다. 다음 다큐먼트를 갖는 inventory 컬렉션을 분석해보자.

```
{
  "_id" : 3,
  "type" : "food",
  "item" : "aaa",
  "classification": { dept: "grocery", category: "chocolate" }
}
```

type 필드가 'food'이고, _id가 '3'인 모든 다큐먼트의 classification 필드에 내장된 category 필드만 반환하기 위해 다음 쿼리를 사용한다. 이때 category 필드는 classification 필드에 있는 채로 반환된다.

```
db.inventory.find(
    { type: 'food', _id: 3 },
    { "classification.category": 1, _id: 0 }
)
```

연산에 의해 반환되는 다큐먼트는 다음과 같다.

```
{ "classification" : { "category" : "chocolate" } }
```

다큐먼트 "classification"의 "category" 필드를 배제하여 반환하기 위해 다음과 같은 쿼리를 사용할 수 있다.

```
db.inventory.find(
    { type: 'food', _id: 3 },
    { "classification.category": 0}
)
```

(6) 배열 필드 프로젝션

몽고DB는 배열을 갖는 필드에 대해 $eleMatch, $slice, $와 같은 프로젝션 연산자를 사용할 수 있다. 다음과 같은 다큐먼트를 갖는 inventory 컬렉션을 분석해보자.

```
{ "_id" : 5, "type" : "food", "item" : "aaa", "ratings" : [ 5, 8, 9 ] }
```

ratings 배열의 앞 2개 항목만 반환하기 위해 $slice 프로젝션 연산자를 사용한 코드는 다음과 같다.

```
db.inventory.find( { _id: 5 }, { ratings: { $slice: 2 } } )
```

{ "rating.0":1 }과 같은 배열 인덱스를 사용하여 프로젝션할 수 없다. 배열의 항목을 프로젝션하려면 $eleMatch, $slice, $ 연산자를 사용해야 한다. $ 연산자는 조건에 일치하는 배열의 첫 번째 인자만을 반환하고, $eleMatch 연산자는 조건에 일치하는 다큐먼트에서 $elemMatch 조건과 일치하는 첫 번째 배열만을 반환한다.

예제 3-10 inventory 컬렉션이 다음과 같은 다큐먼트를 가졌을 때, 다음 메소드에 의해 반환되는 다큐먼트를 작성하시오.

```
{
    "_id" : 5,
    "type" : "food",
    "item" : "ddd",
    "classification" : { dept: "grocery", category: "chips" }
}
```

```
db.inventory.find(
    { type: 'food', _id: 5 },
    { "classification.category": 1, _id: 0 }
)
```

답 { "classification" : { "category" : "chips" } }

예제 3-11 class1 컬렉션이 다음과 같은 다큐먼트를 가졌을 때, 다음 메소드에 의해 반환되는 다큐먼트를 작성하고, 그 이유를 설명하시오.

```
{ "_id" : 1, "grades" : [ 25, 65, 17 ] }
{ "_id" : 2, "grades" : [ 17, 65, 25 ] }
```

```
db.class1.find({grades:{$gte:21}}, {"grades.$":1})
```

답 { "_id" : 1, "grades" : [25] }
{ "_id" : 2, "grades" : [65] }

해설 find( ) 메소드의 첫 번째 매개변수와 일치하는 다큐먼트를 찾고, 그 결과에서 _id 값, 첫 번째 매개변수와 일치하는 grades 배열의 첫 번째 값만을 출력한다. 따라서 _id 필드 값이 1인 다큐먼트에서는 '25'가 반환되고, 2인 다큐먼트에서는 '65'가 반환된다.

갱신 후에 배열에서 항목 개수 제한하기

많은 score를 받지만 상위 3개의 score만 필요한 경우의 애플리케이션을 가정한다면, 고정된 크기의 배열을 유지 및 관리하기 위해 $each, $sort, $slice 수정자를 $push 연산자와 함께 사용할 수 있다.

(1) 동작 방식

students 컬렉션은 다음과 같은 다큐먼트를 갖고 있다.

```
{
  _id: 1,
  scores: [
    { attempt: 1, score: 10 },
    { attempt: 2 , score:8 }
  ]
}
```

이때 update 동작은 $push 연산자와 다음 연산자들을 사용한다.

- 배열에 새로운 2개 항목을 추가하기 위한 $each 수정자
- score에 따라 오름차순(1)으로 항목을 정렬하는 $sort 수정자
- 정렬된 배열의 마지막 3개 항목을 유지하는 $slice 수정자

```
db.students.update(
   { _id: 1 },
   {
     $push: {
       scores: {
         $each: [ { attempt: 3, score: 7 }, { attempt: 4, score: 4 } ],
         $sort: { score: 1 },
         $slice: -3
       }
     }
   }
)
```

다큐먼트는 연산 이후 scores 배열에 상위 3개의 scores만을 갖는다.

```
{
  "_id" : 1,
  "scores" : [
    { "attempt" : 3, "score" : 7 },
    { "attempt" : 2, "score" : 8 },
    { "attempt" : 1, "score" : 10 }
  ]
}
```

 몽고 셸에서 커서 반복

db.collection.find() 메소드는 커서를 반환한다. 사용자는 다큐먼트들에 접근하기 위해 커서를 반복해야 한다. 그런데 몽고 셸에서 리턴된 커서가 var 키워드를 사용하는 변수로 할당되지 않으면, 커서가 자동적으로 결과에 처음 20개 다큐먼트까지 출력하기 위해 20번 반복 동작을 실행한다. DBQuery.shellBatchSize를 변경하여 횟수를 바꿀 수 있다. 이번에는 다큐먼트에 접근하기 위해 수동적으로 커서를 반복하는 방법과 반복 인덱스를 사용하는 방법을 알아본다.

(1) 수동적으로 커서 반복하기

몽고 셸에서 find() 메소드로부터 반환되는 커서를 var 키워드를 사용하는 변수로 지정하면, 커서는 자동으로 반복되지 않는다.

셸에서 자동으로 20번 반복하여 일치하는 다큐먼트를 출력하는 커서 코드는 다음과 같다.

```
var myCursor = db.inventory.find( { type: 'food' } );

myCursor
```

다큐먼트에 접근하기 위해 next() 커서 메소드를 사용한 코드는 다음과 같다.

```
var myCursor = db.inventory.find( { type: 'food' } );

while (myCursor.hasNext()) {
   print(tojson(myCursor.next()));
}
```

print(tojson()) 메소드 대신에 printjson() 메소드를 사용할 수 있다.

```
var myCursor = db.inventory.find( { type: 'food' } );

while (myCursor.hasNext()) {
   printjson(myCursor.next());
}
```

커서를 반복하여 다큐먼트에 접근하기 위해 forEach() 커서 메소드를 사용하여 다음과 같이 커서를 사용할 수 있다.

```
var myCursor =  db.inventory.find( { type: 'food' } );

myCursor.forEach(printjson);
```

(2) 반복자 인덱스

몽고 셸에서 커서를 반복하기 위해 toArray() 메소드를 사용할 수 있으며, 다음 코드처럼 배열에서 다큐먼트를 반환한다.

```
var myCursor = db.inventory.find( { type: 'food' } );
var documentArray = myCursor.toArray();
var myDocument = documentArray[3];
```

toArray() 메소드는 커서에서 반환된 모든 다큐먼트를 RAM에 적재하고, 커서를 모두 사용한다. 추가로 몇몇 드라이버는 커서 상의 인덱스(cursor[index])를 사용하여 다큐먼트에 접근하도록 한다.

```
var myCursor = db.inventory.find( { type: 'food' } );
var myDocument = myCursor[3];
```

여기서 myCursor[3]은 다음과 같다.

```
myCursor.toArray() [3];
```

쿼리 성능 분석

cursor.explain("executionStats")와 db.collection.explain("executionStats") 메소드는 쿼리의 성능 통계를 제공한다. 여기서 얻은 데이터 출력은 쿼리가 어떻게 인덱스를 사용하는지를 평가하는 데 유용하다. db.collection.explain()은 db.collection.update()와 같은, 다른 동작의 실행에 대한 정보를 제공한다.

(1) 쿼리 성능 평가

다음 다큐먼트를 갖는 inventory 컬렉션을 가정해보자.

```
{ "_id" : 1, "item" : "f1", type: "food", quantity: 500 }
{ "_id" : 2, "item" : "f2", type: "food", quantity: 100 }
{ "_id" : 3, "item" : "p1", type: "paper", quantity: 200 }
{ "_id" : 4, "item" : "p2", type: "paper", quantity: 150 }
{ "_id" : 5, "item" : "f3", type: "food", quantity: 300 }
{ "_id" : 6, "item" : "t1", type: "toys", quantity: 500 }
{ "_id" : 7, "item" : "a1", type: "apparel", quantity: 250 }
{ "_id" : 8, "item" : "a2", type: "apparel", quantity: 400 }
{ "_id" : 9, "item" : "t2", type: "toys", quantity: 50 }
{ "_id" : 10, "item" : "f4", type: "food", quantity: 75 }
```

1) 인덱스 없이 쿼리하기

쿼리는 quantity 필드 값이 100에서 200 사이인 다큐먼트를 검색한다.

```
db.inventory.find( { quantity: { $gte: 100, $lte: 200 } } )
```

쿼리는 결과를 다음과 같이 반환한다.

```
{ "_id" : 2, "item" : "f2", "type" : "food", "quantity" : 100 }
{ "_id" : 3, "item" : "p1", "type" : "paper", "quantity" : 200 }
{ "_id" : 4, "item" : "p2", "type" : "paper", "quantity" : 150 }
```

explain("executionStats") 메소드를 사용하여 선택된 쿼리 계획을 확인할 수 있다.

```
db.inventory.find(
   { quantity: { $gte: 100, $lte: 200 } }
).explain("executionStats")
```

explain( )은 다음 결과를 반환한다.

```
{
    "queryPlanner" : {
        "plannerVersion" : 1,
        ...
        "winningPlan" : {
            "stage" : "COLLSCAN",
            ...
        }
    },
    "executionStats" : {
        "executionSuccess" : true,
        "nReturned" : 3,
        "executionTimeMillis" : 0,
        "totalKeysExamined" : 0,
        "totalDocsExamined" : 10,
        "executionStages" : {
            "stage" : "COLLSCAN",
            ...
        },
        ...
    },
    ...
}
```

- queryPlanner.winningPlan.stage는 'COLLSCAN'은 컬렉션 스캔을 나타낸다.
- executionStats.nReturned의 '3'은 쿼리에 일치하여 반환되는 3개의 다큐먼트를 나타낸다.
- executionStats.totalDocsExamined는 일치하는 다큐먼트를 찾기 위해 10개의 다큐먼트(여기에서는 컬렉션 내부의 모든 다큐먼트)를 스캔한 것을 나타내기 위해 '10'을 표시한다.

일치되는 다큐먼트 수와 조사하는 다큐먼트 수의 차이는 성능을 향상시키기 위해 쿼리는 인덱스를 사용하는 것이 이익이라고 생각할 수 있다.

2) 인덱스를 사용한 쿼리

quantity 필드의 쿼리를 지원하기 위해 quantity 필드에 인덱스를 추가한다.

```
db.inventory.createIndex( { quantity: 1 } )
```

explain("executionStats") 메소드를 사용하여 선택된 쿼리 계획을 확인할 수 있다.

```
db.inventory.find(
   { quantity: { $gte: 100, $lte: 200 } }
).explain("executionStats")
```

explain()은 다음 결과를 반환한다.

```
{
    "queryPlanner" : {
        "plannerVersion" : 1,
        ...
        "winningPlan" : {
            "stage" : "FETCH",
            "inputStage" : {
                "stage" : "IXSCAN",
                "keyPattern" : {
                    "quantity" : 1
                },
                ...
            }
        },
        "rejectedPlans" : [ ]
    },
    "executionStats" : {
        "executionSuccess" : true,
        "nReturned" : 3,
        "executionTimeMillis" : 0,
        "totalKeysExamined" : 3,
        "totalDocsExamined" : 3,
        "executionStages" : {
            ...
        },
```

```
        ...
    },
    ...
}
```

- queryPlanner.winningPlan.inputStage.stage는 인덱스 사용을 나타내기 위해 'IXSCAN'을 표시한다.
- executionStats.nReturned는 쿼리에 일치하여 반환된 3개의 다큐먼트를 나타내기 위해 '3'을 표시한다.
- executionStats.totalKeysExamined는 몽고DB가 3개의 인덱스 항목을 검색했다는 것을 나타내기 위해 '3'을 표시한다.
- executionStats.totalDocsExamined는 몽고DB가 3개의 다큐먼트를 검색했다는 것을 나타내기 위해 '3'을 표시한다.

인덱스를 사용하여 실행할 때, 쿼리는 3개의 일치하는 다큐먼트를 반환하기 위해 각각 3개의 인덱스 항목과 다큐먼트를 검색한다. 인덱스 없이 3개의 일치된 문서를 반환하기 위해 쿼리는 10개의 다큐먼트를 조사하면서 전체 컬렉션을 검색한다.

(2) 인덱스 성능 비교

다중 인덱스를 사용하여 쿼리의 성능을 수동적으로 비교하기 위해 `explain()` 메소드와 결합하여 `hint()` 메소드를 사용할 수 있다. inventory 컬렉션에서 다음과 같은 쿼리를 작성한다.

```
db.inventory.find( { quantity: { $gte: 100, $lte: 300 }, type: "food" } )
```

위 쿼리의 반환이 다음과 같다고 가정한다.

```
{ "_id" : 2, "item" : "f2", "type" : "food", "quantity" : 100 }
{ "_id" : 5, "item" : "f3", "type" : "food", "quantity" : 300 }
```

이때 쿼리를 지원하기 위해 복합 인덱스를 추가한다. 복합 인덱스를 사용하는 경우에는 필드의 순서가 중요하다. 예를 들어 다음 2개의 복합 인덱스를 살펴보면, 첫 번째 인덱스는 quantity 필드에 의해 정렬된 후 type 필드 순으로 정렬되고, 두 번째 인덱스는 type에 의해 정렬된 후 quantity 필드에 의해 정렬된다.

```
db.inventory.createIndex( { quantity: 1, type: 1 } )
db.inventory.createIndex( { type: 1, quantity: 1 } )
```

첫 번째 인덱스를 사용한 쿼리를 평가하기 위해 다음 코드를 사용한다.

```
db.inventory.find(
   { quantity: { $gte: 100, $lte: 300 }, type: "food" }
).hint({ quantity: 1, type: 1 }).explain("executionStats")
```

explain() 메소드는 다음의 출력을 반환한다.

```
{
   "queryPlanner" : {
      ...
      "winningPlan" : {
         "stage" : "FETCH",
         "inputStage" : {
            "stage" : "IXSCAN",
            "keyPattern" : {
               "quantity" : 1,
               "type" : 1
            },
            ...
         }
      }
   },
   "rejectedPlans" : [ ]
},
"executionStats" : {
   "executionSuccess" : true,
   "nReturned" : 2,
   "executionTimeMillis" : 0,
   "totalKeysExamined" : 5,
   "totalDocsExamined" : 2,
   "executionStages" : {
      ...
   }
},
...
}
```

몽고DB는 5개의 인덱스 키를 검색(executionStats.totalKeysExamined)하고 일치하는 다큐먼트 2개를 반환(executionStats.nReturned)한다.

쿼리에서 두 번째 인덱스 결과를 평가하기 위해 다음 코드를 사용한다.

```
db.inventory.find(
    { quantity: { $gte: 100, $lte: 300 }, type: "food" }
).hint({ type: 1, quantity: 1 }).explain("executionStats")
```

explain() 메소드는 다음의 결과를 반환한다.

```
{
    "queryPlanner" : {
        ...
        "winningPlan" : {
            "stage" : "FETCH",
            "inputStage" : {
                "stage" : "IXSCAN",
                "keyPattern" : {
                    "type" : 1,
                    "quantity" : 1
                },
                ...
            }
        },
        "rejectedPlans" : [ ]
    },
    "executionStats" : {
        "executionSuccess" : true,
        "nReturned" : 2,
        "executionTimeMillis" : 0,
        "totalKeysExamined" : 2,
        "totalDocsExamined" : 2,
        "executionStages" : {
            ...
        }
    },
    ...
}
```

몽고DB는 2개의 인덱스 키를 검색(executionStats.totalKeysExamined)하고, 일치하는 2개의 다

큐먼트를 반환(executionStats.nReturned)한다. 이 경우에는 복합 인덱스 { type: 1, quantity: 1 }를 사용하는 것이 복합 인덱스 { quantity: 1, type: 1 }를 사용하는 것보다 효과적이다.

2단계 명령 실행

몽고DB는 다중 다큐먼트 갱신 또는 '다중 다큐먼트 처리 작업'을 수행하는 과정에서 다중 다큐먼트에 데이터 쓰기 작업의 2단계 명령을 사용한다. 이 과정을 '동작 취소' 기능으로 확장시킬 수도 있다.

(1) 배경

단일 다큐먼트의 작업은 항상 몽고DB 데이터베이스에 원자적으로 실행된다. 그런데 '다중 다큐먼트 처리 작업'에서는 이 작업이 원자적으로 이루어지지 않는다. 다큐먼트가 무척 복잡하고, 심지어 다중 '내장된' 다큐먼트들이 존재하기 때문에 단일 다큐먼트의 원자성에는 대부분의 실제 프로젝트 적용 사례에서 필요한 지원 작업을 추가해주어야 하는 특징을 갖는다.

단일 다큐먼트 원자적 동작의 막강한 능력에도 불구하고, 다중 다큐먼트 처리 작업에는 다음과 같은 특정 상황이 발생한다.

- 원자성: 한 동작이 실패하면, 처리 작업 과정의 동작은 반드시 이전 상태로 되돌아갈 수 있어야 한다(즉, 모 아니면 도이다).
- 일관성: 네트워크 또는 하드웨어에서 발생한 중요한 실패가 처리 작업을 차단하면, 데이터베이스는 반드시 연속 상태를 회복할 수 있어야 한다.

다중 다큐먼트 처리 작업이 필요한 경우에 이러한 다중 다큐먼트 갱신을 지원하기 위해 사용자 애플리케이션에서 2단계 명령을 실행할 수 있다. 에러가 발생한 경우, 데이터가 일관성을 갖도록 보장하기 위해 2단계 명령을 사용하면 처리 작업이 '회복 가능(recoverable)하다'라고 말한다. 그리고 이 과정에서 다큐먼트는 데이터와의 상태가 미결인 상태로 된다.

몽고DB에서는 단일 다큐먼트 동작만이 원자적이기 때문에 2단계 명령은 다중 다큐먼트 처리 작업에만 사용된다. 2단계 명령이 거래 취소와 같은 롤백을 실행하는 동안 애플리케이션은 중간 단계의 데이터로 리턴할 수 있다.

(2) 동작 방식

1) 동작 원리

계좌 A에서 계좌 B로 자금을 이동시키는 경우, 관계형 데이터베이스는 단일 2중 처리 동작으로 A에서 자금을 빼고, B에 자금을 추가한다. 몽고DB에서는 비교 가능한 결과를 얻기 위해 2단계 명령을 활용할 수 있다.

여기서는 2개의 컬렉션을 사용한다.
- ❶ 계좌 정보를 저장하는 accounts 컬렉션
- ❷ 송금 처리 작업에서 정보를 저장하는 transactions 컬렉션

2) 입출금 통장 초기화

account 컬렉션에 통장 A와 B 다큐먼트를 삽입한다.

```
db.accounts.insert(
  [
    { _id: "A", balance: 1000, pendingTransactions: [] },
    { _id: "B", balance: 1000, pendingTransactions: [] }
  ]
)
```

삽입 동작은 동작 상태를 갖는 `BulkWriteResult()` 객체를 리턴하고, 삽입에 성공하면 이 객체는 `nInserted`를 '2'로 만든다.

3) 거래 기록 초기화

송금을 실행하기 위해 transactions 컬렉션에 송금 정보를 갖는 다큐먼트를 삽입한다. 이때 다큐먼트는 다음 필드들을 포함한다.

- accounts 컬렉션으로부터 _id를 참조하는 source와 destination 필드
- source와 destination 필드의 balance에 영향을 끼치는 송금액을 설정하는 value 필드
- 현재 송금 상태를 반영하는 state 필드. state 필드는 initial, pending, applied, done, canceled 값을 소유할 수 있다.
- 최종 수정 날짜를 갖는 lastModified 필드

계좌 A에서 B로 송금 100을 하면서 초기화시키기 위해 transaction 컬렉션에 거래 state는 "initial", 현재 시각에 lastModofied 필드와 같은 송금 정보를 갖는 다큐먼트를 삽입한다.

```
db.transactions.insert(
    { _id: 1, source: "A", destination: "B", value: 100, state: "initial", lastModified: new Date() }
)
```

동작 결과는 동작 상태를 나타내는 WriteResult() 객체를 리턴하고, 삽입이 성공하면 WriteResult() 객체는 값이 '1'인 nInserted를 갖는다.

4) 2단계 명령을 사용한 통장 간 송금

❶ 거래 시작

transaction 컬렉션에서 거래의 initial 상태를 확인할 수 있다. 지금 transaction 컬렉션은 1개 다큐먼트만 갖고 있으며, 이 단계를 '거래 기록 초기화' 단계라고 한다. 만약 컬렉션이 추가적인 다큐먼트를 가질 때, 쿼리 조건을 설정하지 않으면 모든 거래는 initial 상태로 반환된다.

```
var t = db.transactions.findOne( { state: "initial" } )
```

몽고 셸에서 변수 t는 변수 내용을 출력하는 데 사용된다. 동작 결과는 삽입 동작을 실행한 날짜를 나타내는 lastModified 필드를 제외하고 다음 다큐먼트와 유사한 결과를 출력한다.

```
{ "_id" : 1, "source" : "A", "destination" : "B", "value" : 100, "state" : "initial",
"lastModified" : ISODate("2014-07-11T20:39:26.345Z") }
```

❷ 거래 대기 상태 갱신

initial에서 pending으로 state를 설정하고, 현재 날짜로 lastModified 필드를 설정하기 위해 $currentDate 연산자를 사용한다.

```
db.transactions.update(
    { _id: t._id, state: "initial" },
    {
      $set: { state: "pending" },
      $currentDate: { lastModified: true }
    }
)
```

동작 결과는 동작 상태를 나타내는 WriteResult() 객체를 리턴하고, 삽입이 성공하면 nMatched와 nModified가 '1'로 나타난다. 만약 nMatched와 nModified가 '0'이면 다른 거래를 위해 첫 번째 단계로 되돌아가서 절차를 다시 시작한다.

❸ 2개 계좌에서 거래

만약 거래가 계좌에 요청되지 않았다면, update() 메소드를 사용하여 2개의 계좌에 거래 t를 요청해야 한다. 갱신 조건에서 조건 pendingTransactions:{$ne:t._id}을 포함시켜 이 단계가 한 번 이상 실행되는 것을 방지한다. 계좌에 거래를 요청하기 위해 balance 필드와 pendingTransactions 필드를 갱신한다. 송금자 계좌를 갱신하기 위해 잔액(balance)에서 거래 금액(value)을 차감하고 거래 _id에 pendingTransactions 배열을 더한다.

```
db.accounts.update(
    { _id: t.source, pendingTransactions: { $ne: t._id } },
    { $inc: { balance: -t.value }, $push: { pendingTransactions: t._id } }
)
```

동작 결과는 동작 상태를 나타내는 WriteResult() 객체를 반환하고, 삽입이 성공하면 nMatched와 nModified가 '1'로 나타난다. 입금자 계좌를 갱신하기 위해 잔액(balance)에 거래 금액(value)을 더하고, 거래 _id에 pendingTransactions 배열을 더한다.

```
db.accounts.update(
    { _id: t.destination, pendingTransactions: { $ne: t._id } },
    { $inc: { balance: t.value }, $push: { pendingTransactions: t._id } }
)
```

삽입 동작이 성공하면 메소드는 nMatched와 nModified가 '1'을 갖는 WriteResult() 객체를 반환한다.

❹ 요청된 거래 상태 갱신

이미 처리된 거래 상태(state)를 설정하기 위해 다음과 같이 update() 동작을 사용하고 lastModified 필드를 갱신한다.

```
db.transactions.update(
   { _id: t._id, state: "pending" },
   {
     $set: { state: "applied" },
     $currentDate: { lastModified: true }
   }
)
```

삽입 동작이 성공하면 메소드는 nMatched와 nModified가 '1'을 갖는 WriteResult() 객체를 리턴한다.

❺ 거래 대기 계좌 목록을 갖는 2개 통장 갱신

2개 통장에서 pendingTransactions 배열로부터 처리된 거래 _id를 제거한다. 송금자 계좌를 갱신한다.

```
db.accounts.update(
   { _id: t.source, pendingTransactions: t._id },
   { $pull: { pendingTransactions: t._id } }
)
```

삽입 동작이 성공하면 메소드는 nMatched와 nModified가 '1'을 갖는 WriteResult() 객체를 반환한다. 입금자 계좌도 갱신한다.

```
db.accounts.update(
   { _id: t.destination, pendingTransactions: t._id },
   { $pull: { pendingTransactions: t._id } }
)
```

삽입 동작이 성공하면 메소드는 nMatched와 nModified가 '1'을 갖는 WriteResult() 객체를 리턴한다.

❻ **처리된 거래 상태 갱신**

처리된 거래의 상태(state)를 설정하고, lastModofied 필드를 갱신함으로써 거래를 종료한다.

```
db.transactions.update(
    { _id: t._id, state: "applied" },
    {
        $set: { state: "done" },
        $currentDate: { lastModified: true }
    }
)
```

갱신 동작이 성공하면 메소드는 nMatched와 nModified가 '1'을 갖는 WriteResult() 객체를 리턴한다.

(3) 실패 극복 방법

거래 절차에서 가장 중요한 부분은 앞에서 본 전형적인 방법이 아니라 거래가 완전하게 성공적으로 마무리되지 못한 다양한 실패 사례의 가능성이다. 여기서는 가능한 실패 사례와 이러한 이벤트를 극복하는 방법을 설명한다.

1) 복구 동작

2단계 명령 방식은 애플리케이션이 거래를 시작하기 위한 일련의 처리 과정을 실행하고, 지속 거래 상태에 도달하는 것이다. 애플리케이션이 시작된 시점에서 복구 동작은 실행되고, 가능한 한 정기적으로 미완성된 거래를 찾아내는 것이다. 지속 거래 상태에 도달하는 데 걸리는 시간은 애플리케이션이 각 거래를 복구하는 데 필요한 시간에 따라 달라진다.

다음 복구 절차는 복구에 필요한 대기 거래 또는 승인 요청 중인 거래가 최근 30분 동안 갱신되지 않는지를 찾기 위한 표시기로, lastModified 날짜를 사용한다. 사용자는 이러한 결정을 위해 서로 다른 조건을 사용할 수 있다.

❶ 대기 상태에서의 거래

'대기 상태 거래 갱신'에서부터 '거래 요청 상태 갱신'까지 다양한 실패로부터 복귀하기 위해 transactions 컬렉션에서 복구용 거래 대기를 되돌린다.

```
var dateThreshold = new Date();
dateThreshold.setMinutes(dateThreshold.getMinutes() - 30);

var t = db.transactions.findOne( { state: "pending", lastModified: { $lt: dateThreshold }
} );
```

❷ 요청 상태에서의 거래

'요청 상태 거래 갱신'에서부터 '거래 완료 상태 갱신'까지 다양한 실패로부터 복귀하기 위해 transactions 컬렉션에서 복구용 거래 승인을 되돌린다.

```
var dateThreshold = new Date();
dateThreshold.setMinutes(dateThreshold.getMinutes() - 30);

var t = db.transactions.findOne( { state: "applied", lastModified: { $lt: dateThreshold }
} );
```

2) 거래 취소 동작

사용자가 거래를 취소하거나, 계좌 가운데 1개라도 존재하지 않거나, 거래 중에 중지 명령이 발생하면 거래를 하지 않거나 취소가 필요하다.

❶ 요청 상태에서의 거래

'요청 거래 상태 갱신' 단계 이후 사용자는 거래를 취소할 수 없다. 그 대신 거래가 완료되고 송금자와 입금자 필드 값을 교체함으로써 거래를 반대로 할 수 있는 새로운 거래 만들기가 가능하다.

❷ 대기 상태에서 거래

사용자는 '대기 상태에서 거래 갱신' 이후와 '요청된 거래 상태 갱신' 이전 단계에서 다음과 같은 방법으로 거래를 취소할 수 있다.

ⓐ 취소 중인 거래 상태 갱신

대기에서 취소 중인 거래 state를 갱신하는 코드는 다음과 같다.

```
db.transactions.update(
    { _id: t._id, state: "pending" },
    {
        $set: { state: "canceling" },
        $currentDate: { lastModified: true }
    }
)
```

갱신 동작이 성공하면 메소드는 nMatched와 nModified가 '1'을 갖는 WriteResult() 객체를 반환한다.

ⓑ 2개 계좌에서 거래 중단

2개 계좌에서 거래를 중지시키기 위해서는 거래가 요청되었을 때 거래 t를 되돌린다. 갱신 조건에서 대기 중인 거래가 요청 중일 때만 계좌를 갱신시키기 위해 pendingTransactions:t.id 조건을 포함시킨다. pendingTransactions 배열에서 거래 _id를 제거하고 통장 balance로부터 거래 금액 value를 차감하여 입금자 계좌를 갱신한다.

```
db.accounts.update(
    { _id: t.destination, pendingTransactions: t._id },
    {
        $inc: { balance: -t.value },
        $pull: { pendingTransactions: t._id }
    }
)
```

갱신 동작이 성공하면 메소드는 nMatched와 nModified가 '1'을 갖는 WriteResult() 객체를 반환한다. 대기 중인 거래가 아직 이 계좌에서 승인되기 전이라면, 갱신 조건에 일치하는 다큐먼트는 존재하지 않으며, nMatched와 nModified는 '0'이 된다.

'balance'에 거래 값을 추가하고, 'pendingTransactions' 배열에서 거래 값을 제거하여 원본 account를 갱신한다.

```
db.accounts.update(
   { _id: t.source, pendingTransactions: t._id },
   {
     $inc: { balance: t.value},
     $pull: { pendingTransactions: t._id }
   }
)
```

ⓒ 취소한 거래 상태 갱신

거래 취소를 종료하기 위해 취소 중 상태에서 취소 완료로 거래 state를 갱신한다.

```
db.transactions.update(
   { _id: t._id, state: "canceling" },
   {
     $set: { state: "cancelled" },
     $currentDate: { lastModified: true }
   }
)
```

갱신 동작이 성공하면 메소드는 nMatched와 nModified가 '1'을 갖는 WriteResult() 객체를 리턴한다.

(4) 2단계 명령을 생산 공정에 활용하는 방법

앞에서는 의도적으로 간단한 은행 거래에 적용하였다. 그러나 좀 더 복잡한 생산 공정에 적용할 수도 있다. 일반적으로 계좌에서는 현재 잔고, 신용 등급 및 부채 등에 관한 정보가 필요하다. 이러한 모든 거래 절차에서 '쓰기 확인' 동작이 적당한 레벨에서 보장되어야 한다.

Chapter 3 MongoDB 연습 문제

Q1 users 컬렉션에서 status 필드의 값이 'Sleeping'인 다큐먼트들에 'C' 값을 갖는 grade 필드를 추가하는 메소드와 status 필드의 값이 'Sleeping'이 아닌 다큐먼트들에는 grade 값으로 'B'를 추가하는 메소드를 작성하시오.

Q2 users 컬렉션에서 find() 메소드를 실행한 후 반환된 다큐먼트들로 올바르지 <u>않은</u> 것을 모두 고르시오.

```
>db.users.find()
```

① { "name" : "Aldo", "Age": "23", _id: 1}
② { "_id" : 2, "name" : ["Aldo", "Deo"], "Age" : "20+" }
③ { "name" : { "English" : [Dyel, Deo] }, "Age" : "24", _id : 3 }
④ { "_id" : 4, "name" : [{ "Hangul" : "Park Dong Young" }, { "English" : "Dyel" }], "Age" : "24" }
⑤ { "id" : 5, "name" : "Sho", "Age" : 32 }

Q3 students 컬렉션에서 type 필드의 값이 A이고, Age의 값이 18 이상 22 이하이며, sport 배열이 basketball이나 swimming 값을 포함하는 다큐먼트를 찾는 find() 메소드를 작성하시오.

Q4 inventory 컬렉션에서 ratings 배열의 첫 번째 값이 '5'인 다큐먼트를 반환하는 find() 메소드와 ratings 배열에 5 값이 포함된 다큐먼트를 반환하는 find() 메소드를 작성하시오.

Q5 Age 배열에 대한 { Age: {$elemMatch: {$gt:18, $lt:24}}}와 {Age: {$gt:18, $lt:24}}의 두 가지 쿼리가 어떤 범위를 갖는지 각각 설명하시오.

Q6 다음과 같은 다큐먼트를 가진 orders 컬렉션에서 memos.Area 필드의 값이 '272'인 다큐먼트 데이터에서 memos 배열의 order 값들만 반환하는 find() 메소드를 작성하시오.

```
{
    "_id" : 4726,
    "Area" : "272",
    "Memos" : [
            {
                    "memo" : "At 8:00 PM",
                    "order" : 1
            },
            {
                    "memo" : "At 8:22 PM",
                    "order" : 7
            }
    ]
}
```

Q7 다음 findOne() 메소드의 출력을 비교, 설명하시오.

```
> db.Que.findOne({type:"wood"})
> db.Que.findOne({type:"wood"}, {brand: 1, price: 1})
> db.Que.findOne({type:"wood"}, {type: 0})
```

Q8 몽고 셸에서 자동으로 반복되는 커서의 회수 설정을 변경할 수 있는 명령어와 100번으로 변경하는 명령어를 작성하시오.

Chapter 4
몽고DB 데이터 모델링

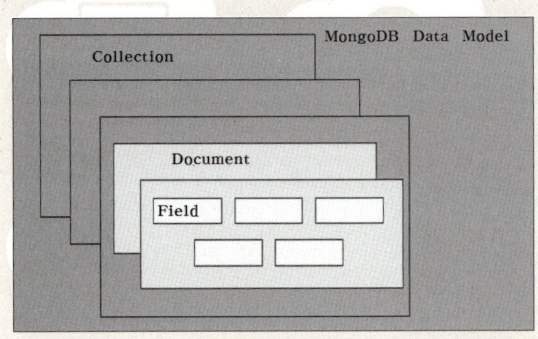

몽고DB 데이터 모델을 설계할 때 반드시 고려해야 할 사항은 다음과 같다.

- 사용자 데이터를 시간에 따라 어떻게 증가시키고 변화시킬 것인가?
- 읽기/쓰기 비율을 어떻게 결정할 것인가?
- 어떤 쿼리를 사용하여 애플리케이션을 동작시킬 것인가?
- 사용자가 반드시 동시에 고려해야 하는 제약 조건들이 있는가?

데이터 모델링 소개

몽고DB 데이터는 융통성 있는 스키마를 갖는다. 데이터를 삽입하기 전에 테이블 스키마를 결정하여 선언해야 하는 SQL 데이터베이스와 달리 몽고DB 컬렉션은 다큐먼트 구조를 미리 정해 놓지 않는다. 이러한 융통성은 속성이나 객체에 대한 다큐먼트 매핑을 용이하게 한다. 모든 다큐먼트는 데이터 구조에 상당한 편차가 있더라도 속성을 대표하는 데이터 필드와 매치할 수 있다. 그러나 실제로는 컬렉션에서 다큐먼트는 유사한 구조를 공유한다.

데이터 모델링에서 중요한 과제는 애플리케이션의 요구와 DB 엔진의 성능 특성 그리고 데이터 반환 패턴 사이에서 균형을 잡는 것이다. 데이터 모델을 설계할 때 항상 애플리케이션 데이터 처리 방식인 쿼리, 업데이트, 데이터 실행뿐만 아니라 그 데이터의 고유한 구조를 고려해야 한다.

(1) 다큐먼트 구조

몽고DB 데이터 모델 설계의 주요한 사항은 다큐먼트 구조를 중심으로 다루는 것과 어떻게 애플리케이션과 데이터 사이의 관계를 표현하는가이다. 이러한 관계를 표현하기 위해 애플리케이션은 두 가지 도구인 참조와 임베디드 다큐먼트를 사용할 수 있다.

1) 참조 데이터 모델

참조 데이터 모델은 한쪽 다큐먼트에서 다른 다큐먼트로 링크 또는 참조를 포함하는 데이터 사이의 관계를 저장한다. 애플리케이션은 관련된 데이터에 접근하기 위해 이러한 참조를 활용할 수 있다. 일반적으로 이들은 정규화된 데이터 모델이다.

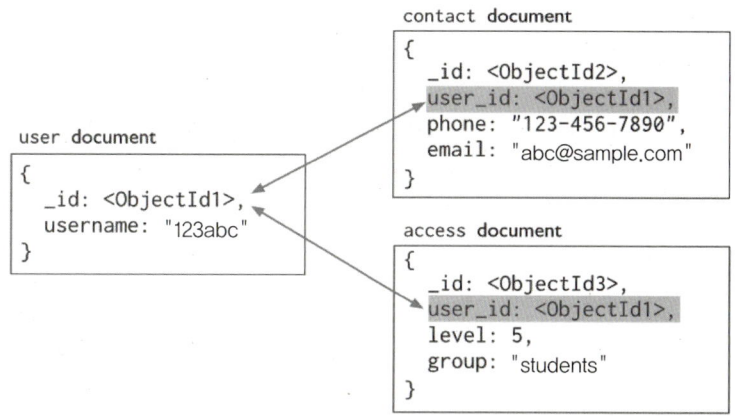

[그림 4-1] 몽고DB 참조 데이터 모델

2) 임베디드 데이터 모델

임베디드 데이터 모델의 다큐먼트는 단일 다큐먼트 구조에 관련된 데이터에 의해 저장된 데이터 사이의 관계를 저장한다. 몽고DB 다큐먼트는 다큐먼트 구조를 다큐먼트 내부의 필드나 배열에 포함할 수 있다. 이러한 비정규화된 데이터 모델은 검색 및 단일 데이터베이스 동작에 관련된 데이터 조작을 애플리케이션에 허용한다.

```
{
  _id: <ObjectId1>,
  username: "123abc",
  contact: {                             ⎫ Embedded sub-
    phone: "123-456-7890",               ⎬ document
    email: "abc@sample.com"              ⎭
  },
  access: {                              ⎫ Embedded sub-
    level: 5,                            ⎬ document
    group: "students"                    ⎭
  }
}
```

[그림 4-2] 몽고DB 임베디드 데이터 모델

이러한 두 가지 데이터 모델링 방법의 사용을 고려하는 경우, 임베디드 모델에서는 다큐먼트에 먼저 몇 개의 연관된 객체를 포함할 것인지, 참조 모델에서는 어떤 식별자(ID)를 사용하여 이들 객체를 참조할 것인지를 결정해야 한다. 또한 가장 최적의 데이터 모델을 찾기 위해 사용자는 반드시 동작 성능, 복잡성 및 유연성을 고려해야 한다.

(2) 쓰기(write) 동작의 원자성(Atomicity)

몽고DB에서 쓰기 동작은 다큐먼트 단계에서 원자적이므로 단일 쓰기 동작은 원자적으로 하나 이상의 다큐먼트 또는 하나 이상의 컬렉션에 영향을 끼칠 수 없다. 내장된 다큐먼트의 비정규화 데이터 모델은 하나의 다큐먼트에 표현되는 개체(entity)에 대한 데이터를 결합한다. 단일 쓰기 동작은 개체의 데이터를 삽입과 업데이트를 할 수 있기 때문에 원자적 쓰기 동작을 용이하게 한다. 데이터 정규화는 여러 컬렉션에 걸쳐 데이터를 나누는 것이며, 원자적인 다중 쓰기 동작을 요구한다.

그러나 원자적 쓰기를 가능하게 하는 스키마는 애플리케이션이 데이터를 사용하거나 애플리케이션을 수정하는 방법을 제한할 수 있다. 원자적 다큐먼트 설계법은 유연성과 원자성의 균형을 갖는 스키마를 설계하는 과제이기도 하다.

(3) 다큐먼트 성장

배열에 요소를 추가하거나 새로운 필드를 추가하는 업데이트 동작은 다큐먼트의 크기를 증가시킨다. MMAPv1 스토리지 엔진의 경우, 다큐먼트의 크기가 다큐먼트에 할당된 공간의 크기를 초과하면 몽고DB는 다큐먼트를 디스크에 재할당한다. 따라서 이 경우, 다큐먼트의 성장 고려 사항은 데이터 정규화 여부의 결정에 영향을 미친다.

(4) 데이터 사용과 성능

데이터 모델을 디자인할 때에는 애플리케이션이 데이터베이스를 사용하는 방법을 고려해야 한다. 예를 들어 애플리케이션이 최근에 입력된 다큐먼트만을 사용하는 경우에는 capped 컬렉션들을 사용하는 것을 고려해야 한다. 애플리케이션이 컬렉션을 주로 읽는 동작을 사용하는 경우에는 성능을 향상시키기 위해 쿼리를 지원하는 인덱스를 추가하는 것이 일반적이다.

데이터 모델링 개념

이번에는 몽고DB 데이터 모델링에 대한 개념을 배우고, 데이터 모델링 기법을 결정하는 전략들과 장단점을 알아보며, 사용자 데이터 모델을 설계할 때 명심해야 할 주기 관리, 인덱싱, 수평적 스케일 특성, 다큐먼트 성장과 같은 자세한 특징들을 설명한다. 그리고 16MB BSON 다큐먼트 크기 제한을 초과하는 다큐먼트를 저장하는 규격인 GridFS를 설명한다.

(1) 데이터 모델 설계

사용자 애플리케이션을 설계할 때 효율적인 몽고DB 데이터 모델링의 핵심적인 고려 사항은 '임베디드 형식' 또는 '참조 형식' 가운데 어느 쪽으로 설계할 것인지를 결정하는 것이다.

1) 임베디드 데이터 모델

몽고DB에서 단일 구조 또는 다큐먼트에 연관된 데이터를 내장할 수 있다. 이러한 스키마들은 일반적으로 '비정규화' 모델이며, 몽고DB의 풍부한 다큐먼트를 활용할 수 있다.

```
{
  _id: <ObjectId1>,
  username: "123abc",
  contact: {
             phone: "123-456-7890",
             email: "abc@sample.com"
           },                              > Embedded sub-document
  access: {
             level: 5,
             group: "students"
           }                               > Embedded sub-document
}
```

[그림 4-3] 몽고DB 임베디드 데이터 모델

임베디드 데이터 모델은 애플리케이션이 동일한 데이터베이스 기록에서 관련된 내용들을 저장하는 데 사용된다. 결국 애플리케이션은 공통의 동작과 연산을 끝내기 위해 더 적은 쿼리를 발행하면서 갱신 동작을 요구한다. 일반적으로 다음과 경우에 임베디드 데이터 모델을 사용한다.

- 일대일(one-to-one) 모델 관계를 갖는 임베디드 다큐먼트에서 항목 사이에 '포함' 관계를 갖는 경우
- 일대다(one-to-many) 모델 관계를 갖는 임베디드 다큐먼트에서 '1개'의 부모 다큐먼트와 '여러 개'의 자식 다큐먼트 사이의 관계에서 항목 간 일대다 관계를 갖는 경우

보통 임베디드 동작은 단일 데이터베이스 동작의 연관 데이터를 요청하거나 되돌려줄 때와 마찬가지로 읽기 동작에서 더 좋은 성능을 발휘한다. 임베디드 데이터 모델은 단일 원자적 쓰기 동작에서 연관된 데이터를 갱신하는 것이 가능하다.

그런데 다큐먼트의 임베디드 연관 데이터는 만들어진 이후에 다큐먼트가 성장하는 상황을 만들 수 있다. MMAPv1 저장 엔진으로 다큐먼트 성장은 쓰기 성능에 영향을 끼치고, 데이터 분할을 야기한다. 몽고DB 다큐먼트는 최대 BSON 다큐먼트 크기보다 반드시 작아야 한다.

2) 정규화된 데이터 모델

[그림 4-4]는 다큐먼트 사이의 참조를 사용하는 참조 데이터 모델을 나타낸다.

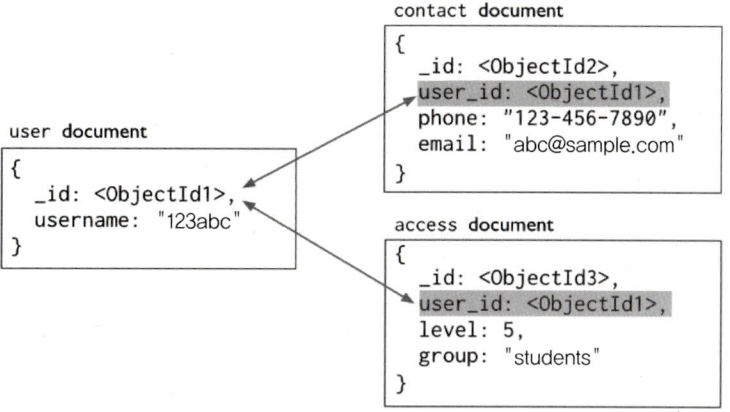

[그림 4-4] 몽고DB 참조 데이터 모델

일반적으로 다음과 같은 경우에 정규화된 데이터 모델을 사용한다.

- 임베딩 결과가 데이터 중복이 발생하는 경우
- 좀 더 복잡한 다대다 모델 관계를 나타내는 경우
- 커다란 계층적 데이터 셋을 설계하는 경우

참조 방식은 임베디드 방식보다 좀 더 유연성을 제공한다. 그런데 클라이언트 측 애플리케이션에서는 반드시 참조를 해결하는 추가 쿼리를 발생시켜야 한다. 다시 말해서 정규화된 데이터 모델은 서버 측에 더 많은 작업을 요구할 수 있다.

(2) 동작 요소와 데이터 모델

몽고DB 애플리케이션 데이터를 모델링하는 것은 데이터 자체뿐만 아니라 몽고DB 특성을 고려해야 한다. 예를 들어 어떤 데이터 모델을 사용하느냐에 따라 애플리케이션을 대상으로 좀 더 효율적인 쿼리를 사용할 수 있으며, 삽입 및 갱신 동작의 결과물을 만드는 성능을 향상시키거나 좀 더 효율적으로 샤드된 클러스터를 분산시킬 수 있다.

이러한 요소들은 몽고DB 기반의 애플리케이션 성능에 영향을 미치지만, 이 밖에 애플리케이션 외부에서 발생하는 동작 상의 요구 사항들도 고려해야 한다. 데이터 모델을 개발할 때 다음 조건들과 연계하여 읽기 동작과 쓰기 동작 모두를 분석해야 한다.

1) 다큐먼트 성장

다큐먼트 갱신 동작은 다큐먼트의 크기를 증가시킨다. 이러한 갱신 동작들은 배열에 항목을 추가하고 다큐먼트에 새로운 필드를 추가한다. MMAPv1 저장 엔진을 사용할 때에는 다큐먼트 성장을 데이터 모델에 반영해야 한다. MMAPv1에서 다큐먼트 크기가 할당된 크기를 초과한다면, 몽고DB는 디스크에 다큐먼트를 재배치한다. 몽고DB 3.0에서 'Power of 2 Sized Allocations'의 기본 크기는 해제된 기록 공간의 효율적인 재사용과 마찬가지로 재할당 발생을 최소화한다.

2) 원자성

몽고DB 연산 동작은 다큐먼트 레벨에서 원자적으로 일어난다. 단일 쓰기 연산은 1개 이상의 다큐먼트를 변화시키지 못한다. 컬렉션에서 단일 다큐먼트를 수정하는 동작은 한 번에 1개의 다큐먼트에서만 일어난다. 사용자 애플리케이션은 동일 다큐먼트에서 원자적 의존성 요구 사항을 갖는 모든 필드를 저장한다는 것을 기억해야 한다. 만약 애플리케이션이 2개로 분리된 데이터를 원자적으로 나누어 갱신할 수 없다면, 사용자는 이들 데이터를 분리된 다큐먼트에 저장해야 한다.

단일 다큐먼트에 연관된 데이터를 내장하는 데이터 모델은 이러한 종류의 원자적 동작을 실행할 수 있다. 데이터 조각들이 연관된 참조를 저장하는 데이터 모델에서 애플리케이션은 반드시 분리된 읽기와 쓰기 동작을 실행해야 한다.

3) 샤딩

몽고DB는 수평적 스케일링을 사용하기 위해 '샤딩(sharding)'을 사용한다. 이러한 클러스터들은 대규모 데이터 셋과 고성능 동작을 지원한다. 샤딩은 많은 mongod 인스턴스 또는 샤드들을 뛰어넘어 컬렉션 다큐먼트를 분배하기 위해 데이터베이스 내에서 컬렉션을 분할하는 데 활용된다.

몽고DB는 샤드된 컬렉션에서 데이터와 애플리케이션 통신을 분할하기 위해 샤드 키(shard key)를 사용한다. 올바른 샤드 키를 선택하는 것은 성능 면에서 중요하고, 쿼리의 고립을 방지하며, 쓰기 성능을 향상시킨다. 1개 필드 또는 여러 개의 필드를 샤드 키로써 신중하게 활용하는 것은 매우 중요하다.

4) 인덱스

쿼리에서는 성능을 향상시키기 위해 인덱스를 사용한다. 쿼리에서 자주 사용되는 필드에 대하여 그리고 분류된 결과를 리턴하는 모든 동작에서 인덱스를 만들어 사용한다. 몽고DB는 자동적으로 _id 필드 상에 유일한 인덱스를 만든다.

사용자가 인덱스를 만들 때에는 다음 특성을 고려해야 한다.

- 각 인덱스는 데이터 공간이 적어도 8KB가 필요하다.
- 인덱스를 추가하는 것은 쓰기 동작에서 몇 가지 나쁜 영향을 미친다. 쓰기-읽기 비율이 높은 컬렉션에서 인덱스는 삽입 동작마다 모든 인덱스를 갱신하기 때문에 많은 대가를 치러야 한다.
- 쓰기-읽기 비율이 높은 컬렉션은 추가 인덱스에서 혜택을 받는다. 인덱스되지 않은 읽기 동작에는 영향을 미치지 못한다.
- 모든 인덱스는 동작 시에 디스크 공간과 메모리를 소모한다. 이러한 사용량은 중요하며, 특히 작업 셋의 크기를 고려하면서 사용량을 추적할 수 있어야 한다.

5) 컬렉션의 개수

특정 상황에서 사용자는 단일 컬렉션에서보다는 다양한 컬렉션에서 관련 정보를 선택할 수 있다.

다양한 환경과 애플리케이션의 logs 다큐먼트를 저장하는 표본 컬렉션 logs는 다음과 같은 형태를 갖는다.

```
{ log: "dev", ts: ..., info: ... }
{ log: "debug", ts: ..., info: ...}
```

만약 전체 개수가 적으면 컬렉션을 형태에 따라 그룹화할 수 있다. logs에서 logs_dev와 logs_debug 컬렉션이 dev 환경에 연관된 다큐먼트만을 포함하도록 분리할 수 있다.

일반적으로, 컬렉션의 개수가 많아지는 것은 큰 성능 저하는 없지만 결과는 매우 좋다. 분리된 컬렉션은 고성능 배치 처리 과정에서 매우 중요하다. 대규모 컬렉션을 갖는 모델을 사용할 때 다음 특성을 고려해야 한다.

- 각 컬렉션은 수 KB 정도의 용량을 갖는다.
- _id를 포함하는 인덱스는 적어도 8KB 데이터 공간을 갖는다.
- 각 데이터베이스에서 단일 이름 공간 파일은 그 데이터베이스의 모든 메타데이터를 저장하고, 각 인덱스와 컬렉션은 자신만의 이름 공간 파일을 갖는다.

- 몽고DB는 이름 공간 개수 제한을 갖는 mmapv1 저장 엔진을 사용한다. 사용자는 데이터베이스가 지원하는 많은 추가적인 이름 공간을 알기 위해 현재 사용 중인 이름 공간 개수를 파악해야 한다. 현재 사용 중인 이름 공간 개수를 알기 위해 몽고 셸에서 다음 명령을 실행한다.

```
db.system.namespaces.count()
```

이름 공간의 개수를 제한하는 것은 <database>.ns 크기이다. 기본적으로 이름 공간 파일은 16MB이다.

6) 데이터 수명 관리

데이터 모델링 결정은 데이터 사용 주기 관리를 따른다. 컬렉션의 Time to Live, 즉 TTL 특성은 설정한 시간 주기로 다큐먼트를 종료한다. 만약 사용자 애플리케이션이 제한된 시간 주기 동안 데이터베이스 내부에 존재하는 경우에 TTL 특성을 고려해야 한다.

또한 만약 사용자 애플리케이션이 최근에 삽입된 다큐먼트를 사용할 때에는 capped 컬렉션을 고려해야 한다. 이 컬렉션은 삽입된 다큐먼트에 대하여 first-in-first-out(FIFO) 관리 기법을 제공하고, 삽입 순서에 따라 삽입과 읽기 다큐먼트 동작을 지원한다.

예제 4-1 다음 내용 가운데 올바르지 <u>않은</u> 것은?
① _id를 포함하는 인덱스는 적어도 16KB 데이터 공간을 갖는다.
② 컬렉션의 TTL 특성은 설정한 시간 주기로 다큐먼트를 종료한다.
③ 몽고DB는 수평적 스케일링을 사용하기 위해 샤딩(sharding)을 사용한다.
④ capped 컬렉션은 삽입된 다큐먼트에 대하여 FIFO 관리 기법을 사용한다.

답 ①

(3) GridFS

GridFS는 제한된 크기가 16MB인 BSON-다큐먼트를 초과하는 파일을 저장하거나 처리하는 규격이다. GridFS는 단일 다큐먼트에서 파일을 저장하는 대신 파일을 일부 또는 청크 단위로 나누고, 각 청크를 분리된 다큐먼트로 저장한다. 기본적으로 GridFS는 청크 크기를 255KB로 제한한다. GridFS는 파일을 저장하기 위해 2개의 컬렉션을 사용한다. 1개의 컬렉션은 파일 청크를 저장하고, 다른 1개는 파일의 메타데이터를 저장한다.

사용자가 파일을 저장하기 위해 GridFS를 검색할 때 드라이버 또는 클라이언트는 필요한 청크를 다시 조합시킨다. 사용자는 GridFS를 사용하여 저장된 파일에 범위 쿼리를 실행한다. 비디오 또는 음성 파일처럼 중간 단계로 이동할 수 있도록 파일의 임의 부분의 정보에 접근할 수 있다. GridFS는 16MB를 초과하는 파일을 저장하거나 전체 파일을 메모리에 로드시킬 필요 없이 파일을 저장하려고 할 때 매우 유용하다.

1) GridFS로 파일 저장 방법

GridFS를 사용하여 파일을 저장하거나 되돌리기 위해 다음 방법을 사용한다.

- 몽고DB 드라이버를 사용한다.
- 몽고 셸에서 mongofiles 명령을 실행한다.

2) GridFS는 두 가지 컬렉션

GridFS는 두 가지 컬렉션으로 파일을 저장한다.

- chunks는 2진 청크를 저장한다.
- files는 파일 메타데이터를 저장한다.

기본적으로 GridFS는 fs 버킷이라 이름 붙여진 2개의 컬렉션을 사용한다.

- fs.files
- fs.chunks

사용자는 fs가 아닌 다른 이름으로 버킷 이름을 사용하고, 단일 데이터베이스에서 다중 버킷을 만든다. 청크 컬렉션의 각 다큐먼트는 GridFS 내부에서 표현되는 분리된 청크 파일로 나타난다. 각 청크는 _id 필드 내부에 저장된 유일한 ObjectId로 식별된다.

3) GridFS 인덱스

GridFS 인덱스는 files_id와 n 필드 상의 청크(chunks) 컬렉션에 유일하고 복합적인 인덱스를 사용한다. files_id 필드는 청크의 '부모' 다큐먼트 _id를 포함한다. n 필드는 청크의 일련 번호를 포함하며 GridFS 번호는 '0'으로 시작하는 번호이다. GridFS 인덱스는 files_id와 n 값을 사용하여 청크를 효율적으로 되돌린다.

```
cursor = db.fs.chunks.find({files_id: myFileID}).sort({n:1});
```

사용자 GridFS 애플리케이션 동작을 이해하려면 드라이버(driver) 문서를 참조해야 한다. 만약 사용자 드라이버가 이러한 인덱스를 만들지 못하면 몽고 셸에서 다음 동작을 실행한다.

```
db.fs.chunks.createIndex( { files_id: 1, n: 1 }, { unique: true } );
```

데이터 모델링 활용

이번에는 몽고DB의 다큐먼트 사이의 모델링 관계, 예를 들면 임베디드 다큐먼트의 일대일 관계 및 일대다 관계, 그리고 다큐먼트 참조 방식의 일대다 관계를 분석한다. 부모와 자식 참조의 모델 트리 구조를 설명하고 마지막으로 모델 데이터의 원자적 연산 동작과 키워드 검색 활용 사례를 설명한다.

(1) 다큐먼트 사이의 모델링 관계
1) 일대일 다큐먼트 모델

몽고DB의 데이터는 융통성 있는 스키마를 갖는다. 컬렉션은 다큐먼트 구조를 일방적으로 정하지 않는다. 데이터의 모델 결정은 애플리케이션의 성능과 데이터베이스의 용량에 영향을 끼친다.

다음 예제는 다른 문맥에서 하나의 데이터 개체를 검색하여 참조할 때 내장시키는 장점을 보여준다. patron과 address 데이터 사이의 일대일 관계에서 address는 patron에 종속된다. address 다큐먼트는 정규화 데이터 모델에서 patron 다큐먼트에 대한 참조를 포함한다.

```
{
    _id: "joe",
    name: "Joe Bookreader"
}
{
    patron_id: "joe",
    street: "123 Fake Street",
    city: "Faketon",
    state: "MA",
    zip: "12345"
}
```

만약 address 데이터가 참조용으로 name 정보로 자주 검색된다면, 사용자 애플리케이션이 참조를 해결하기 위해 다중 쿼리를 만들어야 할 필요가 있다. 더 좋은 데이터 모델은 다음과 같은 다큐먼트처럼 patron 데이터 내부에 address 데이터를 내장시키는 것이다.

```
{
    _id: "joe",
    name: "Joe Bookreader",
    address: {
            street: "123 Fake Street",
            city: "Faketon",
            state: "MA",
            zip: "12345"
        }
}
```

내장된 데이터 모델에서 사용자 애플리케이션은 하나의 쿼리로 전체 patron 정보를 검색할 수 있다.

예제 4-2 2개 다큐먼트를 분리된 컬렉션에서 일대일 대응 관계를 갖는 다큐먼트 모델로 사용할 때 장점으로 올바른 것을 모두 고르시오.

① 동시에 2개 다큐먼트를 원자적으로 갱신 동작을 수행한다.
② 사용자 애플리케이션의 작업 공간 크기를 줄일 수 있다.
③ 특수 키 인덱스 제한 특성을 강제한다.
④ 연결된 2개 다큐먼트 크기가 16MB를 초과할 때

답 ②, ④

2) 일대다 다큐먼트 모델

일대다 다큐먼트 모델은 서로 다른 문맥에서 다수의 데이터 개체를 검색하여 참조할 때 장점을 갖는다. 다음처럼 partron과 address 데이터 사이의 일대다 관계에서 복수의 address 개체는 patron에 종속된다. address 다큐먼트는 이러한 정규화 데이터 모델에서 patron 다큐먼트에 대한 참조를 포함한다.

```
{
    _id: "joe",
    name: "Joe Bookreader"
}
{
    patron_id: "joe",
```

```
        street: "123 Fake Street",
        city: "Faketon",
        state: "MA",
        zip: "12345"
}
{
        patron_id: "joe",
        street: "1 Some Other Street",
        city: "Boston",
        state: "MA",
        zip: "12345"
}
```

만약 사용자 애플리케이션이 name 정보로 address 데이터를 자주 검색한다면, 애플리케이션이 참조를 해결하기 위해 다중 쿼리를 만들어야 할 필요가 있다. 더 좋은 데이터 모델은 다음과 같은 다큐먼트처럼 patron 데이터 내에 address 데이터를 내장시키는 것이다.

```
{   _id: "joe",
    name: "Joe Bookreader",
    addresses: [ {
                    street: "123 Fake Street",
                    city: "Faketon",
                    state: "MA",
                    zip: "12345"
                 },
                 {
                    street: "1 Some Other Street",
                    city: "Boston",
                    state: "MA",
                    zip: "12345"
                 } ]
}
```

일대다 데이터 모델에서 애플리케이션은 하나의 쿼리로 전체 patron 정보를 검색할 수 있다.

예제 4-3 다중 컬렉션에서 일대다 다큐먼트 모델을 사용하는 것이 바람직한 경우는 언제인가?
① 항상
② 복수의 다큐먼트가 큰 경우
③ 복수의 다큐먼트가 작은 경우
④ 답이 없다.

답 ②

3) 일대일 다큐먼트 참조 모델

다음 예제는 publisher 정보의 반복을 피하기 위해 내장시키는 참조의 이점을 보여준다. book 다큐먼트의 내부에 publisher 다큐먼트를 포함시키면 publisher 데이터의 중복을 발생시킨다.

```
{   title: "MongoDB: The Definitive Guide",
    author: [ "Kristina Chodorow", "Mike Dirolf" ],
    published_date: ISODate("2010-09-24"),
    pages: 216,
    language: "English",
    publisher: {
            name: "O'Reilly Media",
            founded: 1980,
            location: "CA"
        }
}
{   title: "50 Tips and Tricks for MongoDB Developer",
    author: "Kristina Chodorow",
    published_date: ISODate("2011-05-06"),
    pages: 68,
    language: "English",
    publisher: {
            name: "O'Reilly Media",
            founded: 1980,
            location: "CA"
        }
}
```

publisher 데이터의 중복을 피하기 위해 참조를 사용하고, book 컬렉션으로부터 분리된 컬렉션에 publisher 정보를 배치시킨다. 참조를 사용할 때 관계의 확대는 참조를 저장할 공간을 결정한다. 만약 publisher별로 books의 수가 제한되어 개수가 작다면 publisher 다큐먼트 내부에 book 참조를 저장하는 것이 좀 더 효과적일 것이다. 반면 publisher별로 books 개수가 한정되어 있지 않다면, 다음 구조와 같이 이러한 데이터 모델은 배열이 증가하면서 변화하기 쉽다.

```
{
    name: "O'Reilly Media",
    founded: 1980,
    location: "CA",
    books: [12346789, 234567890, ...]
}
{
    _id: 123456789,
    title: "MongoDB: The Definitive Guide",
    author: [ "Kristina Chodorow", "Mike Dirolf" ],
    published_date: ISODate("2010-09-24"),
    pages: 216,
    language: "English"
}
{
    _id: 234567890,
    title: "50 Tips and Tricks for MongoDB Developer",
    author: "Kristina Chodorow",
    published_date: ISODate("2011-05-06"),
    pages: 68,
    language: "English"
}
```

배열이 커지면서 쉽게 변하는 것을 피하기 위해서는 book 다큐먼트의 내부에 publisher 참조를 저장해야 한다.

```
{
    _id: "oreilly",
    name: "O'Reilly Media",
    founded: 1980,
    location: "CA"
}
```

```
{
    _id: 123456789,
    title: "MongoDB: The Definitive Guide",
    author: [ "Kristina Chodorow", "Mike Dirolf" ],
    published_date: ISODate("2010-09-24"),
    pages: 216,
    language: "English",
    publisher_id: "oreilly"
}
{
    _id: 234567890,
    title: "50 Tips and Tricks for MongoDB Developer",
    author: "Kristina Chodorow",
    published_date: ISODate("2011-05-06"),
    pages: 68,
    language: "English",
    publisher_id: "oreilly"
}
```

(2) 모델 트리 구조

1) 부모 참조 모델 트리 구조

이번에는 몽고DB 다큐먼트의 자식 노드 안에서 부모 노드에 대한 참조를 저장하는 트리 구조를 갖는 데이터 모델을 설명한다. 부모 참조 방식은 다큐먼트에 각 트리 노드를 저장한다. 이 다큐먼트는 트리 노드에 추가하여 부모 노드의 id를 저장한다. 다큐먼트 계층 구조는 [그림 4-5]와 같다.

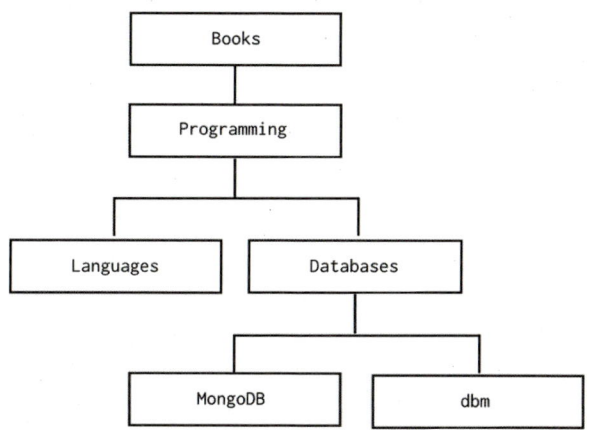

[그림 4-5] 부모 참조 모델 트리 구조

다음 코드는 부모 참조를 사용한 트리 모델로, 필드 parent 내부의 부모 카테고리에 참조를 저장한다.

```
db.categories.insert( { _id: "MongoDB", parent: "Databases" } )
db.categories.insert( { _id: "dbm", parent: "Databases" } )
db.categories.insert( { _id: "Databases", parent: "Programming" } )
db.categories.insert( { _id: "Languages", parent: "Programming" } )
db.categories.insert( { _id: "Programming", parent: "Books" } )
db.categories.insert( { _id: "Books", parent: null } )
```

❶ 부모 노드를 검색하는 쿼리는 빠르고 간단하다.

```
db.categories.findOne( { _id: "MongoDB" } ).parent
```

❷ 부모 노드로 빠르게 검색하기 위해 parent 필드의 인덱스를 만들 수 있다.

```
db.categories.createIndex( { parent: 1 } )
```

❸ 부모의 직접적인 자식 노드를 찾기 위해 parent 필드로 쿼리할 수 있다.

```
db.categories.find( { parent: "Databases" } )
```

부모 링크 동작은 트리 저장에 대한 간단한 해결책을 제공하지만, 하위 트리를 검색하는 많은 쿼리를 필요로 한다.

2) 자식 참조 모델 트리 구조

이번에는 몽고DB 다큐먼트의 부모 노드 안에서 자식 노드에 대한 참조를 저장하는 트리 구조를 갖는 데이터 모델을 설명한다. [그림 4-5]에서 자식 참조 동작은 다큐먼트 내부에서 각각의 트리 노드를 저장한다. 다큐먼트는 자식 노드들의 id를 배열로 트리 노드에 추가 저장한다.

다음 예제 모델 트리는 자식 참조를 사용하고, children 필드에 자식 노드들에 관한 참조를 저장한다.

```
db.categories.insert( { _id: "MongoDB", children: [] } )
db.categories.insert( { _id: "dbm", children: [] } )
db.categories.insert( { _id: "Databases", children: [ "MongoDB", "dbm" ] } )
db.categories.insert( { _id: "Languages", children: [] } )
db.categories.insert( { _id: "Programming", children: [ "Databases", "Languages" ] } )
db.categories.insert( { _id: "Books", children: [ "Programming" ] } )
```

❶ 자식 노드를 직접 검색하는 쿼리는 빠르고 간단하다.

```
db.categories.findOne( { _id: "Databases" } ).children
```

❷ 자식 노드로 빠른 검색이 가능하도록 children 필드에 인덱스를 만들 수 있다.

```
db.categories.createIndex( { children: 1 } )
```

❸ 친척 노드뿐만 아니라 그들의 부모 노드를 찾기 위해 children 필드의 노드를 쿼리할 수 있다.

```
db.categories.find( { children: "MongoDB" } )
```

자식 참조 동작은 하위 트리에 동작이 필요하지 않은 트리 저장을 위한 적합한 해결책을 제공한다. 이러한 동작 방식은 다수의 부모를 가진 노드에 그래프를 저장하는 데 적합한 해결책을 제공한다.

3) 조상 배열 모델 트리 구조

이번에는 몽고DB 다큐먼트 안에 부모 노드와 모든 조상에 대해 저장된 배열을 참조함으로써 트리 구조를 갖는 데이터 모델을 설명한다. [그림 4-5]에서 조상 배열의 동작 방식은 다큐먼트 내부에 각각의 트리 노드를 저장하며, 노드에 추가하여 다큐먼트는 조상 노드나 경로를 배열로 저장한다.

다음 예제는 조상 배열을 사용한 트리 모델을 나타내고, ancestors 필드에 추가하여 이들 다큐먼트는 parent 필드에 직접 참조를 저장한다.

```
db.categories.insert( { _id: "MongoDB", ancestors: [ "Books", "Programming", "Databases"
], parent: "Databases" } )
db.categories.insert( { _id: "dbm", ancestors: [ "Books", "Programming", "Databases" ],
parent: "Databases" } )
db.categories.insert( { _id: "Databases", ancestors: [ "Books", "Programming" ], parent:
"Programming" } )
db.categories.insert( { _id: "Languages", ancestors: [ "Books", "Programming" ], parent:
"Programming" } )
db.categories.insert( { _id: "Programming", ancestors: [ "Books" ], parent: "Books" } )
db.categories.insert( { _id: "Books", ancestors: [ ], parent: null } )
```

❶ 조상 노드 또는 경로에 대한 쿼리는 빠르고 간단하게 검색한다.

```
db.categories.findOne( { _id: "MongoDB" } ).ancestors
```

❷ 조상 노드에 대해 빠르게 검색하기 위해 ancestors 필드에 인덱스를 만들 수 있다.

```
db.categories.createIndex( { ancestors: 1 } )
```

❸ 모든 자손을 찾기 위해 ancestors 필드에서 쿼리할 수 있다.

```
db.categories.find( { ancestors: "Programming" } )
```

조상 배열 동작 방식은 ancestors 필드의 항목에 대한 인덱스를 만들어 자손 노드와 조상 노드를 찾는 데 있어 빠르고 효과적인 해결책을 제공한다. 서브 트리를 갖고 작업할 때 조상 배열 동작 방식은 좋은 선택이다.

4) 실체화된 경로 모델 트리 구조

이번에는 몽고DB에서 다큐먼트 사이의 모든 관계에 대해 저장함으로써 트리 구조를 갖는 데이터 모델을 설명한다.

이러한 방식은 다큐먼트에 각 트리 노드를 저장하며, 부가적으로 다큐먼트는 조상 노드의 id나 경로를 문자열로 저장한다. 구체화된 경로 패턴은 추가 문자열이나 정규 표현 등과 같이 작업이 필요하지만 이러한 동작 방식은 부분적인 경로를 통한 노드 검색과 같은 경로 작업에 더 많은 유연성을 제공한다.

다음 예제는 실체화된 경로를 사용하고, 경로를 path 필드에 저장한다. path 문자열은 구분을 위해 콤마(comma)를 사용한다.

```
db.categories.insert( { _id: "Books", path: null } )
db.categories.insert( { _id: "Programming", path: ",Books," } )
db.categories.insert( { _id: "Databases", path: ",Books,Programming," } )
db.categories.insert( { _id: "Languages", path: ",Books,Programming," } )
db.categories.insert( { _id: "MongoDB", path: ",Books,Programming,Databases," } )
db.categories.insert( { _id: "dbm", path: ",Books,Programming,Databases," } )
```

❶ path 필드로 정렬하여 전체 트리를 검색하기 위해 쿼리할 수 있다.

```
db.categories.find().sort( { path: 1 } )
```

❷ programming 자손을 찾기 위해 path 필드에 정규 표현으로 사용할 수 있다.

```
db.categories.find( { path: /,Programming,/ } )
```

❸ 계층 구조의 최상위 수준에서 Books 자손을 검색할 수 있다.

```
db.categories.find( { path: /^,Books,/ } )
```

❹ 필드 경로에 인덱스를 만들려면 다음 명령어와 같은 호출을 사용해야 한다.

```
db.categories.createIndex( { path: 1 } )
```

이러한 인덱스는 쿼리에 따라 성능을 개선시킬 수 있다.
- 루트 Books 하위 트리 쿼리의 경우, path 필드의 인덱스는 쿼리의 성능을 크게 향상시킨다.

- 루트로부터 경로가 쿼리에 제공되지 않는 쿼리(/Databases/) 또는 노드가 인덱스 문자열 중간에 있는 하위 트리와 유사한 쿼리는 전체 인덱스를 검사해야 한다. 인덱스가 전체 컬렉션보다 작은 경우, 쿼리에 대한 인덱스는 성능을 향상시킨다.

5) 중첩된 셋(Nested Sets) 모델 트리 구조

트리의 가변성을 희생하면서 하위 트리를 발견하는 최적화 트리 구조를 갖는 데이터 모델을 설명한다.

중첩된 셋 동작 방식은 [그림 4-6]과 같이 트리의 라운드-트립 횡단을 중지시킴으로써 트리의 각 노드를 식별한다. 애플리케이션은 각 노드에 두 번 접근한다. 첫 번째 접근은 초기화할 때이고, 두 번째 접근은 결과를 반환할 때이다. 중첩된 셋 동작은 각 트리 노드를 다큐먼트에 저장한다. 다큐먼트는 트리 노드에 대해 부모 노드의 id를 노드의 초기화 단계에서 왼쪽 필드에 저장하고, 반환된 중지 단계에서는 오른쪽 필드에 저장한다.

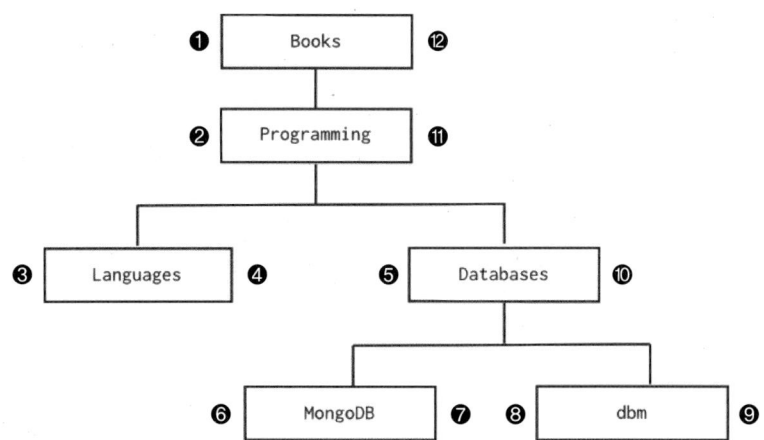

[그림 4-6] 중첩된 셋 모델 트리 구조

다음 예제는 중첩된 셋을 사용하여 모델 트리 구조를 만든다.

```
db.categories.insert( { _id: "Books", parent: 0, left: 1, right: 12 } )
db.categories.insert( { _id: "Programming", parent: "Books", left: 2, right: 11 } )
db.categories.insert( { _id: "Languages", parent: "Programming", left: 3, right: 4 } )
db.categories.insert( { _id: "Databases", parent: "Programming", left: 5, right: 10 } )
db.categories.insert( { _id: "MongoDB", parent: "Databases", left: 6, right: 7 } )
db.categories.insert( { _id: "dbm", parent: "Databases", left: 8, right: 9 } )
```

이때 노드 후손을 검색하기 위해 다음 쿼리를 사용할 수 있다.

```
databaseCategory = db.categories.findOne( { _id: "Databases" } );
db.categories.find( { left: { $gt: databaseCategory.left },
right: { $lt: databaseCategory.right } } );
```

중첩된 셋 동작은 하위 트리를 검색하는 빠르고 효과적인 해결책을 제공한다. 하지만 트리 구조를 수정하는 것은 비효율적이며, 이러한 동작 방식은 구조가 변하지 않는 정적 트리 구조에 가장 적합하다.

예제 4-4 다음과 같은 전자 상거래 e-commerce 계층 구조 컬렉션(categories)에서 Snorkeling의 모든 자손을 검색하는 쿼리는 무엇인가?

```
{
  _id: 34,
  name : "Snorkeling",
  parent_id: 12,
  ancestors: [12, 35, 90]
}
```

① db.categories.find({ancestors:{$in:[12,35,90]}})
② db.categories.find({parent_id:34})
③ db.categories.find({_id:{$in:[12,35,90]}})
④ db.categories.find({ancestors:34})

답 ④

---

(3) 특정 데이터 모델링 활용 방법

이번에는 동일 다큐먼트 안에서 필드의 동기성을 확보하기 위해 임베디드 필드 사이에 원자적 갱신 연산을 어떤 방식으로 수행하는지를 설명하고, 텍스트 필드와 같은 동일 다큐먼트의 배열에서 어떻게 키워드를 저장하고 검색하는지를 배운다. 그리고 몽고DB에서 금액과 시간 데이터를 모델링하는 방법을 알아본다.

1) 원자적 연산용 데이터 모델링

몽고DB에서 쓰기 연산 동작인 `db.collection.update()`, `db.collection.findAndModify()`, `db.collection.remove()` 메소드는 단일 다큐먼트 수준에서 원자적으로 동작한다. 여러 개의 필드가 동시에 갱신 동작을 수행해야 하는 경우에는 동일 다큐먼트에 필드를 임베딩시켜 필드들이 원자적으로 갱신되도록 해야 한다.

예를 들면 책에 관한 현재 점검 정보뿐만 아니라 발행 부수를 포함하여 보관하는 경우를 생각해보자. 발행 부수(available)와 현재 점검 정보(checkout)는 동기화를 유지해야 한다. 이렇게 available 필드와 checkout 필드를 동일한 다큐먼트에 포함시키는 것은 2개의 필드를 원자적으로 갱신하는 데 반드시 필요하다.

```
{
    _id: 123456789,
    title: "MongoDB: The Definitive Guide",
    author: [ "Kristina Chodorow", "Mike Dirolf" ],
    published_date: ISODate("2010-09-24"),
    pages: 216,
    language: "English",
    publisher_id: "oreilly",
    available: 3,
    checkout: [ { by: "joe", date: ISODate("2012-10-15") } ]
}
```

그리고 새로운 점검 정보를 갱신하려면 사용자는 `db.collection.update()` 메소드를 사용하여 available 필드와 checkout 필드 모두를 동시에 원자적으로 갱신시켜야 한다.

```
db.books.update (
   { _id: 123456789, available: { $gt: 0 } },
   {
     $inc: { available: -1 },
     $push: { checkout: { by: "abc", date: new Date() } }
   }
)
```

연산 결과는 상태 정보를 포함하는 `WriteResult()` 객체를 반환한다.

```
WriteResult({ "nMatched" : 1, "nUpserted" : 0, "nModified" : 1 })
```

nMatched 필드는 갱신 조건과 일치하는 1개의 다큐먼트가 있으며, nModified 필드는 조건에 일치하는 1개 다큐먼트가 있다는 것을 보여준다. 만약 갱신 조건에 일치하는 다큐먼트가 없다면 '0'을 반환한다.

2) 키워드 검색용 데이터 모델링

사용자 애플리케이션이 문자를 포함하는 필드 내용에 대하여 쿼리를 실행하는 경우, 문자의 정확한 일치를 수행하기 위해 $regex 연산자를 사용할 수 있다. 그런데 문자를 일치시키려는 대부분의 경우에 이러한 방법만으로는 요구 사항을 만족시킬 수 없다.

몽고DB에서는 동일 다큐먼트의 문자 필드 내에서 배열로 저장된 문자 검색 기능을 지원해주는 키워드 검색 방법을 제공하고 있다. 이 방법은 멀티 키 인덱스와 결합하여 애플리케이션 키워드 검색 동작에 활용할 수 있다. 키워드 기반의 쿼리를 지원하기 위해 다큐먼트에 구조를 추가하려면 다큐먼트에 배열 필드를 만들고, 그 배열에 키워드를 문자열로 추가해야 한다. 배열에 멀티 키 인덱스를 만들고, 배열로부터 값을 추출하는 쿼리를 만들 수도 있다.

예를 들어 사용자가 주제 기반의 검색을 제공하는 도서관 서적을 갖는 컬렉션에 대하여 생각해보자. 먼저 모든 서적은 topics 배열에 추가되고, 가능한 한 많은 키워드를 사용할 수 있다.

다음과 같은 다큐먼트를 갖는 Moby-Dick 책에 관한 volumes 컬렉션에 대하여 생각해보자.

```
{ title : "Moby-Dick" ,
  author : "Herman Melville" ,
  published : 1851 ,
  ISBN : 0451526996 ,
  topics : [ "whaling" , "allegory" , "revenge" , "American" ,
     "novel" , "nautical" , "voyage" , "Cape Cod" ]
}
```

topics 배열에 대하여 멀티 키 인덱스를 만든다.

```
db.volumes.createIndex( { topics: 1 } )
```

멀티 키 인덱스는 topics 배열에서 모든 키워드에 대하여 분리된 인덱스 항목을 생성한다. 예를 들어 인덱스는 1개 항목은 whaling, 다른 항목은 allegory를 포함한다. 그리고 다음과 같이 키워드 기반의 쿼리를 만들 수 있다.

```
db.volumes.findOne( { topics : "voyage" }, { title: 1 } )
```

키워드 인덱스는 다음과 같은 특징 때문에 신중하게 사용해야 한다.
- 몽고DB의 키워드 쿼리는 root 또는 관련 단어에 대하여 키워드를 조사할 수 없다.
- 키워드 기반 검색 특성은 애플리케이션 계층에서 동일하거나 연관된 쿼리를 반드시 지원해야 한다.
- 키워드 검색은 결과에 영향을 끼치는 방식으로 동작하지 않는다.
- 몽고DB가 인덱스를 동기적으로 만든다는 것은 키워드 인덱스가 항상 현재 동작 중이며, 리얼 타임으로 동작시킬 수 있다는 의미이다. 그러나 비동기 벌크 인덱스는 어떤 종류의 데이터베이스에서는 훨씬 효과적일 수 있다.

예제 4-5 volumes 컬렉션에서 다음과 같은 멀티 키 인덱스의 실행 결과는 무엇인가?

```
{ title : "Moby-Dick" ,
  author : "Herman Melville" ,
  published : 1851 ,
  ISBN : 451526996 ,
  topics : [ "whaling" , "allegory" , "revenge" , "American" ,
    "novel" , "nautical" , "voyage" , "Cape Cod" ]
}
> db.volumes.findOne( { topics : "voyage" }, { title: 1, _id:0 } )
```

답 { "title" : "Moby-Dick" }

3) 통화량 데이터 모델링

몽고DB는 수치 데이터를 IEEE754 표준의 64bit 실수형 숫자 또는 32bit/64bit의 부호가 붙은 정수로 저장한다. 종종 금액 데이터를 처리하는 애플리케이션은 소수점 형태의 통화량을 처리한다. 그러나 현재 하드웨어에서 실행되는 실수형 숫자의 연산은 통화량 연산을 지원하지 못한다. 더욱이 1/3 또는 1/4과 같은 분수 형태 숫자들은 2진수 실수형 숫자로 정확하게 표현하기 어렵다. 통화 정밀도는 다음과 같이 나타낼 수 있다.

❶ Exact Precision

Exact Precision 모델을 사용한 금전 데이터를 모델링하기 위해 다음 사항을 고려한다.

- 통화 가치에서 요구하는 최대한의 정밀도를 설정한다. 예를 들어 사용자 애플리케이션은 USD 통화로써 통화 가치를 1 센트의 1/10까지 요구할 수 있다.
- 통화 가치를 정수 값의 최하위 bit까지 표현하기 위해 10의 3제곱 값으로 곱하여 정수값으로 변환시킨다.
- 변환된 통화 가치를 저장한다.

예를 들어 9.99USD를 1센트의 1/10까지 정밀도를 유지하기 위해 1,000을 곱한 값으로 표시한다.

```
{ price: 9990, currency: "USD" }
```

주어진 통화량에 대한 모델은 다음 사항을 가정한다.

- 스케일 항목은 통화량에 대하여 일정해야 한다.
- 스케일 항목은 상수로써 통화 특성 등을 반영해야 한다.

❷ Arbitrary Precision

Arbitrary Precision 모델을 사용한 금전 데이터를 모델링하기 위해 2개 필드에 값을 저장한다.

- 첫 번째 필드에서는 통화 가치를 숫자 값이 아닌 데이터 형식(BinData 또는 string)으로 변환한다.
- 두 번째 필드에서는 배 정밀도 부동 소수점 형식으로 저장한다.

다음 예제는 price에 0.99USD 및 fee에 0.25USD를 저장하는 정밀도 모델을 사용하였다.

```
{
  price: { display: "9.99", approx: 9.9900000000000002, currency: "USD" },
  fee: { display: "0.25", approx: 0.2499999999999999, currency: "USD" }
}
```

4) 시간 데이터 모델링

몽고DB는 기본적으로 UTC 형식으로 시간을 저장하며, 모든 논리적인 시간 표현을 이러한 형태로 변환한다. 애플리케이션은 UTC 타임스탬프로 시간 대역을 저장한다.

예를 들어 몽고 셸에서 UTC에서 제공하는 현재 날짜와 고객의 오프셋을 저장할 수 있다.

```
var now = new Date();
db.data.save( { date: now,
                offset: now.getTimezoneOffset() } );
```

사용자는 저장된 오프셋을 적용하여 기본 지역 시간을 다시 설정할 수 있다.

```
var record = db.data.findOne();
var localNow = new Date( record.date.getTime() -  ( record.offset * 60000 ) );
```

데이터 모델링 참조

(1) 다큐먼트 특성

몽고DB는 필드와 값의 묶음으로 이루어진 JSON 형태의 데이터 구조로서 모든 데이터는 다큐먼트에 저장된다.

```
{ "item": "pencil", "qty": 500, "type": "no.2" }
```

몽고DB에서 사용자가 접근하기 쉬운 데이터 구조들은 대부분 다음과 같은 형식을 사용한다.
- 모든 데이터베이스 기록
- 쿼리 선택자는 읽기, 갱신 및 삭제 동작에 어떤 기록을 선택할지를 결정한다.
- 갱신 정의는 업데이트 중 어떤 필드를 수정할지를 결정한다.
- 인덱스 설정은 어떤 필드를 인덱스로 사용할지 결정한다.
- 보고와 설정을 위해 몽고DB로 serverStatus나 복제 셋 구성 다큐먼트와 같은 데이터를 출력한다.

1) 다큐먼트 포맷

몽고DB는 다큐먼트를 BSON 직렬화 포맷으로 디스크에 저장한다. BSON은 JSON보다 더 많은 데이터 형식을 갖고 있으며, JSON 다큐먼트의 2진 형태이다.

2) 다큐먼트 구조

몽고DB 다큐먼트는 다음과 같이 필드와 값의 묶음으로 이루어져 있다.

```
{
    field1: value1,
    field2: value2,
    field3: value3,
    ...
    fieldN: valueN
}
```

필드 값은 BSON 데이터 타입 중 어느 것도 가능하다. 값은 다른 다큐먼트, 배열 또는 배열 형태의 다큐먼트를 포함할 수 있다. 다음 예제는 여러 형식의 값이 포함된 다큐먼트이다.

```
var mydoc = {
            _id: ObjectId("5099803df3f4948bd2f98391"),
            name: { first: "Alan", last: "Turing" },
            birth: new Date('Jun 23, 1912'),
            death: new Date('Jun 07, 1954'),
            contribs: [ "Turing machine", "Turing test", "Turingery" ],
            views : NumberLong(1250000)
          }
```

위 예제의 필드들은 다음과 같은 데이터 형식을 갖는다.

- _id는 ObjectId를 갖는다.
- name은 first와 last 필드를 포함하는 내장 다큐먼트를 갖는다.
- birth와 death는 Date 형식을 갖는다.
- contribs는 문자열의 배열을 갖는다.
- views는 NumberLong 형식의 값을 갖는다.

3) 필드 이름

필드 이름은 문자열 형태이다. 다큐먼트 필드 이름은 다음 규칙을 따른다.

- 필드 이름인 _id는 프라이머리 키로 사용되도록 지정되어 있다. 이 값은 컬렉션에서 유일해야 하고, 배열이 아닌 모든 형식을 사용할 수 있다.
- 필드 이름은 ($) 문자로 시작할 수 없다.
- 필드 이름은 (.) 문자를 포함할 수 없다.
- 필드 이름은 null 문자를 포함할 수 없다.

BSON 다큐먼트는 동일한 이름을 갖는 하나 이상의 필드를 가질 수 있다. 하지만 대부분의 몽고DB 인터페이스는 동일한 필드 이름을 지원하지 않는 구조를 갖는다. 만약 사용자가 동일한 이름을 갖는 필드를 하나 이상 갖고 있고, 조작하고 싶다면 드라이버 문서를 참조하면 된다.

몽고DB의 내부에서 생성된 다큐먼트들은 복제 필드를 가질 수 있다. 하지만 어떤 몽고DB 프로세스도 이미 존재하는 사용자 다큐먼트에 복제 필드를 추가하지는 않는다.

4) 필드 값 제한

인덱스된 컬렉션에서는 인덱스된 필드의 값이 최대 인덱스 키의 길이 제한을 갖는다.

5) 다큐먼트 제한 특성

다큐먼트는 다음과 같은 특징을 갖는다.

❶ 다큐먼트 크기 제한

BSON 다큐먼트의 최대 크기는 16MB이다. 다큐먼트 최대 사이즈는 단일 다큐먼트가 RAM의 용량을 초과하여 사용하지 못하며, 전송 중에 너무 큰 대역폭을 사용할 수 없다. 몽고DB는 최대치보다 더 큰 용량의 다큐먼트를 저장하기 위해 GridFS API를 제공한다.

❷ 다큐먼트 필드 순서

몽고DB는 다음 경우를 제외하고는 쓰기 동작에서 다큐먼트 필드의 순서를 유지한다.
- _id 필드는 항상 다큐먼트의 첫 번째 필드가 되어야 한다.
- 필드의 이름을 다시 정하는 업데이트는 다큐먼트 안의 필드들을 재배치할 수 있다.

6) _id 필드

_id 필드는 다음과 같은 특징과 제약이 있다.
- 기본적으로 몽고DB는 컬렉션을 만드는 동안 _id 필드에 유일한 인덱스를 생성한다.
- _id 필드는 다큐먼트의 첫 번째 필드이다. 만약 서버가 _id가 첫 필드로 되어 있지 않는 다큐먼트를 받는다면 서버는 필드를 맨 처음으로 옮긴다.
- _id 필드는 BSON 데이터 타입의 값을 포함할 수 있다.

다음은 _id에 값을 저장할 때의 일반적인 참고 사항이다.
- ObjectId를 사용한다.
- 가능한 한 자연스럽고 유일한 식별자를 사용한다.
- UUID를 사용자의 애플리케이션 코드에 만든다. _id 인덱스와 컬렉션에서 UUID 값을 더욱 효율적으로 저장하고 싶다면, UUID를 BSON BinData 타입의 값으로 저장한다.

7) 점 표기법

몽고DB는 배열의 항목과 내장 다큐먼트의 필드에 접근하기 위해 점 표기법을 사용한다. 기본 인덱스 상태에서 배열의 항목에 접근하기 위해 배열 이름을 도트(.)로 합쳐주고 따옴표로 묶어준다.

```
'<array>.<index>'
```

내장 다큐먼트에 점 표기법으로 접근하기 위해 배열의 항목과 같이 배열 이름을 묶어준다.

```
'<embedded document>.<field>'
```

(2) 데이터베이스 기준

몽고DB는 joins 연산을 지원하지 않는다. 몽고DB에서는 joins 연산 조건을 없애기 위해 일부 데이터가 비정상화되거나 다큐먼트의 관련 데이터와 함께 저장된다. 하지만 가끔은 관련 정보를 분리된 다큐먼트에 저장하는 것이 바람직하다.

몽고DB 애플리케이션은 다음 두 가지 메소드 가운데 하나를 관련 다큐먼트에 사용한다.

- 한 다큐먼트의 _id 필드를 다른 다큐먼트의 참조에 저장하는 것을 '매뉴얼 참조'라고 한다. 사용자 애플리케이션은 두 번째 쿼리를 실행하여 관련 데이터를 반환한다. 이러한 참조들은 간단하며 대부분의 실행에서 유용하다.
- DBRefs는 첫 다큐먼트의 _id 필드 값, 컬렉션 이름 그리고 데이터베이스 이름을 사용하여 1개의 다큐먼트에서 다른 다큐먼트를 참조한다. 이렇게 이름들을 추가함으로써 DBRefs는 여러 개의 컬렉션에 있는 다큐먼트를 단일 컬렉션의 다큐먼트와 연결한다.

사용자 애플리케이션은 DBRefs를 위해 추가적인 쿼리를 동작시켜 참조된 다큐먼트를 반환해야 한다. 많은 드라이버들은 helper 메소드를 가지는데, 이 메소드는 DBRefs에 쿼리를 자동으로 생성한다.

DBRefs는 일반적인 포맷과 형식을 지원하고, 다큐먼트 사이의 관계를 정의한다. DBRefs 포맷은 또한 사용자의 데이터베이스가 다중 프레임워크나 툴과 상호 작용해야 할 경우, 다큐먼트들 사이의 연결을 정의할 수 있는 일반적인 규칙을 제공한다.

1) 매뉴얼 참조

❶ 백그라운드

매뉴얼 참조를 사용한다는 것은 단일 다큐먼트의 _id 필드를 다른 다큐먼트에 추가하는 것을 의미한다. 애플리케이션은 두 번째 쿼리를 사용하여 필요에 따라 참조 필드를 해결한다.

❷ 프로세스

다음과 같은 2개 다큐먼트를 삽입하는 동작이 있다고 가정해보자. 첫 다큐먼트의 _id 필드는 두 번째 다큐먼트에 참조로 사용된다.

```
original_id = ObjectId()

db.places.insert({
    "_id": original_id,
    "name": "Broadway Center",
    "url": "bc.example.net"
})

db.people.insert({
    "name": "Erin",
    "places_id": original_id,
    "url":  "bc.example.net/Erin"
})
```

people 컬렉션에서 쿼리가 다큐먼트를 반환할 때, 필요하다면 places 컬렉션 안의 places_id 필드로 인해 참조된 다큐먼트에 필요한 두 번째 쿼리를 만든다.

❸ 사용

사용자가 2개 다큐먼트의 관계를 저장하고 싶은 경우, 일반적으로 매뉴얼 참조를 사용한다. 참조는 만들기 쉽고, 사용자 애플리케이션이 참조를 필요할 때 해결할 수 있다. 매뉴얼 연결의 한 가지 제약은 이러한 참조들이 데이터베이스와 컬렉션의 이름을 포함하지 않는다는 것이다. 만약 사용자가 1개 이상의 컬렉션과 연관된 단일 컬렉션 안에 다큐먼트를 갖는다면 사용자는 DBRefs를 사용하는 것이 좋다.

2) DBRefs

❶ 백그라운드

DBRefs는 구체적인 참조 형식이 아닌 다큐먼트를 상징하는 규약이다. DBRefs는 컬렉션의 이름을 포함하고, 어떤 경우에는 데이터베이스 이름이나 _id 필드의 값을 포함한다.

❷ 포맷

DBRefs는 다음과 같은 필드를 갖는다.

- $ref : $ref 필드는 참조 다큐먼트를 포함하는 컬렉션의 이름을 갖는다.
- $id : $id 필드는 참조 다큐먼트 안의 _id 필드의 값을 포함한다.
- $db : 참조 다큐먼트가 들어 있는 데이터베이스의 이름을 포함한다. 일부 드라이버만이 $db 참조를 지원한다.

DBRef 다큐먼트는 다음 다큐먼트를 따른다.

```
'<embedded document>.<field>'
```

creator 필드 내부에 DBRef를 저장하는 컬렉션으로부터 만들어진 다큐먼트는 다음과 같다.

```
{
  "_id" : ObjectId("5126bbf64aed4daf9e2ab771"),
  // .. application fields
  "creator" : {
            "$ref" : "creators",
            "$id" : ObjectId("5126bc054aed4daf9e2ab772"),
            "$db" : "users"
          }
}
```

이 예제의 DBRef는 creators 컬렉션 안의 users 컬렉션 중에 ObjectId ("5126bc054aed4daf9e2ab772")를 _id 필드로 갖는 데이터베이스를 의미한다. DBRef를 지원하는 드라이버인 C, C++, C#, Haskell, Java, JavaScript, Node.js, Perl, PHP, Python, Ruby, Scala 등이다.

(3) GridFS 특성

GridFS는 2개의 컬렉션에 파일을 저장한다.

- chunks는 2진 청크를 저장한다.
- files는 파일의 메타데이터를 저장한다.

기본적으로 GridFS는 fs 버킷으로 시작하는 2개의 컬렉션을 사용한다.

- fs.files
- fs.chunks

1) 청크 컬렉션

청크 컬렉션의 각 다큐먼트는 GridFS가 저장된 곳을 나타내기 위해 파일을 구분한 단위를 나타낸다. 다음은 청크 컬렉션의 기본 다큐먼트이다.

```
{
  "_id" : <ObjectId>,
  "files_id" : <ObjectId>,
  "n" : <num>,
  "data" : <binary>
}
```

청크 컬렉션의 다큐먼트는 다음 필드를 포함한다.

- chunks._id: 청크의 유일한 ObjectId
- chunks.files_id: files 컬렉션에서 설정한 '부모' 다큐먼트 _id
- chunks.nd: 청크의 일련 번호. GridFS는 모든 청크를 '0'부터 시작한다.
- chunks.data: 청크가 되돌려주는 BSON 2진 타입

청크 컬렉션은 GrdiFS 인덱스에서 설명한 것처럼 `files_id`와 n으로 복합 인덱스를 사용한다.

2) files 컬렉션

files 컬렉션의 각 다큐먼트는 GridFS가 저장한 파일을 나타낸다. 다음은 fiels 컬렉션의 기본 다큐먼트이다.

```
{
  "_id" : <ObjectId>,
  "length" : <num>,
  "chunkSize" : <num>,
  "uploadDate" : <timestamp>,
  "md5" : <hash>,

  "filename" : <string>,
  "contentType" : <string>,
  "aliases" : <string array>,
  "metadata" : <dataObject>,
}
```

files 컬렉션의 다큐먼트는 다음 필드를 포함한다. 애플리케이션은 추가 필드를 만들 수 있다.

- files._id: 문서당 유일한 ID로, 몽고DB에서 기본 데이터 타입은 BSON ObjectId이다.
- files.length: byte 단위의 다큐먼트 크기
- files.chunkSize: 각 청크 크기로, GridFS는 여기서 설정한 청크 크기로 다큐먼트를 나눈다. 기본 크기는 '255KB'이다.
- files.uploadDate: GridFS에 의해 제일 먼저 저장된 다큐먼트 날짜로, 이 값은 Date 타입이다.
- files.md5: filemd5 명령에 의해 리턴되는 MD5 해시로, 이 값은 string 타입이다.
- files.filename: 선택 사항으로, 사람이 읽을 수 있는 다큐먼트 이름이다.
- files.contentType: 선택 사항으로, TIME 타입의 다큐먼트이다.
- files.aliases: 선택 사항으로, alias 문자형 배열이다.
- files.metadata: 선택 사항으로, 저장하려는 추가 정보이다.

(4) ObjectId

ObjectId는 12byte BSON 형식으로 다음과 같이 사용한다.

- 전통적인 유닉스 시대부터 4byte 값
- 장치 확인자 3byte
- 프로세스 id 2byte
- 난수로 시작하는 3byte 카운터

몽고DB에서 다큐먼트는 프라이머리 키로써 동작하는 유일한 _id 필드를 요청한 컬렉션에 저장된다. 몽고DB는 다큐먼트가 최고 수준의 _id 필드를 포함하지 않으면, 즉 _id 필드를 설정하

지 않으면 ObjectId를 _id 필드의 기본 값으로 사용한다. 몽고DB 드라이버는 ObjectId를 소유하는 _id 필드를 추가한다. 더욱이 만약 mongod가 _id 필드를 포함하지 않는 다큐먼트를 삽입하려고 한다면, mongod는 ObjectId를 갖는 _id 필드를 추가한다.

몽고DB 클라이언트는 유일한 ObjectId를 갖는 _id 필드를 추가해야 한다. _id 필드에 ObjectId를 사용하는 것은 다음과 같은 장점이 있다.

- 몽고 셸에서 getTimestamp() 메소드를 사용하여 ObjectId 생성 시간에 접근할 수 있다.
- ObjectId 값을 저장하는 _id 필드를 정렬하는 것은 생성 시간으로 정렬하는 것과 동일하다.

1) ObjectId( ) 래퍼 클래스

몽고 셸은 새로운 ObjectId를 만들기 위해 ObjectId( ) 래퍼 클래스를 제공하고, 다음과 같은 보조 특성과 메소드를 제공한다.

- str: 객체를 표현하는 16진수 문자열
- getTimestamp(): 객체의 타임스탬프 영역을 Date로 리턴한다.
- toString(): 문자열 "ObjectId(....)" 형태로 자바 스크립트를 리턴한다.
- valueOf(): 객체를 표현하는 16진수 문자열로, 반환되는 문자열은 str 속성을 갖는다.

2) 몽고 셸에서 ObjectId( ) 래퍼 클래스 사용

❶ 새로운 ObjectId를 만들 때, 인자가 없는 ObjectId( ) 생성자를 사용한다.

```
x = ObjectId()
```

여기서 x 값은 다음과 같다.

```
ObjectId("507f1f77bcf86cd799439011")
```

유일한 16진수 문자열을 갖는 ObjectId( ) 생성자를 사용하여 새로운 ObjectId를 만들 수 있다.

```
y = ObjectId("507f191e810c19729de860ea")
```

여기서의 y 값은 다음과 같다.

```
ObjectId("507f191e810c19729de860ea")
```

❷ ObjectId( ) 객체를 타임스탬프로 리턴하기 위해 다음 getTimestamp( ) 메소드를 사용한다.

```
ObjectId("507f191e810c19729de860ea").getTimestamp()
```

이러한 동작은 다음과 같은 Date 객체를 리턴한다.

```
ISODate("2012-10-17T20:46:22Z")
```

❸ ObjectId( ) 객체를 str 속성으로 접근하는 방법은 다음과 같다.

```
ObjectId("507f191e810c19729de860ea").str
```

이 동작은 다음과 같은 16진수 문자열을 반환한다.

```
507f191e810c19729de860ea
```

ObjectId( ) 객체의 16진수 문자열을 반환하기 위해 다음과 같은 valueOf( ) 메소드를 사용한다.

```
ObjectId("507f191e810c19729de860ea").valueOf()
```

이 동작은 다음과 같은 출력을 반환한다.

```
507f191e810c19729de860ea
```

ObjectId( ) 객체의 문자열을 반환하기 위해 다음과 같은 toString( ) 메소드를 사용한다.

```
ObjectId("507f191e810c19729de860ea").toString()
```

이 동작은 다음과 같은 출력을 반환한다.

```
ObjectId("507f191e810c19729de860ea")
```

(5) BSON 형식

몽고DB에서 BSON은 다큐먼트를 저장하는 데 사용하는 2진 직렬화 포맷이고, 원격 호출을 발생시킨다. BSON 규격은 www.bsonspec.org에서 참조할 수 있다. BSON은 다큐먼트에서 다음 데이터 형식을 값으로 사용한다. 모든 데이터 형식은 BSON 형식으로 다큐먼트를 쿼리하는데, $type 연산자를 사용하면서 대응되는 숫자를 갖는다.

[표 4-1] BSON 형식과 대응되는 숫자

형식	숫자	형식	숫자
Double	1	Regular Expression	11
문자열	2	JavaScript	13
객체	3	Symbol	14
배열	4	JavaScript(범위 포함)	15
2진 데이터	5	32bit 정수형	16
Undefined	6	Timestamp	17
ObjectId	7	64bit 정수형	18
부울 대수	8	Min 키	255
Date	9	Max 키	127
Null	10		

1) 비교/분류 우선순위

몽고DB는 서로 다른 BSON 형식의 값을 비교할 때 다음과 같이 낮은 숫자일수록 우선순위가 높다.

몽고DB는 몇 가지 형식을 비교 연산과 동일한 목적으로 사용한다. 예를 들면 숫자 형식은 비교 연산 이전에 변환 과정을 거친다. 버전 3.0 이후부터 Date 객체는 Timestamp 객체 이전에 분류된다. 이전에는 Date와 Timestamp 객체가 동일한 순서로 분류되었다. 비교 연산은 비어 있는 BSON 객체를 처리할 때와 같이 존재하지 않는 필드처럼 취급된다. 다큐먼트 { }와 { a : null }에 있는 "a" 필드를 분류하는 연산은 분류 순서가 동일한 다큐먼트를 처리하는 것과 동일하다.

[표 4-2] 비교/분류 우선순위

1	MinKey	8	ObjectId
2	Null	9	부울 대수
3	숫자(정수,longs,doubles)	10	Date
4	Symbol, 문자열	11	Timestamp
5	객체	12	Regular Expression
6	배열	13	MaxKey
7	BinData		

배열에서 "less than" 비교 연산과 올림차순 분류 동작은 배열의 가장 작은 항목을 비교하고 "greater than" 비교 연산과 내림차순 분류 동작은 배열의 가장 큰 항목을 비교하는 데 사용된다. 이와 같이 배열이 아닌 필드와 단일 항목 배열을 갖는 값을 비교할 때 비교 연산은 필드와 배열 사이에서 이루어진다.

몽고DB는 BinData를 다음 순서로 분류한다.

❶ 데이터의 길이 또는 크기
❷ BSON 1byte 타입
❸ 데이터에서 byte 단위 비교 순서로 실행된다.

2) ObjectId의 크기

`ObjectId`들은 유일하고, 만들기 쉬우며, 순서가 정해져 있다. 이 값들은 12byte 크기이다. 여기서 첫 번째 4byte는 `ObjectId`가 만들어진 시점을 반영하는 타임스탬프이다.

3) 문자열

BSON 문자열은 UTF-8 형식이다. 일반적으로 모든 프로그래밍 언어의 드라이버들은 BSON을 직렬화하거나 비직렬화할 때 문자열 포맷을 UTF-8 형식으로 변환시킨다. 이것은 편리하게 BSON 문자열에 여러 나라의 문자를 저장할 수 있기 때문이다. 몽고DB regex 쿼리는 regex 문자열의 UTF-8 방식을 지원한다.

4) 타임스탬프

BSON은 몽고DB 내부에서 독특한 타임스탬프 형식을 갖고 있으며, 기존의 `Date` 형식과는 관련이 없다. 여기서 타임스탬프는 64bit 값을 갖는다.

- 처음 32bit는 time_t 값이다.
- 두 번째 32bit는 주어진 시간 내에 증가 연산을 실행한다.

단일 `mongod` 인스턴스 내부에서 타임스탬프 값은 유일하다. 복제 동작에서 `oplog`는 `ts` 필드를 갖고 이 값은 동작 시간을 나타내며, BSON 타임스탬프 값으로 사용된다.

만약 사용자가 상위 레벨에서 비어 있는 BSON 타임스탬프를 포함하는 다큐먼트에 삽입 동작을 실행하면 몽고DB 서버는 비어 있는 타임스탬프에 현재 타임스탬프 값을 넣는다. 예를 들어 사용자가 다음 코드로 다큐먼트에 타임스탬프 값을 삽입하거나 동작에 추가시키는 경우는 다음과 같다.

```
var a = new Timestamp();

db.test.insert( { ts: a } );
```

db.test.find() 동작은 다음과 같은 다큐먼트를 리턴한다.

```
{ "_id" : ObjectId("542c2b97bac0595474108b48"), "ts" : Timestamp(1412180887, 1) }
```

만약 ts가 내장된 다큐먼트의 필드였다면, 서버는 이 값을 비어 있는 타임스탬프 값으로, 내버려 둔다.

5) Date

BSON Date는 유닉스 시대(1970년 1월 1일)로부터 밀리초 단위의 64bit 정수이다. 이것은 과거부터 미래까지 2억 9,000만 년을 표현할 수 있는 범위이다.

❶ 몽고 셸에서 new Date( ) 생성자로 Date를 만든다.

```
var mydate1 = new Date()
```

❷ 몽고 셸에서 ISODate( ) 생성자로 Date를 만든다.

```
var mydate2 = ISODate()
```

❸ 문자열로 Date 값을 리턴한다.

```
mydate1.toString()
```

❹ Date 값을 월 단위(1월은 month 0)로 리턴한다.

```
mydate1.getMonth()
```

Chapter 4 MongoDB 연습 문제

Q1 students 컬렉션과 teachers 컬렉션이 다음과 같이 다큐먼트를 갖고 있을 때, db.students.find-({'teachers':{$all:[0,1]}}) 메소드 실행 결과는 무엇인가?

```
> db.students.find()
{ "_id" : 0, "name" : "Andrew William", "teachers" : [ 0, 1 ] }
{ "_id" : 1, "name" : "Richard Kreuter", "teachers" : [ 0, 1, 3 ] }
{ "_id" : 2, "name" : "Eliot Horowitz", "teachers" : [ 1, 2, 3 ] }
{ "_id" : 3, "name" : "Mark Heinrich", "teachers" : [ 0, 3 ] }
> db.teachers.find()
{ "_id" : 0, "name" : "Bruce Wolley" }
{ "_id" : 1, "name" : "John Tenessey" }
{ "_id" : 2, "name" : "James Plummer" }
{ "_id" : 3, "name" : "Mark Horowitz" }
> db.students.ensureIndex({'teachers':1})
{
    "createdCollectionAutomatically" : false,
    "numIndexesBefore" : 1,
    "numIndexesAfter" : 2,
    "ok" : 1
}
> db.students.find({'teachers':{$all:[0,1]}})
```

Q2 Q4의 students 컬렉션과 teachers 컬렉션에서 쿼리 결과가 다음과 같을 경우, 멀티 키 인덱스를 사용한 find() 메소드 명령문을 작성하시오.

```
{ "_id" : 1, "name" : "Richard Kreuter" }
{ "_id" : 2, "name" : "Eliot Horowitz" }
```

Q3 inventory 컬렉션이 다음 다큐먼트들을 포함할 때, { sort : { order : 1}}으로 정렬한다면, 어떤 순서로 다큐먼트가 출력되겠는가?

① { "_id" : ObjectId(".."), "order" : "1" }
② { "_id" : ObjectId(".."), "order" : 2 }
③ { "_id" : ObjectId(".."), "order" : 1 }
④ { "_id" : ObjectId(".."), "order" : "First" }
⑤ { "_id" : ObjectId(".."), "order" : true }
⑥ { { "_id" : ObjectId(".."), "order" : "Two" }
⑦ { "_id" : ObjectId(".."), "order" : ISODate("..") }

Q4 다음과 같은 전자 상거래 e-commerce 계층 구조 컬렉션(categories)에서 Snorkeling의 모든 형제를 검색하는 쿼리는 무엇인가?

```
{
  _id: 34,
  name : "Snorkeling",
  parent_id: 12,
  ancestors: [12, 35, 90]
}
```

① db.categories.find({ancestors:{$in:[12,35,90]}})
② db.categories.find({parent_id:12})
③ db.categories.find({_id:{$in:[12,35,90]}})
④ db.categories.find({ancestors:34})

Q5 volumes 컬렉션에서 다음과 같은 멀티 키 인덱스의 실행 결과는 무엇인가?

```
{ title : "Moby-Dick" ,
  author : "Herman Melville" ,
  published : 1851 ,
  ISBN : 451526996 ,
  topics : [ "whaling" , "allegory" , "revenge" , "American" ,
    "novel" , "nautical" , "voyage" , "Cape Cod" ]
}
> db.volumes.findOne( { topics : "whaling" }, { author:1, ISBN: 1, _id:0 } )
```

Chapter 5 관리

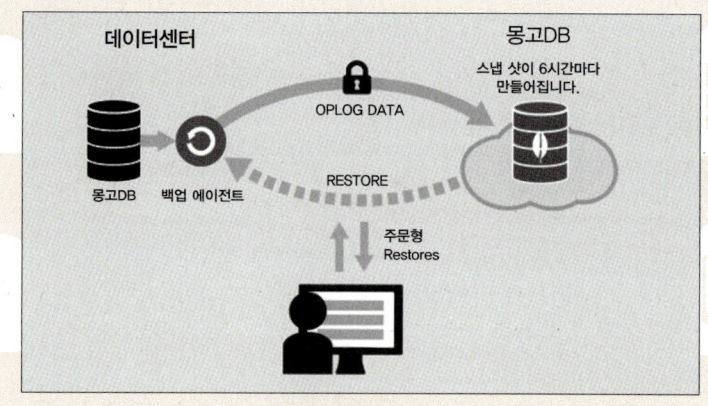

몽고DB를 실제 서비스에 활용할 때는 데이터를 잃을 경우에 대비하여 백업 전략을 세워야 한다. 이번 장에서는 몽고DB 클러스터를 백업하는 다양한 방법들을 설명한다.

 동작 전략

(1) 몽고DB 백업 방법

1) 기본 데이터 파일 복사 후 백업

몽고DB의 기본 파일을 복사하여 백업하는 방법이다. 만약 몽고DB 데이터 파일을 저장하는 장치가 시간 스냅 샷을 지원한다면, 사용자는 스냅 샷을 사용하여 몽고DB 시스템을 백업할 수 있다.

파일 시스템 스냅 샷은 운영체제 상 장치 관리자의 특징을 갖지만, 몽고DB만을 위한 것은 아니다. 또한 스냅 샷의 구조는 기본 저장 시스템에 의존한다. 예를 들어 사용자가 Amazon의 EBS 저장 시스템을 사용하면 스냅 샷을 지원하는 EC2를 사용하고, 리눅스에서는 LVM 관리자가 스냅 샷을 생성한다.

사용자가 실행 중인 mongod 프로세스의 정확한 스냅 샷을 얻기 위해서는 저널링을 활성화시켜야 하고, 이때 저널(journal)은 다른 몽고DB 데이터 파일들과 동일한 논리 장치에 위치해야 한다. 저널링을 활성화하지 않으면 스냅 샷의 일관성이나 유효성을 보장할 수 없다.

샤드 시스템에서 일관적인 스냅 샷을 얻으려면 밸런서(banlancer)를 비활성화하고, 모든 샤드와 구성 서버의 스냅 샷을 동일한 순간에 캡처해야 한다.

만약 사용자의 저장 시스템이 스냅 샷을 지원하지 않는다면 cp, rsync 또는 이들과 비슷한 툴을 사용하여 직접 파일을 복사할 수 있다. 여러 파일들을 복사하는 것이 원자적 동작이 아니기 때문에 사용자는 파일을 복사하기 전에 mongod의 모든 쓰기 동작을 중단해야 한다. 그렇지 않으면 사용자는 유효하지 않은 상태(invalid state)에서 파일을 복사하게 된다.

기본 데이터 파일을 복사한 후 만들어진 백업은 복제 셋을 위한 시간 복구를 지원하지 않고, 보다 큰 샤드된 클러스터들은 관리하기 힘들게 된다. 또한 이러한 백업 방식은 인덱스와 중복된 기본 저장 패딩과 조각들을 포함하기 때문에 부피가 커진다. 반면 mongodump는 더 작은 용량의 백업을 생성할 수 있다.

예제 5-1 몽고DB의 실행 중인 mongod 프로세스의 정확한 스냅 샷을 얻기 위한 작업 가운데 올바르지 않은 것을 고르시오.

① 사용자는 저널링을 활성화시켜야 한다.
② 저널은 다른 몽고DB 데이터 파일들과 동일한 논리 장치에 위치해야 한다.
③ 샤드 시스템에서 일관적인 스냅 샷을 얻으려면 밸런서를 활성화시켜야 한다.
④ Amazon의 EBS 저장 시스템을 사용하면 스냅 샷을 지원하는 EC2를 사용하고, 리눅스에서는 LVM 관리자가 스냅 샷을 생성한다.

답 ③

2) mongodump를 사용한 백업

mongodump 툴은 몽고DB 데이터베이스로부터 데이터를 읽고, 정확도가 높은 BSON 파일을 만든다. mongorestore 툴은 BSON 파일들로부터 몽고DB 데이터베이스로 데이터들을 이동시킨다. 이러한 툴들은 간단하고 용량이 작은 몽고DB 데이터를 백업하는 데 효율적이지만, 대규모의 시스템 백업 작업에는 바람직하지 않다.

mongodump와 mongorestore는 실행 중인 mongod 프로세스에 대해 동작할 수 있고, 직접 기본 데이터 파일들을 처리할 수 있다. 기본 값만 갖고는 mongodump가 로컬 데이터베이스의 내용을 캡처할 수 없고, 데이터베이스의 다큐먼트만 캡처할 수 있다. 그 결과 백업은 공간에 대해 효율적이지만, mongorestore 또는 mongod는 데이터를 복원한 후 인덱스를 재구축해야 한다.

[그림 5-1]은 몽고DB에서 mongodump와 mongorestore 툴이 동작하는 방식을 나타낸다.

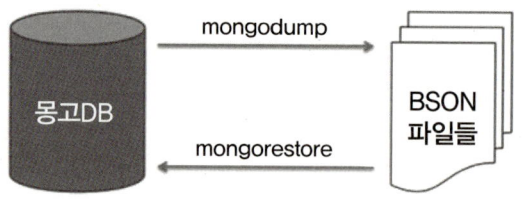

[그림 5-1] mongodump와 mongorestore 툴 동작 방식

몽고DB 인스턴스에 접속한 후, mongodump는 mongod의 동작 성능을 저하시킬 수 있다. 만약 사용자 데이터가 시스템 메모리보다 크면, 쿼리는 메모리 밖으로 작업 셋를 밀어낼 것이다.

mongodump가 복제 셋에 미치는 영향을 완화시키기 위해서는 복제 셋의 세컨더리 멤버에서 mongodump를 이용해 백업을 캡처해야 한다. 세컨더리를 정지시키고 직접 mongodump를 사용할 수도 있다. 데이터를 캡처하기 위해 세컨더리를 정지시킨다면, oplog가 지속적인 복제 동작으로 손상을 입기 전에 작업을 끝내야 한다.

복제 셋에서 mongodump의 특정 시간 기능은 --oplog 조건으로 지원한다. 애플리케이션은 mongodump가 출력을 캡처하는 동안 데이터를 계속 수정한다. --oplog로 인해 생성된 시간 백업을 저장하려면 mongorestore와 --oplogReplay 조건을 사용해야 한다. mongodump가 백업을 생성할 때 애플리케이션이 데이터를 수정하면, mongodump는 그 애플리케이션의 자원을 차지하기 위해 경쟁할 것이다.

```
$ mongodump --host foo.bar.com --oplog –out /data/backup      // 백업
$ mongorestore –host foo.bar.com –oplogReplay /data/backup    // restore
$ mongorestore –dbpath /data/backup                           // 파일 시스템에 직접 백업
```

3) 몽고DB 클라우드 매니저 백업

몽고DB 클라우드 매니저는 백업 및 몽고DB 환경 복원을 지원한다. 몽고DB 클라우드 매니저는 몽고DB 환경의 oplog 데이터를 읽어 지속적으로 몽고DB의 복제 셋과 샤드 클러스터를 백업한다. 매니저는 oplog 데이터를 저장하여 특정 복제 셋이나 샤드 클러스터의 최근 24시간 내에서는 언제라도 복원할 수 있도록 지원한다. 샤드 클러스터의 스냅 샷은 다른 몽고DB 백업 방법으로는 만들기 어렵다.

몽고DB 클라우드 매니저 백업 스냅 샷으로부터 몽고DB를 복원하려면, 사용자는 몽고DB 데이터 파일의 압축된 아카이브를 다운로드하고, mongod 프로세스를 다시 시작하기 전에 그 파일을 배포해야 한다.

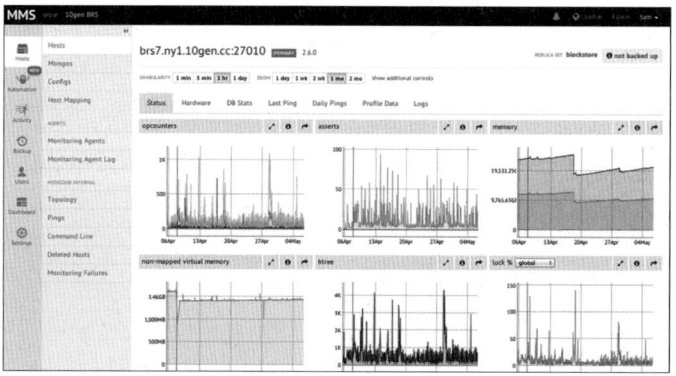

[그림 5-2] MMS 동작 활용 사례

4) Ops 매니저 백업 소프트웨어

몽고DB 사용자들은 몽고DB 클라우드 매니저 백업을 동작시키는 핵심 소프트웨어를 인프라에 설치하고 실행할 수 있다. Ops 매니저는 클라우드 버전과 유사한 기능을 갖고 기업용 고급 배포판으로 활용할 수 있다.

예제 5-2 몽고DB의 백업 방법에 대한 설명으로 올바르지 않은 것을 모두 고르시오.
① 실행 중인 mongod 인스턴스에 대해서는 어떤 방법으로도 백업할 수 없다.
② 기본 데이터 파일 복사 후 백업 방법을 사용하면 인덱스를 재구축하지 않아도 된다.
③ mongodump를 사용한 백업 방법을 사용하면 데이터베이스의 다큐먼트만을 저장하기 때문에 인덱스를 별도로 재구축해야 한다.
④ 특정 시간 지점을 복구하려면 매니저 시스템을 사용해야 한다.
⑤ mongodump를 사용한 백업 방법을 사용하려면 해당 데이터베이스의 읽기 동작이 반드시 중지되어야 한다.

답 ①, ④, ⑤

---

(2) 몽고DB를 위한 모니터링

모니터링은 모든 데이터베이스 관리의 중요한 구성 요소이다. 몽고DB의 리포팅을 정확하게 이해하면 데이터베이스의 상태를 평가하고 문제 없이 동작을 유지하는 데 도움이 된다. 또한 몽고DB의 정상적인 동작 매개변수들은 고장으로 문제가 확대되기 전에 진단할 수 있게 해준다.

1) 모니터링 전략

실행 중인 몽고DB의 인스턴스 상태에 대한 데이터 수집에는 세 가지 방법이 있다.

❶ 몽고DB에서 배포한 데이터베이스 동작의 실시간 리포트를 제공하는 유틸리티 셋
❷ 현재 데이터베이스 상태를 반영하여 신뢰도가 높은 통계를 반환하는 데이터베이스 명령
❸ 데이터를 기반으로 시각화 및 경고, 실행하는 몽고DB의 데이터를 수집하는 모니터링을 제공하는 몽고DB 클라우드 관리자 및 Ops 관리자

각 전략은 상황에 따라 보다 유용하고 상호 보완적이다.

2) 몽고DB 리포트 툴

여기서는 몽고DB에서 배포한 리포트 툴을 설명하고, 활용 방법에 대하여 설명한다.

❶ 유틸리티

몽고DB 배포판은 인스턴스의 성능과 활동에 대한 통계를 신속하게 반환하는 유틸리티를 포함한다. 일반적으로 이 방법은 문제를 진단하고 정상적인 작동 여부를 정하는데 아주 유용하다.

ⓐ mongoStat

명령어 창에서 실행하는 mongostat은 기본 값으로 포트 27017을 갖고, 데이터베이스 작업의 수를 캡처해 유형별로 반환한다(예 삽입, 쿼리, 업데이트, 삭제 등). 이 값들은 서버의 하중 분배에 대해 알려준다.

```
hl@hl-VirtualBox:~$ mongostat
insert query update delete getmore command flushes mapped  vsize   res faults qr|qw ar|aw netIn netOut conn     time
    *0    *0     *0     *0       0     1|0       0 160.0M 517.0M 67.0M      0   0|0   0|0   79b    10k    2 16:37:12
    *0    *0     *0     *0       0     1|0       0 160.0M 517.0M 67.0M      0   0|0   0|0   79b    10k    2 16:37:13
    *0    *0     *0     *0       0     1|0       0 160.0M 517.0M 67.0M      0   0|0   0|0   79b    10k    2 16:37:14
    *0    *0     *0     *0       0     1|0       0 160.0M 517.0M 67.0M      0   0|0   0|0   79b    10k    2 16:37:15
    *0    *0     *0     *0       0     2|0       0 160.0M 517.0M 67.0M      0   0|0   0|0  133b    10k    2 16:37:16
    *0    *0     *0     *0       0     1|0       0 160.0M 517.0M 67.0M      0   0|0   0|0   79b    10k    2 16:37:17
    *0    *0     *0     *0       0     1|0       0 160.0M 517.0M 67.0M      0   0|0   0|0   79b    10k    2 16:37:18
    *0    *0     *0     *0       0     1|0       0 160.0M 517.0M 67.0M      0   0|0   0|0   79b    10k    2 16:37:19
    *0    *0     *0     *0       0     1|0       0 160.0M 517.0M 67.0M      0   0|0   0|0   79b    10k    2 16:37:20
    *0     1     *0     *0       0     3|0       0 160.0M 517.0M 67.0M      0   0|0   0|0  273b    11k    2 16:37:21
insert query update delete getmore command flushes mapped  vsize   res faults qr|qw ar|aw netIn netOut conn     time
    *0    *0     *0     *0       0     1|0       0 160.0M 517.0M 67.0M      0   0|0   0|0   79b    10k    2 16:37:22
    *0    *0     *0     *0       0     1|0       0 160.0M 517.0M 67.0M      0   0|0   0|0   79b    10k    2 16:37:23
    *0    *0     *0     *0       0     1|0       0 160.0M 517.0M 67.0M      0   0|0   0|0   79b    10k    2 16:37:24
    *0    *0     *0     *0       0     1|0       0 160.0M 517.0M 67.0M      0   0|0   0|0   79b    10k    2 16:37:25
^Chl@hl-VirtualBox:~$
```

[그림 5-3] mongostat 출력 화면 예시

ⓑ mongotop

mongotop은 현재 몽고DB 인스턴스의 읽기와 쓰기 활동을 추적하여 알려주고, 이러한 통계를 컬렉션 단위로 알려준다. mongotop을 이용하면 사용자의 데이터베이스 활동과 예상 활동이 일치하는지를 확인할 수 있다.

```
hl@hl-VirtualBox:~$ mongotop
2015-12-29T16:42:29.645+0900    connected to: 127.0.0.1

                       ns    total    read    write    2015-12-29T16:42:30+09:00
        admin.system.roles     0ms     0ms      0ms
      admin.system.version     0ms     0ms      0ms
         local.startup_log     0ms     0ms      0ms
      local.system.indexes     0ms     0ms      0ms
   local.system.namespaces     0ms     0ms      0ms
      local.system.replset     0ms     0ms      0ms
 test_basic.system.indexes     0ms     0ms      0ms
test_basic.system.namespaces   0ms     0ms      0ms
     test_basic.test_basic     0ms     0ms      0ms

                       ns    total    read    write    2015-12-29T16:42:31+09:00
        admin.system.roles     0ms     0ms      0ms
      admin.system.version     0ms     0ms      0ms
         local.startup_log     0ms     0ms      0ms
      local.system.indexes     0ms     0ms      0ms
   local.system.namespaces     0ms     0ms      0ms
      local.system.replset     0ms     0ms      0ms
 test_basic.system.indexes     0ms     0ms      0ms
test_basic.system.namespaces   0ms     0ms      0ms
     test_basic.test_basic     0ms     0ms      0ms
```

❷ HTTP 콘솔

몽고DB는 간단한 웹 페이지에서 진단 및 모니터링 정보를 제공하는 웹 인터페이스를 제공한다. 웹 인터페이스에서는 localhost:<port> 형태로 접근이 가능하다(하지만 이를 위해서는 명령어 창에서 mongod의 옵션으로 --rest를 사용해야 한다). 여기서 <port>는 mongod 포트보다 1,000이 큰 숫자이다. 예를 들어, 기본 값으로 로컬에서 실행하는 mongod는 포트 27017를 사용하고, HTTP 콘솔은 http://localhost:27017에서 액세스한다. [그림 5-4]는 포트 30000에 새로운 mongod 인스턴스를 생성하고, 포트 31000에 접속한 화면이다.

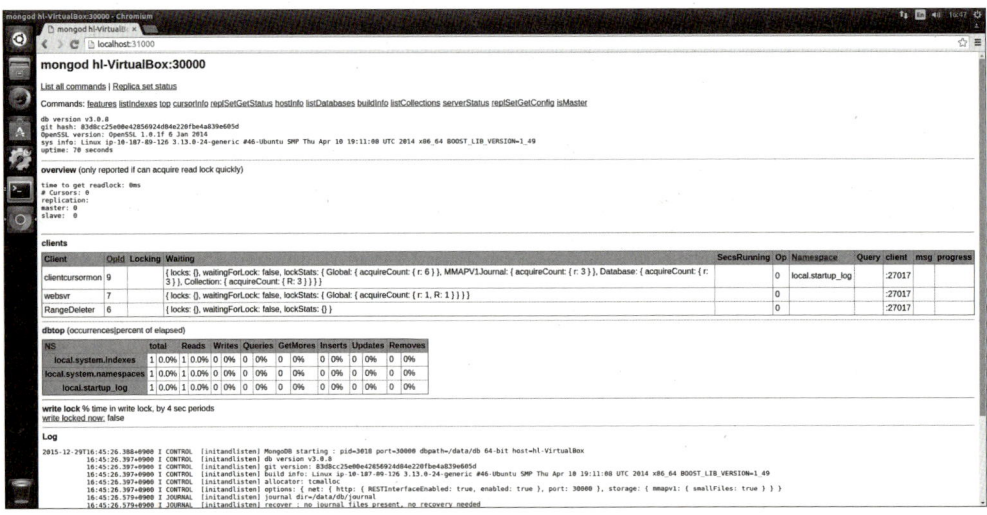

[그림 5-4] HTTP 콘솔 예제

❸ 명령어

몽고DB는 데이터베이스의 상태를 알려주는 여러 개의 명령어를 갖고 있다. 이러한 데이터는 앞에서 설명한 유틸리티보다 자세한 동작을 확인할 수 있다. 맞춤 알림을 설정하거나 인스턴스 활동에 반응하여 응용 프로그램의 동작을 수정하기 위해 스크립트와 프로그램에서 출력을 사용하는 것이 좋다. db.currentOp 메소드는 데이터베이스 인스턴스의 진행 동작을 식별하기 위한 도구이다.

ⓐ serverStatus

셸에서 제공하는 serverStatus 명령이나 db.serverStatus()는 디스크 사용량, 메모리 사용, 연결, 저널링 그리고 인덱스 액세스를 선택하여 데이터베이스 상태에 대한 일반적인 개요를 반환한다. 명령 반환은 신속하며, 몽고DB의 성능에 영향을 미치지 않는다.

serverStatus는 몽고DB의 인스턴스 상태의 계정을 출력한다. 이 명령은 거의 직접 실행되지 않지만, 모든 사용자는 serverStatus가 제공하는 데이터에 대해 잘 알고 있어야 한다.

ⓑ dbStats

셸에서 제공하는 dbStats 명령이나 db.stats()는 저장 장치 사용 및 데이터 볼륨을 주소화하는 문서를 반환한다. dbStats는 사용되는 저장 장치 사용량, 데이터베이스에 포함된 데이터의 양, 객체, 컬렉션 그리고 인덱스 카운터를 반영한다.

이러한 데이터는 특정 데이터베이스의 상태 및 저장 용량을 모니터링하기 위해 사용한다. 이 출력은 또한 사용자가 데이터베이스 간의 사용을 비교하고, 데이터베이스의 평균 문서 크기를 확인할 수 있게 해준다.

ⓒ collStats

셸에서 제공하는 컬렉션 레벨의 dbStats와 비슷한 통계를 제공하는 collStats/db.collection.stats()는 컬렉션 안의 요소들, 컬렉션의 크기, 컬렉션에 의해 사용된 디스크 공간의 크기, 그리고 인덱스에 관한 정보를 포함한다.

ⓓ replSetGetStatus

셸에서 제공하는 replSetGetStatus 명령이나 rs.status()는 사용자 복제 셋의 상태에 대한 개요를 반환한다. replSetGetStatus의 문서는 그 멤버에 대한 복제 셋 및 통계의 상태와 구성에 대해 자세히 설명한다. 복제가 제대로 구성되어 있는지를 확인하기 위해 데이터를 사용하여 현재 호스트와 복제 셋의 다른 멤버 사이의 연결을 확인한다.

❹ 모니터링 툴(서드 파티 툴)

[표 5-1]은 사용자가 반드시 설치하여 사용자의 서버에 유지해야 하는 모니터링 툴들이다. 대부분의 경우 오픈 소스이다.

[표 5-1] 서드 파티 툴

툴	플러그인	설명
Ganglia	MongoDB-Ganglia	파이썬 스크립트는 매초마다 메모리 사용량, btree 통계, 마스터/슬레이브 상태 및 현재 연결 작업을 리포트한다.
Ganglia	gmond_python_modules	serverStatus와 replSetGetStatus 명령의 출력을 분석한다.
Motop	없음.	몽고DB 서버에 대한 실시간 모니터링 도구이다. 매초마다 현재 작업 지시를 보여준다.
mtop	없음.	Top과 같은 툴이다.
Munin	mongo-munin	서버 통계를 가져온다.
Munin	mongomon	컬렉션 통계[크기, 인덱스 크기, 하나의 DB에 대한 각 (구성) 컬렉션 수]를 가져온다.
Munin	munin-plugin-Ubuntu PPA	주 배포판에 없는 추가 munin 플러그인
Nagios	Nagios-plugin-MongoDB	파이썬으로 작성된 간단한 Nagios 체크 스크립트

❺ SaaS 모니터링 툴

[표 5-2]의 도구들은 유료 가입을 통해 호스팅 서비스 형태로 모니터링을 제공한다.

[표 5-2] 유료 호스팅 서비스 형태의 모니터링 도구

이름	특징
MongoDB Cloud Manager	몽고DB 클라우드 관리자는 몽고DB의 배포를 관리하기 위한 클라우드 기반 서비스이다. 모니터링, 백업 및 자동화 기능을 제공한다.
Scout	몽고DB 모니터링, 몽고DB Slow 쿼리 및 몽고DB 복제 셋 모니터링들을 포함하는 여러 가지 플러그인이다.
Server Density	몽고DB를 위한 대시 보드이다. 몽고DB 특정 경고, 복제 실패 타임라인과 아이폰, 아이패드 및 안드로이드 모바일 애플리케이션이다.
애플리케이션 성능 관리	IBM은 몽고DB와 다른 응용 프로그램 및 미들웨어에 대한 모니터를 포함하는 애플리케이션 성능 관리 SaaS 오퍼링을 보유하고 있다.

예제 5-3 몽고 셸에서 사용할 수 있는 모니터링 명령어가 <u>아닌</u> 것을 고르시오.

① db.serverStatus( )
② db.stats( )
③ rs.status( )
④ db.mongostat
⑤ db.collection.stats( )

답 ④

3) 프로세스 로깅

정상 작동 시 mongod와 mongos 인스턴스는 일반 출력이나 로그 파일 중 하나에 모든 서버의 활동과 동작의 라이브 계정을 알려준다. 다음과 같은 런타임 설정으로 옵션을 제어할 수 있다.

- quiet: 로그/출력에 기록되는 정보의 양을 제한한다.
- verbosity: 로그/출력에 기록되는 정보의 양을 증가시킨다. 또한 런타임 로깅을 셸에서 logLevel 매개변수나 db.setLogLevel( )를 사용하여 수정할 수 있다.
- path: 일반 출력이 아니라 파일에 로그할 수 있다. 이 설정을 조정하면 로그 파일의 전체 경로를 지정해야 한다.
- logAppend: 로그 파일에 대한 정보를 덮어 쓰는 대신 추가한다.

> **주의**
> 사용자는 mongod 또는 mongos에 명령어 인자로 다음과 같이 설정할 수 있다.
> ```
> $ mongod -v --logpath /var/log/mongodb/server1.log --logappend
> ```
> 위 코드는 mongod 인스턴스를 verbose 모드로 시작하고, /var/log/mongodb/serger1.log 로그 파일에 데이터를 추가한다.

다음 데이터베이스 명령도 로깅에 영향을 준다.
- getLog: mongod 프로세스 로그에서 최근의 메시지를 디스플레이한다.
- logRotate: mongod 프로세스 파일만을 로테이트한다.

❶ 성능 문제 진단

몽고DB를 이용하여 애플리케이션을 개발하거나 작동시킬 때, 사용자는 애플리케이션과 데이터베이스의 성능을 분석할 수 있다. 몽고DB의 성능을 분석하여 몇 개의 동작에 영향을 끼치는 추가적인 요소들에 대해 설명한다.

(3) 런타임 데이터베이스 구성

명령어 창과 configuration file(설정 파일) 인터페이스는 몽고DB 관리자에게 데이터베이스 시스템의 동작을 제어하기 위한 다수의 조건과 설정을 제공한다. 여기서는 일반적인 구성 및 일반적인 모범 사례 구성의 활용 사례를 설명한다.

두 인터페이스는 동일한 조건과 설정의 컬렉션에 대한 액세스를 제공하지만, 여기서는 설정 파일 인터페이스를 사용한다. 사용자가 init 스크립트를 이용해 몽고DB를 동작시키거나 운영 시스템을 위해 패키지에서 설치한 경우, 사용자는 /etc/mongod.conf에 이미 설정 파일을 갖고 있을 수 있다.

/etc/init.d/mongod 또는 /etc/rc.d/mongod 스크립트를 확인하여 init 스크립트가 올바른 설정 파일로 mongod를 시작하는지를 확인해야 한다.

설정 파일을 사용하여 몽고DB 환경을 구축하려면 다음과 같은 형태로 명령어를 작성해야 한다.

```
mongod --config /etc/mongod.conf
mongod -f /etc/mongod.conf
```

사용자의 데이터베이스 환경을 제어하기 위해 /etc/mongod.conf의 값을 수정할 수 있다.

1) 데이터베이스 환경 설정

YAML 포맷의 기본 구성은 다음과 같다.

```yaml
processManagement:
   fork: true
net:
   bindIp: 127.0.0.1
   port: 27017
storage:
   dbPath: /srv/mongodb
systemLog:
   destination: file
   path: "/var/log/mongodb/mongod.log"
   logAppend: true
storage:
   journal:
      enabled: true
```

만약 이전의 ini 포맷인 구성 파일을 사용한다면 다음과 같다.

```ini
fork = true
bind_ip = 127.0.0.1
port = 27017
quiet = true
dbpath = /srv/mongodb
logpath = /var/log/mongodb/mongod.log
logappend = true
journal = true
```

이는 독립형 서버(standalone)에서의 기본 설정이다. 이러한 설정은 다음과 같은 몇 가지 상황을 만든다.

- fork는 true이다. mongod에 daemon 모드를 가능하게 하고, 몽고DB를 현재의 세션에서 분리시켜 데이터베이스를 평범한 서버로 사용하게 만든다.
- bindIp는 127.0.0.1이다. 서버가 localhost의 IP에만 응답하도록 만든다. 애플리케이션-레벨 시스템들이 시스템 네트워크 필터링에 의해 제공된 접근 컨트롤을 이용해 접근할 수 있는 보안 인터페이스에 접속한다.

- port는 기본 몽고DB 포트인 27017이다. 몽고DB는 모든 포트에 바인딩할 수 있다. 또한 네트워크 필터링 도구(방화벽)를 사용하여 포트의 액세스를 필터링할 수 있다.
- quiet는 true이다. output/log 파일에서 가장 중요한 항목들을 제외하고 모두 비활성화시킨다. 만약 이 옵션을 설정한다면, 사용자는 setParameter를 사용하여 작동 중에 설정을 수정할 수 있다. 실제 서비스에서 추천하지 않는다.
- dbPath는 몽고DB가 데이터 파일을 저장할 경로 /srv/mongodb이다. /srv/mongodb와 /var/lib/mongodb가 가장 일반적인 경로이다. mongod가 동작하는 계정은 디렉토리에 읽기 및 쓰기 액세스 권한이 필요하다.
- systemLog.path는 mongod가 출력을 작성할 경로 /var/log/mongodb/mongod.log이다. 이 값을 설정하지 않으면 mongod는 모든 출력을 일반 출력(stdout과 같은)으로 작성한다.
- logAppend는 true이다. 즉, 서버가 시작 동작 후 mongod가 기존 로그 파일을 덮어 쓰는 것을 방지한다.
- storage.journal.enabled는 true이다. 즉, 저널링을 활성화한다. 저널링은 단일 인스턴스 쓰기 영속성을 보장한다. 64bit 빌드 mongod는 기본 값으로 저널링 활성화된다. 따라서 이 설정은 중복될 수 있다.

(4) 실제 서비스 시 고려 사항

여기서는 양산 단계에서 몽고DB에 영향을 주는 시스템 구성에 대해 배운다.

1) 몽고DB

❶ 저장 엔진

몽고DB는 2개의 스토리지 엔진으로 MMAPv1과 WiredTiger에 대해 지원한다. 기본적으로 MMAPv1 엔진을 사용한다. dbpath의 디렉토리에 구성된 파일들은 스토리지 엔진에 해당한다. mongod는 `--storageEngine`으로 지정된 저장 엔진에 데이터를 갖고 있지 않으면 작동하지 않는다.

❷ 최근의 안정적인 패키지를 사용

가장 최근의 패키지를 사용해야 한다. 모든 패키지는 Downloads 페이지에 있다.

❸ 64bit 빌드를 사용

32bit의 빌드는 WiredTiger 저장 엔진을 지원하지 않는다.

2) 동시성

❶ MMAPv1

몽고DB 3.0부터 MMAPv1은 컬렉션-레벨-잠금을 제공한다. 모든 컬렉션은 고유한 reader-writer 잠금 장치가 있다.

❷ WiredTiger

컬렉션의 다큐먼트에 대한 reader와 writer에 의한 동시 접속을 지원한다. 클라이언트는 쓰기 작업을 진행하는 동시에 다큐먼트를 읽을 수 있고, 여러 개의 스레드가 동시에 다른 문서 컬렉션을 수정할 수 있다.

예제 5-4 몽고DB의 실제 서비스 단계에서 고려할 사항에 대한 설명으로 옳지 <u>않은</u> 것을 모두 고르시오.

① 64bit-build 몽고DB는 2개의 스토리지 엔진을 지원한다.
② 32bit-build 몽고DB는 MMAPv1 스토리지 엔진을 지원한다.
③ 64bit-build 몽고DB는 기본적으로 WiredTiger를 사용한다. 이를 변경하기 위해 --storageEngine 옵션을 사용할 수 있다.
④ (버전 3.0 이후의) MMAPv1은 컬렉션-레벨-잠금을 지원한다.
⑤ WiredTige는 컬렉션의 다큐먼트에 대한 reader와 writer에 의한 동시 접속을 지원한다.

답 ③

 데이터베이스 관리 구성, 유지 보수 및 분석

(1) THP(Transparent Huge Pages) 비활성화하기

THP는 대규모 메모리 페이지를 사용하여 많은 양의 메모리를 가진 시스템에서 Translation Lookaside Buffer(TLB) 검색의 오버헤드를 줄이는 리눅스 메모리 관리 시스템이다. THP가 활성화된 상태에서 데이터베이스의 작업은 종종 신통치 않게 실행되는데, 그 이유는 연속 메모리 액세스 패턴보다 간헐적인 액세스 패턴을 갖는 경향이 있기 때문이다. 리눅스 시스템에서 몽고DB의 최고 성능을 보장하기 위해서는 THP를 사용하지 않는 것이 바람직하다.

1) init 스크립트

❶ init.d 스크립트 생성

다음 파일을 "/etc/init.d/disable-transparent-hugepages"에 만든다.

```sh
#!/bin/sh
### BEGIN INIT INFO
# Provides:          disable-transparent-hugepages
# Required-Start:    $local_fs
# Required-Stop:
# X-Start-Before:    mongod mongodb-mms-automation-agent
# Default-Start:     2 3 4 5
# Default-Stop:      0 1 6
# Short-Description: Disable Linux transparent huge pages
# Description:       Disable Linux transparent huge pages, to improve
#                    database performance.
### END INIT INFO


case $1 in
  start)
    if [ -d /sys/kernel/mm/transparent_hugepage ]; then
      thp_path=/sys/kernel/mm/transparent_hugepage
    elif [ -d /sys/kernel/mm/redhat_transparent_hugepage ]; then
      thp_path=/sys/kernel/mm/redhat_transparent_hugepage
    else      return 0
    fi

    echo 'never' > ${thp_path}/enabled
    echo 'never' > ${thp_path}/defrag

    unset thp_path
    ;;
esac
```

❷ 실행 가능 권한

init 스크립트가 확실히 사용될 수 있도록 다음 명령어를 실행한다.

```
sudo chmod 755 /etc/init.d/disable-transparent-hugepages
```

❸ OS 부팅 시에 실행되도록 설정

[표 5-3]을 참조하여 리눅스 배포판에 새로운 init 스크립트를 구성할 적절한 명령어를 사용한다.

[표 5-3]

배포판	명령어
우분투(Ubuntu), 데비안(Debian)	sudo update-rc.d disable-transparent-hugepages defaults
수세(SUSE)	sudo insserv /etc/init.d/disable-transparent-hugepages
레드햇(Red Hat), CentOS, Amazon Linux, 기타 파생 버전	sudo chkconfig --add disable-transparent-hugepages

2) 설정 변경 확인

다음 명령을 실행하여 THP 지원 상태를 확인할 수 있다.

```
cat /sys/kernel/mm/transparent_hugepage/enabled
cat /sys/kernel/mm/transparent_hugepage/defrag
```

레드햇 엔터프라이즈 리눅스(Red Hat Enterprise Linux), CentOS와 일부 레드햇 기반 파생 버전 (Red Hat-based derivatives)의 경우, 다음 명령어를 사용해야 한다.

```
cat /sys/kernel/mm/redhat_transparent_hugepage/enabled
cat /sys/kernel/mm/redhat_transparent_hugepage/defrag
```

두 파일 모두 다음과 같은 출력이 나타나면 설정이 변경된 것이다.

```
always madvise [never]
```

(2) DB 명령어 사용하기

몽고DB의 명령 인터페이스는 모든 비CRUD DB 연산에 대한 액세스를 제공한다. 서버의 상태를 가져오고, 복제 셋을 초기화하며, 맵-리듀스를 실행하는 작업이 모두 명령어를 통해 지원된다.

1) DB 명령어 형식

먼저 첫 번째 키가 명령어의 이름인 표준 BSON 다큐먼트로 구성하여 명령어를 지정한다. 예를 들어 다음 BSON 다큐먼트로 isMaster 명령어를 기입한다.

```
{ isMaster: 1 }
```

2) 명령어 실행하기

몽고 셸은 db.runCommand()라는 명령을 실행하기 위해 도움을 주는 메소드를 제공한다. mongo에서 다음 명령은 위의 동작을 실행한다.

```
db.runCommand( { isMaster: 1 } )
```

대부분의 드라이버는 db.runCommand() 메소드와 동등한 것을 제공한다. 내부적으로 db.runCommand()를 실행하는 것은 $cmd 컬렉션에 대한 특별한 쿼리와 동일하다. 일반적인 명령은 몽고 자바스크립트 셸의 db.isMaster() 메소드와 같은 몽고 셸 및 드라이버에 고유의 셸 헬퍼(helpers) 또는 래퍼(wrappers)가 있다. 명령의 실행에서 제한 시간을 지정하기 위해 maxTimeMS 옵션을 사용할 수 있다.

3) "admin" DB 명령어

일부 명령어는 admin DB에서 실행해야 한다. 일반적으로 이러한 동작들은 다음과 유사하다.

```
use admin
db.runCommand( {buildInfo: 1} )
```

그러나 자동으로 admin DB 문맥으로 명령어를 실행하는 명령어 helper가 있다.

```
db._adminCommand( {buildInfo: 1} )
```

4) 명령 응답

모든 명령은 최소한 명령의 성공 여부를 나타내는 "ok" 필드를 포함한 다큐먼트를 반환한다.

```
{ 'ok': 1 }
```

실패한 명령은 0의 값의 "ok" 필드를 반환한다.

예제 5-5 몽고DB의 명령어에 대한 설명으로 올바르지 않은 것을 모두 고르시오.

① 서버 상태를 가져오고, 복제 셋을 초기화하며, 맵-리듀스를 실행하는 작업은 명령어를 통해 지원받을 수 있다.
② 명령어를 구성할 때 표준 BSON 다큐먼트를 구성하여 설정한다.
③ 명령어의 실행에 제한 시간을 지정하기 위해 maxTimeMS 옵션을 사용할 수 있다.
④ 일부 명령어는 admin DB에서 실행해야만 하므로, admin DB로 이동하기 위해 use admin을 몽고 셸에서 입력해야만 한다.

답 ④

---

(3) mongod 프로세스 관리

몽고DB는 표준 프로그램으로 실행된다. mongod 명령을 실행하고 옵션을 지정하여 명령어 창에서 시작할 수 있다. 또한 몽고DB는 윈도우 서비스로 실행할 수 있다. 다음 과정에서는 mongod 프로세스를 포함하는 디렉토리가 시스템에 있는 것으로 가정한다. mongod 프로세스는 개별 서버에서 실행되는 프라이머리(primary) DB 프로세스이다. mongos는 클라이언트의 관점에서 mongod에 일관된 몽고DB의 인터페이스와 동등한 것으로 제공된다. 몽고 바이너리는 관리 셸을 제공하고, mognod 프로세스를 설명한다. 그러나 일부분은 mongos 인스턴스에도 적용할 수 있다.

1) mongod 프로세스 시작

몽고DB는 데이터를 "/data/db" 디렉토리에 저장한다. 윈도우에서는 "C:\data\db"에 저장하고, 모든 플랫폼에서 포트 27017에 연결하여 클라이언트와 연결한다. 몽고DB를 기본 값으로 실행하려면 명령어 창에서 다음 명령어를 실행한다.

```
$ mongod
```

다음에서 설명하는 옵션 외에도 많다. [그림 5-5]는 mongod 프로세스 동작 방식을 보여준다.

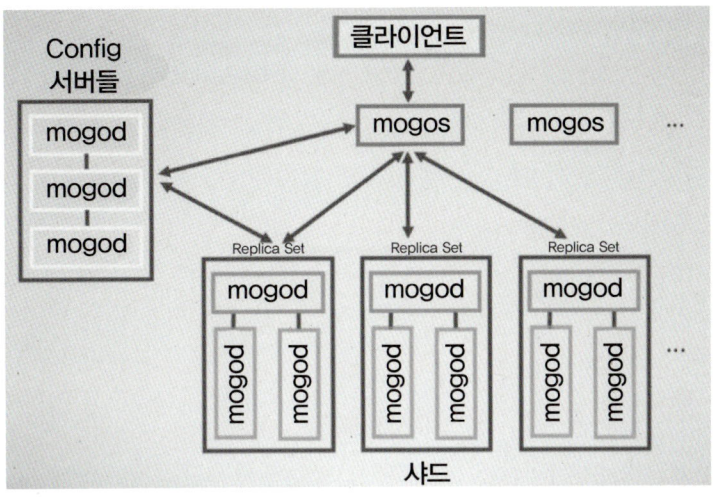

[그림 5-5] mongod 프로세스 동작 방식

❶ 데이터 디렉토리 지정

mongod의 dbPath를 설정하여 데이터 파일을 저장하는 특정한 경로를 지정할 수 있다. dbPath는 mongod를 실행하기 전에 존재해야 한다. 만약 존재하지 않는 경우, 디렉토리를 만들고 mongod가 이 경로에서 데이터를 읽고 쓸 수 있는 권한을 주어야 한다. 다음 호출은 "/srv/mongodb" 경로에 데이터를 저장하는 mongod를 시작한다.

```
$ mongod --dbpath /srv/mongodb/
```

❷ TCP 포트 설정

단일 프로세스는 한 번에 하나의 네트워크 인터페이스에 연결할 수 있다. 하나의 기기에서 여러 mongod 프로세스를 실행하거나 다른 프로세스가 반드시 이 포트를 사용해야 하는 경우, 클라이언트 연결을 수신할 각각의 다른 포트를 지정해야 한다. mongod에 포트를 설정하기 위해서는 --port 옵션을 사용해야 한다. 다음 명령은 포트 12345에서 수신하는 mongod를 실행한다.

```
$ mongod --port 12345
```

가능하면 혼동을 피하기 위해 기본 포트 번호를 사용한다.

❸ 데몬으로 mongod 실행

데몬(즉, fork 명령)으로 mognod 프로세스를 실행하고, 로그 파일에 출력을 작성하려면 --fork와 --logpath 옵션을 사용한다. 반드시 log 디렉토리를 만들어야 한다. 존재하지 않는 경우, mongod는 log 파일을 만든다. 다음 명령은 log를 "/var/log/mongodb.log"에 출력하고, 데몬으로 mongod를 실행한다.

```
$ mongod --fork --logpath /var/log/mongodb.log
```

2) mongod 프로세스 중지

mongod를 완전하게 종료하는 경우에는 모든 대기 중인 작업을 완료하고, 데이터 파일에 모든 데이터를 전송하며, 파일을 모두 닫는다. 다른 방법의 종료는 완벽하지 않으며, 유효한 데이터 파일에 손상을 줄 수 있다. 완전한 종료를 보장하기 위해 항상 다음 방법 중 하나를 사용하여 mognod 인스턴스를 종료한다.

❶ shutdownServer() 사용

몽고 셸에서 `db.shutdownServer()` 메소드를 사용하여 mongod를 종료한다.

```
use admin
db.shutdownServer()
```

init 스크립트에서 동일한 메소드를 호출하면 같은 결과를 얻는다. 사용자는 권한이 허가된 시스템에서 admin DB를 인증받거나 인증이 활성화되지 않은 시스템에서 로컬 호스트 인터페이스를 통해서만 db.shutdownServer() 함수를 사용할 수 있다.

❷ --shutdown 사용

리눅스 명령어 창에서, '--shutdown'을 사용하여 mognod를 종료한다.

```
mongod --shutdown
```

❸ Ctrl + C 사용

대화형 모드에서 mognod 인스턴스를 실행할 때, Ctrl + C 를 실행함으로써 완전하게 종료한다.

❹ kill 사용

리눅스 명령어 창에서 다음 명령을 사용하여 특정한 mongod 인스턴스를 종료한다.

```
kill <mongod process ID>
```

> ⚠ 경고
> 절대 mongod 인스턴스를 종료하기 위해 kill-9(즉, SIGKILL) 사용하지 마라.

3) 복제 셋 종료

❶ 절차

mognod가 복제 셋의 프라이머리인 경우에는, 프로세스를 종료하기 위해 다음 단계를 거친다.

ⓐ 세컨더리의 최신 정보를 확인한다.
ⓑ 프라이머리가 동작한 후 10초 내에 세컨더리가 없다면, mongod는 종료되지 않는다는 메시지를 반환할 것이다. 사용자는 shutdown 명령에 세컨더리의 획득을 위해 대기할 timeoutSecs 변수를 전달할 수 있다.
ⓒ 프라이머리의 동작 후 10초 내에 세컨더리가 있다면, 프라이머리는 종료되고, 세컨더리를 획득하기 위해 대기할 것이다.
ⓓ 60초가 지난 경우 또는 하나의 세컨더리를 획득했다면 프라이머리는 종료된다.

❷ 복제 셋 강제 종료

세컨더리가 최신이 아니지만, 프라이머리가 종료되기를 원하면, 다음 몽고 셸 동작으로 force 변수를 사용한 shutdown 명령을 실행할 수 있다.

```
db.adminCommand({shutdown : 1, force : true})
```

지정된 시간 동안 지속적으로 세컨더리들을 확인하고, 어떤 것도 즉시 갱신되지 않으면 timeoutSecs 변수로 종료한다. 만약 아무것도 즉시 갱신되지 않으면 몽고DB는 지정된 시간동안 지속적으로 세컨더리들을 확인한다. 세컨더리 중 하나가 할당된 시간 안에 선택되면, 프라이머리는 종료된다. 어떤 세컨더리도 선택되지 않을 경우에는 종료되지 않는다. 다음 명령은 timeoutSecs를 '5'로 설정한 후 종료 명령을 실행한다.

```
db.adminCommand({shutdown : 1, timeoutSecs : 5})
```

또한 timeoutSecs 변수를 db.shutdownServer() 메소드에도 사용할 수 있다.

```
db.shutdownServer({timeoutSecs : 5})
```

(4) 실행 중인 동작 중지

실행 중인 동작을 중지하기 위해 두 가지 메소드를 사용할 수 있다.

1) maxTimeMS

다음 쿼리는 30초로 시간을 제한하도록 설정된 메소드이다.

```
db.location.find( { "town": { "$regex": "(Pine Lumber)",
                              "$options": 'i' } } ).maxTimeMS(30)
```

다음과 같이 사용할 수도 있다.

```
db.runCommand( { distinct: "collection",
                 key: "city",
                 maxTimeMS: 45 } )
```

2) killOp

db.killOp() 메소드는 다음 인터럽트 지점에서 실행 중인 동작에 인터럽트한다. db.killOp()는 다음과 같이 operationID 값으로 타깃의 동작을 정의한다.

```
db.killOp(<opId>)
```

(5) DB 동작 성능 분석

DB 프로파일러는 실행 중인 mongod 인스턴스의 몽고DB 쓰기 동작, 커서, 데이터베이스 동작에 대한 상세한 데이터를 수집한다. 각 DB마다 또는 인스턴스를 기준으로 프로파일링할 수 있다. 프로파일링은 각 데이터베이스 또는 각 인스턴스마다 활성화시킬 수 있다. 프로파일링이 가능하면 프로파일링 레벨도 구성할 수 있다. DB 프로파일러는 capped collection인 system.profile 컬렉션에 수집된 모든 데이터를 기록한다. [그림 5-6]은 대시 보드 형태로 쿼리 성능, 시간 정보 및 히스토그램 형태로 동작 성능을 보여준다. 그림의 데이터베이스에는 3개의 컬렉션이 있고, "skeleton" 쿼리는 기본적으로 값이 없는 쿼리지만 쿼리 구조를 갖고 있으며, 집계 정보 등을 포함한다. 로그-스케일의 히스토그램은 쿼리 시간을 나타내며, 왼쪽 끝은 1ms, 2ms, 4ms, 8ms 등으로 증가한다.

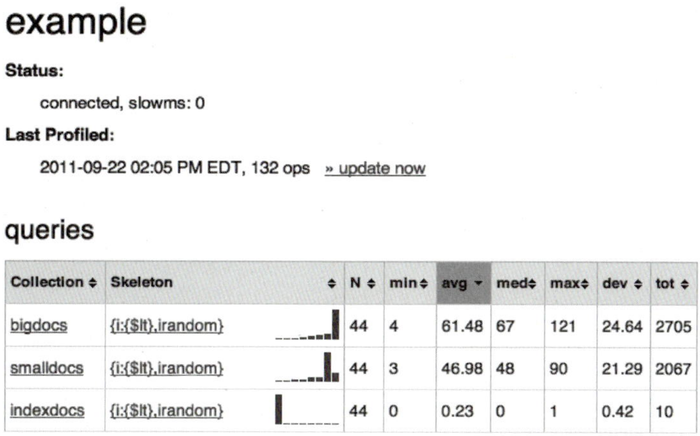

example

Status:
　　connected, slowms: 0
Last Profiled:
　　2011-09-22 02:05 PM EDT, 132 ops　» update now

queries

Collection ♦	Skeleton		N ♦	min ♦	avg ▼	med ♦	max ♦	dev ♦	tot ♦
bigdocs	{i:{$lt},irandom}		44	4	61.48	67	121	24.64	2705
smalldocs	{i:{$lt},irandom}		44	3	46.98	48	90	21.29	2067
indexdocs	{i:{$lt},irandom}		44	0	0.23	0	1	0.42	10

[그림 5-6]　몽고DB 프로파일러 활용

1) 프로파일링 레벨

다음의 프로파일링 레벨을 사용할 수 있다.

- 0 - 프로파일러는 실행되지 않으며, 어떤 데이터도 수집되지 않는다. mongod는 항상 slowOpThresholdMs 임계 값의 쓰기보다 동작을 오래 기록한다.
- 1 - 느린 동작만을 위한 프로파일링 데이터를 수집한다. 기본적으로 100ms보다 느린 동작들이다. slowOpThresholdMs 런타임 설정 혹은 setParameter 명령을 통해 느린 동작에 대한 임계값을 수정할 수 있다.
- 2 - 모든 DB 동작에 대한 프로파일링 데이터를 수집한다.

2) DB 프로파일링 설정과 프로파일링 레벨 설정

몽고 셸 또는 드라이버에서 프로파일 명령어를 사용하여 데이터베이스 프로파일링을 활성화할 수 있다. 프로파일링을 사용할 때는 레벨을 설정해야 하고, 프로파일러는 `system.profile` 컬렉션에 데이터를 기록해야 한다. 몽고 셸에서 매개변수로 프로파일링 레벨을 전달하고 `db.setProfilingLevel()`을 사용하여 프로파일링을 활성화하고 레벨을 설정한다. 모든 DB 동작에 대한 프로파일링을 설정하기 위해서는 몽고 셸에서 다음과 같이 실행해야 한다.

```
db.setProfilingLevel(2)
```

셸은 이전 프로파일링 레벨을 보여주는 다큐먼트를 반환한다. `"ok" : 1`은 동작이 성공적으로 이루어졌음을 나타낸다.

```
{ "was" : 0, "slowms" : 100, "ok" : 1 }
```

3) 느린 동작을 위한 경계 값(threshold) 지정

느린 동작에 대한 경계 값은 전체 mongod 인스턴스에 적용된다. 경계 값을 변경할 때 인스턴스의 모든 DB에 대해 변경된다.

> **중요**
> DB 프로파일러에 대한 느린 동작 경계 값을 바꾸는 것은 전체 mongod 인스턴스에 대한 프로파일링 서브 시스템의 느린 동작 경계 값에 영향을 미친다. 항상 가장 높은 유용한 값으로 경계 값을 설정한다.

기본적으로 느린 동작의 경계 값은 '100ms'이다. 경계 값을 변경하려면, 몽고 셸에서 `db.setProfilingLevel()`에 2개의 매개변수를 전달해야 한다. 첫 번째 매개변수는 현재 DB의 프로파일링 레벨을 설정하고, 두 번째는 전체 mongod 인스턴스에 대한 느린 동작 경계 값을 설정한다. 예를 들어, 다음 명령은 현재의 DB 프로파일링 레벨을 '0'으로 설정하여 프로파일링을 사용하지 않고, mongod 인스턴스에 대하여 느린 동작 경계 값을 '20ms'으로 설정한다. 프로파일링 레벨이 '1'인 어느 인스턴스의 DB는 이 경계 값을 사용할 것이다.

```
db.setProfilingLevel(0,20)
```

4) 프로파일링 레벨 확인하기

프로파일링 레벨을 확인하기 위해서는 몽고 셸에서 다음과 같이 실행해야 한다.

```
db.getProfilingStatus()
```

셸은 다음 형식과 유사한 다큐먼트를 반환한다.

```
{ "was" : 0, "slowms" : 100 }
```

"was" 필드는 현재의 프로파일링 레벨을 보여주고, "slowms" 필드는 레벨 1의 느린 경계 값을 나타낸다. 단지 프로파일링 레벨만을 반환받기 위해서는 db.getProfilingLevel()를 사용하면 된다.

```
db.getProfilingLevel()
```

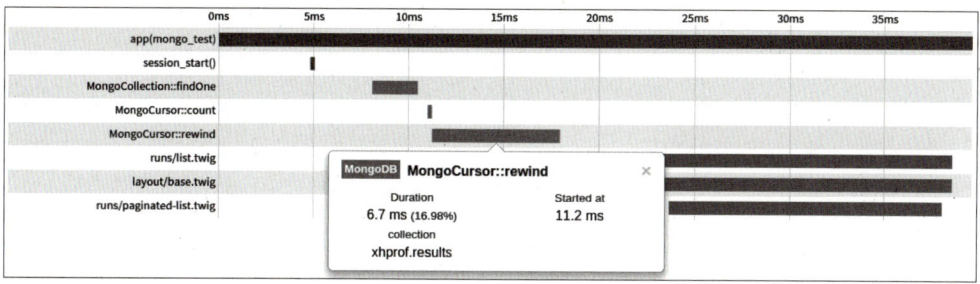

[그림 5-7] 몽고DB 프로파일러 활용

5) 프로파일링 비활성화

프로파일링을 비활성화시키기 위해서는 몽고 셸에서 다음처럼 setProfilingLevel(0)을 실행한다.

```
db.setProfilingLevel(0)
```

예제 5-6   프로파일링의 각 레벨에 대한 설명을 작성하시오.

답   0 – 프로파일러는 실행되지 않으므로, 어떤 데이터도 수집하지 않는다.
1 – 느린 동작만을 위한 프로파일링 데이터를 수집한다. 기본 임계 값은 100ms이고, 이 임계 값을 기준으로 느린 동작을 정의한다. slowOpThresholdMs 런타임 설정 혹은 setParameter 명령을 통해 느린 동작에 대한 경계 값을 수정할 수 있다.
2 – 모든 DB 동작에 대한 프로파일링 데이터를 수집한다.

(6) 로그 파일 교체

--logpath 옵션 또는 systemLog.path 세팅을 사용할 때, mongod와 mongos 인스턴스는 라이브 계정(live account)의 모든 활동과 동작을 로그 파일에 기록한다. 로그 파일에 활동 데이터를 기록할 때, 기본적으로 몽고DB는 logRotate 명령어에 대해 mongod나 mongos 프로세스가 운영 시스템으로부터 "SIGUSR1" 신호를 받았을 때만 로그를 교체(Rotate)한다.

몽고DB의 표준 로그 파일 교체 방법은 현재의 로그 파일을 보관하고 새로운 하나를 시작하는 것이다. 이렇게 하기 위해 mongod/mongos 인스턴스는 파일 이름에 UTC 타임스탬프를 추가하여 ISODate 형식으로 현재 로그 파일의 이름을 변경한다. 그런 다음, 새로운 로그 파일을 열고 이전의 로그 파일을 닫은 후 새로운 로그 파일에 모든 새로운 로그 목록(entries)을 전송한다.

또한 systemLog.logRotate나 --logRotate를 다시 열도록 설정하여 리눅스/유닉스 "logrotate" 유틸리티를 지원하기 위해 몽고DB를 구성할 수 있다. --logRotate를 다시 열면서, mongod/mongos는 로그 파일을 닫고, 다른 프로세스가 교체 전의 파일 이름을 변경할 것이라고 예상한 후 같은 이름으로 로그 파일을 다시 연다. 마지막으로 --syslog 옵션을 통하여 syslog에 로그 데이터를 전송하는 mongod를 구성할 수 있다. 이 경우, logrotation 툴을 대안으로 활용할 수 있다.

1) 로그 교체의 기본 동작

기본적으로 몽고DB는 --logRotate rename 동작을 사용한다. 이름을 바꿀 때, mongod/mongos는 UTC 타임스탬프를 추가하여 현재 로그 파일의 이름을 변경하고, 새로운 로그 파일을 연 후 이전 로그 파일을 닫고 새로운 로그 파일에 모든 새로운 로그 목록을 전송한다.

❶ mongod 인스턴스 시작하기

```
mongod -v --logpath /var/log/mongodb/server1.log
```

명시적으로 logRotate의 --rename을 지정할 수 있다.

❷ 로그 파일의 목록

다음 명령어는 일치하는 파일을 보여준다.

```
$ ls /var/log/mongodb/server1.log*
```

결과는 하나의 로그 파일인 server1.log를 포함한다.

❸ 로그 파일 교체

"admin" DB의 몽고 셸에서 logrotate 명령을 실행하여 로그 파일을 교체(Rotate)한다.

```
use admin
db.runCommand( { logRotate : 1 } )
```

❹ 새로운 로그 파일 확인

새로 만들어진 로그를 확인하기 위해 새로운 로그 파일들을 보여준다.

```
ls /var/log/mongodb/server1.log*
```

mongod/mongos가 다시 열릴 때 만든 server1.log와 이름이 변경된 원본의 server1.log. 〈타임스탬프〉와 2개의 로그 파일이 나타나야 한다. 로그 파일을 교체(Rotation)하면 교체된 "old" 로그 파일이 수정되지 않는다. 로그 파일을 교체(Rotate)할 때, 타임스탬프를 포함하도록 server1.log 파일의 이름을 변경하고 비어 있는 새로운 server1.log 파일에 모든 log 입력을 수신한다.

2) --LogRotate reopen을 사용한 로그 교체

--Log Rotation을 사용한 Log Rotation은 일반적인 리눅스/유닉스 Log Rotate 성질(Behavior)로 로그 파일을 닫거나 연다.

❶ 몽고DB 인스턴스를 시작하여 reopen --LogRotate 특성을 지정

```
mongod -v --logpath /var/log/mongodb/server1.log --logRotate reopen --logappend
```

--logRaotate reopen와 함께 --logappend를 사용해야 한다.

❷ 로그 파일 확인

다음 명령어는 일치하는 파일을 보여준다.

```
$ ls /var/log/mongodb/server1.log*
```

결과는 server1.log 로그 파일을 포함한다.

❸ 로그 파일 교체

몽고 셸 admin DB에서 logRotate 명령어를 실행하여 로그 파일을 교체한다.

```
use admin
db.runCommand( { logRotate : 1 } )
```

일반적인 리눅스/유닉스 log rotate 특성에 따라 외부 프로세스를 활용하여 로그 파일의 이름을 변경해야 한다.

3) Syslog Log Rotation

syslog log rotation을 사용하면 mongod는 파일에 로그 데이터를 쓰기보다 syslog에 로그 데이터를 전송한다.

❶ --Syslog 옵션을 사용하여 mongod 인스턴스 시작하기

```
mongod --syslog
```

--logpath를 지정할 때 --syslog는 mongod가 로그 데이터를 syslog에 전송하기 때문에 에러를 발생시킨다. syslog에 메시지를 기록할 때 사용되는 기능 수준을 지정하려면 --syslogFacility 설정이나 systemLog.syslogFacility 구성 설정을 사용해야 한다.

❷ 로그 교체

시스템의 기본 Log Rotation 메커니즘을 사용하여 로그 출력을 교체한다.

4) 강제 SIGUSR1로 Log Rotation

리눅스 또는 유닉스를 기반으로 한 시스템에서 단일 프로세스에 대해 로그를 교체하기 위해 SIGUSR1 신호를 사용할 수 있다.

```
kill -SIGUSR1 <mongod process id>
```

예제 5-7 몽고DB의 log Rotate에 대한 설명으로 올바르지 않은 것을 모두 고르시오.
① 몽고DB의 표준 로그 파일 교체법은 현재의 로그 파일을 보관하고 새로운 하나를 시작하는 것이다. 이때 현재 로그 파일의 이름에 UTC 타임스탬프를 추가하여 ISODate 형식으로 로그 파일을 변경한다.
② --syslog 옵션을 사용하면 mongod는 로그 데이터를 syslog에 전송한다.
③ 로그 파일을 교체하기 위해 몽고 셸에서 db.runCommand({ logRotate : 1}) 명령을 실행하면 된다.
④ 리눅스나 유닉스를 기반으로 한 시스템에서 단일 프로세스에 대해 로그를 교체하기 위해 SIGUSR1 신호를 사용할 수 있다.

답 ③

---

(7) 저널링 개요

몽고DB 저널링은 시스템 이상이나 고장 등으로 몽고DB가 비정상적으로 종료된 경우라도 데이터가 깨지지 않도록 하기 위한 기능이다. 메모리를 좀 더 사용하고 쓰기 속도가 약간 늦어지지만 비정상 종료 시에도 자동 복구 작업이 동작하므로 데이터 무결성을 지켜준다.

먼저 [그림 5-8]과 같이 디스크에 데이터 파일과 저널 파일이 있다고 가정해보자.

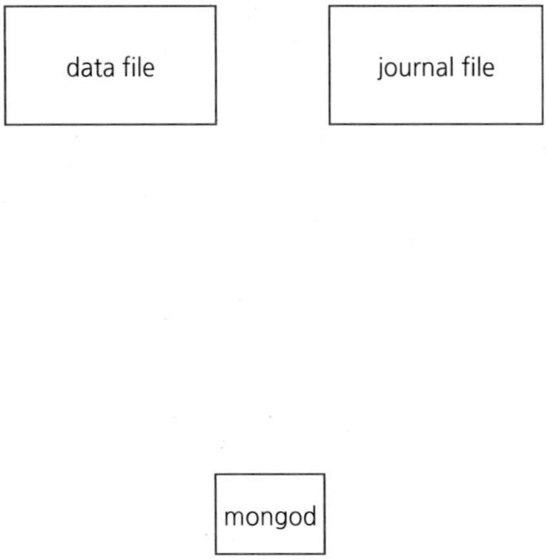

[그림 5-8] 디스크 상의 데이터와 저널 파일

mongod를 실행하면 데이터 파일을 '공유 뷰'(shared view)에 매핑한다. 이는 기본적으로 운영체제가 "디스크에 있는 데이터 파일의 크기가 2,000byte이므로, 이것을 메모리 주소 1,000,000-1,002,000로 연결해주며, 주소 1,000,042 지점의 메모리를 읽으면 파일의 42번째 byte를 읽게 되는" 작업을 해준다는 것이다. 또한 실제로 그 주소에 접근하기 전에는 메모리에 데이터가 올라가지 않는다.

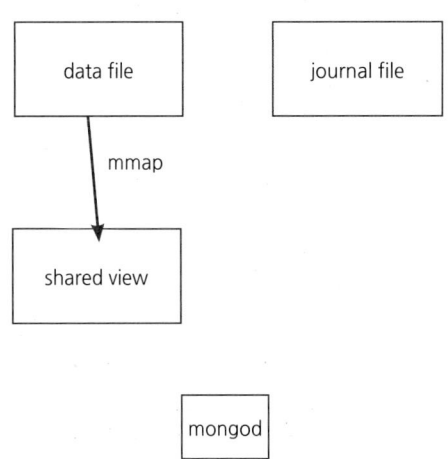

[그림 5-9] 데이터 파일을 공유 뷰에 연결

메모리에 올라온 데이터는 디스크에 있는 파일에 기반을 두고 있다. 메모리에 있는 값을 수정하면 운영체제는 그 내용을 디스크에 있는 파일에 기록(flush)한다. 몽고DB가 저널링을 사용하지 않는다면 기본적으로 이렇게 동작한다. 몽고DB는 60초마다 운영체제의 메모리 상의 변경점을 디스크에 기록해 달라고 요청한다.

 그러나 저널링을 사용하면 [그림 5-10]과 같이 mongod는 shared view에서 private view로 이어지는 두 번째 연결(mapping, 사상)을 만든다. 이 때문에 저널링을 사용하면 mongod가 사용하는 가상 메모리가 2배가 되는 것이다.

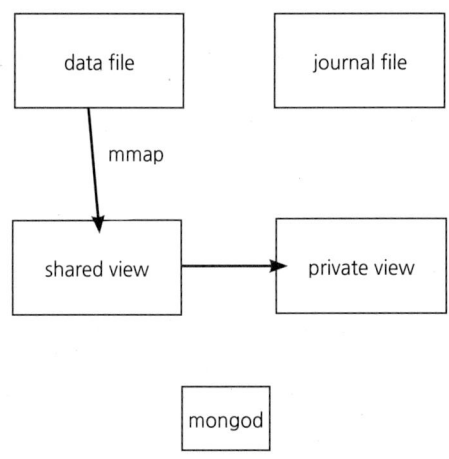

[그림 5-10] 공유 뷰에서 private 뷰로 연결

 이 private view는 데이터 파일과 연결되어 있지 않으므로 운영체제는 이 private view에서 변경한 내용을 디스크에 기록할 수 없다. 이제 DB에 쓰기 작업을 하면 [그림 5-11]과 같이 mongod는 이를 private view에 기록한다.

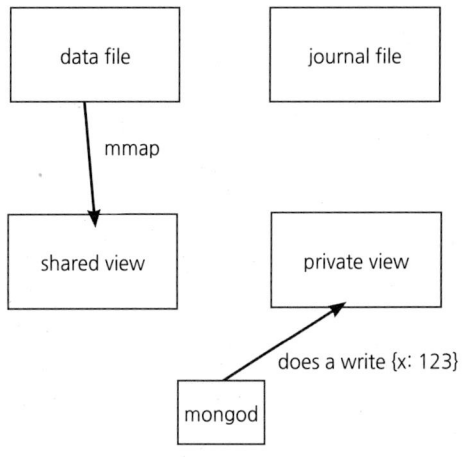

[그림 5-11] mongod의 데이터 쓰기 동작

그런 다음 변경 내용을 [그림 5-12]와 같이 저널 파일에 기록한다. 여기에는 어떤 파일이 어느 위치에 무엇을 기록했다는 설명이 들어 있다.

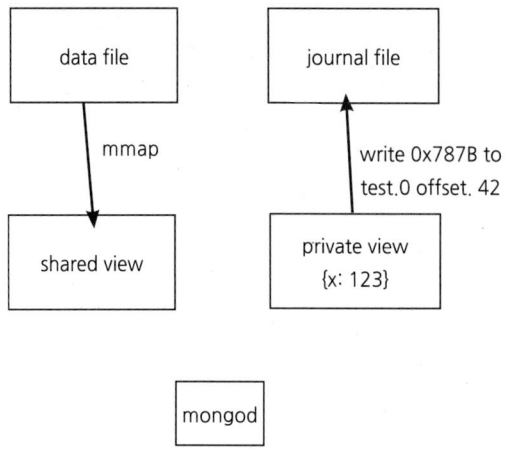

[그림 5-12] 변경 내용을 저널 파일에 기록하기

변경된 내용이 [그림 5-13]과 같이 저널 파일에 계속 추가된다.

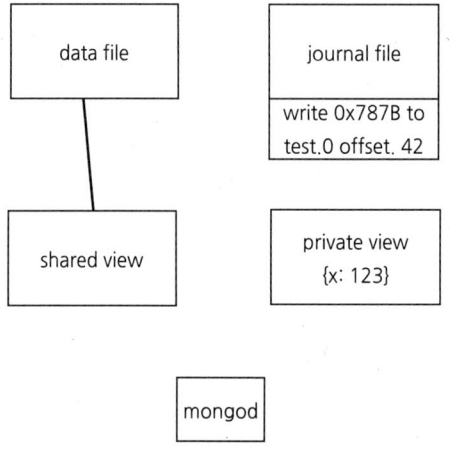

[그림 5-13] 저널 파일에 저장된 데이터

이 단계에서 "쓰기는 안전하다"라고 하며, mongod가 비정상적으로 종료되었을 때 아직 데이터 파일에 기록되지 않았던 것이 있더라도 저널에 기록되었으므로 나중에 다시 실행할 수 있게 된다. [그림 5-14]는 저널 파일에 기록된 내용을 shared view에 재생한다.

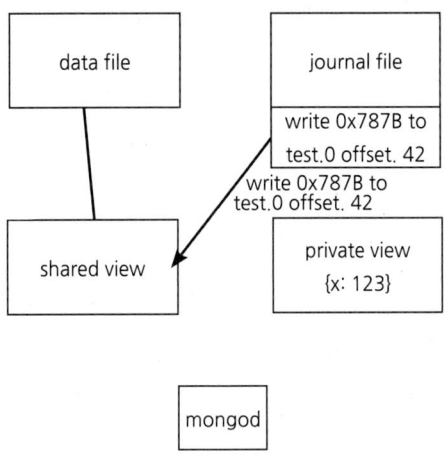

[그림 5-14] 저널 파일에 기록된 내용을 shared view에 재생

그리고 mongod는 [그림 5-15]와 같이 shared view에서 private view로 이어지는 연결을 다시 설정한다. 이렇게 하면 private view가 shared view에서 변경된 내용이 너무 많아지는 것을 막을 수 있다.

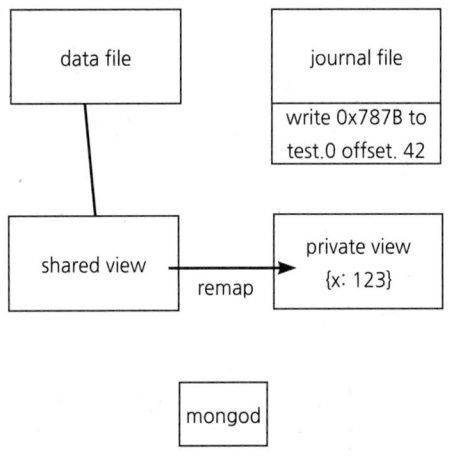

[그림 5-15] shared view에서 private view로 재설정

최종적으로 [그림 5-16]과 같이 shared view의 변경 사항이 디스크로 빠르게 반영된다. 기본적으로 mongod는 60초마다 OS에 변경점을 디스크로 기록하도록 요청한다.

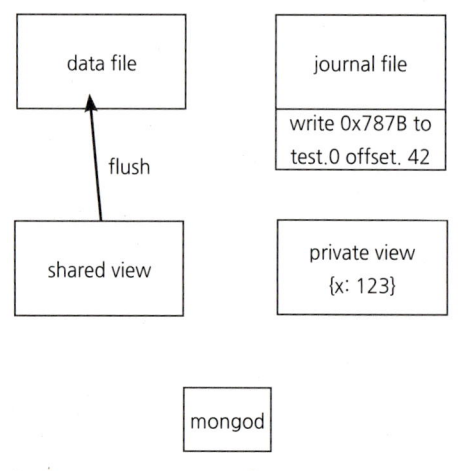

[그림 5-16] shared view의 변경 사항을 디스크에 쓰기

(8) 저널링 관리

몽고DB는 쓰기 동작에 지속성과 오류 복원성을 제공하기 위해 디스크 상의 실행 기록(journal)에 write ahead logging(WAL)을 사용한다. MMAPv1을 사용하는 경우, 데이터 파일에 변경을 적용하기 전에 몽고DB는 실행 기록에 변경 동작을 기록한다. 몽고DB를 종료하거나 실행 기록으로부터 데이터 파일에 변화된 내용을 쓰기 전에 오류가 발생하면, 몽고DB는 쓰기 동작을 다시 적용하고 일관성 있는 상태를 유지할 수 있다. 실행 기록 없이 mongod가 예기치 않게 종료된 경우, 데이터는 일관성이 없다고 가정해야 하고, 수리를 하거나 완전한 복제 셋으로부터 동기화해야 한다. 실행 기록이 활성화된 상태에서 mongod가 예기치 않게 종료된 경우, 프로그램은 실행 기록으로부터 모든 쓰기를 복구할 수 있고, 데이터는 일관성 있는 상태로 유지된다. 즉, 기본적으로 실행 기록을 만들지 않았을 때 가장 큰 범위의 쓰기 손실은 최근 100ms 안에 만들어진 것들이다.

1) 실행 기록 활성화

64bit로 빌드된 mongod는 기본적으로 실행 기록이 활성화된다. 실행 기록을 활성화하려면 mongod를 --journal 명령어 옵션으로 시작해야 한다. 만약 실행 기록 파일이 존재하지 않으면, mongod가 시작할 때 새로운 실행 기록 파일을 미리 할당해야 한다. mongod는 사전 할당이 완료될 때까지 연결을 수신하지 않으며 일부 시스템에서는 몇 분이 소요될 수 있다. 응용 프로그램과 몽고 셸은 이 기간 동안 사용할 수 없다.

2) 실행 기록 비활성화

실행 기록을 사용하지 않으려면 mongod를 --nojournal 명령어 옵션으로 시작해야 한다.

> **경고**
> 실제 서비스에서 실행 기록을 비활성화하면 안 된다. mongod 인스턴스가 어떤 이유로 예기치 않게 종료되었을 때, 실행 기록을 활성화하지 않았다면 영향을 받지 않은 복제 셋이나 백업에서 복구해야 한다.

3) MMAPv1에서 사전 할당의 지연 방지

사전 할당 지연을 방지하기 위해 mongod의 다른 인스턴스에서 복사하여 실행 기록 디렉토리에 파일을 미리 할당할 수 있다. 사전 할당된 파일은 데이터를 포함하지 않지만, 추후 제거하는 것이 안전하다. 하지만 실행 기록과 함께 mongod를 다시 시작한다면, mongod는 다시 작성한다.

㉠ 다음 일련의 과정은 /data/db DB 경로, 포트 27017에서 실행되는 mongod 인스턴스에 대한 실행 기록을 미리 할당한다. 설명을 위해서 일반적인 방법으로 실행 기록 파일 셋을 만드는 것으로 시작한다.

❶ 실행 기록 파일 셋을 만들 임시의 디렉토리를 생성한다.

```
mkdir ~/tmpDbpath
```

❷ 임시 디렉토리를 사용하는 mongod 인스턴스를 시작하여 실행 기록 파일 셋을 만든다.

```
mongod --port 10000 --dbpath ~/tmpDbpath --journal
```

❸ 다음의 로그 출력은 mongod 파일을 소유했다는 것을 나타내므로, Ctrl+C를 눌러 mongod 인스턴스를 중지한다.

```
[initandlisten] waiting for connections on port 10000
```

❹ 기존 인스턴스의 데이터 디렉토리로부터 새로운 인스턴스의 데이터 디렉토리로 실행 기록 파일을 옮김으로써 새 mongod 인스턴스를 위한 실행 기록 파일을 미리 할당한다.

```
mv ~/tmpDbpath/journal /data/db/
```

❺ 새 mongod 인스턴스를 시작한다.

```
mongod --port 27017 --dbpath /data/db --journal
```

4) 실행 기록 상태 모니터링

실행 기록 상태를 모니터링하기 위해 다음 명령과 메소드를 사용한다.

- serverStatus
  serverStatus 명령어는 성능을 평가하는 데 유용한 DB 상태 정보를 반환한다.
- journalLatencyTest
  이 추가 전용 방식(append-only fashion)으로 디스크에 기록하는 볼륨에 걸리는 시간을 측정하기 위해 journalLatencyTest를 사용한다. 실행 기록에 대한 기본 동기화 시간을 얻기 위해 아이들(idle) 시스템에서 실행할 수 있다. 또한 실행 기록 디렉토리가 데이터 파일과 같은 볼륨에 있다면, 동기화 시간을 확인하는 명령어를 실행 중인 시스템에서 실행할 수 있다. 또한 journalLatencyTest 명령어는 디스크 드라이브가 로컬 캐시에서 버퍼링 쓰기인지 확인하는 방법을 제공한다. 숫자가 매우 작거나 (즉, 2ms보다 작을 때) SSD 드라이브가 아닐 때, 드라이브는 버퍼링 쓰기일 것이다. 이 경우 배터리 백업 RAM과 디스크 컨트롤러 카드 없이 OS에서 장치에 대해 캐시 쓰기를 할 수 있다.

5) MMAPv1에서 그룹 커밋 간격 변경

`--journalCommitInterval` 명령어를 사용하여, 그룹 커밋 간격을 설정할 수 있다. 허용 범위는 2~300ms이다. 값이 작을수록 디스크 성능을 많이 사용하여 실행 기록의 지속성을 증가시킬 수 있다.

6) 예기치 않은 종료 후 데이터 복구하기

고장 후 다시 시작할 때, 몽고DB는 서버가 이용하기 전에 실행 기록 디렉토리의 모든 실행 기록 파일을 다시 실행한다. 몽고DB가 실행 기록을 재실행해야 한다면, mongod는 로그 출력에 이러한 이벤트를 모두 기록한다. 이러한 상황에서는 repairDatabase를 사용할 이유가 없다.

Chapter 5 MongoDB 연습 문제

Q1 몽고DB의 백업 전략 가운데 옳지 <u>않은</u> 것을 고르시오.
① mongodump/mongorestore 툴 사용
② 저장 레벨(storage-level) 솔루션
③ 인덱스를 사용하는 방법
④ MMS(MongoDB Management Service) 백업

Q2 몽고DB의 mongodump와 mongorestore 툴에 대한 설명 가운데 올바르지 <u>않은</u> 것을 고르시오.
① mongodump 툴은 몽고DB 데이터베이스로부터 데이터를 읽고, 정확도가 높은 BSON 파일을 만든다.
② mongorestore 툴은 BSON 파일들로부터 몽고DB 데이터베이스로 그 데이터들을 이동시킨다.
③ 몽고DB 인스턴스에 접속한 후, mongodump는 mongod의 동작 성능을 저하시킬 수 있다.
④ mongodump와 mongorestore 툴은 대규모 시스템 백업 작업에는 바람직하다.

Q3 몽고DB의 기본 데이터 파일 복사 후 백업에 대한 설명으로 옳지 <u>않은</u> 것을 모두 고르시오.
① 몽고DB는 데이터 파일을 저장하는 볼륨이 시간 스냅 샷을 지원하면 이를 이용하여 백업 할 수 있다.
② mongod 프로세스의 정확한 스냅 샷을 얻기 위해 저널링을 활성화시켜야 하는데, 만약 그렇지 않으면 스냅 샷의 일관성이나 유효성을 보장할 수 없다.
③ mongodump 툴을 사용해 백업하는 경우, 인덱스는 포함되지 않기 때문에 재구축해야 한다.
④ 샤드 시스템에서 일관적인 스냅 샷을 얻기 위해서는 밸런서를 비활성화하고, 모든 샤드와 구성 서버의 스냅 샷을 같은 순간에 캡처해야 한다.
⑤ cp, rsync 또는 유사한 툴을 사용하여 직접 파일을 복사하기 위해서는 mongod 프로세스를 중단해야만 한다.

Q4 몽고DB의 구성 파일(configuration file)에 대한 설명으로 옳지 않은 것을 고르시오.
① bindIp로 서버가 특정 IP에만 응답하도록 지정할 수 있다.
② quiet 값을 작동 중에 변경하기 위해 setParameter를 사용할 수 있다.
③ port의 기본 값은 포트 27017이며, 이 값은 변경할 수 없다.
④ logAppend는 서버가 시작된 후 mongod가 기존 로그 파일을 덮어 쓰는 것을 방지한다.
⑤ 64bit-build mongod는 기본적으로 `storage.journal.enabled`의 값이 `true`이다.

Q5 사용자의 데이터베이스 환경을 제어하기 위해 /etc/mongod.conf의 값을 수정하기 위한 몽고DB 명령어는 무엇인가?

Q6 mongod 프로세스 관리에 대한 설명으로 옳지 않은 것을 모두 고르시오.
① 기본적으로 몽고DB는 데이터를 /data/db에 저장하고, 포트 27017를 사용한다. 하지만 윈도우에서는 데이터를 C://data/db에 저장하고, 항상 포트를 별도로 지정해주어야 한다.
② mongod를 시작할 때 dbPath를 지정하여 특정한 경로를 지정할 수 있다.
③ 하나의 기기에서 여러 mongod 프로세스를 실행하기 위해서는 반드시 각각 다른 포트를 지정해주어야 한다.
④ 데몬으로 mongod 프로세스를 실행하고 로그 파일에 출력을 작성하기 위해 `--fork`와 `--logpath` 옵션을 사용할 수 있다.
⑤ 세컨더리 멤버가 최신이 아니더라도 프라이머리를 종료하려면 `force` 변수를 사용할 수 있다.

Q7 프로파일링에 대한 설명으로 옳지 않은 것을 모두 고르시오.
① 레벨 1의 프로파일링은 느린 동작에 대한 임계 값을 기준으로 느린 동작만의 프로파일링 데이터를 수집한다.
② `db.setProfilingLevel()`은 다큐먼트를 반환하는데, "was"는 설정이 변경되기 전의 프로파일링 레벨을, "slowms"는 임계값을, "ok"는 설정 변경 성공 여부를 나타낸다.
③ `db.setProfilingLevel(0,20)`은 프로파일링 레벨 0에서는 임계 값과 상관없이 모든 동작에 대해 프로파일링을 하지 않으므로 임계 값을 설정하면 에러를 반환한다.
④ 프로파일링 레벨을 확인하기 위해 `db.getProfilingStatus()`를 사용할 수 있는데, 반환되는 다큐먼트의 필드의 내용은 `db.setProfilingLevel()`과 유사하다. 단, 수정된 것은 아니기 때문에 "ok" 필드는 포함되어 있지 않다.
⑤ 프로파일링의 레벨만을 반환받기 위해 `db.getProfilingLevel()`을 사용할 수 있다.

Chapter 6 몽고DB 인증 및 보안

클라우드 기반의 빅데이터를 관리하는 몽고DB에서 데이터에 접근하는 방법에 대한 보안이 중요하다는 것이 더욱 강조되고 있다. 이 장에서는 몽고DB를 보호하고 있는 인증(authentication), 권한(authorization), 검사(auditing), 암호화(encryption)에 대하여 배운다.

인증 및 보안 개요

최근 클라우드 기반의 빅 데이터가 처리되는 데이터베이스 환경에서 보안에 이상이 발생한 경우, 과거에 비하여 심각하게 나쁜 결과가 발생하며 기업에 대한 소비자의 만족도가 떨어지는 결과를 초래한다. 따라서 데이터의 안정성을 확보하고 품질 보증을 위한 데이터베이스의 인증 및 보안 설정은 매우 중요하다.

몽고DB는 데이터를 보호하기 위해 사용자가 수행해야 하는 다음과 같은 방법을 활용할 수 있다.

- 접근 제어 및 인증 확보: 사용자는 몽고DB의 기본 인증 절차를 사용하거나 외부 프레임워크를 사용할 수 있다. 인증 절차는 모든 사용자와 서버 장치들이 시스템에 연결되기 전에 유효한 사용자 여부를 확인한다.
- 역할 기반의 접근 제어: 관리자를 first로 만들고, 그 밖의 사용자를 추가할 수 있다. 모든 사람 및 시스템에 접근하는 애플리케이션마다 몽고DB의 유일한 계정을 만들 수 있다. 역할은 사용자가 요청하는 접근 권한을 정의한다.
- 암호화 통신 규칙: 몽고DB는 TLS/SSL을 사용하여 내/외부 연결을 모두 설정할 수 있다. 몽고DB 및 애플리케이션 사이와 마찬가지로 몽고DB 클라이언트 사이에 mongod와 mongos 구성 요소 사이의 통신을 TLS/SSL을 사용하여 암호화할 수 있다.
- 네트워크 노출 제한: 몽고DB는 신뢰성 있는 네트워크 환경에서 동작해야 하며, 접속을 요청하는 몽고DB 인스턴스와 인터페이스를 제한해야 한다.
- 시스템 활동 감시: 접근과 데이터베이스 설정 및 데이터 변경을 추적한다. 몽고DB 엔터프라이즈 버전은 몽고DB 인스턴스에서 시스템 이벤트(사용자 명령, 접근 이벤트 등)를 기록할 수 있는 시스템 감시 기능을 제공한다. [그림 6-1]은 Ops 관리자를 통하여 시스템 기능을 관찰하는 경우이다.

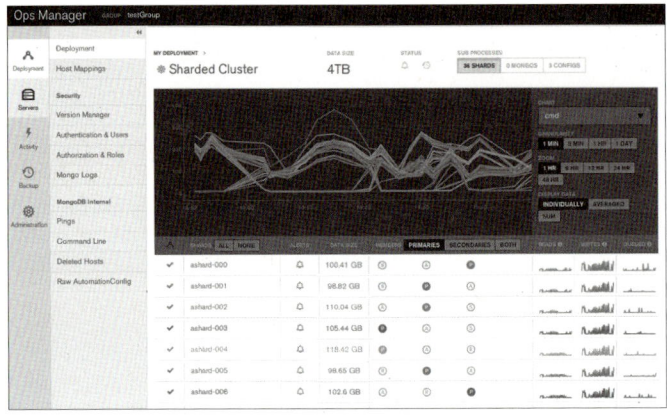

[그림 6-1] Ops 관리자의 시스템 감시 기능

- 데이터 암호화 및 보호 : 파일 시스템, 각 장치 및 물리적인 보호 장치를 사용하여 모든 호스트에서 몽고DB 데이터를 암호화한다. 파일 시스템 접근 권한을 사용하여 몽고DB 데이터를 보호한다. 몽고DB 데이터에는 데이터 파일, 설정 파일, 감시 로그 기록 및 키 파일 등이 포함된다.
- 특별한 사용자가 몽고DB 실행하기 : 특별한 운영체제 사용자 계정으로 몽고DB를 실행시킬 수 있다. 이 계정으로는 접근 권한 제약 없이 데이터에 접근할 수 있다.
- 보안 설정 옵션으로 몽고DB 실행하기 : 몽고DB는 특정 서버 측 연산, 즉 mapReduce, group, $where 등으로 자바스크립트 실행을 지원한다. 만약 사용자가 이러한 연산을 사용할 수 없다면 --noscripting 옵션으로 서버 측 작업을 불가능하게 할 수 있다.
- 보안 표준 규약 : HIPAA 또는 PCI-DSS 규약을 요청하는 애플리케이션에 대해서는 몽고DB 참조 아키텍처를 참조하여 중요한 보안 기능에 대한 사용법을 배울 수 있다.

(1) 쓰기 인증 권한 설정하기

데이터베이스에 인증 권한을 갖는 새로운 사용자를 만들기 위해서는 `db.createUser(user, writeConcern)` 메소드를 사용하여 [표 6-1]과 같은 규칙을 따라야 한다.

[표 6-1] db.createUser(user, writeConcern) 메소드 사용법

필드	형식	내용
user	다큐먼트	사용자의 인증과 접근에 관한 정보
writeConcern	다큐먼트	선택 사항이며, 쓰기 확인 동작의 레벨을 정한다.

user 다큐먼트는 다음과 같은 형식으로 사용자(user)를 정의한다.

```
{ user: "<name>",
  pwd: "<cleartext password>",
  customData: { <any information> },
  roles: [
    { role: "<role>", db: "<database>" } | "<role>",
    ... ]
}
```

user 다큐먼트는 [표 6-2]와 같은 필드를 갖는다.

[표 6-2] User 다큐먼트 필드 사용법

필드	형식	내용
user	문자열	새로운 사용자 이름
pwd	문자열	사용자 패스워드. $external 데이터베이스에서 db.createUser() 메소드를 실행하면 pwd 필드가 필요 없다.
customData	다큐먼트	선택 사항으로서 사용자의 id 또는 기타 정보를 추가한다.
roles	배열	사용자에게 부여된 역할로서 역할이 없다면 공배열([])을 사용한다.

1) 기본 관리자 만들기

products 데이터베이스에 "accountAdmin01" 사용자를 만들기 위해 db.createUser() 연산을 실행한다.

```
use products
db.createUser( { "user" : "accountAdmin01",
                 "pwd": "cleartext password",
                 "customData" : { employeeId: 12345 },
                 "roles" : [ { role: "clusterAdmin", db: "admin" },
                             { role: "readAnyDatabase", db: "admin" },
                             "readWrite"
                           ] },
             { w: "majority" , wtimeout: 5000 } )
```

연산을 실행하면 "accountAdmin01" 사용자에게 다음과 같은 역할이 부여된다.
- admin 데이터베이스에 clusterAdmin과 readAnyDatabase 역할을 부여한다.
- products 데이터베이스에 readWrite 역할이 부여된다.

2) 역할을 갖는 사용자 만들기

products 데이터베이스에 accountUser를 만들고, readWrite와 dbAdmin 역할을 부여하려면 다음과 같이 코딩한다.

```
use products
db.createUser(
  {
    user: "accountUser",
    pwd: "password",
```

```
      roles: [ "readWrite", "dbAdmin" ]
   }
)
```

3) 역할이 없는 사용자 만들기

 admin 데이터베이스에 reportUser 이름을 갖는 사용자를 만들고, 역할을 부여하지 않는 경우는 다음과 같다.

```
use admin
db.createUser(
   {
      user: "reportUser",
      pwd: "password",
      roles: [ ]
   }
```

4) 특정 역할을 갖는 관리자 만들기

 admin 데이터베이스에 appAdmin 이름의 사용자를 만들고, 그 사람에게 config 데이터베이스의 readWrite 접근 권한을 부여하여 샤드 클러스터의 balancer 설정과 같은 특정 설정을 변경할 수 있도록 한다.

```
use admin
db.createUser(
   {
      user: "appAdmin",
      pwd: "password",
      roles:
        [
          { role: "readWrite", db: "config" },
          "clusterAdmin"
        ]
   }
)
```

새로운 사용자의 추가 여부를 확인하려면 다음 명령을 실행한다.

```
> use admin
switched to db admin
> db.system.users.find()
```

(2) 사용자 정보 변경하기

사용자가 실행시키고 있는 데이터베이스 정보를 변경하려면 db.updateUser(username, updtae, writeConcern) 연산을 사용한다.

db.updateUser() 메소드는 다음과 같은 형식으로 사용자를 정의한다.

```
db.updateUser(
   "<username>",
   {
     customData : { <any information> },
     roles : [
              { role: "<role>", db: "<database>" } | "<role>",
              ...
             ],
     pwd: "<cleartext password>"
   },
   writeConcern: { <write concern> }
)
```

db.updateUser() 메소드는 [표 6-3]과 같은 인자를 갖는다.

[표 6-3] db.updateUser() 메소드 사용법

필드	형식	내용
username	문자열	변경하려는 사용자 이름
update	다큐먼트	사용자가 변경하려는 모든 데이터가 포함된다.
writeConcern	다큐먼트	선택 사항으로서, 쓰기 확인 동작의 레벨 수준을 정한다.

update 다큐먼트는 [표 6-4]와 같은 인자를 갖는다.

[표 6-4] update 다큐먼트 필드 사용법

필드	형식	내용
customData	다큐먼트	선택 사항으로서, 사용자의 모든 정보를 추가한다.
roles	배열	사용자에게 부여된 역할로서, 역할이 없다면 공배열([])을 사용한다.
pwd	문자열	사용자 패스워드이다.

roles 필드에서 사용자는 기본 역할 또는 사용자 정의 역할을 선택할 수 있다. db.updateUser() 메소드가 실행되고 있는 데이터베이스에서 역할을 설정하려면 다음과 같이 이름으로 지정한다.

```
"readWrite"
```

다음 다큐먼트처럼 설정한다.

```
{ role: "<role>", db: "<database>" }
```

1) 기본 데이터베이스

products 데이터베이스의 "appClient01" 사용자 정보는 다음과 같다.

```
{
  "_id" : "products.appClient01",
  "user" : "appClient01",
  "db" : "products",
  "customData" : { "empID" : "12345", "badge" : "9156" },
  "roles" : [
      { "role" : "readWrite",
        "db" : "products"
      },
      { "role" : "read",
        "db" : "inventory"
      }
  ]
}
```

2) 데이터 수정하기

사용자의 customData와 roles 데이터를 수정하기 위해 다음과 같이 db.updateUser() 메소드를 사용한다.

```
use products
db.updateUser( "appClient01",
               {
                  customData : { employeeId : "0x3039" },
                  roles : [
                           { role : "read", db : "assets"  }
                          ]
               }  )
```

3) 수정된 내용 확인하기

products 데이터베이스의 사용자 appClient01 정보는 다음과 같이 변경된다.

```
{
   "_id" : "products.appClient01",
   "user" : "appClient01",
   "db" : "products",
   "customData" : { "employeeId" : "0x3039" },
   "roles" : [
       { "role" : "read",
         "db" : "assets"
       }
    ]
}
```

(3) 사용자 비밀번호 변경하기

사용자가 비밀번호를 변경하려면, db.changeUserPassword(username, password) 메소드를 사용하여 [표 6-5]와 같은 규칙을 사용한다.

[표 6-5] db.changeUserPassword(username, password) 메소드 사용법

필드	형식	내용
username	문자열	데이터베이스의 접근 권한으로서 기존 사용자 이름을 설정한다.
password	문자열	비밀번호를 설정한다.

products 데이터베이스의 사용자 이름 accountUser의 비밀번호를 "abcd1234"로 정한 후 변경하려면 다음과 같이 설정한다.

```
use products
db.changeUserPassword("accountUser", "abcd1234")
```

예제 6-1 products 데이터베이스의 사용자 이름 customUser의 비밀번호를 1234wyz로 변경하는 명령어를 작성하시오.

답
```
use products
db.changeUserPassword("customUser", "1234wyz")
```

인증(Authentication)

인증은 클라이언트의 정체를 식별하는 과정이다. 인증과 같은 접근 제어 방식이 활성화되면, 몽고DB는 이러한 접근을 결정하기 위해 모든 클라이언트를 식별하는 작업을 수행한다. 비록 인증(Authentication)과 권한(Authorization)이 매우 유사하지만, 인증은 사용자를 식별하는 것이고 권한은 인증된 사용자의 접근 권한으로서 자원과 동작의 범위를 설정한다.

(1) 인증 메커니즘

사용자를 인증하기 위해 몽고DB는 db.auth() 메소드를 사용한다. 몽고 셸과 몽고 툴에서 사용자는 명령어 창을 통해 사용자 인증 정보를 전달하여 인증을 수행한다. 몽고DB는 다음과 같이 두 가지 인증 메커니즘을 제공한다.

- SCRAM-SHA-1
- MongoDB Challenge and Response(MONOGODB-CR)

몽고DB 3.0 버전에서는 SCRAM-SHA-1 방식이 기본이지만, 이전 버전에서는 MONOGODB-CR 방식이 기본이었다.

(2) SCRAM-SHA-1

SCRAM-SHA-1 방식은 몽고DB 인증의 기본 인증 메커니즘이다. SCRAM-SHA-1 방식은 비밀번호를 사용하여 사용자를 인증하는 가장 현실적인 방법인 IEFT 표준 RFC 5802 방식이다. 이 방식은 사용자의 이름, 비밀번호 및 인증 데이터베이스를 이용하여 사용자 신분을 검증한다. 인증 데이터베이스는 사용자가 직접 만든 데이터베이스로서 사용자 이름이 사용자를 식별하기 위해 함께 제공된다.

SCRAM-SHA-1 방식의 장점은 다음과 같다.

- 조절 가능한 작업 요소(iterationCount)
- 서버 측 작업 방식이 아니라 사용자마다 선택 가능한 (혹은 다른) 작업 방식
- 암호화가 강화된 해시 함수(MD-5 방식이 아닌 SHA-1 방식)
- 서버 측 클라이언트뿐만 아니라 클라이언트 측 서버의 인증 방식

SCRAM-SHA-1 방식이 몽고DB 3.0 버전에서부터 표준 방법으로 사용되고 있지만, 사용자 확인을 사용하고 있는 몽고DB 2.6 인스턴스를 업그레이드 한다면, 인증 방식을 업그레이드하기 전까지 MONGODB-CR을 사용한다.

(3) MONGODB-CR

MONGODB-CR 방식은 비밀번호를 사용하여 사용자를 인증하는 고전적인 방법이다. MONGODB-CR 방식은 사용자의 이름, 비밀번호 및 인증 데이터베이스에 대하여 사용자 신분을 검증한다. 인증 데이터베이스는 사용자가 직접 만든 데이터베이스로서 사용자 이름이 사용자를 식별하기 위해 함께 제공된다.

MONGODB-CR 인증 방식을 사용하는 경우, 몽고DB 3.0의 특성을 지원하는 클라이언트와 드라이버들은 SCRAM 통신 규약을 사용한다. 즉, MONGODB-CR 인증 방식은 SCRAM-SHA-1 방식을 적용한다.

예제 6-2 몽고DB 3.0 이후에서부터 채택하고 있는 인증 방식은 어떤 것인가?

답 SCRAM-SHA-1 방식

역할 기반 접근 제어(Role-Based Access Control)

몽고DB는 몽고DB 시스템에 접근하기 위해 역할 기반 접근 제어(RBAC) 방식을 제공한다. 사용자는 데이터베이스의 자원 및 동작에서 사용자 접근을 결정하기 위해 1개 또는 여러 개의 역할을 부여받는다. 정해진 역할 범위를 벗어나면 사용자는 시스템에 접근할 수 없다.

몽고DB는 기본 설정으로는 접근 제어가 불가능하다. 따라서 사용자는 --auth 또는 security.authorization 설정을 통하여 인증 작업이 가능하다. 일단 접근 제어가 가능해지면 사용자는 반드시 스스로 인증 절차를 마쳐야 한다.

역할은 자원에 대한 특정한 동작 수행 권한을 보장한다. 각 권한은 외부에서 설정하거나 내부에서 상속받을 수 있다. 권한은 특정 자원과 자원 상에서 허용된 동작으로 구성된다. 이때 자원은 데이터베이스, 컬렉션, 컬렉션 집합, 클러스터 등이다. 만약 자원이 클러스터이면 실행 중인 동작은 특정 데이터베이스 또는 컬렉션보다 시스템의 상태에 영향을 미친다. 이때 동작은 자원 상에서 허용된 동작을 말한다.

상속받은 권한은 admin 데이터베이스에서 역할을 상속받는다. 사용자는 showPrivileges와 showBuiltinRoles 필드를 모두 true로 설정하면서, rolesInfo 명령어로 역할에 대한 권한을 확인할 수 있다.

(1) 기본 역할

몽고DB는 데이터베이스 시스템에서 주로 필요한 서로 다른 접근 권한을 부여하는 기본 역할을 제공한다. 이때 각 데이터베이스에는 데이터베이스 사용자 역할과 데이터베이스 관리자 역할이 있다. admin 데이터베이스는 추가 역할이 있다.

1) 데이터베이스 사용자 역할

모든 데이터베이스는 다음과 같은 역할을 갖는다.

[표 6-6] 데이터베이스 사용자 역할

역할	내용
read	모든 일반 컬렉션 및 시스템 컬렉션 system.indexes.system.js 및 system.namespaces 컬렉션에서 데이터를 읽을 수 있다.
readWrite	read 역할의 모든 권한과 모든 일반 컬렉션 및 system.js 컬렉션에서 데이터를 수정할 수 있다.

2) 데이터베이스 관리자 역할

모든 데이터베이스는 다음과 같은 권리자의 역할을 갖는다.

[표 6-7] 데이터베이스 관리자 역할

역할	내용
dbAdmin	스키마 관련 작업, 인덱싱 및 통계 작업과 같이 관리자 작업을 수행한다. 이 역할은 사용자 및 역할 관리용으로 권한을 보증하지 못한다.
dbOwner	데이터베이스에서 모든 관리자 동작을 수행한다. 이 역할은 readWrite, dbAdmin 및 userAdmin 역할을 포함한 권한이다.
userAdmin	현재 데이터베이스 상의 사용자들과 역할들을 만들거나 수정할 수 있다. 이 역할 또한 데이터베이스까지(또는 admin 데이터베이스까지로 범위를 준다면) 클러스터까지 접근할 수 있는 superuser 권한을 간접적으로 제공한다. userAdmin 역할은 사용자에게 자신을 포함하여 모든 사용자에게 권한을 허용한다.

3) 클러스터 관리자 역할

admin 데이터베이스는 특정 데이터베이스가 아닌 전체 시스템을 관리하는 다음의 역할을 포함한다. 이러한 역할들은 복제 셋과 샤드 클러스터 관리 함수에 국한되지 않는다.

[표 6-8] 클러스터 관리자 역할

역할	내용
clusterAdmin	가장 큰 클러스터-관리 접근을 제공한다. 이 역할은 clustermanager, clusterMonitor 및 hostManager을 포함하는 권한이다. 더욱이 역할은 dropDatabase 동작을 제공한다.
clusterManager	클러스터에서 관리 및 감시 동작을 수행한다. 이 역할을 갖는 사용자는 config와 local 데이터베이스에 접근할 수 있으며, 각각 샤딩과 복제를 사용할 수 있다.
clusterMonitor	MongoDB Cloud Manager 및 ops Manager 감시 도구처럼 읽기 전용 접근을 제공한다.
hostManager	서버를 감시하고 관리하는 기능을 제공한다.

4) 백업과 복구 역할

admin 데이터베이스는 데이터를 백업하거나 복구하는 다음과 같은 역할을 포함한다.

[표 6-9] 백업과 복구 역할

역할	내용
backup	system.profile 컬렉션을 제외한 데이터를 백업하는 데 필요한 권한을 제공한다. 이 역할은 MongoDB Cloud Manager 백업 에이전트, Ops Manager 백업 에이전트 또는 mongodump를 사용하기 위한 충분한 권한을 제공한다.
restore	--oplogReplay 에이전트 없이도 mongorestore를 사용하여 데이터를 복구하는 데 필요한 권한을 제공한다.

5) 모든 데이터베이스 역할

admin 데이터베이스는 mongod 인스턴스에서 모든 데이터베이스에 적용할 수 있는 다음 역할을 제공하고, 이 역할은 단일 데이터베이스에서 동일하다.

[표 6-10] 모든 데이터베이스 역할

역할	내용
readAnyDatabase	클러스터의 모든 데이터베이스에 적용되는 것을 제외하고, read와 마찬가지로 동일한 읽기 동작만 제공한다. 이 역할은 또한 클러스터의 listDatabases 동작을 제공한다.
readWriteAnyDatabase	클러스터의 모든 데이터베이스에 적용되는 것을 제외하고, readWrite와 같은 동일한 읽기/쓰기 동작을 제공한다. 이 역할은 또한 클러스터의 listDatabases 동작을 제공한다.
userAdminAnyDatabase	클러스터의 모든 데이터베이스에 적용되는 것을 제외하고, userAdmin과 같은 사용자 관리 작업을 제공한다. userAdminAnyDatabase 역할이 자신을 포함한 모든 사용자에게 모든 권한을 허용하기 때문에 이 역할은 간접적으로 superuser 접근 권한을 제공한다.
dbAdminAnyDatabase	클러스터의 모든 데이터베이스에 적용되는 것을 제외하고, dbAdmin과 같은 데이터베이스 관리 동작에 동일한 접근 권한을 제공한다. 이 역할은 또한 클러스터의 listDatabases 동작을 제공한다.

6) 수퍼 사용자 역할

다음 역할은 모든 자원에 대한 완전한 권한을 제공한다.

[표 6-11] 수퍼 사용자 역할

역할	내용
root	readWriteAnyDatabase, dbAdminAnyDatabase, userAdminAnyDatabase 및 clusterAdmin 역할을 결합하여 모든 자원과 동작에 접근한다.

7) 내부 역할

[표 6-12] 내부 역할

역할	내용
--system	데이터베이스 내부의 모든 객체에 대한 모든 동작 권한을 제공한다. 이 역할은 애플리케이션 또는 사용자 관리를 나타내는 사용자 객체에 할당해서는 안 된다.

(2) 사용자 정의 역할

몽고DB는 많은 기본 역할을 제공하지만, 이들 역할이 원하는 권한을 포함하지 못하면 사용자는 새로운 역할을 만들 수 있다. 역할을 추가하기 위해 사용자는 몽고DB에서 db.createRole() 메소드를 사용할 수 있다. 또한 기존의 사용자가 정의한 역할을 갱신하기 위해 메소드를 사용할 수 있다. 역할을 추가하면서 사용자는 특정한 데이터베이스에 역할을 만들 수 있으며 몽고DB는 역할을 개별적으로 정의하기 위해 역할의 이름을 데이터베이스와 결합시킬 수 있다.

admin 데이터베이스에서 만들어진 역할을 제외하고, 역할은 자신만의 데이터베이스에서만 적용되는 권한을 가지며, 자신의 데이터베이스에만 상속된다. admin 데이터베이스에서 만들어진 역할은 admin 데이터베이스, 다른 데이터베이스 또는 클러스터 자원에 적용되는 권한을 포함할 수 있으며, admin 데이터베이스와 마찬가지로 다른 데이터베이스에서도 역할을 상속할 수 있다.

몽고DB는 admin 데이터베이스의 system.roles 컬렉션에 모든 역할 정보를 저장한다. 그러나 직접 이 컬렉션에 접근하는 것보다 역할 관리 명령어를 사용하여 관찰하거나 사용자 역할을 편집하는 것이 바람직하다.

(3) 컬렉션 레벨 접근 제어

컬렉션 레벨 접근 제어는 관리자가 특정 컬렉션에 대해 사용자의 권한 범위을 부여할 수 있게 한다. 관리자는 사용자 정의 역할을 통해 컬렉션 레벨 접근 제어를 실행할 수 있다. 특정한 데이터베이스에서 특정한 컬렉션의 범위에 영향을 미치는 권한을 갖는 역할을 설정하려면, 관리자는 컬렉션 레벨에서 권한을 보장하는 역할을 사용자에게 부여해야 한다.

권한은 동작을 허락하는 동작(actions)과 자원(resources)으로 구성된다. 즉, 자원은 권한에 대한 동작 범위를 정의한다. 자원 다큐먼트에서 데이터베이스와 컬렉션을 설정함으로써, 관리자는 특정 데이터베이스의 특정 컬렉션에 권한 동작을 제한할 수 있다. 역할에서 각 권한 동작은 다른 컬렉션에 영향을 미친다.

예를 들면 사용자가 정의하는 역할은 다음과 같은 권한을 가질 수 있다.

```
privileges: [
 { resource: { db: "products", collection: "inventory" }, actions: [ "find", "update",
"insert" ] },
  { resource: { db: "products", collection: "orders" },  actions: [ "find" ] }
]
```

이 동작의 첫 번째 권한 범위는 products 데이터베이스의 inventory 컬렉션까지이며, 두 번째 권한 범위는 products 데이터베이스의 orders 컬렉션까지이다.

암호화

몽고DB는 네트워크 상의 모든 데이터를 암호화하기 위해 TLS/SSL(Transport Layer Securoty/Secure Sockets Layer)을 사용한다. TLS/SSL은 몽고DB 네트워크 동작이 지정된 클라이언트에 의해서만 읽혀지도록 한다. 또한 몽고DB는 애플리케이션 레벨의 암호화와 저장 암호화 방식으로 데이터를 암호화한다. 사용자는 이들 방법을 함께 또는 독립적으로 사용할 수 있다.

몽고DB 엔터프라이즈 버전 3.2에서는 WiredTiger 저장 엔진을 사용하여 기본 암호 옵션으로 채택하고 있다. 이 방식의 특징은 몽고DB가 복호화 키로만 데이터를 읽을 수 있도록 데이터를 암호화할 수 있는 것이다.

(1) 암호화 전송

몽고DB의 TLS/SSL 동작은 OpenSSL 라이브러리를 사용한다. 몽고DB의 OpenSSL 라이브러리 암호화 동작은 최소 128bit 키 길이의 SSL 사용을 허락한다. 사용자가 SSL을 사용하기 이전에 반드시 .pem 파일에 공식 키 인증과 연관된 비밀 키를 포함하고 있어야 한다.

(2) 저장 시 암호화

저장 시 암호화 방법은 계정, 비밀번호, 암호화 키를 보호하는 보안 정책으로, 암호화 전송과 연관되어 있고, HIPAA, PCI-DSS 및 FERPA를 포함하는 정보 보호와 보안 정책을 따른다.

몽고DB 엔터프라이즈 버전 3.2는 WiredTiger 저장 엔진으로 기본 암호화 옵션을 채택하고 있다. 만약 암호화가 가능하다면, 몽고DB 엔터프라이즈 버전에서 사용하는 기본 암호화 모드는 AES256-CBC(256bit Advanced Encryption Standard in Cipher Block Chaining 모드)이다.

예제 6-3 몽고DB 3.0 이후에서부터 채택하고 있는 인증 방식은 어떤 것인가?

답 OpenSSL 라이브러리, AES256-CBC

데이터베이스 동작 감시(Auditing)

몽고DB 엔터프라이즈는 mongod와 mongos 인스턴스에 대한 감시 기능이 포함되어 있기 때문에 데이터베이스에서 실행되는 동작과 모든 접근에 대하여 기록을 남긴다. 감사 프레임워크는 데이터베이스의 읽기와 쓰기 동작에 수반되는 인증과 권한뿐만 아니라 스키마 동작과 같은 관리자 동작도 파악한다.

관리자는 몽고DB의 모든 동작에 대하여 감시 기록을 구축하고 필터링할 수 있다. 또한 모든 동작을 기록으로 남길 수 있으며, 특정 이벤트, 사용자 또는 역할만을 파악하기 위해 필터를 적용할 수 있다. 감시 기록은 콘솔과 syslog를 이용하여 JSON 포맷으로 다양하게 쓸 수 있으며, 대응되는 이벤트에 대한 분석을 위해 JSON 또는 BSON 포맷으로 파일을 저장할 수 있다. [그림 6-2]는 몽고DB가 관리자 감시 동작 방식으로 데이터베이스를 관리하는 것을 보여준다.

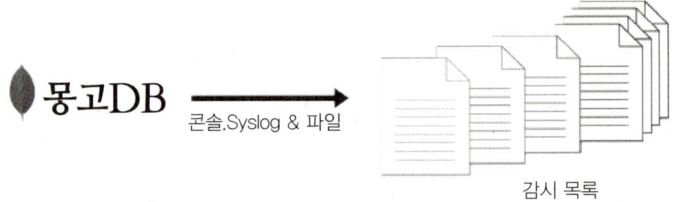

[그림 6-2] 몽고DB 관리자 감시 동작 방식

(1) 감시(Auditing) 동작 설정

감시 동작은 콘솔 또는 syslog, JSON 파일 또는 BSON 파일로 감시 이벤트 결과를 기록한다.

❶ syslog에 JSON 포맷으로 감시 이벤트 결과를 --auditDestination에 출력하기 위해 다음과 같이 코딩한다.

```
mongod --dbpath data/db --auditDestination syslog
```

또는 환경 설정 파일에 다음과 같이 코딩한다.

```
storage:
   dbPath: data/db
auditLog:
   destination: syslog
```

❷ console에 JSON 포맷으로 --auditDestination 설정으로 표준 출력(stdout)하기 위해 다음과 같이 코딩한다.

```
mongod --dbpath data/db --auditDestination console
```

또는 환경 설정 파일에 다음과 같이 코딩한다.

```
storage:
   dbPath: data/db
auditLog:
   destination: console
```

❸ JSON 파일 형식으로 출력

--auditDestination 설정은 JSON file 형식으로, --auditFormat 설정은 JSON 형식으로, --auditPath에서는 출력 파일 이름으로 감시 동작 이벤트를 출력하기 위해 다음과 같이 코딩한다.

```
mongod --dbpath data/db --auditDestination file --auditFormat JSON --auditPath data/db/
auditLog.json
```

또는 환경 설정 파일에 다음과 같이 코딩한다.

```
storage:
   dbPath: data/db
auditLog:
   destination: file
   format: JSON
   path: data/db/auditLog.json
```

❹ BSON 파일 형식으로 출력

--auditDestination 설정은 BSON file 형식으로, --auditFormat 설정은 BSON 형식으로, --auditPath에서는 출력 파일 이름으로 감시 동작 이벤트를 출력하기 위해 다음과 같이 코딩한다. --auditPath 옵션은 전체 경로 이름 또는 상대 경로 이름을 사용할 수 있다. 예를 들어 다음 코드는 상대 경로 이름인 data/db/auditLog.bson으로 BSON 파일에 감시 동작 이벤트를 기록한다.

```
mongod --dbpath data/db --auditDestination file --auditFormat BSON --auditPath data/db/
auditLog.bson
```

또는 환경 설정 파일에 다음과 같이 코딩한다.

```
storage:
   dbPath: data/db
auditLog:
   destination: file
   format: BSON
   path: data/db/auditLog.bson
```

파일 내용을 검사하기 위해 몽고DB 유틸리티 bsondump를 파일로 전달한다. 예를 들어 감시 기록 내용을 사람이 읽을 수 있는 형태로 변환하여 터미널에 출력하려면 다음 명령을 실행해야 한다.

```
bsondump data/db/auditLog.bson
```

예제 6-4 몽고DB 동작 감시(audit) 프레임워크에서 어떤 인스턴스를 사용하는가?

답 mongod와 mongos 인스턴스

(2) 감시 필터(Audit Filters) 동작 설정

몽고DB 엔터프라이 버전에서는 다음과 같은 --auditFilter 옵션을 사용하여 쿼리 다큐먼트 형식을 문자열 형식으로 표현한다.

```
{ <field1>: <expression1>, ... }
```

- ⟨field⟩ 옵션은 param 다큐먼트에서 반환하는 값을 포함하는 audit 메시지의 필드이다.
- ⟨expression⟩ 옵션은 쿼리 조건식이다.

검사 필터를 설정하기 위해 다큐먼트에 전달하는 문자열을 작은 따옴표로 필터 다큐먼트를 만든다. 사용자는 반드시 설정 파일에 검사 필터를 설정하기 위해 YAML 포맷을 사용해야 한다.

❶ 다중 동작 방식 필터

필터를 사용하여 createCollection과 dropCollection 동작만을 감시하려면 다음과 같은 필터를 사용해야 한다.

```
{ atype: { $in: [ "createCollection", "dropCollection" ] } }
```

검사 필터를 설정하려면 다큐먼트를 문자열처럼 전달할 수 있도록 필터 다큐먼트를 작은따옴표로 묶는다.

```
mongod --dbpath data/db --auditDestination file --auditFilter '{ atype: { $in: [ "createCollection", "dropCollection" ] } }' --auditFormat BSON --auditPath data/db/auditLog.bson
```

환경 설정 파일에 있는 필터를 설정하려면, 사용자는 반드시 YAML 포맷을 사용해야 한다.

```
storage:
   dbPath: data/db
auditLog:
   destination: file
   format: BSON
   path: data/db/auditLog.bson
   filter: '{ atype: { $in: [ "createCollection", "dropCollection" ] } }'
```

❷ 단일 데이터베이스의 인증 동작에 대한 필터

인증 동작(atype:"authenticate")에 대한 검사 메시지는 param 다큐먼트 내부에 DB 필드를 포함한다. 다음 코드는 필터를 사용하여 test 데이터베이스에서 발생하는 authenticate 동작만을 감시한다.

```
{ atype: "authenticate", "param.db": "test" }
```

검사 필터를 설정하려면 다큐먼트를 문자열처럼 전달할 수 있도록 필터 다큐먼트를 작은따옴표로 묶는다.

```
mongod --dbpath data/db --auth --auditDestination file --auditFilter '{ atype: "authenticate", "param.db": "test" }' --auditFormat BSON —auditPath data/db/auditLog.bson
```

환경 설정 파일에 있는 필터를 설정하려면, 사용자는 반드시 YAML 포맷을 사용해야 한다.

```
storage:
   dbPath: data/db
security:
   authorization: enabled
auditLog:
   destination: file
   format: BSON
   path: data/db/auditLog.bson
   filter: '{ atype: "authenticate", "param.db": "test" }'
```

❸ 단일 데이터베이스의 컬렉션 생성과 제거 동작에 대한 필터

컬렉션 생성과 제거 동작(atype:"createCollection", "dropCollection")에 대하여 검사 메시지는 param 다큐먼트 내부에 ns 필드를 포함한다. 다음 코드는 필터를 사용하여 test 데이터베이스에서 발생하는 createCollection과 dropCollection 동작만을 감시한다.

```
{ atype: { $in: [ "createCollection", "dropCollection" ] }, "param.ns": /^test\\./ }
```

검사 필터를 설정하려면 다큐먼트를 문자열처럼 전달할 수 있도록 필터 다큐먼트를 작은따옴표로 묶는다.

```
mongod --dbpath data/db --auth --auditDestination file --auditFilter '{ atype: { $in:
[ "createCollection", "dropCollection" ] }, "param.ns": /^test\\./ } }' --auditFormat
BSON --auditPath data/db/auditLog.bson
```

환경 설정 파일에 있는 필터를 설정하려면, 사용자는 반드시 YAML 포맷을 사용해야 한다.

```
storage:
   dbPath: data/db
security:
   authorization: enabled
auditLog:
   destination: file
   format: BSON
   path: data/db/auditLog.bson
     filter: '{ atype: { $in: [ "createCollection", "dropCollection" ] }, "param.ns":
/^test\\./ } }'
```

❹ 관리 역할로 필터

필터를 사용하여 readWrite에서 사용자 역할을 상속할 수 있는 기능을 포함하면서 test 데이터베이스에서 readWrite 역할로, 사용자가 감시 동작을 수행한다.

```
{ roles: { role: "readWrite", db: "test" } }
```

검사 필터를 설정하려면 다큐먼트를 문자열처럼 전달할 수 있도록 필터 다큐먼트를 작은따옴표로 묶는다.

```
mongod --dbpath data/db --auth --auditDestination file --auditFilter '{ roles: { role: "readWrite", db: "test" } }' --auditFormat BSON --auditPath data/db/auditLog.bson
```

환경 설정 파일에 있는 필터를 설정하려면, 사용자는 반드시 YAML 포맷을 사용해야 한다.

```
storage:
   dbPath: data/db
security:
   authorization: enabled
auditLog:
   destination: file
   format: BSON
   path: data/db/auditLog.bson
   filter: '{ roles: { role: "readWrite", db: "test" } }'
```

❺ 읽기와 쓰기 동작으로 필터

사용자는 반드시 검사 동작 중에 read와 write 동작을 확인하기 위해 audit AuthorizationSuccess 매개변수를 사용하여 검사 시스템이 인증 성공 여부를 기록해야 한다. 다음 코드는 필터를 사용하여 find(), insert(), remove(), update(), save(), findAndModify() 동작을 검사한다.

```
{ atype: "authCheck", "param.command": { $in: [ "find", "insert", "delete", "update", "findandmodify" ] } }
```

검사 필터를 설정하려면 다큐먼트를 문자열처럼 전달할 수 있도록 필터 다큐먼트를 작은따옴표로 묶는다.

```
mongod --dbpath data/db --auth --setParameter auditAuthorizationSuccess=true --auditDestination file --auditFilter '{ atype: "authCheck", "param.command": { $in: [ "find", "insert", "delete", "update", "findandmodify" ] } }' --auditFormat BSON --auditPath data/db/auditLog.bson
```

환경 설정 파일에 있는 필터를 설정하려면, 사용자는 반드시 YAML 포맷을 사용해야 한다.

```
storage:
   dbPath: data/db
security:
   authorization: enabled
auditLog:
   destination: file
   format: BSON
   path: data/db/auditLog.bson
   filter: '{ atype: "authCheck", "param.command": { $in: [ "find", "insert", "delete", "update", "findandmodify" ] } }'
setParameter: { auditAuthorizationSuccess: true }
```

❻ 컬렉션에서 읽기와 쓰기 동작으로 필터

사용자는 반드시 검사 동작 중에 read와 write 동작을 확인하기 위해 audit Authorization Success 매개변수를 사용하여 검사 시스템이 인증 성공 여부를 기록해야 한다. 다음 코드는 필터를 사용하여 test 데이터베이스에서 orders 컬렉션에 대하여 find(), insert(), remove(), update(), save(), findAndModify() 동작을 검사한다.

```
{ atype: "authCheck", "param.ns": "test.orders", "param.command": { $in: [ "find", "insert", "delete", "update", "findandmodify" ] } }
```

검사 필터를 설정하려면 다큐먼트를 문자열처럼 전달할 수 있도록 필터 다큐먼트를 작은따옴표로 묶는다.

```
mongod --dbpath data/db --auth --setParameter auditAuthorizationSuccess=true
--auditDestination file --auditFilter '{ atype: "authCheck", "param.ns": "test.orders",
"param.command": { $in: [ "find", "insert", "delete", "update", "findandmodify" ] } }'
--auditFormat BSON --auditPath data/db/auditLog.bson
```

환경 설정 파일에 있는 필터를 설정하려면, 사용자는 반드시 YAML 포맷을 사용해야 한다.

```
storage:
   dbPath: data/db
security:
   authorization: enabled
auditLog:
   destination: file
   format: BSON
   path: data/db/auditLog.bson
   filter: '{ atype: "authCheck", "param.ns": "test.orders", "param.command": { $in: [ "find", "insert", "delete", "update", "findandmodify" ] } }'
setParameter: { auditAuthorizationSuccess: true }
```

(3) 필드 레벨 Redaction 구현

몽고DB의 필드 레벨의 redaction 동작은 trusted 미들웨어에서 필드 레벨 접근 제어를 가능하게 한다. [그림 6-3]은 필드 레벨 redaction 동작 방식을 나타낸다.

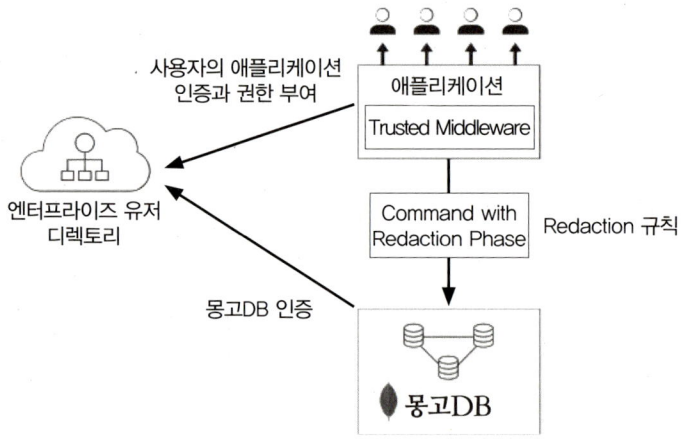

[그림 6-3] 필드 레벨 redaction 동작 방식

사용자는 몽고DB의 집계 파이프라인에서 redaction 단계를 구현하기 위해 필드 레벨마다 반환되는 다큐먼트 내용을 제한하는 방법을 사용해야 하며, 보안에 기초하여 다큐먼트 내용과 특정한 사용자 권한 모두에 접근 권한을 부여해야 한다.

사용자는 접근 제한 데이터를 저장하기 위해 다큐먼트와 임베디드 다큐먼트에 필드를 추가할 수 있다. 동일한 데이터에 대하여 접근 레벨의 중복 사용을 허용하기 위해 배열 내부에 배열의 접근 필드를 설정할 수 있다. 각 배열 항목은 사용자가 데이터에 접근하려는 필요한 셋을 포함시킬 수 있다. [그림 6-4]는 $redact 파이프라인 연산자의 동작 방식을 나타낸다.

db.collection.aggregate() 연산 중에 $redact 단계를 포함하여 데이터를 검사하는 데 필요한 접근에 근거하여 결과 셋의 내용을 제한한다.

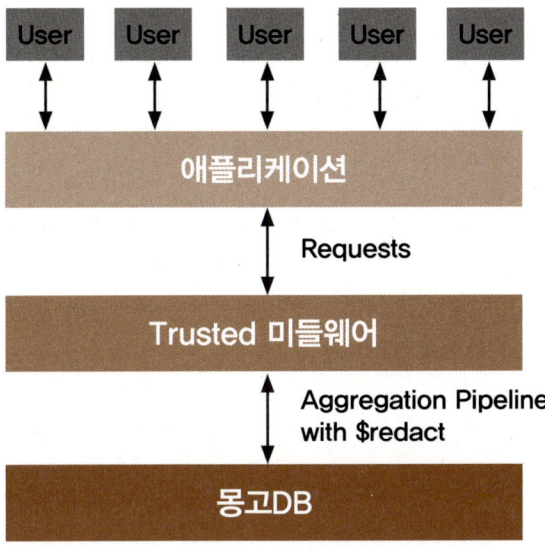

[그림 6-4] $redact 파이프라인 연산자 동작 방식

예를 들면 데이터를 검사와 필요한 접근 레벨을 결정하기 위해 tags 필드가 존재하는 곳에서 다음 형식의 다큐먼트를 froecasts 컬렉션에 추가한다.

```
{
    _id: 1,
    title: "123 Department Report",
    tags: [ [ "G" ], [ "FDW" ] ],
    year: 2014,
    subsections: [
        {
            subtitle: "Section 1: Overview",
            tags: [ [ "SI", "G" ], [ "FDW" ] ],
            content:  "Section 1: This is the content of section 1."
        },
        {
            subtitle: "Section 2: Analysis",
            tags: [ [ "STLW" ] ],
            content: "Section 2: This is the content of section 2."
```

```
        },
        {
            subtitle: "Section 3: Budgeting",
            tags: [ [ "TK" ], [ "FDW", "TGE" ] ],
            content: {
                text: "Section 3: This is the content of section3.",
                tags: [ [ "HCS"], [ "FDW", "TGE", "BX" ] ]
            }
        }
    ]
}
```

각 다큐먼트에서 tags 필드는 데이터를 검사하기 위해 다양한 접근 방식을 포함한다. 예를 들면 [["G"], ["FDW", "TGE"]] 값은 데이터를 검사하기 위해 ["G"] 또는 ["FDW", "TGE"] 레벨을 설정할 수 있다.

사용자는 "FDW" 또는 "TGE"가 붙은 정보를 검사하기 위해 다음과 같은 $redact 단계에서 2014년으로 모든 다큐먼트에 대한 쿼리를 실행한다.

```
var userAccess = [ "FDW", "TGE" ];
db.forecasts.aggregate(
  [
    { $match: { year: 2014 } },
    { $redact:
      {
        $cond: {
            if: { $anyElementTrue:
                {
                    $map: {
                        input: "$tags",
                        as: "fieldTag",
                        in: { $setIsSubset: [ "$$fieldTag", userAccess ] }
                    }
                }
            },
            then: "$$DESCEND",
            else: "$$PRUNE"
        }
      }
```

```
        }
    ]
)
```

집계 파이프라인은 사용자에게 다음과 같은 "redacted" 다큐먼트를 반환한다.

```
{ "_id" : 1,
  "title" : "123 Department Report",
  "tags" : [ [ "G" ], [ "FDW" ] ],
  "year" : 2014,
  "subsections" :
    [
      {
        "subtitle" : "Section 1: Overview",
        "tags" : [ [ "SI", "G" ], [ "FDW" ] ],
        "content" : "Section 1: This is the content of section 1."
      },
      {
        "subtitle" : "Section 3: Budgeting",
        "tags" : [ [ "TK" ], [ "FDW", "TGE" ] ]
      }
    ]
}
```

Chapter 6 MongoDB 연습 문제

Q1 db.createUser(user, writConcern) 메소드에서 user 다큐먼트의 user, pwd, customData 및 roles 필드의 내용을 채우시오.

필드	내용
user	
pwd	
customData	
roles	

Q2 db.createUser( ) 메소드를 실행한 이후에 admin 데이터베이스에서 새로운 사용자가 추가되었는 지를 확인하는 명령은 무엇인가?

Q3 students 데이터베이스의 사용자 이름 Mozart에 대하여 비밀번호를 abcd1234로 변경하는 명령 어를 작성하시오.

Q4 몽고DB 3.0 이전에 채택하고 있는 인증 방식은 무엇인가?

Q5 몽고DB의 권한은 특정 자원과 자원 상에서 허용된 동작으로 구성된다. 이때 자원에 해당하지 <u>않</u>는 것은 무엇인가?

① 데이터베이스
② 컬렉션
③ 메소드 집합
④ 클러스터

Q6 몽고DB의 admin 데이터베이스에서 모든 역할 정보를 갖고 있는 컬렉션은 무엇인가?

Q7 몽고DB의 감시 기록은 콘솔과 syslog를 이용하는데, 이때 어떤 포맷으로 기록을 남기는가?

Q8 syslog에 JSON 포맷으로 감시 이벤트 결과를 ――auditDestination에 출력하기 위한 명령어를 작성하시오.

Q9 몽고DB 유틸리티 bsondump를 사용하여 감시 기록 내용을 사람이 읽을 수 있는 형태로 변환하여 터미널에 출력하는 명령어는 무엇인가?

Chapter 7 집계 연산

집계 동작은 저장된 데이터를 처리하고 계산된 결과를 반환한다. 집계 동작을 사용하면 다중 다큐먼트에서 값을 그룹화하거나 그룹화된 데이터에서 단일 결과를 반환하는 다양한 연산을 수행할 수 있다. 몽고DB에서는 집계 동작을 수행하기 위하여 집계 파이프 연산, 맵-리듀스, 단일 집계 메소드-명령어를 사용한다.

집계 동작 소개

몽고DB에서는 다양한 집계 동작으로 데이터 셋의 연산을 검사하고 수행한다. mongod 인스턴스에서 자바 스크립트 파일을 만들어 데이터 집계 동작을 실행하면 애플리케이션 코드가 단순해지고 자원에 대한 요구 조건이 줄어든다. 몽고DB 집계 동작은 다큐먼트의 컬렉션을 입력으로 사용하고 $match, $group 및 $sort 연산을 거치면서 1개 또는 여러 개의 다큐먼트 형태로 결과가 반환된다.

다음 [표 7-1]과 같은 products 컬렉션에서 어떤 회사 제품의 이름 종류 및 가격 등을 알기 위하여 몽고DB 집계 연산 동작을 사용할 수 있다. [표 7-1]의 products 컬렉션에는 name, category, manufacture 및 price 필드가 있으며, 각 필드는 다음과 같은 값을 갖는다.

[표 7-1] products 컬렉션 다큐먼트

products			
name	category	manufacture	price
iPad 16GB Wifi	Tablets	Apple	499
iPad 32GB Wifi	Tablets	Apple	599
Galaxy S3	Cell Phones	Samsung	563.99

먼저 다음과 같은 자바스크립트 파일(products.js)을 작성한다. 이때 자바스크립트 파일은 drop()과 insert() 메소드를 포함하고 있다.

```
use aggregate
db.products.drop()

db.products.insert({'name':'iPad 16GB Wifi', 'manufacturer':"Apple",
                    'category':'Tablets', 'price':499.00})
db.products.insert({'name':'iPad 32GB Wifi', 'category':'Tablets',
                    'manufacturer':"Apple", 'price':599.00})
db.products.insert({'name':'iPad 64GB Wifi', 'category':'Tablets',
                    'manufacturer':"Apple",  'price':699.00})
db.products.insert({'name':'Galaxy S3', 'category':'Cell Phones',
                    'manufacturer':'Samsung', 'price':563.99})
db.products.insert({'name':'Galaxy Tab 10', 'category':'Tablets',
                    'manufacturer':'Samsung', 'price':450.99})
db.products.insert({'name':'Vaio', 'category':'Laptops',
                    'manufacturer':"Sony", 'price':499.00})
```

```
db.products.insert({'name':'Macbook Air 13inch', 'category':'Laptops',
                    'manufacturer':"Apple", 'price':499.00})
db.products.insert({'name':'Nexus 7', 'category':'Tablets',
                    'manufacturer':"Google", 'price':199.00})
db.products.insert({'name':'Kindle Paper White', 'category':'Tablets',
                    'manufacturer':"Amazon", 'price':129.00})
db.products.insert({'name':'Kindle Fire', 'category':'Tablets',
                    'manufacturer':"Amazon", 'price':199.00})
```

몽고 셸 명령어를 다음과 같이 사용하여 products 컬렉션을 갖는 aggregate 데이터베이스를 만든다.

```
hl@hl-VirtualBox:~/Desktop/simple_aggregation_example$ mongo < products.js
MongoDB shell version: 3.0.7
connecting to: test
switched to db aggregate
true
WriteResult({ "nInserted" : 1 })
WriteResult({ "nInserted" : 1 })
WriteResult({ "nInserted" : 1 })
WriteResult({ "nInserted" : 1 })
WriteResult({ "nInserted" : 1 })
WriteResult({ "nInserted" : 1 })
WriteResult({ "nInserted" : 1 })
WriteResult({ "nInserted" : 1 })
WriteResult({ "nInserted" : 1 })
WriteResult({ "nInserted" : 1 })
```

몽고 셸을 실행하여 db.products.find() 메소드로 products 컬렉션의 데이터를 확인한다.

```
> db.products.find()
{ "_id" : ObjectId(".."), "name" : "iPad 16GB Wifi", "manufacturer" : "Apple", "category"
: "Tablets", "price" : 499 }
{ "_id" : ObjectId(".."), "name" : "iPad 32GB Wifi", "category" : "Tablets",
"manufacturer" : "Apple", "price" : 599 }
{ "_id" : ObjectId(".."), "name" : "iPad 64GB Wifi", "category" : "Tablets",
"manufacturer" : "Apple", "price" : 699 }
{ "_id" : ObjectId(".."), "name" : "Galaxy S3", "category" : "Cell Phones",
```

```
  "manufacturer" : "Samsung", "price" : 563.99 }
{ "_id" : ObjectId(".."), "name" : "Galaxy Tab 10", "category" : "Tablets",
"manufacturer" : "Samsung", "price" : 450.99 }
{ "_id" : ObjectId(".."), "name" : "Vaio", "category" : "Laptops", "manufacturer" :
"Sony", "price" : 499 }
{ "_id" : ObjectId(".."), "name" : "Macbook Air 13inch", "category" : "Laptops",
"manufacturer" : "Apple", "price" : 499 }
{ "_id" : ObjectId(".."), "name" : "Nexus 7", "category" : "Tablets", "manufacturer" :
"Google", "price" : 199 }
{ "_id" : ObjectId(".."), "name" : "Kindle Paper White", "category" : "Tablets",
"manufacturer" : "Amazon", "price" : 129 }
{ "_id" : ObjectId(".."), "name" : "Kindle Fire", "category" : "Tablets", "manufacturer"
: "Amazon", "price" : 199 }
```

products 컬렉션의 다큐먼트를 대상으로 제조회사별로 생산되는 제품 개수를 집계하기 위하여 집계 연산 aggregate() 함수 및 $group 연산자를 사용하는 simple_example.js 파일을 작성한다.

```
use aggregate
db.products.aggregate([
    {$group:
     {
         _id:"$manufacturer",
         num_products:{$sum:1}
     }
    }
])
```

몽고 셸 명령어를 다음과 같이 사용하여 products 컬렉션에서 집계 연산 결과를 확인할 수 있다.

```
hl@hl-VirtualBox:~/Desktop/simple_aggregation_example$ mongo < simple_example.js
MongoDB shell version: 3.0.7
connecting to: test
switched to db aggregate
{ "_id" : "Amazon", "num_products" : 2 }
{ "_id" : "Sony", "num_products" : 1 }
{ "_id" : "Samsung", "num_products" : 2 }
{ "_id" : "Google", "num_products" : 1 }
{ "_id" : "Apple", "num_products" : 4 }
```

예제 7-1 products 컬렉션의 다큐먼트를 대상으로 category별로 생산되는 제품 갯수를 집계를 위해서 집계 연산 aggregate( ) 함수 및 $group 연산자를 사용하는 자바스크립트 파일을 작성하시오.

답
```
use aggregate
db.products.aggregate([
    {$group:
    {   _id:"$category",
        num_products:{$sum:1}
    } } ] )
```

집계 연산 동작

(1) 파이프라인 연산

몽고DB 2.2부터는 데이터를 파이프라인 형태로 처리하는 새로운 '집계 프레임워크'를 도입했다. 여기서 다큐먼트들은 여러 단계로 전달되어 집계된 결과로 변환된다. 가장 기본적인 파이프라인 전략은 쿼리처럼 동작하는 '필터'와 출력 다큐먼트 형태를 변경시키는 '다큐먼트 변환'이다.

기타 파이프라인 동작은 특정 필드로 다큐먼트를 그룹화하거나 분류하고, 배열 다큐먼트를 포함하여 배열 내용을 집계하는 도구로 사용된다. 또한 파이프라인은 평균을 계산하거나 문자열을 연결하는 '연산자'로 사용된다. 따라서 파이프라인은 몽고DB에서 기본 연산을 사용하여 효율적인 데이터 집계 동작을 제공한다. [그림 7-1]은 orders 컬렉션에서 status: 'A'와 일치(match)하고 _id 필드와 가격을 합계하는 그룹화 동작을 파이프라인 동작 방식으로 나타낸다. 동작 결과는 {_id: "A123", total: 750}과 {_id: "B212", total: 200}을 얻게 된다.

(2) 맵-리듀스

몽고DB에서는 집계 연산을 수행하는 맵-리듀스를 사용할 수 있다. 일반적으로 맵-리듀스 동작은 2단계로 나누어진다. 먼저 '맵(map)' 단계에서는 모든 다큐먼트를 처리하고 각 입력 다큐먼트에 대하여 1개 또는 그 이상의 객체를 출력한다. '리듀스(reduce)' 단계에서는 맵 연산의 결과를 결합한다. 따라서 맵-리듀스는 선택적으로 마지막 수정 내용을 결과 값으로 처리하는 최종 단계를 만들 수 있다. 다른 집계 동작이 결과를 분류하고 제한하는 것처럼 맵-리듀스는 쿼리 조건을 설정하여 입력 다큐먼트를 선택할 수 있다.

맵-리듀스는 전통적인 자바스크립트 함수를 사용하여 맵과 리듀스 연산 및 finalize 연산을 수행한다. 자바스크립트가 집계 파이프라인 동작과 비교하면 훨씬 유연하지만, 일반적으로 맵-리듀스는 집계 파이프라인보다 비효율적이고 복잡하다.

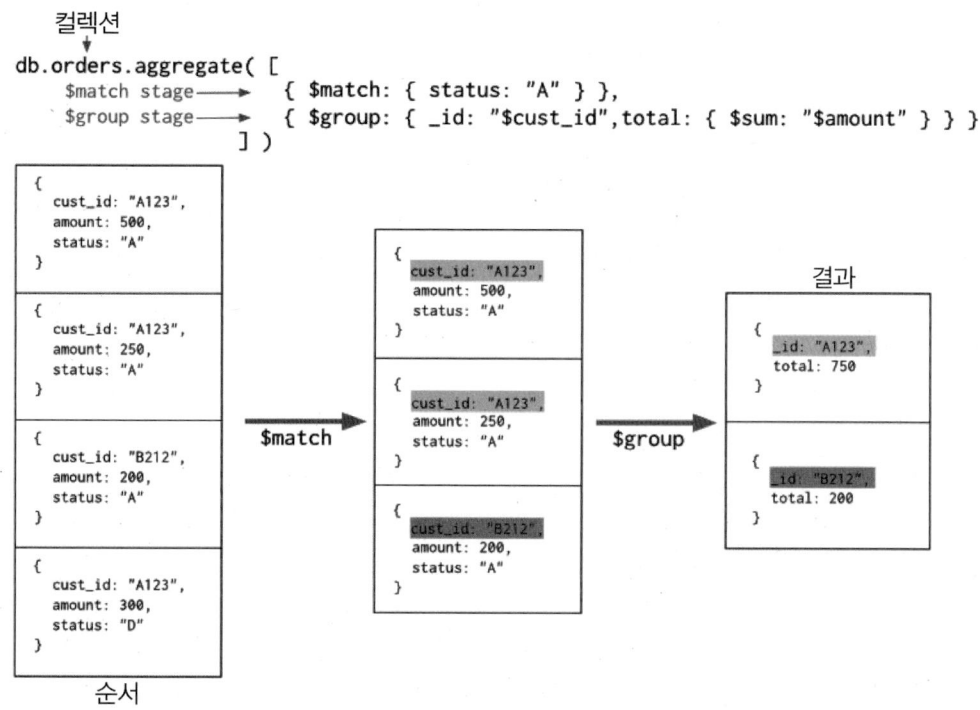

[그림 7-1] 파이프라인 동작 방식

[그림 7-2]는 동일한 orders 컬렉션에 대하여 맵-리듀스 방식으로 처리하는 순서를 나타낸다. 먼저 맵 함수와 리듀스 함수를 정의하고, status : "A"에 대하여 쿼리하여 {cust_id : "A123", cust_id : "B212"}를 구하고, 맵 함수를 사용하여 가격을 추출하고 리듀스 함수로 order_totals를 얻게 된다. 따라서 파이프라인과 동일한 결과를 얻게 되는 것을 알 수 있다.

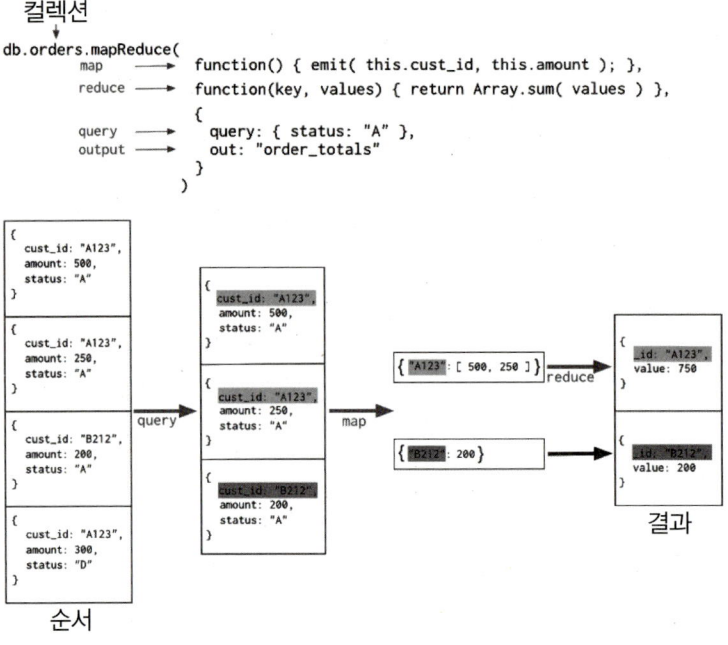

[그림 7-2] 맵-리듀스 동작 방식

예제 7-2 다음과 같은 orders 컬렉션에 대하여 db.orders.aggreagte([{$group: {_id: "b"}}]) 연산을 실행하면 리턴되는 다큐먼트 개수는 몇 개인가?

```
> db.orders.find()
{ "_id" : ObjectId(".."), "a" : "1", "b" : "1", "c" : "1" }
{ "_id" : ObjectId(".."), "a" : "2", "b" : "2", "c" : "1" }
{ "_id" : ObjectId(".."), "a" : "3", "b" : "3", "c" : "1" }
{ "_id" : ObjectId(".."), "a" : "3", "b" : "3", "c" : "2" }
{ "_id" : ObjectId(".."), "a" : "3", "b" : "5", "c" : "3" }
```

① 1   ② 2   ③ 3   ④ 4   ⑤ 5

답 ④

(3) 집계 연산

몽고DB는 여러 개의 집계 연산 가운데 특별한 목적의 데이터베이스 명령을 제공한다. 이러한 집계 연산은 일치하는 다큐먼트 개수를 반환하거나, 필드의 특정 값을 반환하거나, 필드 값을 기반으로 데이터를 그룹화하는 데 활용된다. 반면 이들 연산들은 일반적인 집계 동작에 간단한 접근 방법으로 사용되지만, 집계 파이프라인과 맵-리듀스의 유연성과 활용성을 떨어뜨린다.

(4) 집계 연산 특성

집계 파이프라인과 맵-리듀스 연산 모두는 샤드된 컬렉션에서 작동할 수 있다. 또한 맵-리듀스 연산은 샤드된 컬렉션의 출력으로 사용할 수 있다. 집계 파이프라인은 몇 가지 단계에서 성능을 향상시키기 위하여 인덱스를 사용할 수 있고, 집계 파이프라인은 내부에 최적화 단계를 갖는다.

[그림 7-3]은 동일한 orders 컬렉션에 대하여 distinct 연산으로 'cust_id'를 구분하는 것을 나타낸다.

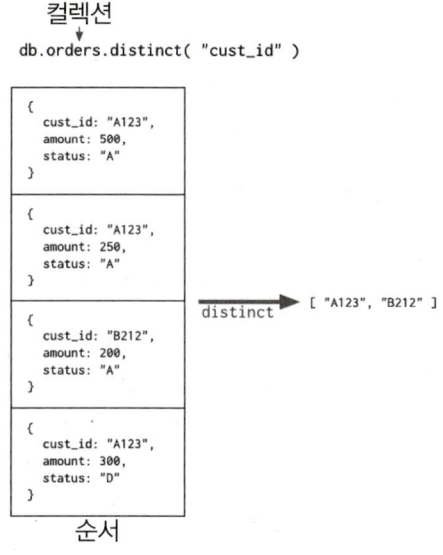

[그림 7-3] distinct 집계 연산

집계 동작 특성

몽고DB에서는 집계 동작에 세 가지 접근 방법을 제공하며, 각 방법은 주어진 환경에서 각각의 장점과 목적을 갖는다. 이번 장에서는 이들 방법의 동작 특성과 장단점을 설명한다.

(1) 집계 파이프라인

집계 파이프라인은 데이터를 처리하는 파이프라인 개념이 모델화되어 집계 동작을 수행하는 프레임워크이다. 몽고DB는 이러한 프레임워크를 사용하여 파이프라인을 통해 단일 컬렉션의 다큐먼트를 전달한다. 이 때 파이프라인은 다큐먼트를 집계된 결과로 변환하고, aggregate 데이터베이스 명령으로 접근한다.

1) 파이프라인

몽고DB 집계 파이프라인은 단계(stages)를 갖는다. 각 단계는 다큐먼트가 전달될 때마다 파이프라인을 변화시킨다. 파이프라인 단계에서 모든 입력 다큐먼트가 출력 다큐먼트를 만들 필요는 없다. 어떤 단계에서는 새로운 다큐먼트를 만들거나 필터 처리를 한다. 파이프라인 단계는 파이프라인을 통과하면서 여러 번 나타난다.

2) 파이프라인 연산식

몇몇 파이프라인 단계에서는 파이프라인 연산식을 오퍼랜드(operand)로 사용한다. 파이프라인 연산식은 입력 다큐먼트에 적용되는 변환 동작을 설정한다. 연산식은 다큐먼트 구조를 가지며, 다른 연산식을 포함한다. 파이프라인 연산식은 파이프라인에 현재 존재하는 다큐먼트만을 동작시키고, 다른 다큐먼트로부터 데이터를 참조하지 않는다. 연산 동작은 메모리 상에서의 다큐먼트 변환 동작만을 수행한다.

일반적으로 연산식은 설명이 없으며, accumulator 연산식을 제외하고는 집계 처리를 통해 계산된다. $group 파이프라인 연산자를 사용한 accumulator 연산식은 그들의 상태(총계, 최대, 최소, 연관 데이터)를 파이프라인을 통해 처리한다.

3) 집계 파이프라인의 특성

몽고DB에서 aggregate 명령은 논리적으로 전체 컬렉션을 집계 파이프라인으로 전달하며, 단일 컬렉션 상에서 동작한다. 동작을 최적화시키기 위해 가능한 한 전체 컬렉션을 탐색하는 동작을 피하는 전략을 사용한다. [표 7-2]는 파이프라인 연산에 쓰이는 명령어들이다.

❶ 파이프라인 연산자와 인덱스

$match와 $sort 파이프라인 연산자들은 파이프라인의 시작점에서 사용하는 경우 인덱스로서의 장점을 발휘할 수 있다. 버전 2.4 이후에 도입된 $geoNear 파이프라인 연산자는 위치 인덱스의 장점을 갖는다. $geoNear 파이프라인 연산자는 반드시 집계 파이프라인의 첫 번째 단계에서 사용되어야 한다. 파이프라인이 인덱스를 사용하는 경우에도 집계 동작은 실제 다큐먼트에 접근을 요청한다.

❷ 선점 필터링(Early Filtering)

만약 사용자 집계 동작이 컬렉션에서 데이터의 작은 집합만을 요청하는 경우에는 파이프라인의 시작점에서 입력되는 다큐먼트를 제한하기 위해 $match, $limit, $skip 단계를 사용한다.

[표 7-2] 집계 파이프라인에서 사용되는 연산자

명령어 (연산자)	실행		입출력 형태
$project	reshape	1:1	키를 지우거나 추가하기
$match	filler	n:1	필터링하기
$group	aggregate	n:1	합계 연산
$sort	sort	1:1	분류하기
$skip	skips	n:1	건너뛰기
$limit	limits	n:1	제한하기
$unwind	normalize	1:n	tags:["red", "blue", "green"] → tags:red, tags:green, tags:blue
$out	output	1:1	출력하기
$redact			(보안 등급 등) 그 문서 자체의 정보에 기초하여 문서의 내용을 제한한다.
$geonear			특정 지점과의 거리에 따라 문서를 돌려준다. 특정 공간 정보 인덱스(geospatial index)을 필요로 한다(지도 검색 및 특정 위치 찾기).

파이프라인의 선두에 배치될 때, $match 연산은 컬렉션에 일치하는 다큐먼트만을 검색하기 위해 알맞는 인덱스를 사용한다.

파이프라인의 시작점에서 $sort 단계 다음으로 $match 파이프라인 단계를 배치하면 논리적으로 sort를 갖는 단일 쿼리와 동일하게 인덱스를 사용할 수 있다. $first와 $last 연산자는 sort 작업에 사용하며, 가능한 한 $match 연산자를 파이프라인의 선두에 배치한다.

예제 7-3 다음 중 몽고DB의 집계 파이프라인 연산자를 모두 고르시오.

① Match

② Transpose

③ Group

④ Skip

⑤ Limit

⑥ Sort

⑦ Unwind

답 ①, ③, ④, ⑤, ⑥, ⑦

(2) 맵-리듀스

맵-리듀스는 대량의 데이터를 유용한 집계 결과로 빠르게 실행시키는 데이터 처리 방법이다. 맵-리듀스 연산을 위해 몽고DB는 맵-리듀스 데이터베이스 명령을 제공한다.

1) 맵-리듀스 자바스크립트 함수

몽고DB에서 맵-리듀스 연산은 맵(map), 연관(associate), key에 값을 부여하기 위해 고전적인 자바스크립트 함수를 사용한다.

고전적인 자바스크립트 함수는 맵-리듀스 동작에 유연성을 제공한다. 맵-리듀스 동작은 맵의 마지막 단계에서 결과를 최종 수정하고, 연산을 축소시키는 추가적인 계산 과정에 사용된다.

2) 맵-리듀스 동작 특성

몽고DB에서 맵-리듀스 연산은 컬렉션에 결과 값을 쓰거나 결과 값을 반환한다. 만약 사용자가 어떤 컬렉션에 맵-리듀스 출력을 사용한다면, 이전 결과에 새로운 결과를 대체, 결합 또는 축소하는 종속적인 맵-리듀스 연산을 수행할 수 있다. 맵-리듀스 연산의 결과 값을 반환할 때, 결과 다큐먼트는 BSON 다큐먼트 크기의 제한 범위인 16MB를 넘지 않아야 한다.

예제 7-4 다음과 같은 orders 컬렉션에 대하여 다음 연산을 실행한다.

```
> db.orders.find()
{ "_id" : ObjectId(".."), "a" : "1", "b" : "1", "c" : "1" }
{ "_id" : ObjectId(".."), "a" : "2", "b" : "2", "c" : "1" }
{ "_id" : ObjectId(".."), "a" : "3", "b" : "3", "c" : "1" }
{ "_id" : ObjectId(".."), "a" : "3", "b" : "3", "c" : "2" }
{ "_id" : ObjectId(".."), "a" : "3", "b" : "5", "c" : "3" }
{ "_id" : ObjectId(".."), "a" : "3", "b" : "3", "c" : "2" }
```

다음 aggregate 연산을 실행했을 때 리턴되는 다큐먼트 개수는 몇 개인가?

```
db.orders.aggregate([{$group:
            { _id:
             {"apple" : "a",
              "banana" : "b",
              "pear" : "c",
             } } } ] )
```

① 1 ② 2 ③ 3 ④ 4 ⑤ 5

답 ⑤

설명 _id "apple"로 시작하는 다큐먼트는 3개(1, 2, 3)가 있고, "a" : "3" 가운데 "b"로 시작하는 다큐먼트는 4개이며, 이 가운데 "b" : "3", "c" : "2"가 중복되고 "b" : "5", "c" : "3"으로 분류되므로 총 5개 다큐먼트가 리턴된다.

(3) 집계 연산 동작

1) $count 연산자

몽고DB는 쿼리와 일치하는 다큐먼트 개수를 count로 반환한다. count 명령은 count() 또는 cursor.count() 메소드와 마찬가지로 몽고 셸에서 접근할 수 있다. 예를 들면 다음의 다큐먼트들을 갖는 records 컬렉션에서 다음 코드와 같이 count()를 사용할 수 있다.

```
> db.records.find()
{ "_id" : ObjectId(".."), "a" : 1, "b" : 0 }
{ "_id" : ObjectId(".."), "a" : 1, "b" : 1 }
{ "_id" : ObjectId(".."), "a" : 1, "b" : 4 }
{ "_id" : ObjectId(".."), "a" : 2, "b" : 2 }
>
```

```
>db.records.count()
4
>db.records.count( { a: 1 } )
3
```

2) $distinct 연산자

distinct 명령은 쿼리와 일치하는 다큐먼트 개수를 갖는다. 다큐먼트 내부의 필드에서 모든 값을 반환한다. distinct 명령과 db.collection.distinct() 메소드는 몽고 셸에서 이러한 동작을 지원한다.

다음 다큐먼트를 갖는 records 컬렉션에서 distinct() 메소드를 사용하면 다음 페이지와 같은 결과를 반환한다.

```
{ a: 1, b: 0 }
{ a: 1, b: 1 }
{ a: 1, b: 1 }
{ a: 1, b: 4 }
{ a: 2, b: 2 }
{ a: 2, b: 2 }
```

```
>db.records.distinct( "b" )
[ 0, 1, 4, 2 ]
```

3) $group 연산자

group 명령은 쿼리에 일치하는 다큐먼트 개수를 갖고, 필드 값을 이용해 다큐먼트를 그룹화한다. 이 명령은 다큐먼트의 각 그룹에 대한 계산 결과를 포함하는 다큐먼트 배열을 반환한다. 몽고 셸에서 group 명령어 또는 `db.collection.group()` 메소드를 사용해 함수에 접근한다.

> **주의**
> group 명령은 샤드된 컬렉션의 데이터를 지원하지 않는다. 또한 group 연산의 결과는 16MB를 넘지 않아야 한다.

다음 다큐먼트들을 갖는 records 컬렉션에서 group() 메소드를 사용한 결과는 다음과 같다.

```
// records 컬렉션
{ a: 1, count: 4 }
{ a: 1, count: 2 }
{ a: 1, count: 4 }
{ a: 2, count: 3 }
{ a: 2, count: 1 }
{ a: 1, count: 5 }
{ a: 4, count: 4 }
```

```
// 명령어
>db.records.group( {
    key: { a: 1 },
    cond: { a: { $lt: 3 } },
    reduce: function(cur, result) { result.count += cur.count },
    initial: { count: 0 }
} )
// 결과
[
    { a: 1, count: 15 },
    { a: 2, count: 4 }
]
```

4) $sum 연산자

각 그룹의 합계를 반환하는 연산자이다. 다음 예문은 판매자별 제품에 관한 가격을 합계 계산하기 위하여 aggregate 데이터베이스의 products 컬렉션에서 'sum_prices'라는 새로운 key를 만들고 그 안에 $sum과 $price 연산자를 사용하여 제조회사별로 그룹화한 후에 연산하는 내용이다.

```
>use aggregate
>db.products.aggregate([
   {$group:
    {
      _id: {
         "maker": "$manufacturer"
         },
      sum_prices:{$sum:"$price"}
    } ] )
```

실행시키면 다음과 같이 각 제조회사별로 sum_prices를 확인할 수 있다.

```
{ "_id" : { "maker" : "Amazon" }, "sum_prices" : 328 }
{ "_id" : { "maker" : "Sony" }, "sum_prices" : 499 }
{ "_id" : { "maker" : "Samsung" }, "sum_prices" : 1014.98 }
{ "_id" : { "maker" : "Google" }, "sum_prices" : 199 }
{ "_id" : { "maker" : "Apple" }, "sum_prices" : 2296 }
```

예제 7-5 products 컬렉션에서 category별로 합계 금액을 리턴받을 수 있는 집계 연산 명령 쿼리를 작성하시오.

```
{ "_id" : { "category" : "Laptops" }, "sum_prices" : 998 }
{ "_id" : { "category" : "Cell Phones" }, "sum_prices" : 563.99 }
{ "_id" : { "category" : "Tablets" }, "sum_prices" : 2774.99 }
```

답

```
> db.products.aggregate([{$group: { _id:{ "category":"$category"}, sum_prices
:{$sum:"$price"}}}])
```

5) $addToSet 연산자

각 그룹 특정 값의 배열들을 반환하는 연산자이다. 각 생산자가 어떤 물건을 판매하는지 알아보기 위해 aggregate 데이터베이스에서 다음과 같은 코드를 작성한다.

```
>use aggregate
>db.products.aggregate([
    {$group:
        {   _id: {
                "maker": "$manufacturer"
            },
            categories:{$addToSet:"$category"}
        } } ])
```

키 $maker와 $categories를 $group 연산자 안에서 계산한다. 그 결과는 다음 코드와 같다.

```
{ "_id" : { "maker" : "Amazon" }, "categories" : [ "Tablets" ] }
{ "_id" : { "maker" : "Sony" }, "categories" : [ "Laptops" ] }
{ "_id" : { "maker" : "Samsung" }, "categories" : [ "Tablets", "Cell Phones" ] }
{ "_id" : { "maker" : "Google" }, "categories" : [ "Tablets" ] }
{ "_id" : { "maker" : "Apple" }, "categories" : [ "Laptops", "Tablets" ] }
```

예제 7-6 도시 PALO ALTO 인구와 _id에 관한 다큐먼트가 다음과 같다고 가정하자.

```
> db.zips.find({state: "CA", city: "PALO ALTO"})
{ "city" : "PALO ALTO", "pop" : 15965, "state" : "CA", "_id" : "94301" }
{ "city" : "PALO ALTO", "pop" : 1835, "state" : "CA", "_id" : "94304" }
{ "city" : "PALO ALTO", "pop" : 24309, "state" : "CA", "_id" : "94306" }
```

_id 필드를 도시(city)로 설정하고, 우편번호를 다음과 같이 반환하기 위하여 group과 addToset 연산자를 사용한 집계 쿼리 명령을 작성하시오.

```
{
    "_id" : "CENTREVILLE",
    "postal_codes" : [
        "22020",
        "49032",
        "39631",
```

```
                    "21617",
                    "35042"
                ]  }
```

답 db.zips.aggregate([{"$group":{"_id":"$city", "postal_codes":{"$addToSet":"$_id"}}}])

6) $push 연산자

push 연산자는 addToSet 연산자와 유사하며, 다음 코드를 실행시켜보자.

```
>use agg
>db.products.aggregate([
    {$group:
     {
        _id: {
             "maker": "$manufacturer"
          },
        categories:{$push: "$category"}
     }
      }
])
```

실행 결과는 다음과 같이 maker 안에 제조회사별로 카테고리 항목에서 Amazon이나 Apple같은 회사들이 각각 2개 및 4개의 다큐먼트로 바뀐 것을 알 수 있다.

```
{ "_id" : { "maker" : "Amazon" }, "categories" : [ "Tablets", "Tablets" ] }
{ "_id" : { "maker" : "Sony" }, "categories" : [ "Laptops" ] }
{ "_id" : { "maker" : "Samsung" }, "categories" : [ "Cell Phones", "Tablets" ] }
{ "_id" : { "maker" : "Google" }, "categories" : [ "Tablets" ] }
{ "_id" : { "maker" : "Apple" }, "categories" : [ "Tablets", "Tablets", "Tablets", "Laptops" ] }
```

예제 7-7 다음 예문과 같은 쿼리 결과와 다큐먼트를 갖는 products 컬렉션이 있다.

```
{ "_id" : "Amazon", "prices" : [ 199, 129 ] }
{ "_id" : "Sony", "prices" : [ 499 ] }
{ "_id" : "Samsung", "prices" : [ 450.99, 563.99 ] }
{ "_id" : "Google", "prices" : [ 199 ] }
{ "_id" : "Apple", "prices" : [ 699, 599, 499 ] }
```

다음 2개와 같이 다른 쿼리 연산자를 실행했을 경우, 두 동작 결과의 일치 여부를 확인하시오.

```
db.products.aggregate([{"$group":{"_id":"$manufacturer", "prices":{"$push":"$price" }}}])
```

```
db.products.aggregate([{"$group":{"_id":"$manufacturer", "prices":{"$addToSet": "$price" }}}])
```

답   같은 결과

7) $max와 $min 연산자

$max 연산자는 각 그룹의 표현 값들 중 가장 큰 값을 반환하는 연산자이다. 그러나 $min 연산자는 각 그룹의 가장 작은 값을 반환한다. 다음 코드는 물품 가격 중에서 price가 가장 큰 항목에 대해 _id 제조회사와 maxprice 형태로 출력한다.

```
>use aggregate
>db.products.aggregate([
   {$group:
    {
      _id: {
          "maker": "$manufacturer"
          },
       maxprice:{$max: "$price"}
    }
   }
])
```

코드를 실행하면 다음과 같은 결과가 나타난다.

```
{ "_id" : { "maker" : "Amazon" }, "maxprice" : 199 }
{ "_id" : { "maker" : "Sony" }, "maxprice" : 499 }
{ "_id" : { "maker" : "Samsung" }, "maxprice" : 563.99 }
{ "_id" : { "maker" : "Google" }, "maxprice" : 199 }
{ "_id" : { "maker" : "Apple" }, "maxprice" : 699 }
```

예제 7-8 다음 예문과 같은 쿼리 결과와 다큐먼트를 갖는 zips 컬렉션이 있다.

```
> db.zips.findOne();
{
    "_id" : "01001",
    "city" : "AGAWAM",
    "loc" : [ -72.622739, 42.070206 ],
    "pop" : 15338,
    "state" : "MA"
} ....
```

각 주(state)의 인구 수를 갖는 zips 컬렉션에서 가장 많은 인구 수를 리턴하는 집계 동작 쿼리를 작성하시오.

답

```
db.zips.aggregate([{"$group":{"_id": "$state", pop: {$max: "$pop"}}}])
```

8) $project 연산자

$project는 일대일 대응 방식으로 키를 제거, 추가, 변경하여 다큐먼트의 모양을 변형할 수 있다. 또한 $toUpper, $toLower, $add 또는 $multiply를 키로서 사용할 수 있다.

다음 다큐먼트가 zips 컬렉션에서 $project 연산자를 사용하여 도시 이름이 대문자에서 소문자로 바뀌도록 집계 연산 쿼리를 만들어보자.

```
{
    "city" : "ACMAR",
    "loc" : [         -86.51557,                33.584132 ],
    "pop" : 6055,    "state" : "AL",     "_id" : "35004"
}
```

zips 컬렉션에서 city에 대하여 $project 연산 가운데 {$toLower}을 적용하였다.

```
db.zips.aggregate([{$project:{_id:0, city:{$toLower:"$city"}, pop:1, state:1, zip:"$_id"}}])
```

쿼리 결과는 다음과 같이 city 이름이 소문자로 변환된 것을 확인할 수 있다.

```
{
    "city" : "acmar",
    "pop" : 6055,
    "state" : "AL",
    "zip" : "35004"
}
```

9) $match 연산자

$match는 각 다큐먼트가 사용자가 지정한 특성과 일치하는지 확인한 후, 다음 파이프라인으로 전달해주는 연산자이다. $match는 특정 집합에 대해 집계를 실행하고자 할 때와 집계 파이프라인의 결과를 필터링하기 위해 사용할 수 있다. $match를 사용한 예제를 살펴본다.
다음 예문은 단순하게 특정 필드에 대해 범위가 지정된 값을 갖는 다큐먼트를 반환한다.

```
db.<collection>.aggregate([{$match: { <field>: <value> }} ])
```

다음 예문은 $match를 통해 특정 필드에 대해 지정된 값(의 범위)을 갖는 다큐먼트를 다음 파이프라인으로 전달하고, 파이프라인에서 다음 순서인 $group은 특정 필드를 합친다. 이때 $sum, $addToSet을 통해 기능을 확장하여 사용할 수 있다.

```
db.<collection>.aggregate([
    {$match:
      { <field>: <value> }
    },
    {$group:
      {     <field>: <value>,
            <field>: {$sum: <field>},
            <field>: {$addToSet: <value>}
      } } ] )
```

앞서 설명한 특정 필드에 모양을 변경하여 결과를 출력하도록 $project를 추가하여 사용할 수 있다. 다음은 그 예제다.

```
db.<collection>.aggregate([
    {$match:
      { <field>: <value>  }
    },
    {$group:
      {      <field>: <value>,
             <field>: {$sum: <field>},
             <field>: {$addToSet: <value>}
      }
    },
    {$project:
      {      <field>: <0/1>,
             <field>: <value>,
             <field>: <0/1>,
             <field>: <0/1>   }
    } ] )
```

예제 7-9 $match를 사용하여 임의의 컬렉션의 필드에서 값이 '20' 이상인 다큐먼트를 찾는 쿼리를 작성하시오.

답 db.〈collection〉.aggregate([{$match:{〈field〉:{$gt:20}}}])

10) $sort 연산자

집계 연산 동작은 디스크와 메모리 기반의 정렬을 모두 지원한다. 기본적으로 집계 연산은 메모리에 기반을 둔 정렬을 시도하고, 모든 파이프라인 단계에서 100MB의 제한이 있다. 또한 $group 전후에 정렬할 수 있다. $sort 연산자를 사용한 예시 코드는 다음과 같다.

```
db.<collection>.aggregate([
    {$match:
      { <field>: <value>  }
    },
    {$group:
      {      <field>: <value>,
             <field>: {$sum: <field>},
             <field>: {$addToSet: <value>}            }
```

집계 동작 특성 **259**

```
        },
        {$project:
            {       <field>: <0/1>,
                    <field>: <value>,
                    <field>: <0/1>,
                    <field>: <0/1>         }      },
        {$sort:
            {       <field>: <1/-1>   }
        } ] )
```

예제 7-10 다음 예문과 같은 다큐먼트를 가진 zips 컬렉션에서 state 필드와 city 필드에 대해 오름차순으로 정렬하기 위하여 $sort 연산자를 사용하여 집계 쿼리를 작성하시오.

```
{       "city" : "ACMAR",
        "loc" : [ -86.51557, 33.584132      ],
        "pop" : 6055,
        "state" : "AL",
        "_id" : "35004"
}
```

답 db.zips.aggregate([{$sort:{state:1, city:1}}])

11) $limit와 $skip 연산자

$skip과 $limit은 파이프라인에서 skip() 및 limit() 메소드와 비슷하게 동작한다. 보통 $skip을 사용한 후에 $limit을 사용한다. skip 동작은 n개의 다큐먼트가 정렬되어 있을 때, 첫 번째 다큐먼트에서 주어진 skip의 인자만큼 건너뛴 후 반환된다. limit은 주어진 목록의 처음에서 인자의 수만큼 반환한다. 단, 집계 파이프라인 단계에서 사용할 때에는 이전 단계에서 정렬되어 있어야 한다.

예제 7-11 zips 컬렉션의 다큐먼트가 총 24개일 때, 다음과 같은 집계 쿼리를 실행시키면 몇 개의 다큐먼트가 반환되는가?

```
db.zips.aggregate([
    {$limit: 5},
    {$skip: 10}
])
```

> **답** 0개의 다큐먼트(출력을 5개로 제한한 다음, 그 후에 10개를 건너뛰었기 때문에 출력될 다큐먼트는 아무것도 없다).

12) $first와 $last 연산자

파이프라인의 $group 단계에서 $first와 $last를 사용할 수 있다. $group에 의해 분류된 그룹별로 특정 필드의 처음 또는 마지막 값을 반환한다.

예제 7-12 다음과 같은 fun 컬렉션이 있을 때 주어진 집계 쿼리에 의해 반환될 필드 'c'의 값은?

```
> db.fun.find()
{ "_id" : 0, "a" : 0, "b" : 0, "c" : 21 }
{ "_id" : 1, "a" : 0, "b" : 0, "c" : 54 }
{ "_id" : 2, "a" : 0, "b" : 1, "c" : 52 }
{ "_id" : 3, "a" : 0, "b" : 1, "c" : 17 }
{ "_id" : 4, "a" : 1, "b" : 0, "c" : 22 }
{ "_id" : 5, "a" : 1, "b" : 0, "c" : 5 }
{ "_id" : 6, "a" : 1, "b" : 1, "c" : 87 }
{ "_id" : 7, "a" : 1, "b" : 1, "c" : 97 }
```

집계 쿼리
```
db.fun.aggregate([
    {$match:{a:0}},
    {$sort:{c:-1}},
    {$group:{_id:"$a", c:{$first:"$c"}}}
])
```

> **답** 54

> **해설** 집계의 파이프라인을 따라가며 확인해보면, 첫 번째 $match 단계에서 "a"의 값이 "0"인 다큐먼트만 라인을 따라간다. 두 번째 $sort 단계에서 내림차순으로 정렬되어 넘겨지고, 세 번째 $group 단계에서 "a"값 별로 분류(group)되고, "c"는 각 "a"마다 첫 번째 필드 "c"의 값을 갖는다.

13) $unwind 연산자

몽고DB 다큐먼트는 배열을 가질 수 있는데, 배열에 있는 값을 $group에 사용하기 위해 배열을 분리하는 과정에서 $unwind 연산자를 사용할 수 있다.

다음 다큐먼트를 가진 컬렉션에서 "List" 필드에 대해 $unwind를 사용하면 다음과 같은 다큐먼트들이 반환된다.

```
실행 전 다큐먼트 :
{ "Date": "2015-11-19", "From": "Market", "List": [ "Apple", "Banana", "Cherry"] }
실행 명령어 :
db.collection.aggregate([{"$unwind":"$List"}])
실행 후 다큐먼트 :
{ "Date": "2015-11-19", "From": "Market", "List": "Apple" }
{ "Date": "2015-11-19", "From": "Market", "List": "Banana" }
{ "Date": "2015-11-19", "From": "Market", "List": "Cherry" }
```

예제 7-13 다음 people 컬렉션에서 각 다큐먼트의 "likes" 배열에 unwind를 사용한다면, 몇 개의 다큐먼트가 반환되겠는가?

```
db.people.find()
{ "_id" : "Will", "likes" : [ "physics", "MongoDB", "indexes" ] }
{ "_id" : "Dwight", "likes" : [ "starting companies", "restaurants", "MongoDB" ] }
```

답 6개

해설 "_id" 값이 "Will"이고 "likes" 배열이 3개의 개체를 가진 다큐먼트로부터 3개의 다큐먼트가 반환된다. "id" 값이 "Dwight"이고 "likes" 배열이 3개의 개체를 가진 다큐먼트로부터 3개의 다큐먼트가 반환되어 총 6개가 반환된다.

예제 7-14 다음 집계 연산자 가운데 $unwind 연산자와 반대 동작을 수행하는지 선택하시오.

① $sum

② $addToSet

③ $push

④ $first

답 ③(가능한 답은 ②와 ③인데, 두 동작의 차이와 배열을 고려하면 ③이 답이다.)

집계 연산 활용

몽고DB에서 다양한 컬렉션을 대상으로 집계 연산 동작을 분석하고, 사용자 환경에 적합한 모델로 확장하여 활용할 수 있다.

(1) 우편번호 데이터 셋의 집계 동작

이번 활용 사례에서는 zips 컬렉션을 사용한다. 이 컬렉션은 인터넷 사이트인 media. mongodb.org/zips.json에서 다운로드할 수 있으며, 이 데이터 셋을 mongod 인스턴스로 로드하기 위하여 mongoimport를 사용한다.

```
$mongoimport -d <데이터베이스 이름> -c <컬렉션이름> zips.json
```

1) 데이터 모델

zips 컬렉션 내부의 모든 다큐먼트는 다음 형식을 따른다.

```
{
  "_id": "10280",
  "city": "NEW YORK",
  "state": "NY",
  "pop": 5574,
  "loc": [
    -74.016323,
    40.710537
  ]
}
```

- _id 필드는 우편번호를 문자열로 갖는다.
- city 필드는 도시 이름을 가지며, 각 도시는 복수의 우편 번호를 가질 수 있다.
- state 필드는 2 글자로 주(州, states)를 나타낸다.
- pop 필드는 인구 수를 갖는다.
- loc 필드는 위도와 경도로 위치를 나타낸다.

2) aggregate() 메소드

aggregate() 메소드는 다큐먼트 가운데 집계 연산을 처리하기 위해 집계 파이프라인을 사용한다. 몽고 셸에서 사용하는 aggregate() 메소드는 aggregate 데이터베이스 명령 중에서 래퍼(wrapper)의 역할을 한다.

3) 인구가 1,000만 명 이상인 주(states) 반환

aggregate()를 활용하여 인구가 1,000만 명 이상인 주를 반환하는 코드는 다음과 같다.

```
db.zips.aggregate( [
    { $group: { _id: "$state", totalPop: { $sum: "$pop" } } },
    { $match: { totalPop: { $gte: 10*1000*1000 } } }
] )
```

이 코드의 집계 파이프라인은 $group 단계와 $match 단계로 구성되어 있다.

❶ $group 단계

$group 단계는 state 필드를 기준으로 zips 컬렉션의 다큐먼트들을 그룹화하고, 각 주의 totalPop 필드를 계산하며, 각 주마다 다큐먼트를 출력한다. 출력된 다큐먼트는 state를 값으로 갖는 _id 필드와 각 주의 전체 인구 값을 갖는 totalPop 필드로 구성된다. 이때 $group은 각 주의 인구 합계를 구하기 위해 $sum 연산자를 사용한다.

$group 단계를 거친 파이프라인의 다큐먼트는 다음 형태이다.

```
{ "_id" : "AK", "totalPop" : 550043 }
```

❷ $match 단계

$match 단계에서는 그룹화된 다큐먼트 가운데 totalPop 값이 천만 명 이상인 것만을 필터한다. $match 단계는 일치한 다큐먼트를 변경하지 않고 출력한다. 결과 값은 다음과 같다.

```
{ "_id" : "CA", "totalPop" : 29754890 }
{ "_id" : "TX", "totalPop" : 16984601 }
{ "_id" : "FL", "totalPop" : 12686644 }
{ "_id" : "PA", "totalPop" : 11881643 }
{ "_id" : "OH", "totalPop" : 10846517 }
{ "_id" : "IL", "totalPop" : 11427576 }
{ "_id" : "NY", "totalPop" : 17990402 }
```

4) 각 주(states)의 도시 인구 평균을 반환

aggregate() 메소드를 활용하여 각 도시의 인구 평균을 반환하는 코드는 다음과 같다. 이 코드의 집계 파이프라인은 2단계 $group 연산 동작으로 구성된다.

```
db.zips.aggregate( [
   { $group: { _id: { state: "$state", city: "$city" }, pop: { $sum: "$pop" } } },
   { $group: { _id: "$_id.state", avgCityPop: { $avg: "$pop" } } }
] )
```

❶ 첫 번째 $group 단계

첫 번째 $group 단계에서는 city와 state 필드의 조합으로 다큐먼트를 그룹화하고, $sum 연산자를 사용하여 각 그룹의 인구를 계산하며, 그 결과를 출력한다.

```
{
  "_id" : {
    "state" : "CO",
    "city" : "EDGEWATER"
  },
  "pop" : 13154
}
```

❷ 두 번째 $group 단계

두 번째 $group 단계에서는 _id.state 필드로 파이프라인의 다큐먼트들을 그룹화하고, 모든 주의 평균 도시 인구(avgCityPop)를 계산하기 위하여 $avg 연산을 사용하며, 각 주의 다큐먼트를 출력한다. 결과 값은 다음과 같다.

```
{ "_id" : "RI", "avgCityPop" : 19292.653846153848 }
{ "_id" : "FL", "avgCityPop" : 27400.958963282937 }
{ "_id" : "DE", "avgCityPop" : 14481.91304347826 }
{ "_id" : "NV", "avgCityPop" : 18209.590909090908 }
{ "_id" : "SC", "avgCityPop" : 11139.626198083068 }
{ "_id" : "VT", "avgCityPop" : 2315.8765432098767 }
{ "_id" : "MA", "avgCityPop" : 14855.37037037037 }
{ "_id" : "MD", "avgCityPop" : 12615.775725593667 }
```

5) 각 주(states)의 도시 인구가 가장 많은 곳과 적은 곳을 반환

각 주의 도시 인구가 가장 많은 곳과 적은 곳을 반환하는 aggregation 연산 코드는 다음과 같다.

```
db.zips.aggregate( [
   { $group:
      {
        _id: { state: "$state", city: "$city" },
        pop: { $sum: "$pop" }
      } },
   { $sort: { pop: 1 } },
   { $group:    {
        _id : "$_id.state",
        biggestCity:  { $last: "$_id.city" },
        biggestPop:   { $last: "$pop" },
        smallestCity: { $first: "$_id.city" },
        smallestPop:  { $first: "$pop" }
      } },
// 아래 코드는 선택적으로 사용할 수 있다.
   { $project:
     { _id: 0,
       state: "$_id",
       biggestCity:  { name: "$biggestCity",  pop: "$biggestPop" },
       smallestCity: { name: "$smallestCity", pop: "$smallestPop" }
     } } ] )
```

이 연산의 집계 파이프라인은 $group 단계, $sort 단계, $group 단계, $project 단계로 구성된다.

❶ 첫 번째 $group 단계

첫 번째 $group 단계는 city와 state의 조합으로 다큐먼트를 그룹화하고, 각 그룹마다 pop 값의 합산하여 출력한다.

이 단계 이후에 파이프라인의 다큐먼트는 다음 형태이다.

```
{
  "_id" : {
    "state" : "CO",
    "city" : "EDGEWATER"
  },
  "pop" : 13154
}
```

❷ 두 번째 $sort 단계

두 번째 $sort 단계에서는 파이프라인의 다큐먼트를 pop 필드 값을 기준으로 오름차순으로 정렬한다. 이 연산은 다큐먼트를 변경시키지 않는다.

❸ 세 번째 $group 단계

세 번째 $group 단계는 정렬된 다큐먼트를 _id.state 필드로 그룹화하고, 각 state의 다큐먼트를 출력한다. 이때 $group 연산은 각 state마다 4개의 필드를 계산한다. $last 연산을 사용하여 가장 많은 인구를 갖는 city의 id와 pop 값을 가지는 biggestCity, biggestPop 필드를 생성한다. 또한 $first 연산을 사용하여 가장 적은 인구를 갖는 city의 id와 pop 값을 갖는 smallestCity와 smallestPop 필드를 생성하며, 결과 값은 다음과 같다.

```
{ "_id" : "IN", "biggestCity" : "INDIANAPOLIS", "biggestPop" : 348868, "smallestCity" : "WESTPOINT", "smallestPop" : 145 }
{ "_id" : "RI", "biggestCity" : "CRANSTON", "biggestPop" : 176404, "smallestCity" : "CLAYVILLE", "smallestPop" : 45 }
{ "_id" : "OH", "biggestCity" : "CLEVELAND", "biggestPop" : 536759, "smallestCity" : "ISLE SAINT GEORG", "smallestPop" : 38 }
{ "_id" : "MD", "biggestCity" : "BALTIMORE", "biggestPop" : 733081, "smallestCity" : "ANNAPOLIS JUNCTI", "smallestPop" : 32 }
```

❹ 네 번째 $project 단계

마지막 $project 단계는 _id 필드명을 바꾸고, biggestCity, biggestPop과 smallestCity, smallestPop 필드를 각각 biggestCity와 smallestCity에 내장한 후 출력하며 결과 값은 다음과 같다.

```
{ "biggestCity" : { "name" : "INDIANAPOLIS", "pop" : 348868 }, "smallestCity" : { "name" : "WESTPOINT", "pop" : 145 }, "state" : "IN" }
{ "biggestCity" : { "name" : "CRANSTON", "pop" : 176404 }, "smallestCity" : { "name" : "CLAYVILLE", "pop" : 45 }, "state" : "RI" }
{ "biggestCity" : { "name" : "CLEVELAND", "pop" : 536759 }, "smallestCity" : { "name" : "ISLE SAINT GEORG", "pop" : 38 }, "state" : "OH" }
{ "biggestCity" : { "name" : "BALTIMORE", "pop" : 733081 }, "smallestCity" : { "name" : "ANNAPOLIS JUNCTI", "pop" : 32 }, "state" : "MD" }
```

(2) 사용자의 선호 데이터 집계 연산 활용

이번 활용 사례에서는 sports 컬렉션을 사용한 가상의 스포츠클럽을 대상으로 한다. 이 컬렉션의 다큐먼트는 다음과 같다.

1) 데이터 모델

```
{ _id : "jane",
  joined : ISODate("2011-03-02"),
  likes : ["golf", "racquetball"]
}
{ _id : "joe",
  joined : ISODate("2012-07-02"),
  likes : ["tennis", "golf", "swimming"]
}
```

2) 다큐먼트 정규화와 분류

다음 코드는 사용자 이름(_name)을 대문자로 표시하고, 알파벳 순으로 정렬하여 반환한다. 일반화시키기 위해 집계는 sports 컬렉션의 모든 다큐먼트에 대한 사용자 이름을 포함한다.

```
db.sports.aggregate(
  [ { $project : { name:{$toUpper:"$_id"} , _id:0 } },
    { $sort : { name : 1 } }
  ] )
```

sports 컬렉션의 모든 다큐먼트들은 파이프라인을 통하여 전달되면서 다음 동작을 수행한다.

❶ $project 연산자는
  - name이라는 새로운 필드를 생성한다.
  - $toUpper 연산자를 사용하여 _id 값을 변환하고. $project 연산자는 이 값을 저장하기 위해 name이라는 새로운 필드를 만든다.
  - _id 필드를 억제한다.

❷ $sort 연산자는 name 필드를 기준으로 결과를 정렬한다. 이 동작의 결과는 다음과 같다.

```
{ "name" : "JANE"
},
{ "name" : "JILL"
},
{ "name" : "JOE"
}
```

3) 가입 월별로 사용자 이름 반환

스포츠클럽에 가입한 달로 정렬하여 이름을 반환하는 코드는 다음과 같다. 이러한 집계 동작은 회원 관리에 도움이 된다.

```
db.sports.aggregate( [
  { $project :
    {
      month_joined : { $month : "$joined" },
      name : "$_id",
      _id : 0
    } },
  { $sort : { month_joined : 1 } }
] )
```

파이프라인은 다음 연산을 통하여 sports 컬렉션의 모든 다큐먼트를 전달한다.

❶ $project 연산자는
  - month_joined와 name 필드를 생성한다.
  - 결과 값에서 _id 필드를 생략한다.

❷ $month 연산자는 joined 필드 값의 month를 정수형으로 변환하고, $project 연산자는 이 값을 month_joined 필드에 할당한다.

❸ $sort 연산자는 month_joined 필드를 기준으로 결과를 정렬한다. 이 동작의 결과는 다음과 같다.

```
{ "month_joined" : 1,
  "name" : "ruth"   },
{ "month_joined" : 1,
  "name" : "harold"},
{ "month_joined" : 1,
  "name" : "kate"  }
{ "month_joined" : 2,
  "name" : "jill"  }
```

4) 월별로 가입한 회원 숫자 반환

월별로 스포츠클럽에 가입한 숫자를 분류하여 나타내는 코드는 다음과 같다. 이러한 집계 동작은 판매 전략이나 직원 채용에 사용된다.

```
db.sports.aggregate(
  [
    { $project : { month_joined : { $month : "$joined" } } },
    { $group : { _id : {month_joined:"$month_joined"} ,
 number : { $sum : 1 } } },    { $sort : { "_id.month_joined" : 1 } }
  ] )
```

파이프라인은 다음 연산을 통하여 sports 컬렉션의 모든 다큐먼트를 전달한다.

❶ $project 연산자는 month_joined 필드를 만든다.

❷ $month 연산자는 joined 필드 값을 month를 표현하는 정수형으로 변환하고, $project 연산자는 이 값을 month_joined 필드에 대입한다.

❸ $group 연산자는 주어진 month_joined 값으로 모든 다큐먼트를 그룹화하고, 각 값을 가지는 다큐먼트의 개수를 카운트한다. $group은 2개 필드를 갖는 "per-month" 다큐먼트를 생성한다.

- _id는 month_joined 필드와 그 값이 내장된 다큐먼트를 포함한다.
- number는 각 month_joined 값을 가진 다큐먼트를 카운트한 값을 갖기 위해 $sum 연산자를 사용한다.

❹ $sort 연산자는 month_joined 필드를 기준으로 $group 의해 생성되는 다큐먼트를 정렬한다. 이 동작의 결과는 다음과 같다.

```
{ "_id" : {
    "month_joined" : 1
  },
  "number" : 3     },
{
  "_id" : {
    "month_joined" : 2   },
    "number" : 9         },
{
  "_id" : {
    "month_joined" : 3   },
    "number" : 5
}
```

5) 회원들이 가장 선호하는 종목 반환

스포츠 클럽 회원들의 가장 선호하는 종목 5개를 알기 위한 집계 코드는 다음과 같다. 이러한 집계 동작은 계획을 수립이나 운영 전략에 사용할 수 있다.

```
db.sports.aggregate( [
    { $unwind : "$likes" },
    { $group : { _id : "$likes" , number : { $sum : 1 } } },
    { $sort : { number : -1 } },
    { $limit : 5 }
] )
```

파이프라인은 다음 연산을 통하여 sports 컬렉션의 모든 다큐먼트를 전달한다.

❶ $unwind 연산자는 likes 배열의 각 값들을 분리하고, 그 배열의 모든 항목마다 새로운 버전의 원본 다큐먼트를 만든다. 다음 다큐먼트의 배열을 가진 필드에 대해 $unwind 연산자를 사용하면 다음과 같은 2개의 다큐먼트가 생성된다.

```
{ _id : "jane",
  joined : ISODate("2011-03-02"),
  likes : ["golf", "racquetball"]
}

{ _id : "jane",
  joined : ISODate("2011-03-02"),
  likes : "golf"
}
{ _id : "jane",
  joined : ISODate("2011-03-02"),
  likes : "racquetball"
}
```

❷ $group 연산자는 likes 필드를 기준으로 모든 다큐먼트를 그룹화하고, 각 그룹을 카운트한다. 이 정보를 이용하여 $group은 다음 2개의 필드 조건을 갖는 다큐먼트를 생성한다.
  - _id는 likes 값을 갖는다.
  - number는 각 likes 값을 포함하는 다큐먼트를 카운트한 값을 갖기 위해 $sum 연산자를 사용한다.

❸ $sort 연산자는 number 필드에 따라 역순으로 다큐먼트들을 정렬한다.

❹ $limit 연산자는 처음 5개의 결과 다큐먼트만 포함한다. 이 동작의 결과는 다음과 같다.

```
{ "_id" : "golf",
  "number" : 33
},
{ "_id" : "racquetball",
  "number" : 31
},
{ "_id" : "swimming",
  "number" : 24
},
{ "_id" : "handball",
  "number" : 19
},
{ "_id" : "tennis",
  "number" : 18
}
```

(3) 맵-리듀스 활용 사례

이번 활용 사례에서는 orders 컬렉션에서 맵 리듀스 연산을 사용한다.

```
{
    _id: ObjectId("50a8240b927d5d8b5891743c"),
    cust_id: "abc123",
    ord_date: new Date("Oct 04, 2012"),
    status: 'A',
    price: 25,
    items: [ { sku: "mmm", qty: 5, price: 2.5 },
             { sku: "nnn", qty: 5, price: 2.5 } ]
}
```

1) 고객별 합산 금액 반환

cust_id를 그룹화하기 위해 orders 컬렉션에서 맵 리듀스를 실행시키고, 각 cust_id별로 price을 합산한다.

❶ 입력되는 모든 다큐먼트를 처리하는 맵 함수를 정의한다.

- 함수에서 this는 맵 리듀스 연산이 실행되는 다큐먼트를 나타낸다.
- 함수는 각 다큐먼트별로 price를 cust_id에 사상시키고, cust_id와 price 쌍을 출력한다.

```
var mapFunction1 = function() {
                emit(this.cust_id, this.price);
            };
```

❷ 2개 인자 keyCustId와 valuesPrices를 갖는 리듀스 함수를 정의한다.
- valuesPrices는 맵 함수에서 출력되어 keyCustId로 그룹화되는 price 값을 항목으로 갖는 배열이다.
- 함수는 valuesPrices 배열을 배열 항목의 합계로 축소시킨다.

```
var reduceFunction1 = function(keyCustId, valuesPrices) {
                return Array.sum(valuesPrices);
            };
```

❸ mapFunction1 맵 함수와 reduceFunctions1 리듀스 함수를 사용하여 orders 컬렉션에서 모든 다큐먼트에 맵-리듀스를 실행한다.

```
db.orders.mapReduce(
                mapFunction1,
                reduceFunction1,
                { out: "map_reduce_example" }
            )
```

이 연산 동작은 map_reduce_example이라 불리는 컬렉션에 결과 값을 출력한다. 만약 map_reduce_example 컬렉션에 이미 결과가 존재하면, 연산 결과는 기존의 맵-리듀스 값을 대체한다.

2) 물품별 전체 수량과 평균 주문량 계산

이번 활용 사례에서는 orders 컬렉션의 01/01/2012 이후의 ord_date를 갖는 모든 다큐먼트에 맵-리듀스 연산을 실행한다. 연산은 item.sku 필드로 그룹화되고, 주문 개수와 각 sku가 주문한 전체 수량을 계산한다. 연산은 각 sku 값으로 주문한 평균 수량을 계산하면서 종료된다.

❶ 입력되는 각 다큐먼트를 처리하는 맵-함수를 정의한다.
- 함수에서 this는 맵-리듀스 함수가 실행되는 다큐먼트를 가리킨다.
- 각 항목에서 함수는 count "1"과 주문 수량 qty를 포함하는 새로운 객체 value를 갖는 sku에 연결되고, sku와 value 쌍을 출력한다.

```
var mapFunction2 = function() {
                for (var idx = 0; idx < this.items.length; idx++) {
                    var key = this.items[idx].sku;
                    var value = {
                            count: 1,
                            qty: this.items[idx].qty
                        };
                    emit(key, value);
                }           };
```

❷ keySKU와 countObjVals를 인자로 갖는 리듀스 함수를 정의한다.
- countObjVals는 맵 함수를 통해 리듀스 함수로 전달되는 인자들을 갖는 배열이다.
- 이 함수는 countObjVlas 배열을 count와 qty 필드를 갖는 단일 객체 reduceValue로 축소시킨다.
- reduceVals의 count 필드는 각 배열 항목으로부터 count 필드의 합을 포함하고, qty 필드는 각 배열 항목으로부터 qty 필드의 합을 포함한다.

```
var reduceFunction2 = function(keySKU, countObjVals) {
                reducedVal = { count: 0, qty: 0 };
        for (var idx = 0; idx < countObjVals.length; idx++) {
            reducedVal.count += countObjVals[idx].count;
            reducedVal.qty += countObjVals[idx].qty;
                }
            return reducedVal;
                };
```

❸ keySKU와 reduceVal를 인자로 갖는 finalize 함수를 정의한다. 이 함수는 reduceVal에 계산된 avg 필드를 추가하고, 수정된 객체를 반환한다.

```
var finalizeFunction2 = function (key, reducedVal) {
                reducedVal.avg = reducedVal.qty/reducedVal.count;
                return reducedVal;
            };
```

❹ mapFunction2, reduceFunctions2, finalizeFunctions2 함수를 사용하여 orders 컬렉션에서 리듀스 동작을 실행한다.

```
db.orders.mapReduce( mapFunction2,
             reduceFunction2,                    {
               out: { merge: "map_reduce_example" },
               query: { ord_date:
                        { $gt: new Date('01/01/2012') }
                      }, finalize: finalizeFunction2
             }                )
```

이 연산 동작은 new Date(01/01/2012)보다 큰 ord_date를 갖는 다큐먼트만을 선택하기 위해 query 필드를 사용하고, map_reduce_example 컬렉션에 결과를 출력한다. map_reduce_example 컬렉션이 이미 존재할 경우, 연산 동작은 기존의 내용에 맵-리듀스 연산 결과를 추가한다.

(4) 증가형 맵-리듀스 활용 사례

맵-리듀스 연산 동작은 복잡한 집계 작업을 처리할 수 있다. 그러나 맵-리듀스 데이터 셋이 지속적으로 증가한다면, 매번 전체 데이터 셋을 모두 처리하는 맵-리듀스 연산보다 증가형 맵-리듀스 연산을 사용하는 것이 바람직하다. 증가형 맵-리듀스 연산을 실행하는 방법은 다음과 같다.

❶ 현재 컬렉션에 대하여 맵-리듀스 연산을 실행하고, 개별 컬렉션에 결과를 출력한다.
❷ 처리할 데이터가 생겼을 때, 다음과 같은 작업 순서로 맵-리듀스 연산을 실행한다.
  • 새로운 다큐먼트만 일치하도록 query 매개변수를 설정한다.
  • reduece 연산의 새로운 결과를 기존의 출력 컬렉션에 포함하도록 out 매개변수를 설정한다.

매일 마감 시에 실행하는 sessions 컬렉션에 맵-리듀스 연산을 수행하는 활용 사례는 다음과 같다.

1) 데이터 셋

여기서 sessions 컬렉션은 매일 user 계정을 기록하는 다큐먼트를 포함한다.

```
db.sessions.save( { userid: "a", ts: ISODate('2011-11-03 14:17:00'), length: 95 } );
db.sessions.save( { userid: "b", ts: ISODate('2011-11-03 14:23:00'), length: 110 } );
db.sessions.save( { userid: "c", ts: ISODate('2011-11-03 15:02:00'), length: 120 } );
```

```
db.sessions.save( { userid: "d", ts: ISODate('2011-11-03 16:45:00'), length: 45 } );

db.sessions.save( { userid: "a", ts: ISODate('2011-11-04 11:05:00'), length: 105 } );
db.sessions.save( { userid: "b", ts: ISODate('2011-11-04 13:14:00'), length: 120 } );
db.sessions.save( { userid: "c", ts: ISODate('2011-11-04 17:00:00'), length: 130 } );
db.sessions.save( { userid: "d", ts: ISODate('2011-11-04 15:37:00'), length: 65 } );
```

2) 현재 컬렉션의 맵-리듀스 초기화하기

다음과 같이 첫 번째 맵-리듀스 연산 동작을 실행한다.

❶ 필드 userid, total_time, count 및 avg_time을 포함하는 객체에 userid를 사상시키는 map 함수를 정의한다.

```
var mapFunction = function() {
                var key = this.userid;
                var value = {
                            userid: this.userid,
                            total_time: this.length,
                            count: 1,
                            avg_time: 0
                            };
                emit( key, value );
            };
```

❷ 전체 시간과 카운트를 계산하기 위하여 2개의 인자 key와 values를 갖는 리듀스 함수를 정의한다. key는 userid에 대응되고, values는 mapFunction 내부의 userid에 사상되는 각 객체에 해당하는 항목을 갖는 배열이다.

```
var reduceFunction = function(key, values) {

                var reducedObject = {
                            userid: key,
                            total_time: 0,
                            count:0,
                            avg_time:0
                                };
```

```
            values.forEach( function(value) {
                    reducedObject.total_time += value.total_time;
                    reducedObject.count += value.count;
                        }
                    );
        return reducedObject;
            };
```

❸ key와 reduceValue를 인자로 갖는 finalize 함수를 정의한다.

이 함수는 reduceValue 다큐먼트에 average 필드를 추가하고, 수정된 다큐먼트를 반환한다.

```
var finalizeFunction = function (key, reducedValue) {

        if (reducedValue.count > 0)
        reducedValue.avg_time = reducedValue.total_time / reducedValue.count;

        return reducedValue;
                };
```

❹ mapFunction, reduceFunction 및 finalizeFunction을 사용하여 session 컬렉션에서 맵-리듀스를 실행하고, 그 결과는 컬렉션 session_stat로 출력한다.

만약 session_stat 컬렉션이 이미 존재한다면, 연산 동작은 내용을 대체한다.

```
db.sessions.mapReduce( mapFunction,
            reduceFunction,
            {
              out: "session_stat",
              finalize: finalizeFunction
            }
          )
```

3) 연속적으로 증가하는 맵-리듀스

사용자는 sessions 컬렉션이 증가함에 따라 맵-리듀스 연산 동작을 추가적으로 수행할 수 있다. 예를 들어 sessions 컬렉션에 새로운 다큐먼트를 추가한다.

```
db.sessions.save( { userid: "a", ts: ISODate('2011-11-05 14:17:00'), length: 100 } );
db.sessions.save( { userid: "b", ts: ISODate('2011-11-05 14:23:00'), length: 115 } );
db.sessions.save( { userid: "c", ts: ISODate('2011-11-05 15:02:00'), length: 125 } );
db.sessions.save( { userid: "d", ts: ISODate('2011-11-05 16:45:00'), length: 55 } );
```

하루 거래를 마무리하면서 sessions 컬렉션에 증가형 맵-리듀스 함수를 실행하지만, 새로운 다큐먼트만 선택하는 query 필드를 사용하고, 그 결과를 session_stat 컬렉션에 출력하지만 증가형 맵-리듀스 연산으로 실행 결과를 줄일 수 있다.

```
db.sessions.mapReduce( mapFunction,
                reduceFunction,
                {
                  query: { ts: { $gt: ISODate('2011-11-05 00:00:00') } },
                  out: { reduce: "session_stat" },
                  finalize: finalizeFunction
                }
              );
```

Chapter 7 MongoDB 연습 문제

Q1 products 컬렉션의 다큐먼트를 대상으로 category별로 생산되는 제품 개수를 집계하기 위하여 집계 연산 aggregate() 함수 및 $group 연산자를 사용하는 자바스크립트 파일을 작성하시오.

Q2 다음과 같은 orders 컬렉션에 대하여 "$group:{_id: '$c'}" 연산을 실행하면 리턴되는 다큐먼트 개수는 몇 개인가?

```
> db.orders.find()
{ "_id" : ObjectId(".."), "a" : "1", "b" : "1", "c" : "1" }
{ "_id" : ObjectId(".."), "a" : "2", "b" : "2", "c" : "1" }
{ "_id" : ObjectId(".."), "a" : "3", "b" : "3", "c" : "1" }
{ "_id" : ObjectId(".."), "a" : "3", "b" : "3", "c" : "2" }
{ "_id" : ObjectId(".."), "a" : "3", "b" : "5", "c" : "3" }
```

db.orders.aggreagte([{$group: {_id: "c"}]) 연산을 실행하면 리턴되는 다큐먼트 개수는 몇 개인가?

① 1　　　② 2　　　③ 3　　　④ 4　　　⑤ 5

Q3 다음과 같은 orders 컬렉션에 대하여 다음 연산을 실행한다.

```
> db.orders.find()
{ "_id" : ObjectId(".."), "a" : "1", "b" : "1", "c" : "1" }
{ "_id" : ObjectId(".."), "a" : "2", "b" : "2", "c" : "1" }
{ "_id" : ObjectId(".."), "a" : "3", "b" : "3", "c" : "2" }
{ "_id" : ObjectId(".."), "a" : "3", "b" : "5", "c" : "3" }
{ "_id" : ObjectId(".."), "a" : "3", "b" : "3", "c" : "2" }
```

다음 군집 쿼리 연산을 실행하면 리턴되는 다큐먼트의 개수는 몇 개인가?

```
db.orders.aggregate([{$group:
                { _id:
                    {"apple" : "a",
                     "banana" : "b",
                     "pear" : "c",
                    } } } ] )
```

① 1　　　　② 2　　　　③ 3　　　　④ 4　　　　⑤ 5

Q4 다음 예문과 같은 쿼리 결과와 다큐먼트를 갖는 zips 컬렉션이 있다.

```
> db.zips.findOne();
{
    "_id" : "01001",
    "city" : "AGAWAM",
    "loc" : [ -72.622739, 42.070206 ],
    "pop" : 15338,
    "state" : "MA"
} ....
```

zips 컬렉션에서 가장 적은 인구 수를 리턴하는 집계 동작 쿼리를 작성하시오.

Q5 다음 예문과 같은 다큐먼트를 가진 zips 컬렉션에서 state 필드는 오름차순, city 필드는 내림차순으로 정렬하기 위하여 $sort 연산자를 사용하여 집계 쿼리를 작성하시오.

```
{   "city" : "ACMAR",
    "loc" : [ -86.51557, 33.584132      ],
    "pop" : 6055,
    "state" : "AL",
    "_id" : "35004"
}
```

Q6 다음과 같은 다큐먼트를 가진 컬렉션에서 집계를 사용하여 코멘트를 가장 많이 작성한 "author"을 검색하는 쿼리와 가장 적게 작성한 "author"를 검색하는 쿼리를 작성하시오.

```
{   "_id" : ObjectId("56497e9068755b424b408e36"),
    "body" : "empty_post",
    "permalink" : "cxzdzjkztkqraoqlgcru",
```

```
        "author" : "machine",
        "title" : "US Constitution",
        "tags" : [
                "january",
                "mine",
                "modem",
                "literature",
                "saudi arabia",
                "rate",
                "package",
                "respect",
                "bike",
                "cheetah"           ],
        "comments" : [
                {       "body" : "empty_comment",
                        "email" : "eAYtQPfz@kVZCJnev.com",
                        "author" : "Kayce Kenyon"       },
                ...
                {       "body" : "empty_comment",
                        "email" : "gqEMQEYg@iiBqZCez.com",
                        "author" : "Jesusa Rickenbacker" } ] }
```

Q7 zips 컬렉션에서 "state"의 값으로 "CA"와 "NY"를 갖고, "pop"이 25000명이 넘는 "city"들의 "pop"의 평균을 계산하는 쿼리를 작성하시오. 정답을 확인하기 위해 CT와 NJ의, 25000 이상의 "city"들의 "pop" 평균을 계산하면 38177이다.

```
{       "_id" : "90019",
        "city" : "LOS ANGELES",
        "state" : "CA",
        "pop" : 64996,
        "loc" : [
                -118.33426,
                34.048158
        ]     }
{       "_id" : "90031",
        "city" : "LOS ANGELES",
        "state" : "CA",
        "pop" : 39706,
        "loc" : [
                -118.211279,
```

```
                    34.078349
        ] }
```

- 같은 이름의 "city"를 서로 다른 "state"가 가질 수 있다.
- 하나의 "city"는 복수의 우편 번호를 가질 수 있다.

Q8 다음과 같이 몇 개의 "class_id"에 대하여 각 "student_id"에 대한 다큐먼트가 있는 컬렉션에서, "scores.type"의 값이 "Homework"와 "exam"인 "score"의 평균이 가장 높은 "class_id"를 구하시오(이때 평균이 가장 낮은 "class_id"는 20이며 평균은 "37.6"이다).

```
{       "_id" : ObjectId("50b59cd75bed76f46522c392"),
        "student_id" : 10,
        "class_id" : 5,
        "scores" : [
                {       "type" : "exam",
                        "score" : 69.17634380939022
                },
                {       "type" : "quiz",
                        "score" : 61.20182926719762
                },
                {       "type" : "homework",
                        "score" : 73.3293624199466
                },
                ...
                {       "type" : "homework",
                        "score" : 64.42913107330241
                } ] }
```

Q9 "city"가 아라비아 숫자로 시작하는 zips 컬렉션에서 인구 수를 구하시오(이때 특정 필드의 첫 번째 문자열을 추출하기 위해 $project의 $substr을 사용할 수 있다. 다음은 그에 관한 예시 코드이다).

```
db.zips.aggregate([
    {$project:
    { first_char: {$substr : ["$city", 0, 1]},
    }       } ])
```

Chapter 8 인덱스

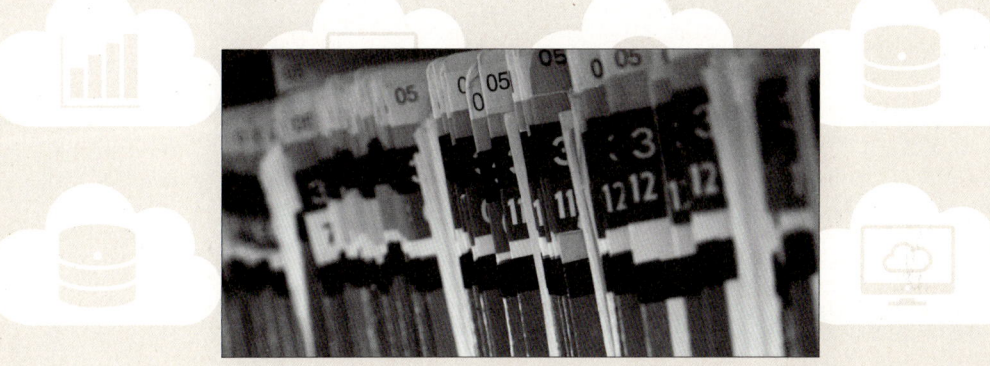

몽고DB에서 인덱스를 활용하려면 다음 사항을 충분히 고려해야 한다.

- 인덱스 적용이 가능한지를 확인하는 '사용하려는 쿼리의 종류'
- 몽고DB 성능에 영향을 미치는 읽기와 쓰기 비율
- 사용자 시스템 메모리의 여유 공간

인덱스 개요

인덱스는 몽고DB 쿼리의 효율적인 실행을 지원한다. 인덱스가 없다면 몽고DB는 컬렉션 전체를 검색해야 한다. 즉, 쿼리에 일치하는 데이터를 선택하기 위해 컬렉션의 모든 다큐먼트를 검색해야 한다. 쿼리에 알맞는 인덱스가 있다면, 대용량 컬렉션을 갖는 몽고DB에서 검색해야 하는 다큐먼트의 수를 줄일 수 있다. 인덱스는 쉽게 형태를 전환하기 위해 컬렉션 데이터 셋을 작은 단위로 저장하는 특별한 데이터 구조(B-tree 데이터 구조)를 갖는다. 인덱스는 필드 값으로 정렬하여 특정 필드의 값이나 필드 집합을 저장한다. 정렬된 인덱스 항목은 효율적이고 정확한 일치와 범위 기반의 쿼리 동작을 지원한다. 또한 몽고DB는 인덱스의 정렬을 사용하여 정렬된 결과를 반환할 수 있으며, 인덱스를 사용하여 다큐먼트 읽기 동작을 쓰기 동작보다 훨씬 빨리 처리할 수 있다.

[그림 8-1]은 인덱스를 사용하여 일치하는 다큐먼트 3개를 선택하고, 내림차순 정렬하는 쿼리를 보여준다.

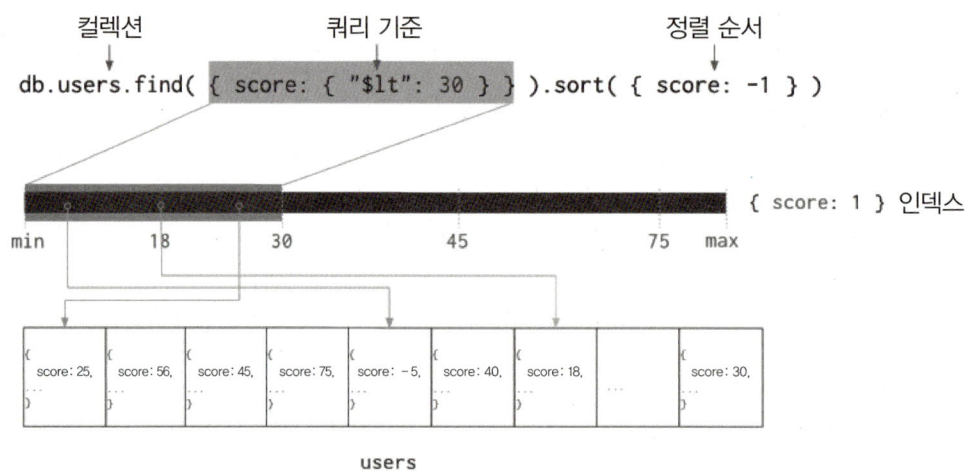

[그림 8-1] 인덱스 {score: -1} 동작 방식

users 컬렉션에는 많은 다큐먼트가 서로 다른 score 값(value)을 갖고 있다. 쿼리 기준인 score가 30 미만이며 내림차순의 분류 순서를 인덱스로 사용하였다.

```
> db.users.find({score:{"$lt":30}}).sort({score:-1})
{ "_id" : ObjectId("."), "student_id" : 149, "type" : "quiz",     "score" : 29.87001405712074 }
{ "_id" : ObjectId("."), "student_id" : 71,  "type" : "homework", "score" : 29.833566475854 }
{ "_id" : ObjectId("."), "student_id" : 110, "type" : "exam",     "score" : 29.7692006675129 }
{ "_id" : ObjectId("."), "student_id" : 49,  "type" : "quiz",     "score" : 29.70777183323973 }
{ "_id" : ObjectId("."), "student_id" : 138, "type" : "homework", "score" : 29.64999868014 }
{ "_id" : ObjectId("."), "student_id" : 190, "type" : "homework", "score" : 29.54305099447 }
{ "_id" : ObjectId("."), "student_id" : 13,  "type" : "quiz",     "score" : 29.34832686614311 }
```

기본적으로 몽고DB의 인덱스는 다른 DB 시스템의 인덱스와 유사하다. 몽고DB는 컬렉션 레벨에서 인덱스를 정의하고 몽고DB 컬렉션의 모든 필드 또는 문서의 서브 필드에서 동작한다.

예제 8-1 몽고DB의 성능을 개선시키는 데 가장 적합한 방법은 무엇인가?

① 메모리의 작업 공간을 크게 한다.

② 물리적인 디스크 접근을 더 빠르게 하기 위해 속도가 빠른 드라이브를 추가시킨다.

③ 사용자 CPU를 속도가 빠른 것으로 교체한다.

④ 대용량 컬렉션을 검색하는 데 알맞은 인덱스를 사용하여 쿼리를 처리하는 속도를 높인다.

답 ④

---

(1) 인덱스 종류

몽고DB는 특정한 종료의 데이터와 쿼리를 지원하기 위해 서로 특성이 다른 인덱스를 사용할 수 있다.

1) 기본 _id

모든 몽고DB 컬렉션은 기본적으로 존재하는 _id 필드에 인덱스를 갖는다. 만약 응용 프로그램이 _id 값을 설정하지 않으면, 드라이버나 mongod가 ObjectId 값으로 _id 필드를 생성한다.

_id 인덱스는 고유하며 클라이언트가 동일한 _id 필드 값으로 2개의 다큐먼트를 삽입하는 것을 방지한다.

2) 단일 필드

몽고DB에 의해 정의된 유일한 _id 인덱스에서 문서의 단일 필드에 사용자가 정의한 오름차순/내림차순 인덱스를 만들어 사용할 수 있다.

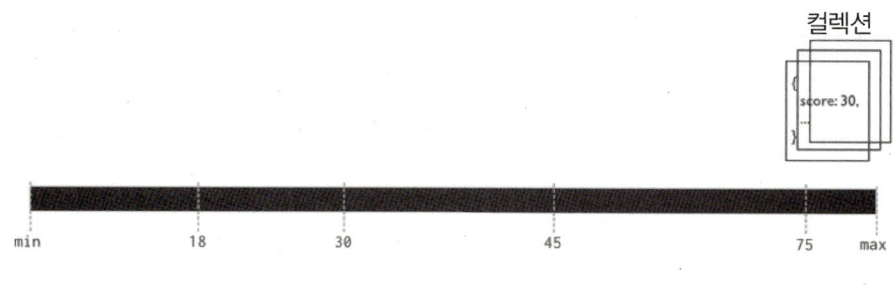

{ score: 1 } 인덱스

[그림 8-2] 단일 필드 인덱스 {score: 1} 동작 방식

단일 필드 인덱스와 정렬 방식에서 몽고DB는 인덱스 키를 사용하여 오름차순 또는 내림차순 방향으로도 정렬할 수 있다.

```
> db.users.find( {score:{"$lt": 30 }}).sort( {score: 1 })
{ "_id" : ObjectId("."), "student_id" : 191, "type" : "exam", "score" : 0.03425228241156208 }
{ "_id" : ObjectId("."), "student_id" : 50, "type" : "homework", "score" : 0.11701023771353 }
{ "_id" : ObjectId("."), "student_id" : 13, "type" : "homework", "score" : 0.48914493376478 }
{ "_id" : ObjectId("."), "student_id" : 74, "type" : "homework", "score" : 0.49493588220491 }
{ "_id" : ObjectId("."), "student_id" : 186, "type" : "exam",  "score" : 0.6651311278067396 }
{ "_id" : ObjectId("."), "student_id" : 125, "type" : "homework", "score" : 0.7763007373681 }
{ "_id" : ObjectId("."), "student_id" : 77, "type" : "homework", "score" : 0.78137465038344 }
```

3) 복합 인덱스

몽고DB는 복수의 필드에 대해 사용자가 정의한 인덱스, 즉 복합 인덱스를 지원한다. 복합 인덱스에서 필드의 순서는 중요하다. 예를 들어 복합 인덱스 { students_id: 1, score: -1 }로 구성되어 있다면 먼저 "students_id"로 정렬되고, 각 "students_id" 값에서 score로 정렬된다.

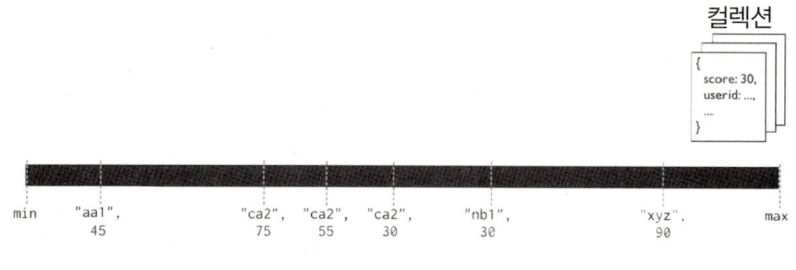

{ userid: 1, score: -1 } 인덱스

[그림 8-3] 복합 인덱스 { student_id: 1, score: -1} 동작 방식

복합 인덱스 정렬 동작에서 인덱스 키의 정렬 방식으로 인덱스 동작 방식을 결정할 수 있다.

```
> db.users.find({score:{"$lt": 30}}).sort({student_id: 1, score: -1})
{ "_id" : ObjectId("."), "student_id" : 0, "type" : "homework", "score" : 14.85045766811645 }
{ "_id" : ObjectId("."), "student_id" : 1, "type" : "homework", "score" : 21.33260810416115 }
{ "_id" : ObjectId("."), "student_id" : 2, "type" : "exam",     "score" : 19.88180838833524 }
{ "_id" : ObjectId("."), "student_id" : 2, "type" : "quiz",     "score" : 1.528220212203968 }
{ "_id" : ObjectId("."), "student_id" : 4, "type" : "homework", "score" : 28.656451042441 }
{ "_id" : ObjectId("."), "student_id" : 4, "type" : "quiz",     "score" : 27.29006335059361 }
{ "_id" : ObjectId("."), "student_id" : 4, "type" : "homework", "score" : 5.244452510818443 }
```

예제 8-2 다음과 같은 결과를 얻기 위한 셸 명령어를 작성하시오.

```
{"_id" : ObjectId("."), "student_id" : 71,  "type" : "homework", "score" : 29.8633355854 }
{"_id" : ObjectId("."), "student_id" : 138, "type" : "homework", "score" : 29.6426068014 }
{"_id" : ObjectId("."), "student_id" : 190, "type" : "homework", "score" : 29.5425399447 }
{"_id" : ObjectId("."), "student_id" : 58,  "type" : "homework", "score" : 29.03925949465 }
{"_id" : ObjectId("."), "student_id" : 16,  "type" : "homework", "score" : 28.83314509642 }
```

답 db.users.find({ type: "homework", score: {"$lt": 30}}).sort({ score: -1})

4) 멀티 키 인덱스

몽고DB는 배열로 저장된 데이터에 대하여 멀티 키 인덱스를 사용할 수 있다. 배열 값을 유지하는 필드에 대하여 찾는 경우, 몽고DB는 모든 배열 요소에 대해 별도의 인덱스 항목을 만든다.

[그림 8-4] 멀티 키 인덱스 { addr.zip : 1} 동작 방식

멀티 키 인덱스는 배열 항목으로 일치시키면서 배열을 포함하는 다큐먼트를 선택하는 쿼리를 허용한다. 배열 값을 포함하는 필드를 찾으면 몽고DB는 자동으로 멀티 키 인덱스 생성 여부를 결정한다. 명시적으로 멀티 키 타입을 설정할 필요가 없다.

5) 공간 정보 인덱스

몽고DB는 가까운 영화관을 찾을 때 위도와 경도를 공간 정보로 활용할 수 있도록 효율적으로 좌표 공간 데이터 쿼리를 지원하기 위해 두 가지의 특별한 인덱스, 평면 기하학을 사용하여 결과를 반환하는 2d 인덱스와 구면 기하학을 사용하여 결과를 반환하는 2sphere 인덱스를 제공한다.

6) 텍스트 인덱스

몽고DB는 텍스트 인덱스를 활용하여 컬렉션의 문자열 데이터 검색이 가능하다. 텍스트 인덱스는 오직 "root" 단어들을 저장하지만 "the", "a", "or" 또는 "stop"과 같은 단어들은 저장하지 않는다.

7) 해시 인덱스

몽고DB는 해시 기반 샤딩을 지원하기 위해 필드 값이 해시인 인덱스 타입을 제공한다. 이러한 인덱스는 범위에 따라 랜덤하게 분포된 값을 갖지만 정확히 일치하는 것을 찾는(eguality matches) 쿼리만 지원하면, 범위 기반 쿼리를 지원할 수 없다.

(2) 인덱스 특성

몽고DB는 자동적으로 _id 필드 상에 유일한 인덱스를 생성한다. 또한 각 인덱스는 8KB의 데이터 공간을 필요로 하며 인덱스 생성 시에 write 및 update 연산 성능이 저하된다. 인덱스는 `system.indexes` 컬렉션에 저장되므로 `db.system.indexes.find()` 메소드로 색인된 키를 확인할 수 있다.

1) 고유 인덱스

인덱스의 고유 속성은 몽고DB가 인덱스 필드 값이 중복되는 것을 거부하게 한다. 고유성을 강제하는 것만 제외하면 고유 인덱스는 몽고DB의 다른 인덱스와 기능적으로 상호 교환이 가능하다.

2) 희소 인덱스

인덱스의 희소 특성은 인덱스가 인덱스 필드를 가진 문서에 대한 항목만을 포함하도록 한다. 이 인덱스는 인덱스 필드를 갖지 않은 다큐먼트는 건너뛴다. 필드에 중복 값을 가진 다큐먼트를 거부하는 고유 인덱스 옵션과 함께 희소 인덱스 옵션을 혼합할 수 있지만, 인덱스 키를 갖고 있지 않은 다큐먼트는 무시한다.

3) TTL 인덱스

TTL 인덱스는 몽고DB가 일정한 시간이 지나면 자동으로 컬렉션으로부터 다큐먼트를 제거할 수 있게 하는 특별한 인덱스이다. 이는 머신이 생성한 이벤트 데이터, 로그, 세션 정보와 같이 단지 일정 기간 동안만 DB에 지속될 필요가 있는 정보의 특정 유형에 적합하다.

예제 8-3 몽고DB의 인덱스 특성 가운데 적합하지 않은 것은 무엇인가?

① 자동적으로 _id 필드 상에 유일한 인덱스를 생성한다.
② 각 인덱스는 16KB의 데이터 공간이 필요하다.
③ 인덱스 생성 시에 write 및 update 연산 성능이 저하된다.
④ 인덱스 정보는 system.indexes 컬렉션에 저장된다.

답 ②

---

(3) 커버드 쿼리

몽고DB는 쿼리 기준(criteria)과 쿼리 지정(projection)이 인덱스 필드만을 포함하는 경우, 어떤 다큐먼트를 검색하거나 메모리에 다큐먼트를 보내지 않고 직접 결과를 반환한다. 이렇게 필드 내부에서 특정 조건을 만족시키는 인덱스를 포함하고 있는 것을 '커버드 쿼리'라 부르고, 내부 인덱스가 포함된 커버드 쿼리는 매우 효율적으로 다큐먼트를 검색할 수 있다.

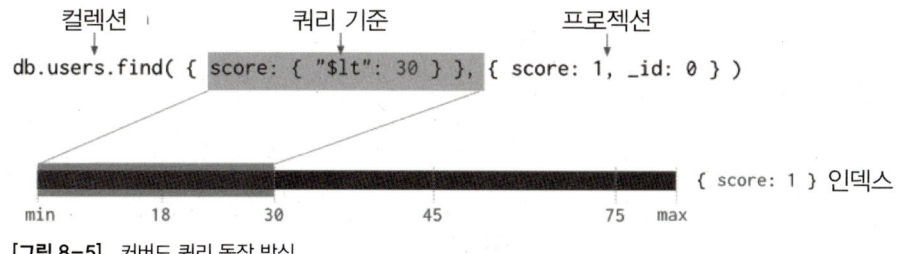

[그림 8-5] 커버드 쿼리 동작 방식

인덱스 유형

몽고DB는 다양한 유형의 인덱스를 제공한다. 다큐먼트 또는 내장된 다큐먼트의 어떤 필드나 내장된 필드에 인덱스를 생성할 수 있으며, 사용자의 보편적이고 사용하기 편리한 쿼리를 지원하는 인덱스를 만들어야 한다. 이러한 인덱스를 만들어서 몽고DB가 가장 적은 수의 다큐먼트를 검색할 수 있도록 한다. 몽고 셸에서 createIndex() 메소드로 인덱스를 생성할 수 있다.

(1) 단일 필드 인덱스

몽고DB는 컬렉션의 다큐먼트에 대하여 모든 필드에 인덱스 기능을 완벽하게 지원한다. 기본적으로 모든 컬렉션은 _id 필드에 인덱스를 갖고, 응용 프로그램과 사용자는 중요한 쿼리와 동작을 지원하기 위해 추가적인 인덱스를 추가할 수 있다. 몽고DB는 인덱스가 지원하는 동작에 따라 단일 필드 또는 복수의 필드를 포함하는 인덱스를 지원한다.

다음과 같이 "friends" 컬렉션에 다음과 같은 다큐먼트를 만든다.

```
{ "_id" : ObjectId(...),
  "name" : "Alice",
  "age" : 27
}
```

다음 명령은 "name" 필드에 인덱스를 생성한다.

```
db.friends.createIndex( { "name" : 1 } )
```

인덱스를 생성한 후 db.system.indexes.find() 메소드를 사용하여 확인할 수 있다.

```
> db.system.indexes.find()
{ "v" : 1, "key" : { "_id" : 1 }, "name" : "_id_", "ns" : "users.friends" }
{ "v" : 1, "key" : { "name" : 1 }, "name" : "name_1", "ns" : "users.friends" }
```

예제 8-4 friends 컬렉션에서 인덱스 키를 name과 age로 갖는 몽고 셸 명령을 작성하시오.

답 db.friends.createIndex({"name": 1, "age": 1});

1) _id 필드 인덱스

몽고DB는 모든 컬렉션이 생성되었을 때, _id 필드에 오름차순의 고유 인덱스인 _id 인덱스를 만든다. _id 필드에 대한 인덱스를 제거할 수 없다. 컬렉션의 _id 필드를 프라이머리 키로 생각해야 한다. 따라서 모든 다큐먼트는 반드시 고유한 _id 필드를 갖고 있어야 한다. 또한 _id 필드에 어떤 고유한 값도 저장할 수 있다. _id 필드의 기본 값은 클라이언트가 다큐먼트를 삽입할 때 생성된 ObjectId이다. ObjectId는 _id 필드의 값으로 사용하기에 적합한 12byte의 고유 식별자다.

2) 임베디드 필드 인덱스

다큐먼트의 최상위 필드에서부터 인덱스할 수 있는 것처럼, 내장된 다큐먼트에 대해 인덱스를 만들 수 있다. 필드를 내장한 인덱스는 내장된 다큐먼트 상의 인덱스와 구분해야 하며, 내장된 필드 인덱스는 내장된 다큐먼트를 관리하기 위해 점 표기법을 사용할 수 있다.

"people" 컬렉션이 다음과 같이 내장된 다큐먼트를 포함하는 경우,

```
{"_id": ObjectId(...),
 "name": "John Doe",
 "address": {
        "street": "Main",
        "zipcode": "53511",
        "state": "WI"
        }
}
```

다음과 같이 "address.zipcode"필드에 대하여 인덱스를 만들 수 있다.

```
db.people.createIndex( { "address.zipcode": 1 } )
```

3) 임베디드 다큐먼트 인덱스

내장된 다큐먼트에도 인덱스를 만들 수 있다. 예를 들어, 다음 같은 "metro" 필드를 가진 다큐먼트를 포함하는 "factories" 컬렉션의 경우,

```
{
  _id: ObjectId(...),
  metro: {
        city: "New York",
        state: "NY"
        },
  name: "Giant Factory"
}
```

"metro" 필드는 "city"와 "state"를 포함한 내장된 다큐먼트이다. 다음 명령은 "metro" 필드 전체에서 인덱스를 만든다.

```
db.factories.createIndex( { metro: 1 } )
```

"metro" 필드에 인덱스를 사용하여 다음 쿼리를 할 수 있다.

```
db.factories.find( { metro: { city: "New York", state: "NY" } } )
```

이 쿼리는 위의 다큐먼트를 반환한다. 내장된 다큐먼트에서 정확한 매치를 실행할 때 필드 순서는 중요하고 내장된 다큐먼트와 정확히 일치해야 한다. 예를 들어 다음 쿼리는 위의 다큐먼트와 정확하게 일치하지 않는다.

```
db.factories.find( { metro: { state: "NY", city: "New York" } } )
```

(2) 복합 인덱스

몽고DB는 컬렉션의 다큐먼트 내에서 복수의 필드에 대해 참조하고 있는 단일 인덱스 구조와 동일하게 복합 인덱스를 지원한다. 몽고DB는 복합 인덱스에 대해 31개의 항목으로 제한한다.

복합 인덱스는 다수의 필드에 일치하는 쿼리를 지원한다.

예제 8-5 다음과 같은 다큐먼트를 가진 "products" 컬렉션에서 응용 프로그램이 "item" 필드와 "stock" 필드를 쿼리할 수 있는 단일 복합 인덱스를 작성하시오.

```
{
 "_id": ObjectId(...),
 "item": "Banana", "category": ["food", "produce", "grocery"],
 "location": "4th Street Store",
 "stock": 4,
 "type": "cases",
 "arrival": Date(...)
}
```

답

```
db.products.createIndex( { "item": 1, "stock": 1 } )
```

복합 인덱스에서 필드의 순서는 매우 중요하다. 앞 페이지의 [예제 8-5]에서 인덱스는 먼저 "item" 필드로 정렬하고, 각 "item" 필드에 대해 "stock" 필드로 정렬된 다큐먼트를 참조를 포함할 것이다. 추가로 모든 인덱스 필드에 매치하는 쿼리를 지원하기 위해 복합 인덱스는 인덱스 필드의 접두어를 일치시키는 쿼리를 지원할 수 있다.

1) 정렬 순서

인덱스는 오름차순(1) 또는 내림차순(-1)으로 필드에 대한 참조를 저장한다. 몽고DB는 단일 인덱스의 경우, 양방향으로 이동할 수 있기 때문에 키의 정렬 순서는 문제가 되지 않는다. 그러나 복합 인덱스에서 정렬 순서는 인덱스가 정렬 동작을 지원할 수 있는지의 여부를 결정하는 데 중요하다.

username과 date 다큐먼트를 포함하는 events 컬렉션의 경우, 애플리케이션은 "username" 값으로 오름차순으로 먼저 정렬한 후 "date" 값으로 내림차순으로 결과를 반환하는 쿼리를 실행할 수 있다.

```
db.events.find().sort( { username: 1, date: -1 } )
```

또는 "username" 값을 내림차순으로 정렬하고 "date" 값을 오름차순으로 결과를 정렬하여 반환하는 쿼리를 실행할 수 있다.

```
db.events.find().sort( { username: -1, date: 1 } )
```

다음 인덱스는 두 가지 정렬 동작을 지원한다.

```
db.events.createIndex( { "username" : 1, "date" : -1 } )
```

2) 인덱스 프리픽스

인덱스 프리픽스는 인덱스 필드의 시작 부분 하위 집합(subset)이다. 예를 들어 다음 복합 인덱스의 경우,

```
{ "item": 1, "location": 1, "stock": 1 }
```

여기서는 다음 인덱스 프리픽스를 갖는다.
- { item: 1 }
- { item: 1, location: 1 }

복합 인덱스에서 몽고DB는 인덱스를 인덱스 프리픽스에 대한 쿼리를 지원하기 위해 사용할 수 있다. 따라서 몽고DB는 다음 필드에 대한 쿼리를 위해 인덱스를 사용할 수 있다.
- item 필드
- item 필드와(and) location 필드
- item 필드와(and) location 필드와(and) stock 필드

"item" 필드는 프리픽스에 해당하므로 몽고DB는 또한 "item"과 "stock" 필드에 대한 쿼리를 지원하기 위해 인덱스를 사용할 수 있다. 하지만 이 인덱스는 "item"과 "stock"에 대한 인덱스에 쿼리하는 것만큼 효율적이지 않다. 그러나 몽고DB는 인덱스 프리픽스에 해당하는 목록이 없는, 즉 "item" 필드를 포함하지 않는 다음 필드들을 포함하는 쿼리들을 지원하기 위해 인덱스를 사용할 수 없다.
- location 필드,
- stock 필드 또는(or)
- location과(and) stock 필드

2개의 인덱스 모두 희소성이나 무결한 제약 조건이 없는 복합 인덱스와 인덱스 프리픽스(즉 { a : 1, b : 1 }과 { a : 1 }을 모두 가진 컬렉션 있다면, 인덱스 프리픽스와 같은 인덱스를 제거할 수 있다(즉 { a : 1 }).를 사용했을 경우, 어떤 상황에서도 복합 인덱스를 사용할 수 있다.

3) 인덱스 교차

2.6 버전 이후부터 몽고DB는 쿼리를 실행하기 위해 인덱스 교차를 사용할 수 있다. 쿼리를 지원하는 복합 인덱스를 만들거나 인덱스 교차에 의존하는 것 중에서 시스템의 특성에 따라 선택한다.

(3) 멀티 키 인덱스

몽고DB는 배열을 가진 필드를 인덱스하기 위해 배열의 각 항목에 대한 인덱스 키를 생성할 수 있다. 이 멀티 키 인덱스는 배열 필드에 대한 쿼리를 효율적으로 지원한다. 멀티 키 인덱스는 스칼라 값(예 문자열, 숫자) 및 내장된 다큐먼트의 배열에 적용할 수 있다.

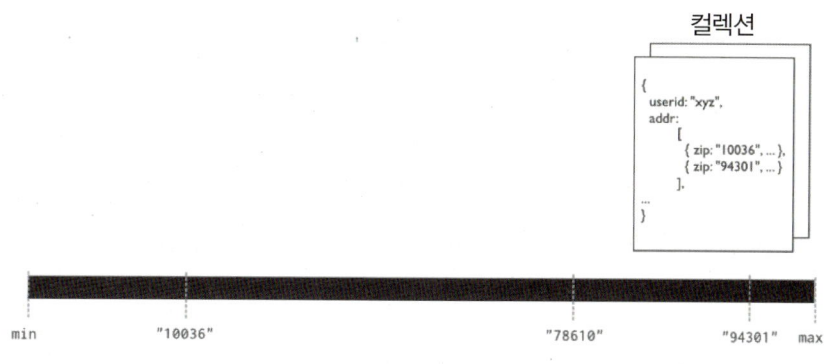

[그림 8-6] 멀티 키 인덱스 동작 방식

1) 멀티 키 인덱스 생성

멀티 키 인덱스를 생성하기 위해 db.collection.createIndex() 메소드를 사용한다.

```
db.collection.createIndex( { <field>: < 1 or -1 > } )
```

몽고DB는 인덱스 필드가 배열인 경우, 멀티 키 인덱스를 자동으로 생성하기 때문에 멀티 키 유형을 명시적으로 설정할 필요가 없다.

2) 인덱스 범위

멀티 키 인덱스를 사용하는 경우, 인덱스 범위 계산은 특별한 규칙을 따른다.

3) 제한

❶ 복합 멀티 키 인덱스

복합 멀티 키 인덱스인 경우, 각 인덱스된 다큐먼트는 값이 배열인 인덱스 필드를 최대 1개까지 가질 수 있다. 예를 들어 다큐먼트 필드 값이 배열인 인덱스가 1개 이상일 때 복합 다중 키 인덱스를 생성할 수 없다. 또는 복합 다중 키 인덱스가 이미 존재하는 경우, 이 제한을 위반하는 다큐먼트를 삽입할 수 없다. 예를 들면 다음 다큐먼트를 포함한 컬렉션의 경우,

```
{ _id: 1, a: [ 1, 2 ], b: [ 1, 2 ], category: "AB - both arrays" }
```

a와 b 필드가 배열이므로 컬렉션에 복합 다중 키 인덱스 { a: 1, b: 1 }을 만들 수 없다.

그러나 다음 다큐먼트를 포함하는 컬렉션의 경우에는

```
{ _id: 1, a: [1, 2], b: 1, category: "A array" }
{ _id: 2, a: 1, b: [1, 2], category: "B array" }
```

복합 다중 키 인덱스 { a: 1, b: 1 }은 각 다큐먼트에서 오직 하나의 배열 필드만 복합 다중 키 인덱스로 인덱스되었기 때문에 가능하다. 즉, 다큐먼트는 a와 b 필드에 대해 배열 값을 포함하지 않는다. 복합 다중 키 인덱스를 생성한 이후에, a와 b 필드 모두 배열인 다큐먼트를 삽입하려고 하면 몽고DB의 삽입 동작은 실패한다.

예제 8-6 다음과 같이 events 컬렉션에 인덱스를 생성하는 경우, 바르게 추가할 수 없는 다큐먼트는 어떤 것인가?

```
db.events.createIndex( { a: 1, b: 1 } )
```

① db.events.createIndex({ a: ["news", "sports"], b: "ballon" })
② db.events.createIndex({ a: "news", b: "ballon" })
③ db.events.createIndex({ a: [1, 2, 3], b: [5, 6, 7] })
④ db.events.createIndex({ a: "sports", b: [8, 9, 10] })

답 ③

❷ 샤드 키 인덱스

샤드 키 인덱스로 멀티 키 인덱스를 설정할 수 없다. 하지만 2.6 버전 이후, 샤드 키 인덱스가 복합 인덱스의 프리픽스이고, 다른 키 하나(즉, 샤드 키의 일부가 아닌 키)가 배열로 인덱스 된 경우, 복합 인덱스는 복합 다중 키 인덱스가 되는 것이 허용된다. 복합 다중 키 인덱스는 성능에 영향을 미칠 수 있다.

❸ 해시 인덱스

해시 인덱스는 멀티 키가 될 수 없다.

❹ 커버드 쿼리

멀티 키 인덱스는 커버드 쿼리를 지원할 수 없다.

4) 활용 사례

❶ 기본 배열 인덱스

다음 다큐먼트를 가진 "survey" 컬렉션의 경우

```
{ _id: 1, item: "ABC", ratings: [ 2, 5, 9 ] }
```

"rating" 필드에 인덱스를 생성하자.

```
db.survey.createIndex( { ratings: 1 } )
```

"ratings" 필드는 배열을 포함하기 때문에 "ratings"의 인덱스는 멀티 키이다. 이러한 멀티 키 인덱스는 다음과 같다.

- 2
- 5
- 9

각각 동일한 다큐먼트를 가르키는 다음 3개의 인덱스 키를 포함한다.

❷ 내장된 다큐먼트와 인덱스 배열

내장된 객체를 포함한 배열 필드에 멀티 키 인덱스를 생성할 수 있다. 다음 구조의 다큐먼트를 가진 "inventory" 컬렉션의 경우,

```
{ _id: 1,
  item: "shirts",
  stock: [
    { size: "S", color: "red", quantity: 25 },
    { size: "S", color: "blue", quantity: 10 },
    { size: "M", color: "blue", quantity: 50 }
  ] }
{ _id: 2,
  item: "hats",
  stock: [
    { size: "S", color: "blue", quantity: 20 },
    { size: "M", color: "blue", quantity: 5 },
    { size: "M", color: "black", quantity: 10 },
    { size: "L", color: "red", quantity: 2 }
```

```
  ] }
{ _id: 3,
  item: "gloves",
  stock: [
    { size: "M", color: "blue", quantity: 15 },
    { size: "L", color: "blue", quantity: 100 },
    { size: "L", color: "red", quantity: 25 }
  ] } ...
```

다음 동작은 "stock.size"와 "stock.quantity" 필드에 대하여 멀티 키 인덱스를 만든다.

```
db.inventory.createIndex( { "stock.size": 1, "stock.quantity": 1 } )
```

복합 멀티 키 인덱스는 2개의 색인된 필드뿐만 아니라 다음과 같이 "stocksize" 인덱스만으로도 동작하는 쿼리를 지원할 수 있다.

```
db.inventory.find( { "stock.size": "M" } )
db.inventory.find( { "stock.size": "S", "stock.quantity": { $gt: 20 } } )
```

복합 멀티 키는 다음과 같은 정렬 동작을 지원할 수 있다.

```
db.inventory.find( ).sort( { "stock.size": 1, "stock.quantity": 1 } )
db.inventory.find( { "stock.size": "M" } ).sort( { "stock.quantity": 1 } )
```

예제 8-7 다음과 같은 다큐먼트를 가진 "inventory" 컬렉션에서 company를 내림차순으로 쿼리할 수 있는 인덱스를 작성하시오.

```
{
  "_id": ObjectId(...),
  "name": "Mobile Devices",
  "stuff" : [
    { "company" : "SAMSUNG",
      "position" : "SEOUL, GangNam"
    },
```

```
    { "company" : "NOKIA",
      "position" : "FINLAND, Helsinki"
    },
    { "company" : "Apple",
      "position" : "USA, California"
    } ] }
```

답
```
db.inventory.createIndex( { "stuff.company": -1 } );
```

(4) 공간 정보 인덱스와 쿼리

몽고DB는 공간 정보를 다루기 위해 많은 인덱스와 쿼리 메커니즘을 제공한다.

1) 표면(Surfaces)

위치 데이터를 저장하고 쿼리를 기록하기 전에 계산을 실행하는 데 사용할 좌표의 유형을 결정해야 한다. 선택한 유형은 데이터를 저장하는 방법과 구축하는 인덱스의 종류 및 쿼리의 문법(syntax)에 영향을 미친다. 몽고DB는 2차원의 좌표 유형을 제공한다.

❶ 구(球)형

지구와 같은 구형체에서 기하학을 계산하기 위해 구면에 위치 데이터를 저장하고, "2dsphere" 인덱스를 사용한다. GeoJSON 객체로 경도, 위도 좌표축 순서로 위치 데이터를 저장한다. GeoJSON을 위한 좌표 참조 시스템은 "WGS84 datum"을 사용한다.

❷ 평면

유클리드 평면에서 거리를 계산하기 위해 기존 좌표 쌍으로 위치 데이터를 저장하고, 2d 인덱스를 사용한다.

2) 위치 데이터

구면 계산 방식을 인덱스로 선택했다면, 두 가지 방법 중 하나로 위치 데이터를 저장한다.

❶ GeoJSON 객체

GeoJSON 객체에 대한 쿼리는 항상 구체에서 계산한다. GeoJSON의 기본 좌표 참조 시스템은 'WGS84 datum'이다. 2.4 버전 이후의 새로운 기능은 GeoJSON의 저장 및 쿼리를 지원하는 것이다. 모든 공간 정보는 2.4 버전 이전에 좌표 쌍을 사용했다. 2.6 버전 이후부터는 추가로 GeoJSON 유형 MultiPoint, MultiLineString, MultiPolygon, GeometryCollection을 지원한다. 몽고DB는 다음 GeoJSON 객체를 지원한다.

- Point
- LineString
- Polygon
- MultiPoint
- MultiLineString
- MultiPolygon
- GeometryCollection

❷ 기존 좌표 쌍

몽고DB는 GeoJSON point 유형으로 변환된 2dsphere 인덱스를 사용하는 기존 좌표 쌍으로 구면 계산을 지원한다. 2d 인덱스를 통하여 평면 계산을 선택한다면 기존 좌표 쌍만으로 데이터를 저장할 수 있다.

3) 쿼리 동작

몽고DB의 공간적 쿼리 동작은 다음 쿼리를 허용한다.

❶ 포함(Inclusion)

몽고DB는 지정된 다각형 내에 완전히 포함된 위치에 대해 쿼리할 수 있다. 포함 쿼리는 `$geoWithin` 연산자를 사용한다. 2d와 2dsphere 인덱스 모두 포함 쿼리를 지원할 수 있다. 몽고DB는 포함 쿼리를 위한 인덱스를 필요로 하지 않는다. 하지만 이러한 인덱스는 쿼리의 성능을 개선한다.

❷ 교차(Intersection)

몽고DB는 지정된 기하학적 위치를 쿼리할 수 있다. 이 쿼리는 구면 데이터에만 적용되고, `$geoIntersects` 연산자를 사용한다. 오직 2dsphere 인덱스만 교차를 지원한다.

❸ 근접(Proximity)

몽고DB는 다른 위치에 가까운 포인트를 쿼리할 수 있다. 근접 쿼리는 `$near` 연산자를 사용한다. `$near` 연산자는 2d 또는 2dsphere 인덱스를 필요로 한다.

4) 공간 정보 인덱스

몽고DB는 공간적 쿼리를 지원하기 위해 다음 공간 정보 인덱스 유형을 제공한다.

- 2dsphere 인덱스는 다음을 지원한다.
  - 구에서의 계산
  - GeoJSON 객체와 기존 좌표 쌍을 위한 이전 버전과의 호환성을 포함한다.
  - 2dsphere 인덱스 필드의 접두어처럼 스칼라 인덱스 필드로써의 복합 인덱스
- 2d 인덱스는 다음을 지원한다.
  - 평면에서의 계산
  - 기존 좌표 쌍(평면 좌표 시스템에서 공간적 포인트)
  - 복합 인덱스들은 2d 인덱스 필드의 접미어로 한 필드만 추가할 수 있다.

❶ 2d 인덱스 활용 사례

```
> db.map.ensureIndex({"gps": "2d"})
{
    "createdCollectionAutomatically" : true,
    "numIndexesBefore" : 1,
    "numIndexesAfter" : 2,
    "ok" : 1
}
```

2d 인덱스의 유효 키를 활용한 사례는 다음과 같다.

```
 · db.map.insert({"gps" : [ 0, 100 ] })
 · db.map.insert({"gps" : { "x":30, "y":-30 } })
 · db.map.insert({"gps" : { "lat":-180, "long":180 } })

> db.map.find()
{ "_id" : ObjectId("..."), "gps" : [ 0, 100 ] }
{ "_id" : ObjectId("..."), "gps" : { "x" : 30, "y" : -30 } }
{ "_id" : ObjectId("..."), "gps" : { "lat" : -180, "long" : 180 } }
```

❷ 범위 지정 활용

```
db.map.ensuredIndex({"gps2": "2d"}, {"min": -1000, "max": 1000})

 · db.map.insert({"gps2": [-1001, 0]}) // 범위를 벗어나면 다음과 같이 에러가 발생한다.

WriteResult({
    "nInserted" : 0,
    "writeError" : {
```

```
                "code" : 13027,
                "errmsg" : "point not in interval of [ -1000, 1000 ] :: caused by :: { _
    id: ObjectId('.'), gps2: [ -1001.0, 0.0 ] }"
            } })
```

❸ 복합 공간에 대한 정보 색인 활용

```
db.map.ensuredIndex({"gps3":"2d"}, {"min":-1000, "max":1000}, {"dest":1})
    · db.map.insert({"gps3":[50, 70], "dest":"cafe"})
    · db.map.insert({"gps3":[60, 70], "dest":"cafe"})
    · db.map.insert({"gps3":{"$near":[56, 70]}, "dest":"cafe"})
```

예제 8-8 복합 공간에 대한 정보 색인 활용에서 56, 70 범위 근처에 있는 카페를 찾기 위한 다음 명령을 실행한 결과는 무엇인가?

```
db.map.find({"gps3":{"$near":[56, 70]}, "dest":"cafe"})
```

답
```
{ "_id" : ObjectId("..."), "gps3" : [ 60, 70 ], "dest" : "cafe" }
{ "_id" : ObjectId("..."), "gps3" : [ 50, 70 ], "dest" : "cafe" }
```

5) 공간 정보 인덱스와 샤딩

공간 정보 인덱스는 샤드 키 인덱스로 사용할 수 없다. 샤드 키 필드가 아닌 필드를 사용하는 경우, 샤드 컬렉션에 공간 정보 인덱스를 생성하고, 유지할 수 있다. 샤드된 컬렉션의 경우, $near와 $nearSphere를 사용한 쿼리는 지원되지 않는다. 그 대신 geoNear 명령어나 $geoNear 집계 단계 중 하나를 사용할 수 있다. 공간 정보 데이터를 $geoWithin을 사용하여 쿼리할 수도 있다.

6) 추가 리소스

- 2dsphere 인덱스는 지구와 같은 구면의 공간 정보를 계산하는 쿼리를 지원한다. 이 인덱스는 GeoJSON 객체와 기존 좌표 쌍의 데이터 저장을 지원한다.

- 2d 인덱스는 기존 좌표 쌍의 데이터 저장을 지원하고, 2.2 버전과 그 이전의 몽고DB에서 사용하기 위한 것이다.

- geoHaystack 인덱스는 좁은 지역에 관한 결과를 반환하는 데 최적화된 특별한 인덱스이다. 2dsphere 인덱스는 구면 기하학을 사용하는 쿼리에서 haystack 인덱스보다 좋은 선택이다.

(5) 텍스트 인덱스

몽고DB는 컬렉션의 문서에서 문자열 콘텐츠의 텍스트 검색을 지원하기 위해 텍스트 인덱스를 제공한다. 텍스트 인덱스는 값이 문자열이거나 문자열 배열 요소인 모든 필드를 포함할 수 있다. 텍스트 인덱스에 쿼리를 실행하기 위해 $text 쿼리 연산자를 사용한다. 몽고DB는 2.6 버전에서부터 기본적으로 텍스트 검색 기능을 사용할 수 있다. 몽고DB 2.4에서는 텍스트 인덱스를 만들고, 수동으로 텍스트 검색 기능을 사용하며, 텍스트 검색을 수행하였다.

1) 텍스트 인덱스 생성하기

문자열이나 문자열 배열 요소를 가진 필드를 인덱스하기 위해서는 다음 코드와 같이 해당 필드를 포함하고, 인덱스 다큐먼트에 "text" 문자열을 설정해야 한다.

```
db.reviews.createIndex( { comments: "text" } )
```

이때 컬렉션은 최대 하나의 텍스트 인덱스를 가질 수 있다.

2) 와일드카드 텍스트 인덱스

문자열 데이터로 모든 필드에 있는 텍스트를 검색하기 위해 컬렉션의 문자열 콘텐츠를 포함한 모든 필드에서 와일드카드 지정자($**)를 사용한다. 이와 같은 인덱스는 임시 쿼리나 텍스트 인덱스를 포함하는 필드가 명확하지 않은, 구조화되지 않은 데이터에서 유용하게 사용할 수 있다. 와일드카드 텍스트 인덱스에서는 컬렉션의 각 다큐먼트 문자열 데이터를 포함하는 모든 필드를 인덱스한다. 다음 코드는 와일드카드 지정자를 사용하여 텍스트 인덱스를 생성한다.

```
db.reviews.createIndex( { "$**": "text" } )
```

와일드카드 텍스트 인덱스는 복수 필드에서의 텍스트 인덱스이다. 따라서 결과의 순위를 조정하기 위해 인덱스를 생성할 때 특정 필드에 가중치를 할당할 수 있다. 와일드카드 텍스트 인덱스는 모든 텍스트 인덱스와 같이 복합 인덱스의 일부일 수 있다. 예를 들어 다음과 같이 복합 인덱스와 와일드카드 지정자도 생성한다.

```
db.reviews.createIndex( { a: 1, "$**": "text" } )
```

모든 복합 텍스트 인덱스와 같이 "a"는 텍스트 인덱스 키보다 우선순위에 있기 때문에 이 인덱스로 $text 검색을 실행하기 위해, 이 쿼리 조건은 동등 매치 조건 "a"를 포함해야 한다.

reviews 컬렉션의 다큐먼트 가운데 "pros"라는 문자열을 찾으려고 한다면 다음 코드를 실행한다.

```
db.reviews.find( {$text: {$search: "pros" } } )
```

예제 8-9 다음과 같이 movies 컬렉션에서 text 인덱스를 생성하고 text를 검색하였을 때, 결과를 리턴해 주는 다큐먼트는 어떤 것인가?

```
db.movies.find( { $text : { $search : "Star" } } )
```

① { "title" : "Notre dame de Paris"], star: "Anthony Quinn" })

② { "title" : "Forest Gump"], star: "Tom Hanks" })

③ { "title" : "Star Wars"], star: "Ewan McGregor" })

④ { "title" : "Deer Hunter"], star: "Meryl Streep" })

답 ③

(6) 해시 인덱스

해시 인덱스는 인덱스 필드 값이 해시인 항목을 관리한다. 해시 함수는 내장된 문서를 모으고, 전체 값에 대한 해시를 계산하지만, 멀티 키 인덱스를 지원하지 않는다. 해시 인덱스는 해시 샤드 키를 사용하는 컬렉션 샤딩을 지원한다. 컬렉션을 샤드하기 위해 해시 샤드 키를 사용하는 것은 데이터를 훨씬 균일하게 분포되도록 한다. 몽고DB는 정확한 쿼리를 지원하기 위해 해시 인덱스를 사용할 수 있지만, 커버드 쿼리는 지원하지 않는다. 해시 인덱스 필드를 포함하거나 해시 인덱스에 고유 제한 조건을 설정한 복합 인덱스를 만들 수 없다. 그러나 같은 필드는 해시 인덱스와 내림차순/오름차순 인덱스를 모두 생성할 수 있다. 몽고DB는 범위 쿼리에 스칼라 인덱스를 사용한다.

다음 동작은 "active" 컬렉션의 "a" 필드에 해시 인덱스를 생성한다.

```
db.active.createIndex( { a: "hashed" } )
```

인덱스 특성(Properties)

몽고DB를 지원하는 다수의 인덱스 타입 이외에도 인덱스는 다양한 특성을 가질 수 있다. 다음은 인덱스를 구성할 때 선택할 수 있는 인덱스 특성의 세부 사항이다.

- TTL 인덱스는 일정 기간 후 데이터가 만료되는 TTL 컬렉션에서 사용된다.
- 고유 인덱스는 인덱스 필드에 중복된 값을 포함하는 몽고DB의 모든 다큐먼트를 거부한다.
- 희소 인덱스는 인덱스 필드가 없는 다큐먼트를 인덱스하지 않는다.

(1) TTL(Time to Live) 인덱스

TTL 인덱스는 몽고DB가 일정한 시간 이후 자동으로 컬렉션으로부터 다큐먼트를 제거하는 데 사용할 수 있는 특별한 단일 필드 인덱스이다. 데이터 만료는 머신이 생성한 제한된 시간에만 DB에서 필요로 하는 이벤트 데이터, 로그 및 세션 정보 등의 특정한 유형의 정보에 유용하다. TTL 인덱스를 생성하기 위해 값이 날짜나 날짜 값을 포함한 배열인 필드에 "expireAfterSeconds" 설정과 함께 db.collection.createIndex() 메소드를 사용한다.

```
db.eventlog.createIndex( { "lastModifiedDate": 1 }, { expireAfterSeconds: 3600 } )
```

1) 특성(Behavior)

❶ 데이터의 종료

TTL 인덱스는 설정된 시간 이후에 인덱스 필드의 설정으로 인하여 만료된다. 즉, 만료 시간 값은 인덱스 필드에 설정한 시간이다. 몽고DB는 필드가 배열이고 복수의 날짜 값이 인덱스에 있는 경우, 만료 경계 값을 계산하기 위해 배열의 가장 오래된 날짜 값을 사용한다. 다큐먼트의 인덱스 배열이 날짜 또는 날짜 값을 가진 배열이 아니거나 다큐먼트가 인덱스 필드를 포함하지 않으면 다큐먼트는 종료되지 않을 것이다.

❷ 제거 동작

mongod의 백그라운드 스레드는 인덱스 값을 읽고, 컬렉션으로부터 종료된 다큐먼트를 제거한다. TTL 스레드가 활성화되면 db.currentOP()의 출력 또는 DB 프로파일러에 의해 수집된 데이터를 통해 제거 동작을 확인할 수 있다.

❸ 제거 동작의 타이밍

백그라운드에서 TTL 인덱스를 실행하면 TTL 스레드는 인덱스가 유효한 동안 다큐먼트 제거를 시작할 수 있다. 몽고DB는 TTL 인덱스를 포어그라운드에서 실행하는 경우, 인덱스의 구성이 완료된 즉시 종료된 다큐먼트를 제거하기 시작한다. 이 TTL 인덱스는 종료된 데이터의 즉시 삭제를 보장하지 않는다. 다큐먼트의 종료 시간과 DB로부터 몽고DB가 그 다큐먼트를 제거하는 시간에는 지연이 있을 수 있다. 종료된 다큐먼트를 제거하는 백그라운드 작업은 60초마다 실행된다. 그 결과로 다큐먼트는 다큐먼트 종료와 백그라운드 작업 실행 사이의 기간 동안 컬렉션에 남아 있다. 제거 동작 시간은 mongod 인스턴스의 부하량에 달려 있기 때문에 종료된 데이터는 백그라운드 작업의 실행 사이의 60초를 넘어서도 잠시 존재할 수 있다.

❹ 복제 셋

복제 셋에서 TTL 백그라운드 스레드는 프라이머리의 다큐먼트만을 제거한다. 그러나 TTL 백그라운드 스레드는 세컨더리에서 실행한다. 세컨더리 멤버는 프라이머리로부터 제거 동작을 복제한다.

(2) 고유 인덱스

고유 인덱스는 몽고DB가 인덱스 필드에 중복된 값을 포함하는 모든 다큐먼트를 거절할 수 있다. 고유 인덱스를 생성하려면, `unique`을 "true"로 설정하여 `db.collection.createIndex()` 메소드를 사용해야 한다. 예를 들어 "members" 컬렉션에 user_id 필드의 고유 인덱스를 만들기 위해서는 몽고 셸에서 다음 연산자를 사용한다.

```
db.members.createIndex( { "user_id": 1 }, { unique: true } )
```

기본적으로 몽고DB에서 고유 인덱스는 "false"이다. 복합 인덱스에서 고유 제한 조건을 사용하려면, 몽고DB는 키의 1개 또는 여러 개의 값에 대한 개별적인 값보다는 결합된 값에 고유성을 적용해야 한다.

1) 특성

❶ 개별 다큐먼트에서 고유 제한 조건

고유 제한 조건은 컬렉션에서 개별 다큐먼트에 적용된다. 즉, 고유 인덱스는 개별 다큐먼트가 인덱스된 키에 동일한 값을 갖는 것을 방지하지만, 인덱스는 다큐먼트가 복수의 항목을 갖는 것을 막지 않거나 인덱스된 배열에서 내장된 다큐먼트가 동일한 값을 갖는 것을 차단하지 않는다. 중복 값을 가진 단일 문서의 경우에 중복 값은 한 번만 인덱스에 삽입된다. 예를 들어 다음과 같이 컬렉션에 "a.b"에 대하여 고유 인덱스를 가진 경우,

```
db.collection.createIndex( { "a.b": 1 }, { unique: true } )
```

고유 인덱스는 컬렉션에 "a.b"에 "5" 값을 가진 다른 다큐먼트가 없을 때, 컬렉션에 다음 다큐먼트의 삽입을 허용한다.

```
db.collection.insert( { a: [ { b: 5 }, { b: 5 } ] } )
```

❷ 고유 인덱스와 누락된 필드

다큐먼트의 고유 인덱스에 인덱스된 필드 값이 없다면, 인덱스는 이러한 다큐먼트에 null 값을 저장한다. 고유 제한 조건 때문에 몽고DB는 인덱스된 필드가 없는 오직 하나의 다큐먼트만 허용한다. 만약 인덱스된 필드에 대한 값이 없는 하나 이상의 다큐먼트가 존재하거나 인덱스된 필드가 누락된 경우라면, 인덱스 생성은 중복된 키 에러 때문에 실패한다. 예를 들어 컬렉션이 "x"의 고유 인덱스를 가진 경우,

```
db.collection.createIndex( { "x": 1 }, { unique: true } )
```

컬렉션에 "x" 필드가 누락된 다큐먼트를 포함하고 있지 않다면, 고유 인덱스는 "x" 필드가 없는 다큐먼트의 삽입을 허용한다.

```
db.collection.insert( { x: 1 } )
```

이 동작은 "x" 필드 값에 대한 고유 제한 조건 위반으로 다큐먼트의 삽입에 실패한다.

```
WriteResult({
    "nInserted" : 0,
    "writeError" : {
        "code" : 11000,
        "errmsg" : "E11000 duplicate key error index: test.collection.$a.b_1 dup key: { : null }" } })
```

고유 인덱스에서 이러한 null 값을 필터링하고 에러를 방지하기 위해 고유 제한 조건을 희소 인덱스와 결합할 수 있다.

> **예제 8-10** "students" 컬렉션에서 student_id 필드와 class_id 필드를 오름차순으로 정렬하는 고유 인덱스를 만들기 위한 몽고 셸 명령어를 작성하시오.
>
> **답**
> ```
> db.students.createIndex({"student_id":1, "class_id":1}, {"unique":true});
> ```

(3) 희소 인덱스

희소 인덱스는 컬렉션의 모든 다큐먼트를 포함하지 않기 때문에 '희소(sparce)'하다. 희소 인덱스는 인덱스 필드가 null 값이더라도 인덱스 필드를 가진 다큐먼트에 대한 항목만을 포함한다. 희소 인덱스는 컬렉션의 모든 다큐먼트를 포함하지 않는다. 반면, 희소하지 않은 인덱스는 컬렉션의 모든 다큐먼트를 포함하고, 인덱스 필드를 포함하지 않는 다큐먼트에 null 값을 저장한다. 희소 인덱스를 만들기 위해 sparse 설정을 "true"하여 db.collection.createIndex() 메소드를 사용한다. 예를 들어 몽고 셸에서 다음 연산자는 "addresses" 컬렉션의 "zipcode_id" 필드에 희소 인덱스를 생성한다.

```
db.addresses.createIndex( { "zipcode_id": 1 }, { sparse: true } )
```

1) 특성

❶ 희소 인덱스와 불완전한 결과

희소 인덱스가 쿼리와 정렬 동작에 대해 불완전한 결과 셋을 반환하는 경우, 몽고DB가 명시적으로 인덱스를 지정하지 않으면 인덱스를 사용하지 않는다. 예를 들어 쿼리 { x: { $exists: false } }는 "x" 필드에 명시적으로 암시하지 않는 한 희소 인덱스를 사용하지 않는다.

❷ 기본적으로 희소 속성인 인덱스

2dsphere, 2d, geoHaystack, text 인덱스는 모두 희소 속성이다.

❸ 희소 복합 인덱스

오름차순/내림차순 인덱스 키만 포함한 희소 복합 인덱스는 적어도 다큐먼트가 포함한 하나의 키 만큼만 다큐먼트를 인덱스한다. 내림차순/오름차순 인덱스 키와 함께 공간 정보 키를 포함한 희소 복합 인덱스에서 다큐먼트의 공간 정보 필드의 존재는 인덱스의 다큐먼트 참조 여부를 결정한다.

❹ 희소와 고유 속성

희소와 고유 속성을 둘 다 갖는 인덱스는 컬렉션이 필드에 중복된 값을 갖는 다큐먼트를 갖는 것을 방지하지만, 키를 생략한 복수의 문서를 허용한다.

2) 예제

❶ 컬렉션에 희소 인덱스 생성하기

다음 다큐먼트를 포함하는 "scores" 컬렉션의 경우:

```
{ "_id" : ObjectId("523b6e32fb408eea0eec2647"), "userid" : "newbie" }
{ "_id" : ObjectId("523b6e61fb408eea0eec2648"), "userid" : "abby", "score" : 82 }
{ "_id" : ObjectId("523b6e6ffb408eea0eec2649"), "userid" : "nina", "score" : 90 }
```

컬렉션은 "score" 필드에 희소 인덱스를 갖는다.

```
db.scores.createIndex( { score: 1 }, { sparse: true } )
```

이때 "scores" 컬렉션에서 다음 쿼리는 "score" 필드가 90보다 작은($lt) 다큐먼트를 반환하기 위해 희소 인덱스를 사용한다.

```
db.scores.find( { score: { $lt: 90 } } )
```

userid "newbie"의 다큐먼트는 "score" 필드를 포함하지 않고, 이는 쿼리 조건을 충족하지 않으므로 결과를 반환하는 데 쿼리는 희소 인덱스를 사용할 수 있다.

```
{ "_id" : ObjectId("523b6e61fb408eea0eec2648"), "userid" : "abby", "score" : 82 }
```

❷ **완전환 결과를 반환하지 못하는 컬렉션에서 희소 인덱스**

다음 문서를 포함하는 "scores" 컬렉션의 경우

```
{ "_id" : ObjectId("523b6e32fb408eea0eec2647"), "userid" : "newbie" }
{ "_id" : ObjectId("523b6e61fb408eea0eec2648"), "userid" : "abby", "score" : 82 }
{ "_id" : ObjectId("523b6e6ffb408eea0eec2649"), "userid" : "nina", "score" : 90 }
```

이 컬렉션은 "score" 필드에 희소 인덱스를 갖고 있다.

```
db.scores.createIndex( { score: 1 }, { sparse: true } )
```

userid "newbie" 다큐먼트는 "score" 필드를 포함하지 않기 때문에 희소 인덱스는 그 다큐먼트에 대한 입력을 포함하지 않는다. "score" 필드로 정렬하여 "scores" 컬렉션의 모든 다큐먼트를 반환하는 쿼리의 경우,

```
db.scores.find().sort( { score: -1 } )
```

인덱스 필드로 정렬되더라도 몽고DB는 완전한 결과를 반환하기 위해 쿼리를 실행할 때 희소 인덱스를 선택하지 않을 것이다.

```
{ "_id" : ObjectId("523b6e6ffb408eea0eec2649"), "userid" : "nina", "score" : 90 }
{ "_id" : ObjectId("523b6e61fb408eea0eec2648"), "userid" : "abby", "score" : 82 }
```

희소 인덱스를 사용하기 위해 "hint()"로 분명하게 인덱스를 설정한다.

```
db.scores.find().sort( { score: -1 } ).hint( { score: 1 } )
```

인덱스를 사용하여 "score" 필드만으로 이들 다큐먼트를 반환한 결과는 다음과 같다.

```
{ "_id" : ObjectId("523b6e6ffb408eea0eec2649"), "userid" : "nina", "score" : 90 }
{ "_id" : ObjectId("523b6e61fb408eea0eec2648"), "userid" : "abby", "score" : 82 }
```

❸ 고유 제한 조건과 희소 인덱스

다음 다큐먼트를 포함하는 "scores" 컬렉션의 경우

```
{ "_id" : ObjectId("523b6e32fb408eea0eec2647"), "userid" : "newbie" }
{ "_id" : ObjectId("523b6e61fb408eea0eec2648"), "userid" : "abby", "score" : 82 }
{ "_id" : ObjectId("523b6e6ffb408eea0eec2649"), "userid" : "nina", "score" : 90 }
```

다음 연산자를 사용하여 "score" 필드에 고유 제한 조건과 희소 필터로 인덱스를 만들 수 있다.

```
db.scores.createIndex( { score: 1 }, { sparse: true, unique: true } )
```

이 인덱스는 "score" 필드에 고유한 값을 갖거나 "score" 필드를 포함하지 않은 다큐먼트의 삽입을 허용할 것이다. 다음은 삽입 연산자를 사용한 경우이다.

```
db.scores.insert( { "userid": "AAAAAAA", "score": 43 } )
db.scores.insert( { "userid": "BBBBBBB", "score": 34 } )
db.scores.insert( { "userid": "CCCCCCC" } )
db.scores.insert( { "userid": "DDDDDDD" } )
```

그러나 score 값이 "82"와 "90"인 다큐먼트는 이미 존재하기 때문에 인덱스는 다음 다큐먼트의 추가를 허가하지 않는다.

```
db.scores.insert( { "userid": "AAAAAAA", "score": 82 } )
db.scores.insert( { "userid": "BBBBBBB", "score": 90 } )
```

예제 8-11 희소(sparce) 인덱스를 사용하는 장점을 다음 항목에서 고르시오.
① 인덱스가 희소인 경우에만 멀티 키로 사용할 수 있다.
② 희소 인덱스는 모든 경우에 빠르게 sort 연산을 수행할 수 있다.
③ 희소 인덱스는 고유 인덱스와 함께 사용할 수 없다.
④ 희소 인덱스를 고유 인덱스와 결합하면 더 큰 능력을 발휘할 수 있다.

답 ④

인덱스 생성

몽고DB에서 인덱스를 만들 때 [그림 8-7]과 같이 foreground 특성이 기본 동작이며, 속도가 빠르고, 데이터베이스에서 블록 쓰기와 읽기가 가능하지만, background 속성에서는 동작 속도가 느리고 블록 쓰기와 읽기가 가능하지 않다.

인덱스 생성	
Foreground	Background
동작 속도 빠르고, 데이터베이스 내부에서 블록 쓰기와 읽기 가능하다.	동작 속도가 느리고, 데이터베이스 내부에서 블록 쓰기와 읽기가 불가능하다.

[그림 8-7] 인덱스 생성 방법

몽고DB는 인덱스의 생성에 영향을 끼치는 여러 가지 조건을 제공한다. `db.collection.createIndex()` 메소드의 두 번째 인수로 다큐먼트의 인덱스 생성 조건을 설정할 수 있다.

(1) 백그라운드 설정

몽고DB에서 기본적으로 인덱스를 만드는 것은 데이터베이스 내부의 다른 동작에 대한 기능을 제한한다. 컬렉션에 인덱스를 구축할 때 컬렉션을 보유하고 있는 DB는 인덱스 구축이 완료될 때까지 읽기나 쓰기 동작을 사용할 수 없다. 예를 들어 `listFDatabases`와 같은 읽기나 쓰기를 요구하는 모든 동작은 데이터베이스에서 포어그라운드 인덱스 빌드가 완료될 때까지 기다리며 잠겨진다. 내부적으로 오랫동안 실행되는 인덱스 구축 동작의 경우, 백그라운드 동작을 통해 인덱스 구축 동작 중에도 몽고DB를 계속 사용할 수 있다. 예를 들어 백그라운드에서 "people" 컬렉션의 "zipcode" 필드 인덱스를 생성하려면 다음과 같이 실행한다.

```
db.people.createIndex( { zipcode: 1}, {background: true} )
```

기본적으로 몽고DB의 인덱스 구축에서 백그라운드는 "false"이다. 다음과 같이 백그라운드 조건과 다른 조건을 함께 사용할 수 있다.

```
db.people.createIndex( { zipcode: 1}, {background: true, sparse: true } )
```

1) 특성

2.4 버전 몽고DB 이후부터 mongod 인스턴스는 하나 이상의 인덱스를 동시에 백그라운드에서 구축할 수 있다. mongod 인스턴스는 2.4보다 이전 버전의 백그라운드에서 각 DB마다 하나의 인덱스 구축할 수 있었다. 단일 mongod 인스턴스는 2.2보다 이전 버전에서 오직 하나의 인덱스만 구축할 수 있었다. 백그라운드에서 백그라운드 인덱스 구축 동작을 하므로 인덱스를 생성하는 동안 다른 DB 동작을 실행할 수 있다. 그러나 인덱스를 생성한 몽고 셸 동작은 인덱스 구축이 완료될 때까지 차단된다. DB 명령을 계속 실행하려면 다른 커넥션이나 몽고 인스턴스를 실행해야 한다. 따라서 쿼리는 부분적으로 구성된 인덱스를 사용하지 않고, 인덱스 구축이 완료된 빌드만 사용할 수 있다.

2) 성능

백그라운드 인덱스 동작은 일반적인 포어그라운드 인덱스 구축보다 느린 증가 방식을 사용한다. 인덱스가 가용한 램보다 큰 경우, 이 증가 프로세스는 포어그라운드 구축보다 훨씬 긴 시간이 필요할 수 있다. 애플리케이션이 `createIndex()` 동작을 포함하고, 인덱스가 다른 동작에 대한 관여가 없을 때 인덱스를 구축하는 것은 DB의 성능에 심각한 영향을 끼칠 수 있다. 성능 문제를 방지하기 위해 `getIndexes()` 메소드 또는 드라이버에 대한 동등한 메소드를 사용하여 시작하는 인덱스에 대해 애플리케이션 확인을 확실하게 해야 하고, 적당한 인덱스가 존재하지 않으면 종료해야 한다.

3) 인터럽트된 인덱스 실행

mongod 인스턴스가 종료될 때 백그라운드 인덱스 생성이 진행 중이면 인스턴스가 재시작할 때 인덱스 실행은 포어그라운드 인덱스 생성으로 다시 시작할 것이다. mongod가 인덱스 실행 중에 중복 키와 같은 어떤 오류를 발견하면 에러로 종료될 것이다. 인덱스 실행이 실패한 후 mongod를 시작할 때 인덱스 생성을 생략하려면 "`storage.indexBuildRetry`" 또는 "`--noIndexBuildRetry`"를 사용한다.

4) 세컨더리에 인덱스 실행하기

2.6 버전에서 변경된 것은 '세컨더리는 백그라운드에서 인덱스를 실행할 수 있다'는 것이다.

복제 셋의 세컨더리에서의 백그라운드 인덱스 동작은 프라이머리의 인덱스 구축이 완료된 후에 시작한다. 몽고DB가 프라이머리의 백그라운드에서 인덱스를 실행한다면 세컨더리는 그때 백그라운드에서 인덱스를 생성할 것이다. 세컨더리에 거대한 인덱스를 구축하기 위한 가장 좋은 접근법은 한 번에 세컨터리를 독립 모드로 재시작하고 인덱스를 구축하는 것이다. 인덱스 빌드 후, 복제 셋의 일부로 다시 시작하고 다른 일부와 함께 접근할 수 있도록 허용하고, 다음 세컨더리에 인덱스를 빌드한다. 모든 세컨더리가 새로운 인덱스를 가졌을 때 프라이머리를 중지시키고, 독립 모드로 재시작하여 인덱스를 구축한다. 세컨더리가 프라이머리를 따라잡을 수 있도록, 세컨더리에 인덱스를 구축하기 위한 시간 사용량은 oplog의 윈도우 내에 있어야 한다. 세컨더리의 인덱스는 '복구' 모드에서 가능한 한 빨리 따라잡을 수 있도록 포어그라운드에서 생성된다.

(2) 인덱스 명칭

인덱스의 기본 명칭은 인덱스된 키의 연속과 인덱스에서 각 키의 방향인 '1' 이나 '-1'이다. "item"과 "quantity"에 인덱스를 만들기 위해 다음 동작을 실행하면 출력되는 인덱스의 명칭은 'item_1_quantity_-1'이다.

```
db.products.createIndex( { item: 1, quantity: -1 } )
```

기본 명칭을 사용하는 대신 다음과 같이 인덱스 명칭을 설정할 수 있다. "item"과 "quantity"에 인덱스를 생성하고, "inventory"로 인덱스 명칭을 설정하기 위해 다음 동작을 실행한다. 출력되는 인덱스의 명칭은 "inventory"이다.

```
db.products.createIndex( { item: 1, quantity: -1 } , { name: "inventory" } )
```

예제 8-12 백그라운드 인덱스에 관한 다음 내용 가운데 올바른 것을 아래 항목에서 고르시오.
    ① mongod 인스턴스는 데이터베이스당 한 번에 1개의 백그라운드 인덱스를 실행할 수 있다.
    ② 데이터베이스 서버가 계속 request를 받을지라도, 백그라운드 인덱스 생성은 인덱스를 만들어 사용하려는 몽고 셸을 차단한다.
    ③ 백그라운드 인덱스를 만드는 것은 포그라운드를 만드는 것보다 시간이 더 많이 걸린다.
    ④ 몽고DB 2.2 이후부터는 백그라운드 인덱스가 기본 동작이다.

답 ②, ③

(3) Explain 메소드 사용하기

explain() 메소드는 데이터베이스가 질의에 응답하여 어떤 동작을 하는지 보여준다. 질의가 실행되면서 실제로 어떤 인덱스가 사용되는지 또는 얼마만큼의 다큐먼트가 점검되는지 알기 위해 사용한다. 먼저 몽고DB 3.0에서는 explain 메소드 사용 방법이 이전 버전과 달리 다음과 같이 변경되었다.

```
>db.collection.function().explain() -> db.collection.explain().function() 으로 바뀌었다.
```

explain() 메소드는 find(), update(), remove(), aggregated(), help() 메소드와 함께 사용할 수 있지만, insert() 메소드는 다큐먼트와 인덱스를 추가하는 기능만이 있기 때문에 사용할 수 없다.

explain() 메소드에 대한 활용 사례를 배우기 위해 다음과 같은 example 컬렉션을 만들어 보자.

```
for (i=0; i<100; i++) { for (j=0; j<100; j++) { x= []; for (k=0;k<100; k++) { x.push ( { a:i, b:j, c:k } ) } ; db.example.insert(x) } }
```

db.example.find() 명령을 실행하면 다음과 같은 결과를 얻을 수 있다.

```
{ "_id" : ObjectId(".."), "a" : 0, "b" : 0, "c" : 0 }
{ "_id" : ObjectId(".."), "a" : 0, "b" : 0, "c" : 1 }
{ "_id" : ObjectId(".."), "a" : 0, "b" : 0, "c" : 2 }
{ "_id" : ObjectId(".."), "a" : 0, "b" : 0, "c" : 3 }
{ "_id" : ObjectId(".."), "a" : 0, "b" : 0, "c" : 4 }
{ "_id" : ObjectId(".."), "a" : 0, "b" : 0, "c" : 5 }
{ "_id" : ObjectId(".."), "a" : 0, "b" : 0, "c" : 6 }
{ "_id" : ObjectId(".."), "a" : 0, "b" : 0, "c" : 7 }
{ "_id" : ObjectId(".."), "a" : 0, "b" : 0, "c" : 8 }
{ "_id" : ObjectId(".."), "a" : 0, "b" : 0, "c" : 9 }
{ "_id" : ObjectId(".."), "a" : 0, "b" : 0, "c" : 10 }
{ "_id" : ObjectId(".."), "a" : 0, "b" : 0, "c" : 11 }
{ "_id" : ObjectId(".."), "a" : 0, "b" : 0, "c" : 12 }
```

{ a: 1, b: 1 }에 대하여 인덱스를 생성하면 다음과 같다.

```
> db.example.createIndex({a:1, b:1});
{
    "createdCollectionAutomatically" : false,
    "numIndexesBefore" : 1,
    "numIndexesAfter" : 2,
    "ok" : 1
}
```

{ b: 1 }에 대하여 인덱스를 다시 생성하면 다음과 같다.

```
> db.example.createIndex({b:1});
{
    "createdCollectionAutomatically" : false,
    "numIndexesBefore" : 2,
    "numIndexesAfter" : 3,
    "ok" : 1
}
```

db.example.explain() 메소드를 exp 객체 변수로 다음과 같이 지정할 수 있다.

```
> var exp = db.example.explain()
```

exp 객체 변수를 만들면 help() 메소드를 다음과 같이 활용할 수 있다.

```
> exp.help();
Explainable operations
    .aggregate(...) - explain an aggregation operation
    .count(...) - explain a count operation
    .find(...) - get an explainable query
    .group(...) - explain a group operation
    .remove(...) - explain a remove operation
    .update(...) - explain an update operation
Explainable collection methods
    .getCollection()
    .getVerbosity()
    .setVerbosity(verbosity)
```

{ a: 17, b: 55 }에 대하여 항목 b를 내림차순으로 exp.find( ) 메소드를 적용한 명령어는 다음과 같다.

```
> exp.find({a: 17, b: 55}).sort({b:-1});
```

실행 결과는 다음과 같다.

```
{
    "queryPlanner" : {
        "plannerVersion" : 1,
        "namespace" : "test.example",
        "indexFilterSet" : false,
        "parsedQuery" : {
            "$and" : [ {        "a" : {     "$eq" : 17          }       },
                      {         "b" : {     "$eq" : 55          }       }
                    ]       },
        "winningPlan" : {
            "stage" : "FETCH",
            "inputStage" : {
                "stage" : "IXSCAN",
                "keyPattern" : {
                    "a" : 1,
                    "b" : 1             },
                "indexName" : "a_1_b_1",
                "isMultiKey" : false,
                "direction" : "backward",
                "indexBounds" : {
                    "a" : [    "[17.0, 17.0]"      ],
                    "b" : [    "[55.0, 55.0]"      ]   }
            }       },
        "rejectedPlans" : [
            {       "stage" : "FETCH",
                    "filter" : { "a" : { "$eq" : 17         } },
                    "inputStage" : {
                        "stage" : "IXSCAN",
                        "keyPattern" : {        "b" : 1 },
                        "indexName" : "b_1",
                        "isMultiKey" : false,
                        "direction" : "backward",
                        "indexBounds" : {
                            "b" : [
```

```
                                                    "[55.0, 55.0]"
                                            ] } }      } ] },
        "serverInfo" : {
                "host" : "hl-VirtualBox",
                "port" : 27017,
                "version" : "3.0.7",
                "gitVersion" : "6ce7cbe8c6b899552dadd907604559806aa2e9bd"
        },
        "ok" : 1
}
```

실행 결과를 살펴보면 queryPlanner, winningPlan, rejectedPlans, serverInfo와 같은 큰 카테고리로 분류할 수 있으며, queryPlanner 내부에 parsedQuery가 "a: 17", "b: 55"이고, winiingPlan 내부에서 "indexName" : "a_1_b_1", "direction" : "backward"를 확인할 수 있다.

그러나 다음과 같이 인덱스를 생성하지 않은 상태에서 exp.find({ c: 200 })을 실행하면 결과는 다음과 같이 "stage" : "COLLSCAN"으로 바뀌며 "indexName" 항목이 없는 것을 알 수 있다.

```
exp.find({c:200});
{
        "queryPlanner" : {
                "plannerVersion" : 1,
                "namespace" : "test.example",
                "indexFilterSet" : false,
                "parsedQuery" : {
                        "c" : {
                                "$eq" : 200
                        }
                },
                "winningPlan" : {
                        "stage" : "COLLSCAN",
                        "filter" : {
                                "c" : {
                                        "$eq" : 200
                                }
                        },
                        "direction" : "forward"
                },
                "rejectedPlans" : [ ]
        },
```

```
        "serverInfo" : {
                "host" : "hl-VirtualBox",
                "port" : 27017,
                "version" : "3.0.7",
                "gitVersion" : "6ce7cbe8c6b899552dadd907604559806aa2e9bd"
        },
        "ok" : 1
```

db.example.find({ a: 99 }) 메소드를 cursor 객체 변수로 다음과 같이 지정할 수 있다.

```
var cursor = db.example.find({a: 99})
```

cursor.explain( ) 메소드를 실행하면 다음과 같은 결과가 나타난다.

```
> cursor.explain();
{
    "queryPlanner" : {
            "plannerVersion" : 1,
            "namespace" : "test.example",
            "indexFilterSet" : false,
            "parsedQuery" : {
                    "a" : {   "$eq" : 99          }
            },
            "winningPlan" : {
                    "stage" : "FETCH",
                    "inputStage" : {
                            "stage" : "IXSCAN",
                            "keyPattern" : {
                                    "a" : 1,
                                    "b" : 1             },
                            "indexName" : "a_1_b_1",
                            "isMultiKey" : false,
                            "direction" : "forward",
                            "indexBounds" : {
                                    "a" : [  "[99.0, 99.0]"     ],
                                    "b" : [  "[MinKey, MaxKey]" ]
                            }          },
            "rejectedPlans" : [ ]
    },
```

```
        "serverInfo" : {
                "host" : "hl-VirtualBox",
                "port" : 27017,
                "version" : "3.0.7",
                "gitVersion" : "6ce7cbe8c6b899552dadd907604559806aa2e9bd"
        },
        "ok" : 1
}
```

db.example.explain( ) 메소드를 사용한 결과와 동일한 것을 확인할 수 있다.

예제 8-13 인덱스 기능에서 explain( ) 메소드 사용 가운데 잘못된 것을 고르시오.

① db.example.explain( ).find({ a : 1, b : 2 })

② db.example.insert({ a : 1, b : 2 }).explain( )

③ var cursor = db.example.find({ a : 1, b : 2 }); cursor.explain( )

④ var exp = db.example.explain( ); exp.find({ a : 1, b : 2 })

답 ②

 ## 인덱스 활용 방법

(1) 인덱스 크기 설정

몽고DB는 Working Set을 메모리에 넣을 수 있게 해준다. Working Set은 사용자들이 디스크에 자주 액세스하는 데 사용하는 일시적인 데이터의 저장 공간이다. 이때 인덱스를 [그림 8-8]과 같이 사용하여 메모리에 저장하는 것이 디스크까지 액세스하는 것보다 더 효율적이다.

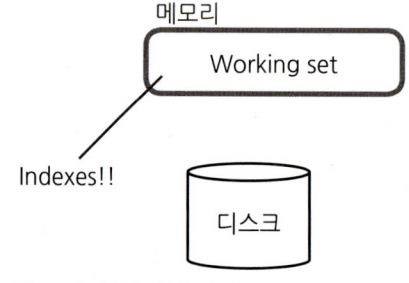

[그림 8-8] 인덱스 활용 방법

인덱스를 활용하기 이전에 사용하는 인덱스 크기를 어떻게 확인하는지 알아보자. 우선 students 컬렉션(collection)에서 다음과 같이 실행하자.

```
> db.students.findOne()
{
    "_id" : ObjectId("50906d7fa3c412bb040eb577"),
    "student_id" : 0,
    "type" : "exam",
    "score" : 54.6535436362647
}
```

students 컬렉션에서 인덱스가 생성된 것을 다음과 같이 확인할 수 있다.

```
> db.students.getIndexes()
[
    {
        "v" : 1,
        "key" : {
            "_id" : 1
        },
        "name" : "_id_",
        "ns" : "school.students"
    },
```

사용하는 인덱스 크기를 알고 싶다면 stats 메소드를 사용하면 된다. 다음과 같이 전체 인덱스의 크기를 확인할 수 있다.

```
> db.students.stats()
{
    "ns" : "school.students",
    "count" : 800,
    "size" : 89600,
    "avgObjSize" : 112,
    "numExtents" : 3,
    "storageSize" : 172032,
    "lastExtentSize" : 131072,
    "paddingFactor" : 1,
    "paddingFactorNote" : "paddingFactor is unused and unmaintained in 3.0.
```

인덱스 활용 방법 321

```
            It remains hard coded to 1.0 for compatibility only.",
    "userFlags" : 1,
    "capped" : false,
    "nindexes" : 5,
    "totalIndexSize" : 188048,
    "indexSizes" : {
            "_id_" : 40880,
            "student_id_1" : 32704,
            "student_id_5" : 32704,
            "student_id_1_score_-1" : 40880,
            "student_id_1_score_1" : 40880
    },
    "ok" : 1
}
```

또는 다음과 같이 더 빠르게 전체 인덱스 크기를 검색할 수도 있다.

```
> db.students.totalIndexSize()
188048
```

결국 사용자 인덱스 크기는 메모리 크기에 알맞게 설정하여 최적화된 동작을 수행할 수 있다.

예제 8-14 사용자 인덱스 또는 사용자 데이터를 메모리에 저장하는 데 고려해야 할 사항 가운데 중요한 것은 무엇인가?

① 인덱스

② 데이터

답 ①

(2) 인덱스 항목 개수

몽고DB에서 지원하는 인덱스 활용 방법은 정규(Regular), 희소(Sparse), 멀티 키(Multikey) 활용 방식이 있다. 정규 인덱스는 null 값을 보관하면서 다큐먼트 개수와 같다. 희소 인덱스는 null 값을 보관하지 않으면서 잠재적으로 다큐먼트 개수보다 적거나 같다. 멀티 키 인덱스는 모든 다큐먼트에서 1개 이상의 값을 배열로 보관하므로 다큐먼트 개수보다 많다. 몽고DB 에서는 갱신되는 인덱스 항목에 따라 다큐먼트를 이동할 때를 고려해야 한다. 이러한 다큐먼트 이동은 MMAPv1 스토리지 엔진에서만 존재하고, WiredTiger 스토리지 엔진의 경우에는 인덱스 항목 포인터를 실제 물리적인 디스크 위치에 포함하지 않는다. 그 대신 WiredTiger는 _id 값을 포함한다. _id 값은 다큐먼트 이동 중에도 인덱스는 바뀌지 않는다.

예제 8-15 사용자가 태그(tag)라고 부르는 키(key)를 갖고 다큐먼트를 갱신하면서 디스크로 이동시키려고 한다. 이때 사용자는 MMAPv1 스토리지 엔진을 사용하면서 100개 태그를 갖는 다큐먼트로써 태그 배열은 멀티 키 인덱스 방식을 사용한다. 그러면 이러한 다큐먼트를 이동시킬 때 몇 개의 인덱스 항목이 필요한가?

① 10   ② 50   ③ 100   ④ 200

답 ③

공간 정보 인덱스 활용 방법

(1) 2d 공간 정보 인덱스

몽고DB는 두 가지 공간 정보 인덱스를 제공한다. 평면 지도상의 2d 인덱스 방식과 지구 표면 형태의 2dsphere 인덱스 방식이 있다. 2d 인덱스 방식은 [그림 8-9]와 같이 2차원 데이터 구조로써 사람의 위치를 좌표 형식으로 "p.x, y"와 같이 나타낸다.

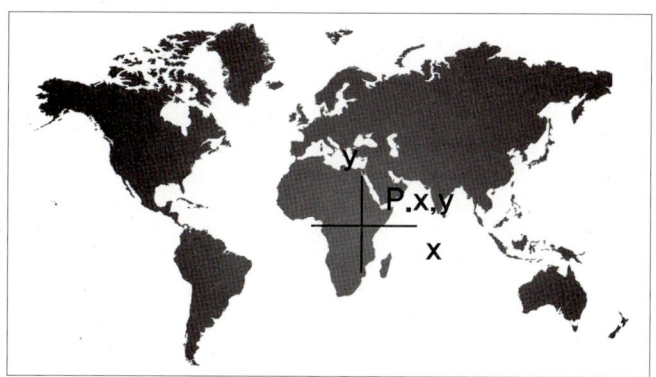

[그림 8-9] 2d 공간 정보 인덱스 방식

다음과 같은 위치 [40, 70] 부근의 상점 정보를 갖는 stores 컬렉션을 만들어 보자.

```
> db.stores.find().pretty()
{
    "_id" : ObjectId("565695edb9cb3cf393e9c5b3"),
    "name" : "Two Blocks",
    "type" : "barber",
    "location" : [
            40,
            70
    ]
}
{
    "_id" : ObjectId("5656963cb9cb3cf393e9c5b4"),
    "name" : "Smith Brothers",
    "type" : "hardware",
    "location" : [
            40.232,
            -70.343
    ]
}
{
    "_id" : ObjectId("565696a2b9cb3cf393e9c5b5"),
    "name" : "tickle candy",
    "type" : "food",
    "location" : [
            41.232,
            -74.343
    ]
}
```

stores 컬렉션에 대하여 인덱스를 다음과 같이 만들 수 있다.

```
> db.stores.ensureIndex({"location": "2d", type:1})
{
    "createdCollectionAutomatically" : false,
    "numIndexesBefore" : 1,
    "numIndexesAfter" : 2,
    "ok" : 1
}
```

location 키에 대하여 인덱스가 생성된 것을 확인하기 위해 다음과 같은 getIndexes() 명령을 실행한다.

```
> db.stores.getIndexes()
[
    {
            "v" : 1,
            "key" : {
                    "_id" : 1
            },
            "name" : "_id_",
            "ns" : "test.stores"
    },
    {
            "v" : 1,
            "key" : {
                    "location" : "2d",
                    "type" : 1
            },
            "name" : "location_2d_type_1",
            "ns" : "test.stores"
    }
]
```

stores 컬렉션에서 기준점(x, y)로부터의 상점을 거리 순서대로 찾기 위해 $near 연산자를 사용한 find() 명령을 사용한다. 몽고DB는 다큐먼트 개수를 지정하지 않으면 기본적으로 100개 문서를 찾는다. 다음 코드는 (50, 50)에 가까운 상점 3개를 반환한다.

```
> db.stores.find({location:{$near:[50, 50]}}).limit(3)
{ "_id" : ObjectId("565695edb9cb3cf393e9c5b3"), "name" : "Two Blocks", "type" : "barber", "location" : [ 40, 70 ] }
{ "_id" : ObjectId("5656963cb9cb3cf393e9c5b4"), "name" : "Smith Brothers", "type" : "hardware", "location" : [ 40.232, -70.343 ] }
{ "_id" : ObjectId("565696a2b9cb3cf393e9c5b5"), "name" : "tickle candy", "type" : "food", "location" : [ 41.232, -74.343 ] }
```

예제 8-16 places 컬렉션에서 location (74, 140)에 가장 근접한 5개 상점을 찾기 위한 2d 공간 정보 인덱스를 사용하여 쿼리를 작성하시오.

답 db.places.find({location:{$near:[74, 140]}}).limit(5)

(2) 2dsphere 공간 정보 인덱스

몽고DB의 2dsphere 공간 정보 인덱스는 점, 선, 다각형을 GeoJSON(http://www.geojson.org) 형식으로 나타낸다.

[그림 8-10]은 지구본 상의 점을 위도와 경도로 표시하는 2dsphere 공간 정보 인덱스 방식을 나타낸다. 여기서 공간 정보 쿼리는 교차, 포함 및 근접 동작을 수행하며, {"$geometry": geoJsonDesc}처럼 GeoJSON 객체로 지정할 수 있다. [그림 8-11]은 GeoJSON 사이트의 다큐먼트 활용 방법을 나타낸다.

[그림 8-10] 2dsphere 공간 정보 인덱스 방식

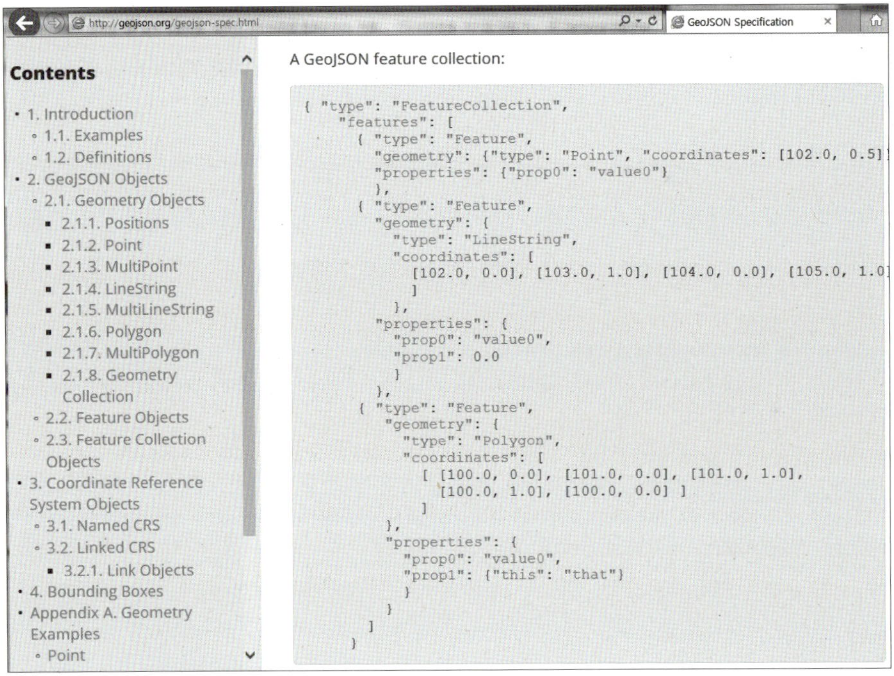

[그림 8-11] GeoJSON 형식

경도와 위도 [126.97, 37.57]인 서울을 형식이 점으로 나타내는 배열을 갖는 places 컬렉션을 만들어 보자.

```
> db.places.insert({"name":"Seoul", "location":{"type":"Point", "coordinates":[126.97, 37.57]}})
WriteResult({ "nInserted" : 1 })
> db.places.find()
 { "_id" : ObjectId(".."), "name" : "Seoul", "location" : { "type" : "Point", "coordinates" : [ 126.97, 37.57 ] } }
```

한강을 선으로 나타내기 위해 점을 배열로 만들 수 있다.

```
{ "_id" : ObjectId(".."), "name" : "Han River", "location" : { "type" : "Line", "coordinates" : [ [ 0, 1 ], [ 0, 2 ], [ 1, 2 ] ] } }
```

다각형은 선과 동일한 방식으로 점의 배열로 나타낼 수 있지만 다른 "type"을 갖는다.

```
{ "_id" : ObjectId(".."), "name" : "Square Garden", "location" : { "type" : "Polygon", "coordinates" : [ [ 0, 1 ], [ 0, 2 ], [ 1, 2 ] ] } }
```

places 컬렉션에 대하여 ensureIndex() 메소드로 2dsphere 공간 정보 인덱스를 생성할 수 있다.

```
> db.places.ensureIndex({"location": "2dsphere"})
```

예제 8-17 places 컬렉션에서 경도와 위도(126.584063, 37.335887)인 서울 시청에서 거리 1000m 범위 내부의 상점을 찾기 위해 2dsphere 공간 정보 인덱스를 사용하여 쿼리를 작성하시오.

답 db.places.find({location:{$near:{$geometry:{type:"Point", coordinates:[126.584063, 37.335887]}, $maxDistance:10000}}})

Chapter 8 MongoDB 연습 문제

Q1 db.users.find({ type: "quiz", score: {"$gt": 50}}).sort({score: 1}) 실행 결과는 무엇인가?

Q2 몽고DB의 인덱스 특성 가운데 적합하지 않은 것은 무엇인가?
① 고유 인덱스는 몽고DB가 인덱스 필드가 중복되는 것을 막는다.
② 필드 내부에서 특정 조건을 만족시키는 인덱스를 포함하고 있는 것을 커버드 쿼리이다.
③ 인덱스를 생성하면 read 연산 성능이 저하된다.
④ 인덱스 정보는 system.indexes 컬렉션에 저장된다.

Q3 다음과 같이 events 컬렉션에 인덱스를 생성하는 경우, 바르게 추가할 수 없는 다큐먼트는 어떤 것인가?
① db.events.createIndex({ a: "ballon", b: ["news", "sports"] })
② db.events.createIndex({ a: "news", b: "ballon" })
③ db.events.createIndex({ a: [1, 2], b: [6, 7, 8] })
④ db.events.createIndex({ a: [8, 9, 10], b: "sports" })

Q4 map 컬렉션의 gps3 필드를 사용한 공간 정보 색인 활용에서 40, 70 범위 근처의 상점(store)을 찾기 위한 몽고 셸 명령은 무엇인가?

Q5 students 컬렉션에서 student_id 필드와 class_id 필드를 내림차순으로 정렬하는 고유 인덱스를 만들기 위한 몽고 셸 명령어를 작성하시오.

Q6 numbers 컬렉션을 다음과 같이 만들어서 { i: 1, j: 1, k: 1 }에 대한 인덱스를 만드는 코드를 작성하시오.

```
for (i= 0; i< 100; i++) { for (j= 0; j< 100; j++) { for (k= 0; k< 100; k++) {
db.numbers.insert({ "i": i, "j": j, "k": k })}}}
```

Q7 numbers 컬렉션에 대하여 다음 물음에 답하시오.

db.numbers.explain() 메소드를 exp 객체 변수로 다음과 같이 지정할 수 있다. 결과 목록 중에서 nReturned를 통해 반환되는 다큐먼트의 개수는 몇 개인가?

```
> var exp = db.numbers.explain("executionStats")
> exp.find({ i: 45, j: 23 }), {_id: 0, I; 1, j:1, k: 1});
```

Q8 db.example.createIndex({ a: 1, b: 1, c: 1 }) 인덱스 메소드를 갖는 example 컬렉션이 인덱스 기능을 사용할 수 있는 쿼리를 다음에서 모두 고르시오.
① db.example.find({ a: 3 })
② db.example.find({ b: 3, c: 4 })
③ db.example.find({c: 1}).sort({ a: -1, b: 1 })
④ db.example.find({c: 1}).sort{ a: 1, b: 1 })

Q9 places 컬렉션에서 location (50, 100)에 가장 근접한 20개 상점을 찾기 위한 2d 공간 정보 인덱스를 사용하여 쿼리를 작성하시오.

Q10 places 컬렉션에서 경도와 위도(2.174484, 48.512616)인 에펠탑에서 거리 500m 범위 내부의 상점을 찾기 위해 2dsphere 공간 정보 인덱스를 사용하여 쿼리를 작성하시오.

Chapter 9 복제

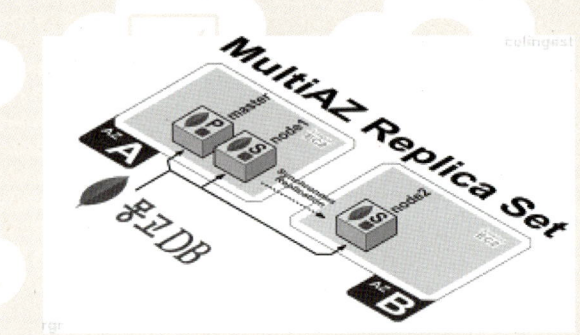

복제 셋은 동일한 데이터 셋을 유지하는 mongod 프로세스 그룹이다. 복제 셋은 고가용성을 제공하고, 실제로 서비스되는 모든 몽고DB 동작의 기본이다. 이 장에서는 몽고DB 복제 셋의 구성 요소와 아키텍처를 소개한다.

복제 개념

(1) 복제 셋 멤버

몽고DB의 복제 셋은 불필요한 중복을 줄이고 높은 효율성을 제공하는 mongod 과정의 그룹이다. 복제 셋의 멤버에는 프라이머리와 세컨더리가 있다.

프라이머리는 모든 쓰기 동작을 하고 특별한 경우에 사용하기 위한 추가 환경을 갖는다. 세컨더리는 똑같은 데이터 셋을 유지하기 위해 프라이머리의 동작을 복제한다. 따라서 세컨더리는 투표권이 없거나 우선순위가 '0'이다. 아비터(arbiter)도 복제 셋의 일부이다. 아비터는 복사된 데이터를 저장하지 않지만, 현재 프라이머리가 동작하지 않을 때 새로운 프라이머리를 투표할 경우 영향을 끼친다.

복제 셋의 최소 구성 요소는 프라이머리, 세컨더리, 아비터이다. 하지만 대부분 데이터를 포함하는 1개의 프라이머리와 2개의 세컨더리 멤버로 구성된다.

■ 프라이머리

프라이머리는 복제 셋에서 쓰기 동작을 하는 유일한 멤버이다. 몽고DB는 프라이머리에서 쓰기 동작을 한 후 프라이머리의 oplog에 기록한다. 세컨더리 멤버는 이러한 oplog를 복제하고, 자신의 데이터 셋에서 쓰기 동작을 수행한다.

프라이머리는 [그림 9-1]과 같이 세 멤버로 구성된 복제 셋에서 모든 쓰기 동작을 한다. 세컨더리는 oplog를 복제해 데이터 셋에 적용한다.

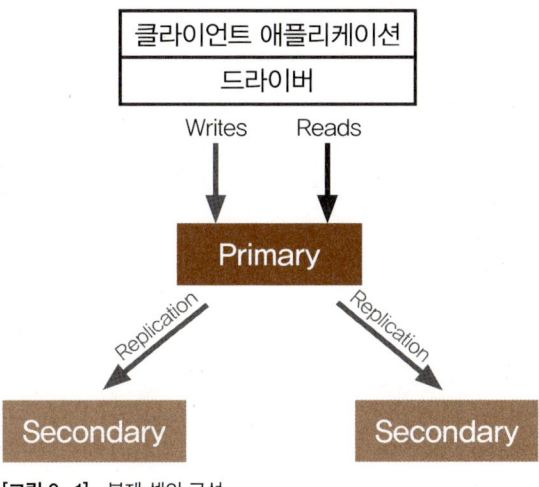

[그림 9-1] 복제 셋의 구성

복제 셋의 모든 멤버는 읽기 동작이 가능하지만, 애플리케이션은 기본적으로 읽기 동작을 프라이머리 멤버에게 지시한다. 복제 셋은 1개 이상의 프라이머리를 가질 수 있고, 만약 현재 프라이머리가 사용 불가능해지면, 투표를 통해 새로운 프라이머리를 선출한다.

복제 셋은 최소한 1개의 프라이머리를 갖는다. [그림 9-2]와 같이 세 멤버로 구성된 복제 셋에서 프라이머리가 작동 중지되면, 남아 있는 2개의 세컨더리 중에서 새로운 프라이머리를 선출한다.

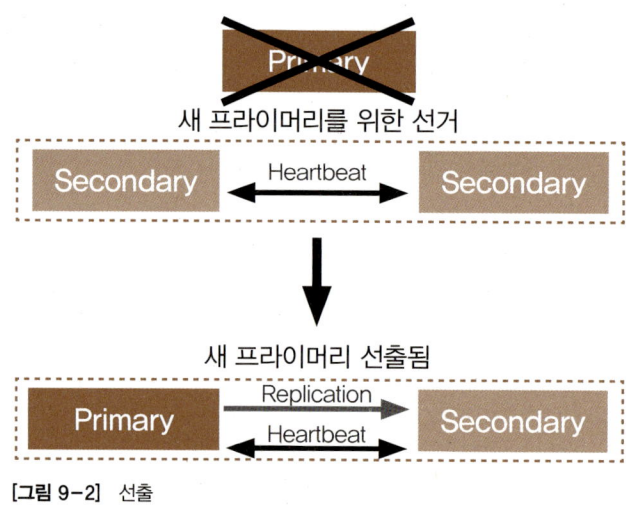

[그림 9-2] 선출

■ 세컨더리

세컨더리는 프라이머리 데이터 셋의 복사본을 갖고 있다. 데이터를 복제하기 위해 세컨더리는 프라이머리의 oplog에서 하던 동작을 세컨더리의 데이터 셋에 비동기적으로 적용한다. 복제 셋은 1개 이상의 세컨더리를 가질 수 있다.

[그림 9-3]과 같이 세 멤버로 구성된 복제 셋은 2개의 세컨더리 멤버를 갖는다. 세컨더리들은 프라이머리의 oplog를 복제해 데이터 셋에서 동작시킨다.

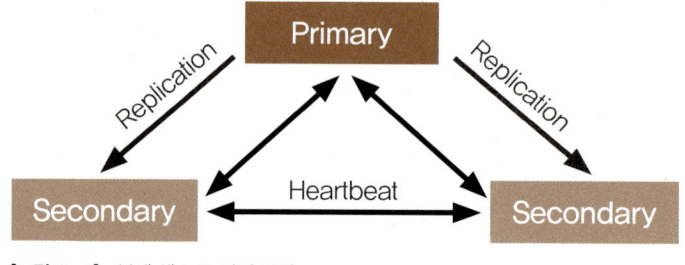

[그림 9-3] 복제 셋 노드 간의 동작

클라이언트가 데이터를 세컨더리에 작성할 수는 없지만, 세컨더리 멤버의 데이터를 읽을 수는 있다. 세컨더리는 프라이머리가 될 수 있다. 만약 프라이머리 사용이 불가능하면 복제 셋은 투표를 통해 세컨더리 중 새로운 프라이머리를 선출한다.

■ 아비터

아비터는 데이터 셋의 복사본을 갖지 않기 때문에 프라이머리가 될 수 없다. 복제 셋은 프라이머리를 선출하기 위해 아비터를 사용한다. 아비터는 항상 정확하게 1번만 투표를 진행하고, 복제 셋이 홀수의 멤버를 갖게 한다. 멤버로는 데이터를 복제하는 오버헤드를 포함하지 않는다.

멤버가 짝수인 셋에만 아비터를 추가하고, 만약 아비터를 멤버가 홀수인 셋에 추가하면 투표에서 셋이 동률이 된다.

예제 9-1 복제 셋에 관한 내용 중 올바르지 않은 것을 고르시오.

① 복제 셋의 구성 요소는 프라이머리, 세컨더리, 아비터이다.

② 프라이머리는 복제 셋에서 쓰기 동작을 하는 유일한 멤버이다.

③ 복제 셋은 최소한 1개의 프라이머리를 갖는다.

④ 아비터는 프라이머리가 될 수 있다.

답 ④

해설 아비터는 데이터 셋의 복사본을 갖지 않기 때문에 프라이머리가 될 수 없다. 아비터는 프라이머리를 선출하는 데 도움을 주는 역할만 한다.

• 복제 셋 구성

복제 셋을 구성하기 위해, 구성 멤버가 될 mongod 인스턴스를 생성한다. `--replSet`은 복제 셋의 명칭을, `--dbpath`는 각 멤버별로 경로를 지정할 수 있고, 폴더가 생성되어 있어야 한다.

```
// 디렉토리 생성
$ sudo mkdir /data/db/rs1
$ sudo mkdir /data/db/rs2
$ sudo mkdir /data/db/rs3

// mongod 인스턴스 생성
$ sudo mongod --port 30001 --replSet replica_set --dbpath /data/db/rs1
$ sudo mongod --port 30002 --replSet replica_set --dbpath /data/db/rs2
$ sudo mongod --port 30003 --replSet replica_set --dbpath /data/db/rs3
```

명령어 창에서 mongod 인스턴스를 실행시키면, mongod가 실행되면서 상태 정보를 계속 반환한다. 사용자가 추가적인 동작을 하지 않으면 마지막 라인에 다음과 같은 문구를 반환할 것이다.

```
2015-12-23T16:42:01.253+0900 I NETWORK  [initandlisten] waiting for connections on port 40002
```

복제 셋을 구성할 멤버의 mongod 인스턴스를 모두 생성한 후, 다음과 같이 인스턴스 중 접속할 포트를 지정하여 mongo를 실행한다.

```
$ mongo localhost:30001
```

몽고가 실행되면서, "connecting to localhost:30001/test" 문구가 출력되면 30001 포트의 mongod 인스턴스에 성공적으로 접속한 것이다. 사용할 데이터베이스를 지정하지 않았기 때문에 "test" 데이터베이스로 연결된다.

다음으로 복제 셋의 상태를 확인하는 rs.status()를 몽고 셸에서 실행한다.

```
>rs.status()
```

아직 복제 셋이 초기화되지 않았기 때문에 다음과 같은 에러가 발생할 것이다.

```
{
    "info" : "run rs.initiate(...) if not yet done for the set",
    "ok" : 0,
    "errmsg" : "no replset config has been received"
    "code" : 94
}
```

따라서 다음과 같이 복제 셋을 초기화하는 rs.initiate()를 실행한 후 생성한 다른 멤버들을 복제 셋에 추가한다. 멤버의 명칭을 알 수 없다면 접속한 30001 포트의 mongod 인스턴스에서 rs.initiate()를 실행할 때 출력된 "me"의 값을 참고하여 port를 변경해주거나 rs.status() 명령어를 실행하여 "name" 필드를 확인하면 된다.

```
>rs.initiate()

>rs.add("<다른 멤버>") // >rs.add("hl-VirtualBox:30002")
>rs.add("<또 다른 멤버>") // >rs.add("hl-VirtualBox:30003")
```

복제 셋을 초기화하고 멤버를 추가하면, 현재 접속 중인 mongo의 mongod 인스턴스는 PRIMARY가 된다. 몽고 셸의 라인도 다음과 같은 형태로 바뀐다.

```
replica_set:PRIMARY>
```

rs.status()를 다시 실행하면 이전의 출력과는 달리 구성 멤버들의 정보를 포함한 복제 셋의 상태를 반환한다.

```
replica_set:PRIMARY> rs.status()
{
    "set" : "replica_set",
    "date" : ISODate("2015-12-23T07:50:03.671Z"),
    "myState" : 1,
    "members" : [
            {
                    "_id" : 0,
                    "name" : "hl-VirtualBox:30001",
                    "health" : 1,
                    "state" : 1,
                    "stateStr" : "PRIMARY",
                    "uptime" : 598,
                    "optime" : Timestamp(1450856987, 1),
                    "optimeDate" : ISODate("2015-12-23T07:49:47Z"),
                    "electionTime" : Timestamp(1450856951, 2),
                    "electionDate" : ISODate("2015-12-23T07:49:11Z"),
                    "configVersion" : 3,
                    "self" : true
            },
            {
                    "_id" : 1,
                    "name" : "hl-VirtualBox:30002",
                    "health" : 1,
                    "state" : 2,
```

```
                    "stateStr" : "SECONDARY",
                    "uptime" : 19,
                    "optime" : Timestamp(1450856987, 1),
                    "optimeDate" : ISODate("2015-12-23T07:49:47Z"),
                    "lastHeartbeat" : ISODate("2015-12-23T07:50:03.302Z"),
                    "lastHeartbeatRecv" : ISODate("2015-12-23T07:50:02.639Z"),
                    "pingMs" : 0,
                    "syncingTo" : "hl-VirtualBox:30001",
                    "configVersion" : 3
            },
            {
                    "_id" : 2,
                    "name" : "hl-VirtualBox:30003",
                    "health" : 1,
                    "state" : 2,
                    "stateStr" : "SECONDARY",
                    "uptime" : 16,
                    "optime" : Timestamp(1450856987, 1),
                    "optimeDate" : ISODate("2015-12-23T07:49:47Z"),
                    "lastHeartbeat" : ISODate("2015-12-23T07:50:03.303Z"),
                    "lastHeartbeatRecv" : ISODate("2015-12-23T07:50:03.327Z"),
                    "pingMs" : 1,
                    "syncingTo" : "hl-VirtualBox:30001",
                    "configVersion" : 3
            }
    ],
    "ok" : 1
}
```

또한 실행 중인 mongod 인스턴스 명령어 창도 연결이 수용되었다는 상태를 출력한다. 이때 프라이머리가 아닌 다른 mongod 인스턴스에 접속하면 mongo가 다음과 같이 실행된다.

```
MongoDB shell version: 3.0.8
connecting to: localhost:30002/test
// 기타 정보 //
replica_set_test:SECONDARY>
```

이로써 1개의 프라이머리와 2개의 세컨더리 멤버, 총 3개의 멤버를 갖는 복제 셋이 구성되었다.

1) 복제 셋 프라이머리

프라이머리는 복제 셋에서 쓰기 동작을 하는 유일한 멤버이다. 몽고DB는 프라이머리에서 쓰기 동작을 하고 프라이머리의 oplog에 기록한다. 세컨더리 멤버는 이 log를 복제하고 동작을 자신의 데이터 셋에 적용한다.

[그림 9-1]과 같이 세 멤버로 구성된 복제 셋에서 프라이머리는 모든 쓰기 동작을 한다. 세컨더리는 oplog를 복제해 데이터 셋에 적용한다.

복제 셋의 모든 멤버는 읽기 동작이 가능하다. 하지만 기본적으로 애플리케이션은 읽기 동작을 프라이머리 멤버에게 지시한다. 복제 셋은 1개 이상의 프라이머리를 가질 수 있다. 만약 현재 프라이머리가 사용 불가능해지면, 투표를 통해 새로운 프라이머리를 선출한다.

[그림 9-2]와 같이 세 멤버로 구성된 복제 셋에서 프라이머리의 작동이 중지되면, 남아 있는 2개의 세컨더리 중에서 새로운 프라이머리를 선출한다.

어떤 경우에는 복제 셋의 2개 노드가 일시적으로 자신들이 프라이머리라고 생각할 수 있다. 하지만 대부분의 경우, 두 노드 중 하나는 {w: majority} 쓰기 확인을 사용해 쓰기를 완료한다. {w: majority}를 이용해 쓰기를 완료하는 노드는 현재의 프라이머리이고, 다른 노드는 네트워크 분할로 인해 자신이 세컨더리로 강등된 프라이머리라는 사실을 인지하지 못한다. 이러한 현상이 일어나면, 이전의 프라이머리에 연결되는 클라이언트는 요청된 쓰기 선호 프라이머리 대신 오래된 데이터를 받게 된다.

2) 복제 셋 세컨더리 멤버

❶ 우선순위가 0인 복제 셋 멤버

우선순위가 0인 멤버는 투표를 진행할 수 없기 때문에 프라이머리가 될 수 없는 세컨더리이다. 다른 경우 이 멤버들은 일반 세컨더리 역할을 한다. 우선순위가 0인 멤버는 데이터 셋의 복사본 저장, 쓰기 동작 그리고 선출 과정에서 투표를 한다. 멀티데이터 중심 환경에서는 세컨더리가 프라이머리가 되지 않도록 우선순위가 0인 멤버를 구성하는 것이 좋다.

[그림 9-4]의 세 멤버로 구성된 복제 셋에서 1개의 데이터센터는 프라이머리와 세컨더리를 갖는다. 두 번째 데이터센터는 프라이머리가 될 수 없는 1개의 우선순위 멤버를 갖는다.

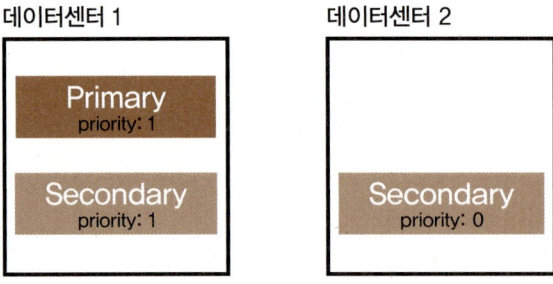

[그림 9-4] 세 멤버로 구성된 데이터센터

■ 대기상태의 우선순위가 0인 멤버

우선순위가 0인 멤버는 대기 상태가 된다. 일부 복제 셋에서는 적당한 시간 안에 새로운 멤버를 추가하는 것이 불가능할 수 있다. 대기 상태 멤버는 현재 데이터의 복사본을 새로 추가하는 것이 불가능한 멤버와 대체할 수 있게 한다.

대부분의 경우 사용자는 대기 상태를 우선순위 0으로 설정하지 않아도 된다. 하지만 하드웨어가 포함되어 있거나 지역적으로 분산된 셋에서는 우선순위가 0인 조건을 만족하는 멤버만이 프라이머리가 된다.

우선순위가 0인 멤버의 대기 상태는 다른 하드웨어 또는 업무량 프로필을 포함하는 셋의 경우에도 매우 중요하다. 이러한 경우에는 멤버들을 우선순위 0을 기준으로 배치하여 프라이머리가 되지 않도록 한다. 또한 숨겨진 멤버를 사용하는 것도 고려해 볼만하다.

만약, 사용자의 셋이 이미 7개의 투표 멤버를 갖는다면 멤버들이 투표를 하지 못하게 한다.

■ '우선순위 0' 멤버와 장애 극복

우선순위 0 멤버를 구성할 때는 모든 네트워크 분할 가능성을 포함하는 잠재적인 장애 극복 패턴을 고려한다. 항상 사용자의 메인 데이터센터가 투표 멤버들의 정족수와 프라이머리가 될 자격이 있는 멤버들을 포함하는지를 확인해야 한다.

❷ 숨겨진 복제 셋 멤버

숨겨진 멤버는 프라이머리 데이터 셋의 복사본을 갖지만 클라이언트 애플리케이션에는 보이지 않는다. 숨겨진 멤버들은 복제 셋의 다른 멤버들의 사용 패턴에 도움이 된다. 숨겨진 멤버들은 항상 우선순위가 0인 멤버가 되어야 한다. 숨겨진 멤버들은 프라이머리는 될 수 없지만 선출과정에서 투표할 수는 있다.

[그림 9-5]의 5개 멤버로 구성된 복제 셋에서 4개의 세컨더리 멤버들은 프라이머리의 데이터 셋 복사본을 갖고 있다. 하지만 1개의 세컨더리 멤버는 숨어 있다.

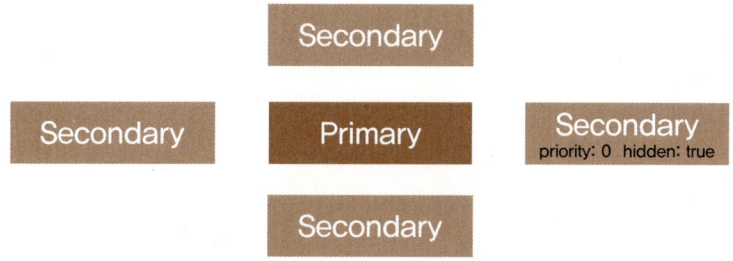

[그림 9-5] 숨겨진 멤버를 포함한 5개의 멤버로 구성된 복제 셋

■ 읽기 동작

클라이언트는 숨겨진 멤버에 읽기 선호도를 이용해 읽기를 분배하지 않는다. 따라서 이러한 멤버들은 기본 복제를 제외한 다른 트래픽을 전달받지 않는다. reporting과 백업과 같은 전용 작업에 이러한 숨겨진 멤버들을 사용할 수 있고, 지연된 멤버들도 숨겨진다. 샤드 클러스터에서 mongos는 숨겨진 멤버들과 교류하지 않는다.

■ 투표

숨겨진 멤버들은 복제 셋 선출 과정에서 투표할 수 있다. 만약, 사용자가 숨겨진 멤버들이 투표하는 것을 멈출 때 셋이 활발한 과반수를 갖도록 해야 프라이머리가 선출에서 물러나지 않는다.

사용자는 백업을 하기 위해 db.fsyncLock()와 db.fsyncUnlock() 동작을 이용해 숨겨진 멤버들이 멈추지 않게 한다. 이 두 가지 동작은 모든 쓰기를 flush하고 mongod 환경을 lock 시켜 백업 동작이 지속되게 한다.

❸ 지연된 복제 셋 멤버

지연된 멤버들은 복제 셋의 데이터 셋 복사본을 포함한다. 하지만 지연된 멤버의 데이터 셋은 이전의 또는 지연된 상태의 셋을 반영한다. 예를 들어 만약 현재 시간이 9:52이고 멤버가 1시간 동안 지연되고 있다면, 지연된 멤버는 8:52 이후의 동작을 갖지 않는다.

지연된 멤버들은 데이터 셋의 "롤링 백업" 또는 동작하는 "과거의" 스냅 샷이기 때문에, 다양한 종류의 에러 복구를 돕는다. 예를 들어 지연된 멤버는 실패한 애플리케이션의 업그레이드와 삭제된 데이터베이스와 컬렉션을 포함하는 오퍼레이터의 에러 복구를 도와준다.

- 고려 사항

  ⓐ 자격 요건

   지연된 멤버들
   - 반드시 우선순위가 0인 멤버이어야 하고, 지연된 멤버가 프라이머리가 되지 않게 프라이머리를 0으로 설정해야 한다.
   - 숨겨진 멤버이어야 하고, 항상 애플리케이션이 지연된 멤버들을 보거나 쿼리하지 않게 만들어야 한다.
   - 프라이머리 선출 과정에 투표해야 한다.

  ⓑ 동작

   지연된 멤버들은 지연의 oplog에서 동작을 적용한다. 다음은 지연될 양을 정할 때 고려해야 할 사항들이다.
   - 사용자의 유지 윈도우와 같거나 더 커야 한다.
   - oplog의 크기보다 작아야 한다.

  ⓒ 샤딩

   샤드된 클러스터에서 지연된 멤버들은 밸런서가 비활성화되었을 때 제한적 유틸리티를 갖는다. 지연된 멤버들은 청크 이동을 지연과 함께 복제하기 때문에 윈도우 지연 시 이동이 발생하면 샤드된 클러스터 안의 지연 멤버들의 상태가 이전의 상태로 복구하는 데 유용하지 않다.

- 예제

[그림 9-6]의 5개 멤버로 구성된 복제 셋에서 4개의 세컨더리 멤버들은 프라이머리의 데이터 셋 복사본을 갖고 있다. 1개의 멤버는 1시간(3600초)의 지연을 가지며 동작한다. 지연된 멤버는 숨어 있고 우선순위가 0인 멤버이다.

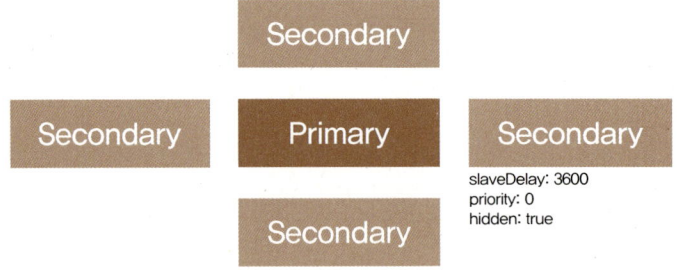

[그림 9-6] 지연 멤버를 갖고 있는 복제 셋

- 환경 설정

지연된 멤버는 우선순위를 0으로 갖고, 숨김 항목은 true로 되어 있으며, slaveDelay 항목은 지연 시간과 같은 숫자를 갖는다.

```
{
    "_id" : <num>,
    "host" : <hostname:port>,
    "priority" : 0,
```

```
    "slaveDelay" : <seconds>,
    "hidden" : true
}
```

3) 복제 셋 아비터

아비터는 데이터 셋의 복사본을 갖지 않기 때문에 프라이머리가 될 수 없다. 복제 셋은 프라이머리를 선출하기 위해 아비터를 갖는다. 아비터는 항상 정확하게 1번 투표를 진행하고 복제 셋이 홀수의 멤버를 갖게 한다. 멤버는 데이터를 복제하는 오버헤드를 포함하지 않는다.

> 🔍 **중요**
> 복제 셋의 프라이머리 또는 세컨더리를 포함하는 아비터는 시스템에서 실행하면 안 된다.

멤버의 수가 짝수인 셋에만 아비터를 추가한다. 만약 아비터를 멤버의 수가 홀수인 셋에 추가하면 선출 과정에서 셋이 동률이 된다.

예를 들어 [그림 9-7]의 복제 셋의 아비터가 선출 과정에서 투표할 때 홀수의 투표를 한다.

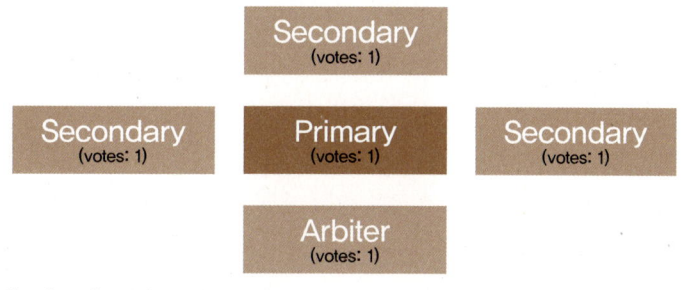

[그림 9-7] 아비터를 가진 복제 셋

예제 9-2 복제 셋에 관한 내용 중 올바르지 않은 것을 모두 고르시오.

① 복제 셋의 세컨더리만이 읽기 동작이 가능하다.
② 프라이머리의 동작이 중지되면, 남아 있는 2개의 세컨더리가 새로운 프라이머리를 선출한다.
③ 복제 셋의 프라이머리 또는 세컨더리를 포함하는 아비터는 시스템에서 실행하면 안 된다.
④ 복제 셋은 1개 이상의 프라이머리를 가질 수 없다.

답 ①, ④

해설 ① 복제 셋의 모든 멤버는 읽기 동작이 가능하다. 하지만 기본적으로 애플리케이션은 읽기 동작을 프라이머리 멤버에게 지시한다.

④ 복제 셋은 1개 이상의 프라이머리를 가질 수 있다. 현재의 프라이머리가 사용 불가능해지면 새로운 프라이머리를 선출하기 때문이다.

(2) 복제 셋 전개 아키텍처

복제 셋의 구조는 셋의 능력에 영향을 끼친다. 이 다큐먼트는 복제 셋 전개 전략을 제공하고 사용하기 쉬운 구조를 나타낸다.

프로덕션 시스템을 위한 기준 복제 셋 전개는 세 멤버로 구성된 복제 셋이다. 이 셋들은 고장 복구 능력을 제공한다. 가능한 한 복잡한 경우를 피하고 사용자의 애플리케이션 자격 요건이 아키텍처를 지시하게 한다.

1) 전략

❶ 멤버들의 수를 결정

복제 셋에 멤버들을 추가할 때에는 이 전략들을 참고하는 것이 좋다.

■ 홀수의 멤버들을 배치

홀수의 멤버들은 복제 셋이 항상 프라이머리를 선출하도록 한다. 만약 사용자가 짝수의 멤버들을 갖는다면, 아비터를 추가해 홀수로 만들어야 한다. 아비터는 데이터의 복사본을 저장하지 않으므로 적은 내용을 필요로 한다. 결과적으로 사용자는 애플리케이션 서버나 다른 공유 프로세스에서 아비터를 실행할 수 있다.

■ 고장 복구 능력 고려

복제 셋의 고장 방지 능력은 프라이머리가 비활성화되더라도 다른 멤버들이 프라이머리를 선출하게 하는 멤버들을 가리킨다. 프라이머리를 선출하는 데 필요한 것은 셋 안의 몇 개의 멤버들과 다른 멤버들 사이의 차이점이다. 프라이머리 부재 시 복제 셋은 쓰기 동작을 하지 못한다. 고장 복구 능력은 복제 셋의 크기에 영향을 받지만, 관계는 직접적인 영향이 없다([표 9-1] 참고).

[표 9-1] 복제 멤버 수에 고장 복구 능력

복제 셋 멤버의 수	복제 셋의 과반수	고장 복구 능력
3	2	1
4	3	1
5	3	2
6	4	2

복제 셋에 새 멤버를 추가하는 것이 고장 복구 능력을 항상 향상시키는 것은 아니다. 하지만 이러한 경우에 추가된 멤버들은 백업이나 reporting과 같은 세심한 기능에 힘을 보탤 수 있다.

■ 읽기 과부하 동작 시 부하 균형

대용량 읽기 동작을 실행할 때, 사용자는 읽기 작업을 세컨더리 멤버로 전송함으로써 읽기 동작을 향상시킬 수 있다. 동작의 크기가 커질수록, 멤버들을 추가하거나 대체할 수 있는 데이터센터로 전송하여 불필요한 중복을 줄이고 작업의 효율을 높인다. 항상 메인 기능이 프라이머리를 선출할 수 있도록 해야 한다.

■ 수용 능력을 요청에 앞서 추가하기

복제 셋의 기존 멤버들은 새로운 멤버를 수용할 수 있는 여분의 수용 능력을 가져야 한다. 최근의 요청이 셋을 포화시키기 전에 새로운 멤버들을 추가해야 한다.

❷ 멤버 분배 정하기

■ 지리학적으로 멤버 분배하기

사용자의 메인 데이터센터가 고장 났을 경우, 데이터를 보호하기 위해 대체 데이터센터에 최소한 1개의 멤버를 저장해두는 것이 좋다. 이 멤버들의 우선순위를 0으로 설정하고 프라이머리가 되지 않도록 한다.

■ 많은 멤버들을 한곳에 저장하기

복제 셋이 여러 데이터센터에 멤버를 갖고 있다면, 네트워크 파티션은 데이터센터 간의 통신을 방해할 수 있다. 데이터를 복제하기 위해 멤버들 간에 통신이 가능해야 한다.

선출 과정에서 멤버들은 과반수를 만들기 위해 서로를 확인해야 한다. 복제 셋 멤버들이 과반수를 만들고 프라이머리를 선출하기 위해 셋 멤버의 과반수를 한 장소에 저장해야 한다.

❸ 태그 셋을 이용한 타깃 동작

　　복제 셋의 태그 셋을 이용하여 특정 데이터센터에 동작을 복제하도록 한다. 태그 셋은 또한 특정 장치에 읽기 동작의 라우팅을 가능하게 한다.

❹ 전원 장애로부터 지키기 위한 저널링 사용

　　서비스 인터럽트로부터 데이터를 지키기 위해 저널링을 활성화한다. 저널링이 없다면 몽고DB는 예상치 못한 종료나 정전 또는 재부팅으로부터 데이터를 복구할 수 없다.

❺ 복제 셋 이름 정하기

　　만약 사용자의 애플리케이션이 1개 이상의 복제 셋과 연결된다면, 각 셋은 구분되는 이름을 가져야 한다. 몇몇 드라이버들은 복제 셋 연결을 복제 셋 이름을 기준으로 그룹화한다.

❻ 동작 패턴

　　다음 다큐먼트는 일반적인 복제 셋 동작 패턴을 설명한다. 다른 패턴들도 애플리케이션의 요구 사항에 따라 사용 가능하고 효율적이다. 필요에 따라 사용자의 동작에 따른 각 아키텍처의 특징들을 결합할 수 있다.

예제 9-3 복제 셋의 과반수가 '3'일 때, 고장 복구 능력의 수치를 나타내시오. 이때 복제 셋의 노드는 모두 같은 데이터 셋을 실제적으로 갖고 있는 노드이다.

답 복제 셋의 멤버의 수에 따라 4개의 경우 '1' 또는 5개의 경우 '2'

---

2) 세 멤버로 구성된 복제 셋

　　복제 셋의 최소 아키텍처는 3개의 멤버로 구성되어 있다. 세 멤버를 갖는 복제 셋은 데이터를 갖는 세 멤버 또는, 데이터를 가지는 2개의 멤버와 아비터를 갖는 멤버의 조합으로 이루어져 있다.

❶ 2개의 세컨더리 멤버와 프라이머리로 구성된 셋

　　데이터를 포함한 세 멤버를 가지는 복제 셋의 구성

- 1개의 프라이머리
- 2개의 세컨더리. 두 세컨더리는 모두 선출 과정을 통해 프라이머리가 될 수 있다.

　　[그림 9-3]과 같은 전개는 프라이머리뿐만 아니라 모든 경우에 데이터 셋의 복사본을 제공한다. 복제 셋들은 추가적인 고장 방지 능력과 높은 효율을 제공한다. 만약 [그림 9-2]처럼

프라이머리가 중지되면, 복제 셋은 세컨더리를 프라이머리로 선출하고 다시 동작한다. 이전 프라이머리는 다시 동작하면 셋에 다시 합류한다.

❷ 세컨더리, 아비터와 프라이머리로 구성된 셋

   2개의 멤버가 데이터를 포함하는 세 멤버 셋의 구성
- 1개의 프라이머리
- 1개의 세컨더리 멤버. 세컨더리는 선출을 통해 프라이머리가 될 수 있다.
- 1개의 아비터. 아비터는 선출 과정에서 투표만 한다.

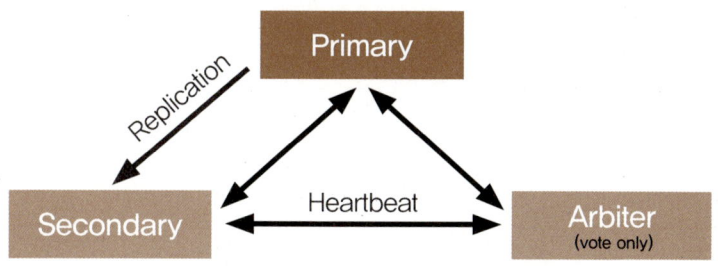

[그림 9-8] 각 하나의 프라이머리와 세컨더리, 아비터로 구성된 복제 셋

아비터는 데이터의 복사본을 갖지 않기 때문에, 이러한 구성은 데이터의 복사본을 1개만 제공한다. 아비터는 최소한의 여분과 장애 복구 능력을 갖기 때문에 적은 양의 자원만을 필요로 한다.

하지만 프라이머리, 세컨더리 그리고 아비터를 포함하는 구성은 프라이머리나 세컨더리가 사용 불가능해지더라도 복제 셋이 유지되도록 한다. [그림 9-9]와 같이 프라이머리가 사용 불가능해지면, 복제 셋은 세컨더리를 프라이머리로 선출한다.

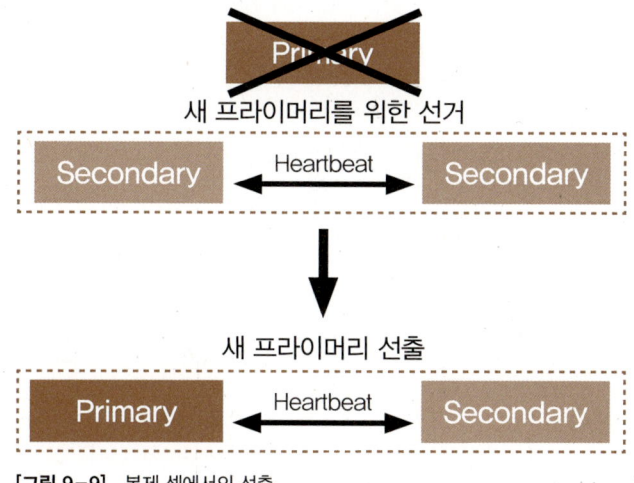

[그림 9-9] 복제 셋에서의 선출

예제 9-4 세 멤버로 구성된 복제 셋에서 올바른 것을 모두 고르시오.

① 3개의 멤버 중 1개는 반드시 프라이머리이다.

② 프라이머리의 동작이 정지되면 남은 2개의 멤버 중 하나가 프라이머리가 된다.

③ 두 세컨더리 중 프라이머리가 될 수 있는 멤버는 정해져 있다.

④ 정지되었던 프라이머리는 다시 셋에 합류한다.

답 ①, ②, ④

해설 ① 셋은 반드시 1개의 프라이머리를 갖는다.

③ 두 세컨더리는 선출을 통해 프라이머리가 되기 때문에, 두 멤버 모두 프라이머리가 될 가능성을 갖고 있다.

3) 4개 이상의 멤버로 구성된 복제 셋

❶ 개요

기본적인 복제 셋은 세 멤버를 갖는 구조이지만, 사용자는 더 큰 셋을 구성할 수 있다. 멤버를 셋에 추가해 여분을 넓히거나 세컨더리 읽기 작업을 분배하기 위한 멤버를 추가한다.

❷ 고려 사항

다음은 새 멤버를 복제 셋에 추가하고 난 후에 고려할 사항이다.

ⓐ 투표 멤버수가 홀수이어야 한다.

복제 셋의 투표 멤버 수가 홀수이어야 한다. 만약 투표 멤버 수가 짝수라면 아비터를 추가해 셋이 홀수가 되도록 한다.

예를 들어 다음의 복제 셋은 아비터를 포함하고 있어 투표 멤버 수가 홀수가 되도록 한다.

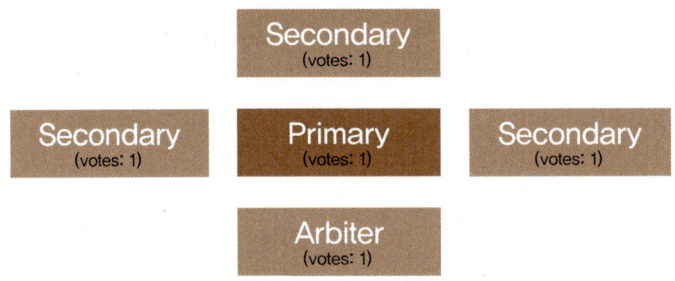

[그림 9-10] 아비터를 포함한 홀수 개의 투표 멤버 수를 가진 복제 셋

ⓑ 투표 멤버 최대의 수

복제 셋은 최대 50개의 멤버까지 수용할 수 있지만, 투표 멤버는 7개만 수용 가능하다. 만약 복제 셋이 이

미 7개의 투표 멤버를 갖는다면 추가되는 멤버들은 투표가 가능하지 않은 멤버들이어야 한다.

예를 들어 [그림 9-11]과 같이 9개의 멤버를 갖는 복제 셋은 7개의 투표 멤버를 갖고 2개의 투표 불가능한 멤버를 갖는다.

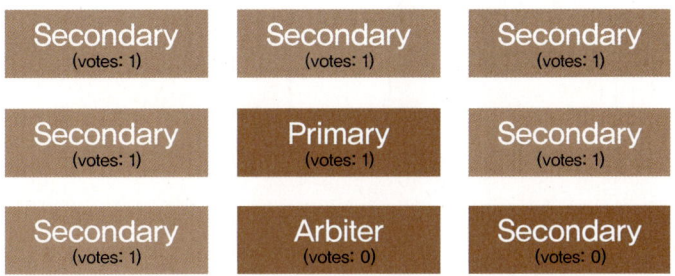

[그림 9-11] 7개 이상의 멤버를 가진 복제 셋에서의 투표 멤버

ⓒ 멤버들의 위치

복제 셋 멤버들의 대부분은 사용자 애플리케이션의 메인 데이터센터에 있다. 예를 들어 [그림 9-12]의 5개 멤버를 갖는 복제 셋은 3개의 멤버가 데이터 메인 데이터센터인 데이터센터 1에 있는 것을 확인할 수 있다.

[그림 9-12] 세 멤버로 구성된 데이터센터

ⓓ 멤버들의 선출 가능성

복제 셋의 멤버 중 네트워크 통제나 한정된 자원을 갖는 멤버는 장애 복구 시 프라이머리가 될 수 없다. 예를 들어 세 번째 데이터센터에 있는 우선순위 0을 갖는 세컨더리는 프라이머리가 될 수 없다.

❸ 지역적으로 분산된 복제 셋의 예제

- 메인 데이터센터의 프라이머리
- 메인 데이터센터의 프라이머리가 될 수 있는 세컨더리 멤버
- 두 번째 데이터센터 안의 우선순위 0인, 즉 프라이머리가 될 수 없는 세컨더리 멤버

[그림 9-13]의 복제 셋에는 데이터센터 1에 1개의 프라이머리와 세컨더리가 있고, 데이터센터 2에 프라이머리가 될 수 없는 우선순위가 0인 세컨더리가 있다.

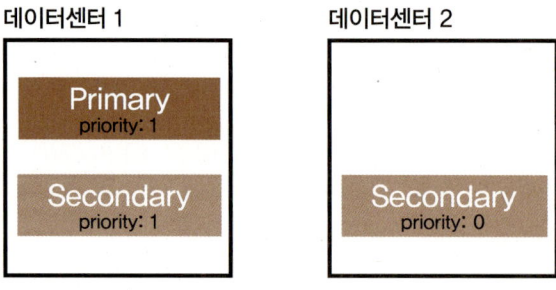

[그림 9-13] 세 멤버로 구성된 데이터센터

기존의 프라이머리가 불능 상태가 되면, 복제 셋은 새로운 프라이머리를 데이터센터 1에서 선출한다. 만약 데이터센터들이 서로 연결되지 않으면, 데이터센터 2 안에 있는 멤버들은 프라이머리가 될 수 없다.

데이터센터 1의 사용이 불가능해지면, 최소한의 고장 시간 내에 데이터센터 2로부터 수동적으로 복제 셋을 복구할 수 있다. 충분한 쓰기 확인을 갖는다면, 데이터 손실은 없을 것이다.

투표를 가능하게 하기 위해 메인 데이터는 과반수의 멤버들을 포함해야 한다. 또한 셋의 멤버 수가 홀수인지를 확인해야 한다. 다른 데이터센터에 멤버를 추가하고 난 후에 멤버 수가 짝수가 된다면, 아비터를 추가해야 한다.

(3) 복제 셋의 고가용성

복제 셋은 자동 장애 극복을 사용해 고가용성을 제공한다. 장애 극복은 프라이머리를 활용할 수 없을 경우, 세컨더리가 프라이머리가 되게 한다. 장애 극복은 대부분의 경우 수동적인 개입을 요구하지 않는다.

복제 셋 멤버들은 동일한 데이터를 갖지만 독립적이다. 프라이머리를 활용할 수 없다면, 복제 셋은 새로운 프라이머리를 선출한다. 어떤 장애 극복은 롤백을 필요로 한다.

복제 셋의 배포는 장애 극복 환경 결과에 영향을 끼친다. 장애 극복을 제대로 하기 위해 하나의 장치가 프라이머리를 선출할 수 있도록 한다. 핵심 애플리케이션 시스템을 갖는 장치를 선택하고 과반수의 복제 셋을 포함하도록 한다. 프라이머리가 될 수 있는 대부분의 투표 멤버들과 모든 멤버들을 이 장치 안에 위치시킨다. 그렇지 않으면 네트워크 분배는 과반수를 형성하지 못하게 한다.

1) 복제 셋 선출

복제 셋은 세 멤버들 중 프라이머리를 결정하기 위해 선출을 사용한다. 선출은 복제 셋이 시작된 후와 프라이머리가 활용할 수 없을 때 발생한다. 프라이머리는 셋 중에서 쓰기 동작이 가능한 유일한 멤버이다. 만약 프라이머리를 활용할 수 없게 되면, 선출을 통해 수동적 개입 없이 셋을 복구할 수 있도록 한다. 선출은 장애 극복 과정의 일부이다.

[그림 9-14]와 같이 3개의 멤버를 갖는 복제 셋에서 프라이머리의 사용이 불가능할 때, 남아 있는 세컨더리들은 선출을 통해 새 프라이머리를 결정한다.

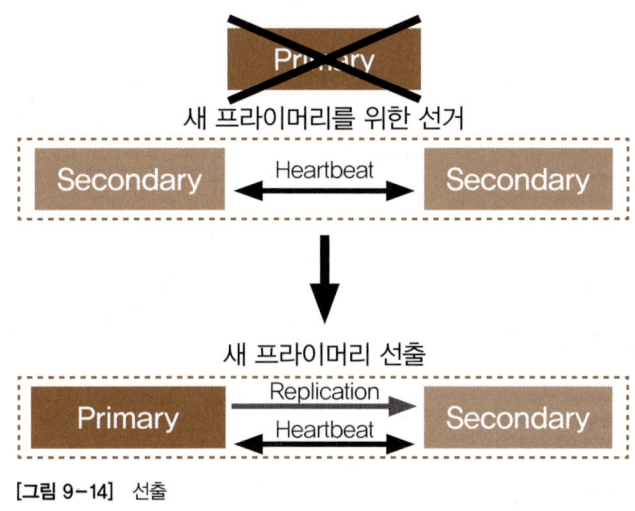

[그림 9-14] 선출

❶ 행동

선출은 복제 셋의 독립적인 동작에 매우 중요하지만, 일을 마치는 데는 시간이 걸린다. 선출하는 동안, 복제 셋은 프라이머리를 갖지 않고 쓰기 동작을 받아들이지 않아 남아 있는 멤버들은 읽기 기능만을 한다. 몽고DB는 필요하지 않은 이상 선출을 하지 않는다.

과반수의 복제 셋이 접근 가능하지 않거나 활용 가능하지 않다면, 복제 셋은 쓰기 동작을 받아들일 수 없고, 남아 있는 멤버들은 쓰기 동작만 가능해진다.

❷ 선출에 영향을 끼치는 요인과 조건

ⓐ 핑(Heartbeats)

복제 셋 멤버들은 매 2초마다 서로에게 핑을 보낸다. 만약 핑이 10초 내로 되돌아오지 않으면, 다른 멤버는 지연된 멤버를 접근 불가능하다고 표시한다.

ⓑ 우선순위 비교

우선순위 설정은 선출에 영향을 끼친다. 멤버들은 우선순위가 가장 높은 멤버들에게 투표하려는 경향이 있다. 우선순위 0을 가지는 멤버들은 프라이머리가 될 수 없고 투표를 하지 않는다. 복제 셋은 현재의 프라이머리가 가장 높은 우선순위 값을 가지거나 셋에 가장 최근 10초 동안 oplog 진입에 높은 우선순위를 가지는 세컨더리가 없는 경우 투표를 진행하지 않는다. 만약 높은 우선순위를 가지는 멤버가 현재 프라이머리의 최근 oplog 진입을 10초 동안 따라잡는다면, 셋은 높은 우선순위를 갖는 노드가 프라이머리가 될 수 있도록 선출을 실행한다.

ⓒ Optime

optime은 멤버가 oplog에서 실행한 최종 동작의 타임스탬프(timestamp)이다. 복제 셋 멤버는 셋 안의 멤버 중 가장 높은(가장 최근의) optime을 갖지 않으면 프라이머리가 될 수 없다.

ⓓ 연결

복제 셋 멤버들은 복제 셋 멤버들의 과반수와 연결되지 않으면 프라이머리가 될 수 없다. 선출을 위해, 과반수는 멤버의 총 수가 아닌 총 투표 수를 나타낸다.

사용자가 모든 멤버가 1개의 투표를 갖는 세 멤버로 구성된 복제 셋을 가질 때, 셋은 다른 두 셋끼리 연결 가능한 경우 프라이머리를 선출할 수 있다. 만약 두 멤버들을 활용할 수 없다면, 남아 있는 멤버는 셋의 과반수 멤버에 연결할 수 없기 때문에 세컨더리로 남아 있다. 만약 남아 있는 멤버가 프라이머리이고, 두 멤버들이 활용할 수 없게 된다면, 프라이머리는 세컨더리가 된다.

ⓔ 네트워크 분할

네트워크 분할은 선출을 위한 과반수 형성에 영향을 끼친다. 만약 프라이머리가 물러나고 복제 셋의 일부 또한 과반수를 갖지 않는다면, 셋은 새로운 프라이머리를 선출하지 않는다. 복제 셋은 읽기만 가능해진다.

이러한 상황을 피하기 위해, 대부분의 인스턴스를 1개의 데이터센터에 저장하고, 적은 양의 인스턴스를 합쳐진 다른 데이터센터에 저장한다.

❸ 선출 메커니즘

ⓐ 선출을 유도하는 상황

복제 셋은 프라이머리가 없을 경우, 어느 때나 선출을 진행한다.
- 새로운 복제 셋의 개시
- 세컨더리와 프라이머리의 통신이 끊겼을 경우. 세컨더리가 프라이머리를 찾을 수 없을 경우 선출을 실행한다.
- 프라이머리가 물러나는 경우

■ 프라이머리가 물러나는 경우
- replSetStepDown 명령어가 실행된 경우
- 현재 세컨더리 중 하나가 선출될 자격이 있거나 우선순위가 높을 경우
- 프라이머리가 복제 셋의 과반수 멤버와 접촉할 수 없을 경우

때때로, 복제 셋의 구성을 수정하면 프라이머리가 물러나게 하여 선출을 유발할 수 있다.

> **🔍 중요**
> 프라이머리는 물러날 때, 열어져 있는 모든 연결을 닫고, 클라이언트가 세컨더리에 데이터를 작성하지 못하게 한다. 이는 클라이언트가 복제 셋의 정확한 모습을 유지할 수 있게 하고, 롤백을 막을 수 있도록 한다.

ⓑ 선출에서의 참여

모든 복제 셋 멤버들은 프라이머리가 될 수 있는 가능성을 결정하는 우선순위를 갖고 있다. 선출에서, 복제 셋은 우선순위가 가장 높은 멤버를 프라이머리로 선출한다. 기본적으로 모든 멤버들은 우선순위를 1로 가지므로 프라이머리가 될 확률이 같다. 모든 멤버는 또한 선출에 참여할 수 있다.

사용자는 특정 멤버 또는 멤버의 그룹을 위해 우선순위 값을 설정해 선출에 영향을 끼칠 수 있다. 예를 들어, 만약 사용자가 지역적으로 복제 셋을 분배했다면, 특정 데이터센터 안의 멤버들만이 프라이머리가 되도록 우선순위를 조정할 수 있다.

과반수 이상의 표를 가장 먼저 받는 멤버가 프라이머리가 된다. 기본적으로, 사용자가 투표 설정을 수정하더라도 모든 멤버들은 1개의 투표권을 갖는다. 투표권이 없는 멤버들은 투표 값이 0이다. 다른 멤버들은 1의 투표를 갖는다.

> **🔍 중요**
> 복제 셋에서 투표 결과를 바꾸기 위해 투표 수를 바꾸면 안 된다. 그 대신 우선순위 값을 수정해야 한다.

ⓒ 선출에서의 거부권

복제 셋의 투표권이 없는 멤버들을 포함한 모든 멤버들은 투표에 참여할 수 있다.

■ 멤버가 투표에 참여하는 경우
- 선출되고자 하는 멤버가 투표자 셋의 멤버가 아닐 경우
- 선출되고자 하는 멤버가 복제 셋에서 접근 가능한 최근의 동작이 아닐 경우
- 선출되고자 하는 멤버가 셋 안의 다른 선출 가능한 멤버보다 우선순위가 낮을 경우
- 우선순위가 0인 멤버가 선출할 때 가장 최근의 멤버일 경우. 이 경우 다른 가능성 있는 멤버는 세컨더리 멤버의 상태를 따라잡아 프라이머리가 되려고 할 것이다.
- 현재 프라이머리가 선출되고자 하는 멤버와 같거나 보다 가장 최근의 동작(즉, 더 높거나 같은 optime)을 가질 경우

❹ 투표에 참여하지 않는 멤버

투표하지 않는 멤버들은 복제 셋의 데이터 복사본을 갖고 있고 클라이언트 애플리케이션 읽기 동작을 받아들인다. 투표하지 않는 멤버들은 선출 과정에서 투표하지 않지만 거부권을 행사하여 프라이머리가 될 수 있다.

복제 셋은 50개 멤버까지 수용할 수 있지만, 7개의 투표 멤버만을 포함하기 때문에 투표하지 않는 멤버들은 복제 셋이 7개 이상의 멤버를 가질 수 있게 한다.

예를 들어, [그림 9-15]의 9개의 멤버를 갖는 복제 셋은 7개의 투표 멤버와 2개의 투표하지 않는 멤버를 가진다.

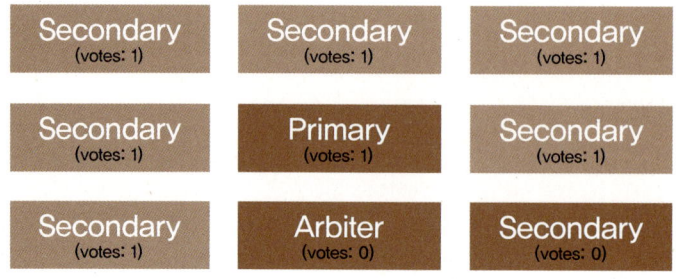

[그림 9-15] 7개 이상의 멤버를 가진 복제 셋에서의 투표 멤버

투표에 참여하지 않는 멤버는 멤버 설정에서 투표 설정이 0으로 되어 있다.

```
{
    "_id" : <num>
    "host" : <hostname:port>,
    "votes" : 0
}
```

가능한 모든 멤버들은 1개의 표를 가져야 한다. 투표 수를 바꾸면 다른 멤버들이 프라이머리가 될 수 있다.

예제 9-5 몽고DB의 복제 셋에서 선출이 일어날 수 있는 모든 상황 세 가지를 서술하시오.

답 복제 셋이 (재)시작한 경우, 세컨더리와 프라이머리의 통신이 끊겼을 경우. 세컨더리는 프라이머리를 찾을 수 없을 경우, 프라이머리가 물러날 경우.

---

2) 복제 셋 장애 복구 시 롤백

롤백은 장애 복구 이후 멤버가 복제 셋에 다시 합류하면 이전의 프라이머리에 쓰기 동작을 되돌린다. 롤백은 만약 프라이머리가 다운되기 전에 세컨더리가 성공적으로 복제하지 않은 쓰기 작업을 프라이머리가 수행하는 것을 의미한다. 이전의 프라이머리가 셋에 세컨더리로 복귀하면, 다른 멤버들과의 데이터베이스 일관성을 유지하기 위해 쓰기 동작의 롤백을 시작한다.

롤백은 드물지만 몽고DB는 피하려고 한다. 롤백이 발생하면 네트워크가 분할된다. 이전 프라이머리의 동작들을 따라잡지 못하는 세컨더리는 롤백의 사이즈와 영향을 증가시킨다. 롤백은 프라이머리가 다운되기 전에 쓰기 동작을 복제 셋의 다른 멤버에 복제했을 경우나 다른 멤버가 활용 가능하거나 복제 셋의 과반수에 접근 가능하면 일어나지 않는다.

❶ 롤백 데이터 수집

롤백이 일어나면 관리자는 롤백 데이터를 적용할지, 무시할지를 결정해야 한다. 몽고DB는 롤백 데이터를 데이터베이스의 dbPath 디렉토리의 rollback/ 폴더 안의 BSON 파일에 작성한다. 롤백 파일들의 이름은 다음과 같은 형태이다.

```
<database>.<collection>.<timestamp>.bson
```

```
records.accounts.2011-05-09T18-10-04.0.bson
```

예를 들어 관리자는 멤버가 롤백을 끝내고 세컨더리 상태로 복귀한 후 롤백 데이터를 수동적으로 적용해야 한다. bsondump를 사용하여 롤백 파일의 내용을 읽어야 한다. 그리고 mongorestore를 사용하여 새로운 프라이머리에 변화를 적용한다.

❷ 복제 셋 롤백 피하기

복제 셋에서 기본적으로 쓰기 확인 {w: 1}은 프라이머리의 쓰기 동작만을 인지한다. 기본적인 쓰기 확인을 사용하여 데이터는 쓰기 동작이 세컨더리에 복제되기 전에 프라이머리가 다운된다면 롤백된다.

클라이언트에 인지된 데이터가 롤백되는 것을 막기 위해서는 { w: majority write concern }을 사용하여 쓰기 동작이 주요 클라이언트에 인지되기 전에 복제 셋의 과반수의 노드에 전송되도록 한다.

❸ 롤백 제한

mongod 환경은 300MB 이상의 데이터는 롤백하지 않는다. 만약 사용자의 시스템이 300MB 이상의 데이터를 롤백해야 한다면, 사용자는 데이터를 복구하기 위해 수동적으로 개입해야 한다. 이 경우 사용자의 mongod log에 다음과 같은 내용이 나타난다.

```
[replica set sync] replSet syncThread: 13410 replSet too much data to roll back
```

이 상황에서 데이터를 직접적으로 저장하거나 멤버가 초기 동기화를 수행하도록 한다. 초기 동기화를 실행하기 위해 셋의 "현재" 멤버에서 동기화를 한다. 동기화는 더 큰 롤백을 필요로 하는 멤버를 위해 dbPath 디렉토리의 데이터를 삭제함으로서 진행한다.

(4) 복제 셋의 읽기 쓰기 의미

기본적으로 몽고DB에서 복제 셋의 읽기 동작은 프라이머리에서 결과를 반환한다. 세컨더리 멤버도 읽기 동작을 반환할 수 있도록 구성할 수 있다. 만약 클라이언트가 세컨더리의 읽기 동작을 허가하기 위해서 읽기 선호를 구성한다면, 읽기 동작은 최근의 쓰기 동작을 복제하지 않은 세컨더리 멤버로부터 데이터를 반환할 수도 있다. 이러한 동작은 가끔 세컨더리 멤버의 상태가 결과적으로 프라이머리의 상태를 반영하고, 몽고DB가 세컨더리 멤버에서의 읽기 동작 일관성을 보장할 수 없게 한다.

1) 복제 셋의 읽기 확인

❶ 복제 셋의 읽기 동작 확인

복제 셋에서 기본적인 쓰기 확인은 쓰기 동작을 프라이머리에서만 진행한다. 하지만 사용자는 쓰기 확인을 재정의할 수 있다. 예를 들어, 쓰기 동작을 특정 개수의 복제 셋 멤버들을 대상으로 할 수 있다.

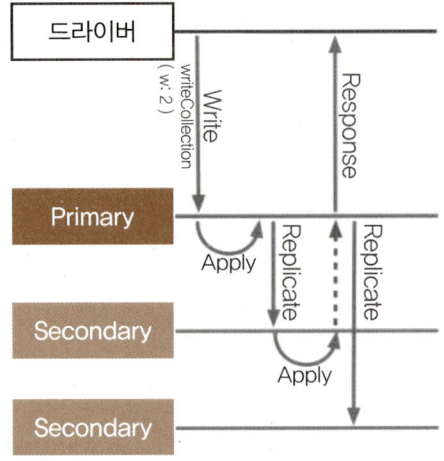

[그림 9-16] 복제 셋에서의 쓰기 동작

기본 쓰기 확인을 다시 정의하기 위해서는 쓰기 확인을 각 쓰기 동작에서 구체화해야 한다. 예를 들어 다음 메소드는 메소드가 쓰기 동작이 프라이머리에 전송되고 나서 반환되도록 하고 적어도 1개의 세컨더리 또는 메소드가 5초 후 시간 초과되는 조건을 포함한다.

```
db.products.insert(
   { item: "envelopes", qty : 100, type: "Clasp" },
   { writeConcern: { w: 2, wtimeout: 5000 } }
)
```

사용자는 쓰기 확인을 위해 시간 초과 경계 값을 추가할 수 있다. 이것은 쓰기 동작이 쓰기 확인이 가능하지 않을 때 무기한으로 중단되는 것을 방지한다. 예를 들어 쓰기 확인 시 4개의 멤버 중 3개의 멤버만이 활용 가능한 복제 셋의 확인이 필요할 때 멤버들이 모두 활용 가능해지기 전까지는 동작이 중단된다.

❷ 기본 쓰기 확인 수정

복제 셋 구성에서 getLastErrorDefaults를 설정함으로써 기본 쓰기 확인을 수정할 수 있다. 다음 명령어 시퀀스는 투표 멤버들의 과반수가 다음과 같은 결과를 반환하기 전에 쓰기 동작을 완료하기를 기다리는 구성을 만든다.

```
cfg = rs.conf()
cfg.settings = {}
cfg.settings.getLastErrorDefaults = { w: "majority", wtimeout: 5000 }
rs.reconfig(cfg)
```

사용자가 쓰기 동작을 특정 쓰기 확인과 같이 실행하면, 쓰기 동작은 기본 쓰기 확인 대신 자기 자신의 쓰기 확인을 사용한다.

2) 읽기 선호

읽기 선호는 몽고DB 클라이언트가 복제 셋 멤버들에서 읽기 동작을 어떻게 라우팅하는지를 설명한다.

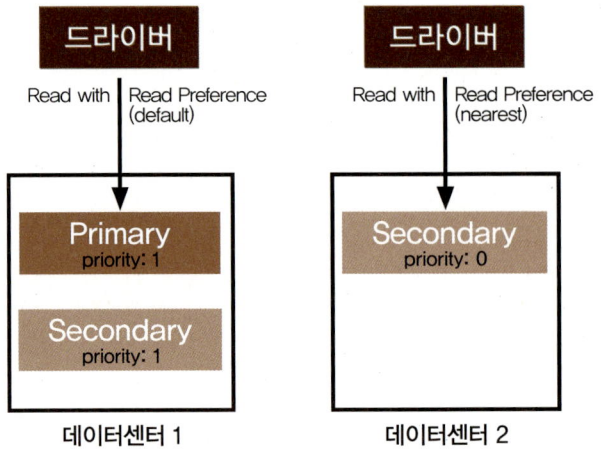

[그림 9-17] 세 멤버로 구성된 데이터센터

기본적으로 애플리케이션은 자신의 읽기 동작을 복제 셋의 프라이머리 멤버에 지정한다. 쓰기 동작이 단일 프라이머리에서 실행되기 때문에 프라이머리에서의 읽기 동작은 다큐먼트의 최근 버전을 반환한다.

최신의 데이터를 필요로 하지 않는 애플리케이션은 사용자가 일부 또는 모든 읽기 동작을 복제 셋의 세컨더리 멤버에 지정함으로써 지연을 줄일 수 있다.

> **주의**
> 읽기 선호를 지정할 때 조심해야 할 점이 있다. 프라이머리 이외의 모드들은 비동기화 복제를 사용해 세컨더리의 데이터가 최근의 쓰기 동작을 반영하지 않기 때문에 오래된 데이터를 반환할 수 있다.

❶ 사용 사례

ⓐ 지시

다음은 프라이머리가 아닌 읽기 선호 모드를 사용하는 일반적인 사용 사례이다.
- front-end 애플리케이션에 영향을 끼치지 않는 시스템 운영체제를 실행
- 지역적으로 분산된 애플리케이션에 지역적 읽기를 제공

만약 사용자가 여러 데이터센터에 애플리케이션을 갖고 있다면, 지역적으로 분산된 복제 셋을 갖는 것을 고려해보거나 프라이머리가 아닌 읽기 선호나 nearest를 사용할 수 있다. 이 방법은 클라이언트가 프라이머리가 아닌 저지연 멤버로부터 읽기 작업을 수행할 수 있게 한다.

■ 장애 복구 중 유효성 유지하기

애플리케이션이 일반적 상황의 프라이머리에서 읽기 작업을 수행하거나, 프라이머리가 활용 가능하지 않을 때 세컨더리에서 오래된 읽기 작업을 수행하기를 원한다면 primaryPreferred를 사용한다. 이것은 장애 복구 중 사용자의 애플리케이션에 "읽기 모드"를 제공한다.

ⓑ 카운터 지시

일반적으로 읽기 작업에 추가 가능성을 제공하기 위해 세컨더리나 secondaryPreferred를 사용하지 않는 것이 좋다.

- 복제 셋의 모든 멤버들은 대략적으로 동등한 쓰기 작업 트래픽을 갖는다. 그 결과, 세컨더리들은 프라이머리와 대략적으로 비슷한 쓰기 동작을 실행한다.
- 복제는 비동기적이고 성공적인 읽기 동작과 세컨더리로의 복제 사이에 일정 양의 지연이 있다. 세컨더리의 읽기 동작은 오래된 데이터를 반환할 수 있다.
- 읽기 동작을 세컨더리에 분배하는 것은 만약 남아 있는 멤버가 애플리케이션의 모든 요청을 수행해야 하므로 셋의 멤버 중 하나가 활용하지 못하게 되면 수행 능력을 타협할 수 있다.
- 샤드 컬렉션의 쿼리와 밸런서 액티브를 갖는 클러스터들의 경우 미완성되었거나 삭제된 청크 이동 때문에 세컨더리는 잃어버린 데이터나 복제된 데이터를 오래된 결과와 함께 반환될 수 있다.

샤딩은 읽기와 쓰기 동작을 장치들의 그룹에 분배함으로써 읽기와 쓰기 작업을 늘린다. 그리고 샤딩은 용량 추가에도 도움을 준다.

❷ 읽기 선호 모드

 주의

프라이머리를 제외한 모든 읽기 선호는 세컨더리가 프라이머리에서 동작을 복제할 때 지연이 발생하기 때문에 오래된 데이터를 반환한다. 사용자의 애플리케이션이 프라이머리가 아닌 모드를 사용할 때 오래된 데이터를 견딜 수 있도록 설정한다.

몽고DB 드라이버는 [표 9-2]로 나타낸 5개의 읽기 선호 모드를 지원한다.

[표 9-2] 읽기 선호 모드

읽기 선호 모드	특징
primary	기본 모드. 모든 읽기 동작은 현재의 복제 셋 프라이머리에서 실행된다.
primaryPreferred	대부분의 경우 읽기 동작은 프라이머리에서 이루어지지만, 프라이머리가 활용하지 못하게 되면 읽기 동작은 세컨더리 멤버에서 동작한다.
secondary	모든 읽기 동작은 복제 셋의 세컨더리 멤버에서 실행된다.
secondaryPreferred	대부분의 경우 읽기 동작은 세컨더리에서 이루어지지만, 세컨더리 멤버가 활용하지 못하게 되면 읽기 작업은 프라이머리에서 동작한다.
nearest	복제 셋의 멤버가 읽기 동작을 할 때 멤버의 타입과 무관하게 네트워크 지연을 최소화하여 실행한다.

읽기 선호 모드를 지정하는 데 필요한 문법은 드라이버와 호스트 언어에 특화되어 있다. 읽기 선호 모드는 또한 mongos를 이용해 샤드 클러스터에 연결하는 클라이언트에서 가능하다. mongos 인스턴스는 클러스터에 각 샤드를 공급하는 복제 셋에 연결할 경우 지정된 읽기 선호를 따른다.

❸ 태그 셋

태그 셋은 사용자가 복제 셋의 특정 멤버에 읽기 동작을 적용할 수 있게 한다.

사용자 읽기 선호와 쓰기 확인은 태그 셋을 다양한 방식으로 평가한다. 읽기 선호는 어떤 멤버가 읽기 작업을 할지 결정할 때 태그의 가치를 고려한다. 읽기 확인은 값이 유일한지, 아닌지를 고려할 경우를 제외하고 멤버를 결정할 때는 태그 값을 무시한다.

사용자는 다음의 읽기 선호 모드를 사용하여 태그 셋을 지정할 수 있다.

- primaryPreferred
- secondary
- secondaryPreferred
- nearest

태그 셋은 프라이머리 모드와 호환되지 않고, 일반적으로 세컨더리의 읽기 동작을 결정할 때만 사용한다. nearest 읽기 모드는 태그 셋과 합쳐지면 네트워크 지연이 가장 낮은 멤버를 선택한다. 이 멤버는 프라이머리나 세컨더리일 것이다.

❹ 읽기 선호 과정

몽고DB의 드라이버는 복제 셋과 샤드 클러스터에 작업을 지시하기 위해 다음 절차를 사용한다. 동작을 라우팅하는 방법을 정하기 위해 애플리케이션은 주기적으로 복제 셋의 상태를 업데이트하고, 어떤 멤버가 up이고 down인지, 프라이머리인지 확인하고 각 mongod 인스턴스의 대기 시간을 확인한다.

ⓐ 멤버 선택

해당 드라이버의 방법의 클라이언트와 mongos의 샤드 클러스터 인스턴스는 주기적으로 복제 셋의 상태를 업데이트한다.

만약 프라이머리가 아닌 읽기 선호도를 선택하면, 드라이버는 다음과 같은 방법을 이용하여 어떤 멤버를 타깃으로 삼을지 결정한다.

- 적합한 멤버들의 목록을 조합하고, 알맞은 멤버 타입(세컨더리, 프라이머리 또는 모든 멤버들)을 고려한다.
- 태그 셋과 매치하지 않는 멤버들은 제외시킨다.
- 어떤 멤버가 클라이언트에 가까운지를 판별한다.
- "가장 가까운" 멤버들의 목록을 만든다. 이 단계에서 애플리케이션은 사용된 스레드를 구성할 수 있다. 기본적인 지연 가능 시간은 15ms이다.
- 이 구성에서 멤버들을 랜덤하게 선택한다. 선택된 멤버들은 쓰기 동작을 전달받는다.

드라이버는 애플리케이션을 통해 연결된 멤버와 스레드를 생성할 수 있다.

> **예제 9-6** 다음 설명으로 옳지 않은 것을 모두 고르시오.
>
> ① 프라이머리: 기본 모드로, 모든 읽기 동작과 쓰기 동작은 복제 셋의 프라이머리에서 실행된다.
> ② primaryPreferred: 쓰기 동작은 프라이머리에서 이루어지지만, 대부분의 읽기 동작은 세컨더리에서 이루어진다.
> ③ 세컨더리: 모든 읽기 동작과 쓰기 동작은 복제 셋의 세컨더리에서 실행된다.
> ④ secondaryPreferred: 대부분의 읽기 동작은 세컨더리에서 이루어지지만, 세컨더리를 활용하지 못하는 경우 읽기 동작은 프라이머리에서 실행된다.
> ⑤ nearest: 복제 셋의 멤버가 읽기 동작과 쓰기 동작을 할 때 멤버의 타입과 무관하게 네트워크 지연을 최소화하는 멤버에서 실행한다.
>
> **답** ②, ③, ⑤

(5) 복제 과정

1) 복제 셋 oplog

oplog는 사용자의 데이터베이스에 저장되어 있는 데이터 수정 동작 기록을 갖는 특별히 크기가 제한된 특별한 크기가 제한된 컬렉션이다. 몽고DB는 데이터베이스 동작을 프라이머리에서 수행하고 동작을 프라이머리의 oplog에 기록한다. 세컨더리 멤버는 이러한 동작을 비동기적 과정으로 복사하고 적용한다. 모든 복제 셋 멤버들은 `local.oplog.rs` 컬렉션 안에 oplog의 복사본을 갖고 데이터베이스의 현재 상태를 유지하게 한다.

복제를 활성화하기 위해 모든 복제 셋 멤버는 다른 멤버에게 핑을 전송한다. 어떤 멤버든지 다른 멤버로부터 oplog 엔트리를 임포트할 수 있다.

타깃의 데이터 셋에 한 번 또는 여러 번 접근해도 oplog의 각 동작은 동일한 결과를 만들어낸다.

2) Oplog 크기

사용자가 복제 셋 멤버를 처음으로 시작하면, 몽고DB는 oplog를 기본 크기로 생성한다. 크기는 사용자 운영 시스템의 구조적 특징에 영향을 받는다.

대부분의 경우 기본 oplog 사이즈는 충분하다. 예를 들어 만약 oplog가 여유 있는 디스크 공간의 5%를 차지하고 24시간 동작만이 채워진다면, 세컨더리는 24시간 후에 oplog에서 엔트리를 복제하는 것을 멈추고 복제를 계속하는 데 너무 오랜 시간이 걸리지 않도록 한다. 하지만 대부분의 복제 셋은 더 낮은 동작 볼륨을 가지며 oplog는 더 많은 동작을 수용할 수 있다.

mongod가 oplog를 만들기 전 사용자는 oplogSizeMB 옵션을 사용해 크기를 정할 수 있다. 하지만 사용자가 복제 셋 멤버들을 처음으로 시작한다면, 사용자는 oplog 크기를 수정하는 과정을 통해서만 바꿀 수 있다.

기본적으로 oplog의 사이즈는 다음과 같다.

- 몽고DB는 64bit Linux, Solaris, FreeBSD, Windows systems에서 가용한 디스크 공간의 5%를 할당한다. 하지만 적어도 1GB는 할당되고, 50GB는 넘지 않는다.
- 몽고DB는 64bit OS X systems에서 183MB의 공간을 oplog에 할당한다.
- 몽고DB는 32bit systems에서 48MB의 공간을 oplog에 할당한다.

예제 9-7 다음 각각의 시스템들에서 기본 값의 oplog 크기를 작성하시오.

① 64bit Windows systems, 가용한 디스크 공간: 1TB

② 32bit Windows systems, 가용한 디스크 공간: 512GB

③ 64bit OS X systems, 가용한 디스크 공간: 258GB

④ 32bit OS X systems, 가용한 디스크 공간: 512GB

답 최대 50GB 이하, 48MB, 183MB, 48MB

> **TIP** 노드 드라이버로 복제 셋에 접근하기

먼저, 장의 도입부에서 설명한 복제 셋 구성을 실행하고, 노드 드라이버를 통해 복제 셋에 접근하기 위해 다음 스크립트를 작성한다. 이 스크립트는 몽고DB의 복제 셋에 접근하여 repl 컬렉션에 다큐먼트를 삽입하고, 쿼리한다.

```
// 노드 드라이버로 실행할 스크립트
var MongoClient = require('mongodb').MongoClient;

MongoClient.connect("mongodb://localhost:30001, localhost:30002, localhost:30003/course", function(err, db) {
    if (err) throw err;

    db.collection("repl").insert({ 'x' : 1 }, function(err, doc) {
        if (err) throw err;

        db.collection("repl").findOne({ 'x' : 1 }, function(err, doc) {
            if (err) throw err;

            console.log(doc);
            db.close();
        });
    });
});
```

위 스크립트를 노드로 실행시키면 다음과 같이 반환할 것이다.

```
// _id 값은 다음과 동일하지 않을 것이다.
{ _id: 567a54db299a5bde529e9adc, x: 1 }
```

이후 복제 셋의 프라이머리에서 삽입된 다큐먼트를 확인해볼 수 있다. 단, 세컨더리 멤버에 대해 읽기 동작을 허용하지 않았기 때문에 프라이머리에서만 확인할 수 있다.

```
replica_set:PRIMARY> use course
switched to db course
replica_set:PRIMARY> show collections
repl
system.indexes
replica_set_test:PRIMARY> db.repl.find()
{ "_id" : ObjectId("567a54db299a5bde529e9adc"), "x" : 1 }
```

노드 드라이버를 활용하여 몽고DB에 접근하고 명령들을 실행하는 다양한 예제들은 11장에서 살펴본다.

Mongo DB 연습 문제

Q1 다음 중 옳은 것을 모두 고르시오.
  ① 프라이머리나 세컨더리에 쓰기 동작을 할 수 있고, 데이터베이스는 프라이머리에 기록할 것이다.
  ② oplog의 복제본은 프라이머리와 세컨더리 서버 모두에 유지된다.
  ③ 기본값으로, 프라이머리나 세컨더리로부터 읽기 동작을 할 수 있다.
  ④ oplog는 크기가 제한된 컬렉션으로 구현된다.

Q2 1개의 프라이머리와 세컨더리, 아비터로 구성된 복제 셋을 도식화하시오([그림 9-3]과 같은 형태의 도식).

Q3 다음 노드 형식 중에서 새로운 프라이머리를 선출할 수 있는 형식이 <u>아닌</u> 것을 고르시오.
  ① 보통의 복제 셋 멤버
  ② 숨겨진 멤버
  ③ 아비터

Chapter 10 샤딩

샤딩(sharding)은 여러 장치 사이에 데이터를 저장하는 동작이다. 몽고DB에 서는 매우 큰 데이터 셋과 대규모 출력 동작을 지원하기 위해 샤딩을 활용한다.

샤딩 개요

대규모 데이터 셋과 출력 활용에 사용되는 데이터베이스 시스템은 단일 서버 용량으로는 감당하기 어려울 수 있다. 높은 쿼리 비율은 서버 CPU의 용량을 거의 소비하고, 커다란 데이터 셋은 단일 장치의 저장 용량을 초과한다. 마지막으로 시스템의 RAM 용량을 초과하는 작업 데이터 셋은 디스크 드라이브의 I/O 용량에 상당한 부담을 준다. 보통 데이터베이스 시스템은 수직 스케일링(vertical scaling)과 샤딩이라는 두 가지 방법을 사용한다.

수직 스케일링은 용량을 증가시키기 위해 여러 개의 CPU와 저장 장치를 추가한다. 하지만 용량을 추가하는 과정에는 몇 가지 한계가 있다. 많은 개수의 CPU와 대용량 RAM을 갖는 고성능 시스템은 규모가 작은 시스템보다 상대적으로 비용이 많이 들어간다. 또한 클라우드 기반의 서비스 공급자들은 사용자에게 작은 동작 결과만을 제공한다. 결국 수직(vertical) 스케일링에는 현실적으로 용량 제한 요소가 존재한다.

반면에 샤딩 또는 수평(horizontal) 스케일링은 데이터 셋을 분리하고, 여러 서버 장치에 데이터를 분산시킨다. 이때 분리된 각 샤드는 독립적인 데이터베이스이며, 결국 각 샤드는 단일 논리 데이터베이스가 된다.

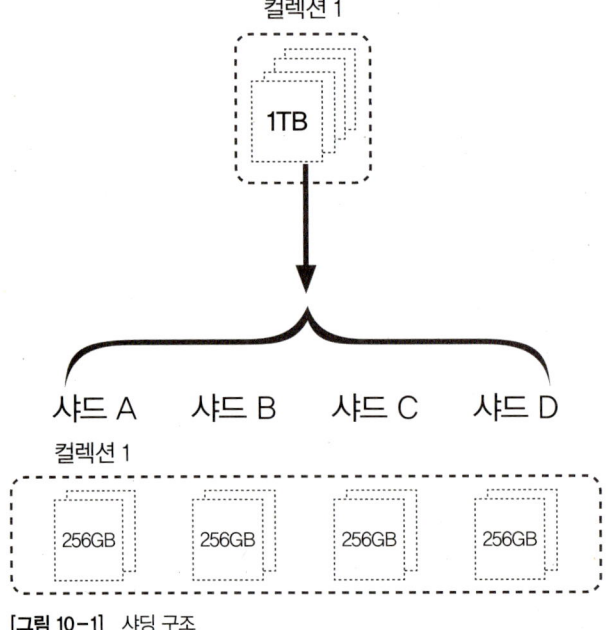

[그림 10-1] 샤딩 구조

샤딩은 대규모 출력과 데이터 셋을 지원하기 위해 스케일링 동작을 수행한다.

- 샤딩은 각 샤드에서 처리해야 하는 연산 작업 개수를 축소시킨다. 각 샤드는 클러스터가 증가하면 더 적은 개수의 연산을 처리한다. 결국 1개의 클러스터는 용량과 출력을 수평적으로 증가시킨다. 예를 들어 애플리케이션은 데이터를 삽입하기 위해 샤드가 이들 동작을 처리하도록 액세스한다.
- 샤딩은 각 서버가 저장하는 데 필요한 데이터 양을 제한한다. 각 샤드는 클러스터가 증가함에 따라 더 적은 양의 데이터를 저장한다. 예를 들어 만약 데이터베이스가 1TB의 데이터 셋을 갖고 4개의 샤드를 갖는다면, 각 샤드는 256GB 데이터만을 저장한다. 만약 40개의 샤드가 있다면, 각 샤드에는 25GB 데이터만을 저장한다.

(1) 몽고DB의 샤딩

몽고DB는 샤드 클러스터 구조를 통해 [그림 10-2]와 같이 샤딩을 지원한다.

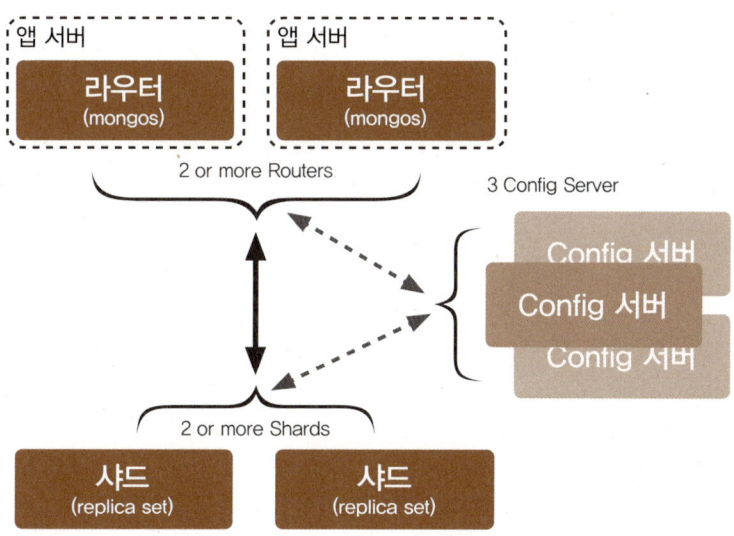

[그림 10-2] 샤드 클러스터 구조

샤드 클러스터는 shard, query routers 및 config servers로 구성되어 있고, 각 특징은 다음과 같다.

- Shard는 데이터를 저장하고 높은 활용성과 데이터 일관성을 제공하기 위해 복제 셋을 갖는다.
- Query Routers 또는 mongos는 클라이언트 애플리케이션과 적합한 샤드를 연결시킨다. 쿼리 라우터는 샤드에 동작을 지정하고, 그 결과를 클라이언트에 반환한다. 샤드된 클러스터는 클라이언트의 요청 부하를 분산하기 위해 1개 이상의 쿼리 라우터를 포함할 수 있다. 대부분의 샤드 클러스터들은 여러 개의 쿼리 라우터를 갖는다.

- Config servers는 클러스터의 메타데이터를 저장한다. 이 데이터들은 클러스터의 매핑 데이터 셋을 샤드에 포함한다. 쿼리 라우터는 이러한 메타데이터가 특정한 샤드로 동작이 지정되도록 사용한다. 생성된 샤드 클러스터들은 정확하게 3개의 config 서버를 갖는다.

예제 10-1 몽고DB의 샤딩에 관한 내용 중 올바르지 않은 것을 고르시오.

① 샤딩은 각 샤드에서 처리해야 할 연산 작업 개수를 줄여줄 수 있다.
② 샤드는 클러스터가 증가하면 더 많은 개수의 연산을 처리한다.
③ 각 샤드는 클러스터가 증가하면 더 적은 양의 데이터를 저장한다.
④ 생성된 샤드 클러스터는 3개의 config 서버를 갖는다.

답 ②

해설 샤드는 클러스터가 커짐에 따라 적은 개수의 연산을 처리하고, 더 적은 양의 데이터를 저장한다.

---

(2) 데이터 분할

몽고DB는 컬렉션 레벨에서 데이터를 분배한다. 샤딩은 샤드 키(shard key)의 형태로 컬렉션 데이터를 분할한다.

❶ 샤드 키

사용자는 컬렉션을 분배하기 위해 샤드 키를 선택해야 한다. 샤드 키는 컬렉션 내부의 모든 다큐먼트에 존재하는 인덱스 필드 또는 인덱스 복합 필드 중 하나이다. 몽고DB는 샤드 키 값을 청크 단위로 분할하고, 샤드를 가로질러서 청크를 분할한다. 샤드 키 값을 청크 단위로 분할하기 위해 몽고DB는 범위 기반 분할(range based partitioning) 방식 또는 해시 기반 분할(hash based partitioning) 방식을 사용한다.

❷ 범위 기반 샤딩(Range based sharding)

몽고DB는 범위 기반 분할 방식을 사용하기 위해 샤드 키 값으로 정해진 범위를 기준으로 데이터 셋을 분리한다. 숫자 샤드 키를 지정하기 위해 사용자가 음의 무한대에서 양의 무한대로 숫자들이 펼쳐진 선분을 가정해보면, 샤드 키의 각 값들은 그 선분의 어떤 점에 떨어진다. 몽고DB는 이 선분을 최솟값부터 최댓값까지의 범위를 갖는 청크라고 불리는 중복이 없는 작은 범위로 분할한다. 범위 기반 분할 시스템에서 "close" 샤드 키 값을 갖는 다큐먼트는 동일한 청크 단위를 갖는다.

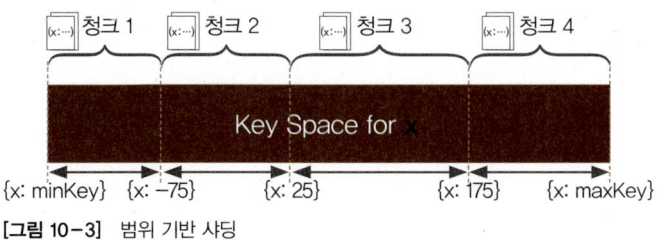

[그림 10-3] 범위 기반 샤딩

❸ 해시 기반 샤딩(Hash based sharding)

몽고DB는 해시 기반 분할 방식을 사용하기 위해 필드 값을 해시로 계산하고 청크를 만드는 데 이 해시들을 사용한다.

해시 기반 분할 시스템에서 "close" 샤드 키를 갖는 2개의 다큐먼트는 동일한 청크의 서로 다른 부분이다. 이러한 형태는 클러스터에 더 많은 컬렉션이 랜덤하게 분포되게 한다.

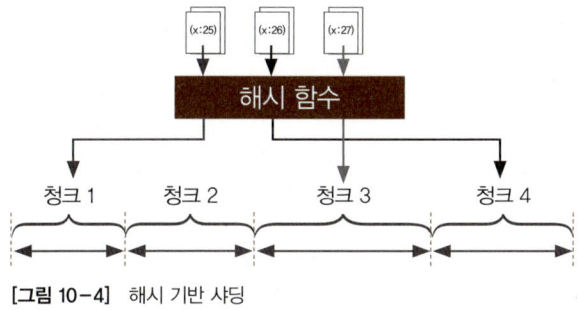

[그림 10-4] 해시 기반 샤딩

❹ 범위 기반과 해시 기반 샤딩의 성능 차이

범위 기반 분할 방식은 효율적인 범위의 쿼리를 지원한다. 쿼리 라우터는 샤드 키의 범위를 가지는 쿼리를 사용해 어떤 청크가 주어진 범위에 중복되는지를 결정하고, 이 쿼리를 포함하는 샤드에만 쿼리를 지정한다.

범위 기반 분할 방식은 데이터를 불균형하게 분포하는 단점을 갖는다. 만약 샤드 키가 시간이 지남에 따라 선형적으로 증가하는 필드라면, 주어진 시간 내의 모든 요청은 동일한 청크로 전달된다. 이 경우 작은 샤드 셋은 요청의 대부분을 받아들이고 시스템은 비효율적으로 스케일된다.

반면, 해시 기반 분할 방식은 효율적인 범위의 쿼리를 사용하며, 데이터의 고정적 분배를 보장한다. 해시 키 값은 데이터를 랜덤하게 분포한다. 그러나 이러한 랜덤 분포는 샤드 키 범위 쿼리가 결과를 리턴하기 위해 일부 샤드가 아닌 모든 샤드를 질의하는 형태를 가진다.

❺ **태그를 갖는 샤딩의 데이터 분포**

몽고DB는 "태그를 가지는 샤딩"을 활용하여 관리자가 데이터 균형 전략을 세울 수 있게 한다. 관리자는 샤드 키의 범위를 갖는 태그를 만들고, 이 태그들에 샤드를 할당한다. 밸런서는 태그된 데이터를 적당한 샤드로 이동시키고, 클러스터는 항상 태그가 데이터 분포를 기술하도록 동작하는지를 확인한다.

태그는 클러스터에서 밸런서의 특성과 청크의 분포를 제어하는 프라이머리 메커니즘이다. 대부분의 경우 태그를 갖는 샤딩은 다중 데이터센터를 확장하는 샤드된 클러스터의 데이터 지역성을 개선시킨다.

예제 10-2 몽고DB에서 컬렉션 레벨에서 데이터를 분배하는 데 사용하는 것은 무엇인가?

① 샤드 키
② 인덱스
③ 다큐먼트
④ 클러스터

답 ①

---

(3) 균형잡힌 데이터 분포 관리하기

새로운 데이터와 서버를 추가하는 것은 클러스터 사이에 데이터 분배의 불균형을 초래하므로 특정 샤드에 더 많은 청크가 담기게 된다. 몽고DB는 스플리팅과 밸런서라는 2개의 프로세스를 사용하여 클러스터가 균형을 유지하도록 동작한다.

❶ **스플리팅**(splitting)

스플리팅은 청크가 점점 커지는 것을 막아주는 백그라운드 처리이다. 청크가 정해진 크기를 넘어서면 몽고DB는 청크를 절반으로 나눈다. 삽입과 갱신 동작은 효율적인 메타데이터 변환 작업인 스플릿(split) 작업을 시작한다. 몽고DB는 스플릿을 생성하기 위해 모든 데이터를 이동하지 않으며 샤드에 영향을 미치지 않는다.

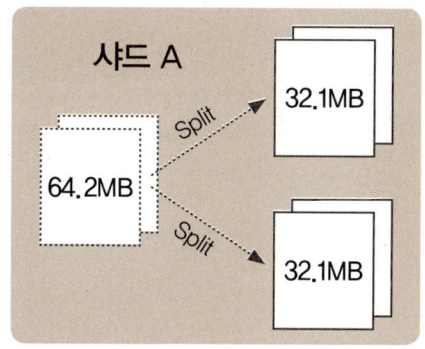

[그림 10-5] 샤드 스플리팅(splitting)

❷ 밸런싱

밸런서는 청크 이동을 관리하는 백그라운드 프로세스이다. 밸런서는 클러스터의 모든 mongos 인스턴스로부터 실행된다. 클러스터에서 샤드된 컬렉션의 분배가 불균형할 때, 밸런서 프로세스는 컬렉션이 균형하게 될 때까지 가장 많은 청크를 갖는 샤드로부터 가장 적은 청크를 갖고 있는 샤드로 청크를 이동시킨다. 예를 들어 users 컬렉션이 shard 1에 100개의 청크를 갖고, shard 2에 50개의 청크를 갖는다면, 밸런서는 컬렉션이 균형을 잡을 때까지 shard 1에서 shard 2로 청크를 이동시킨다.

샤드는 최초 샤드와 목적지 샤드 사이에서 백 그라운드 동작을 이용해 청크 이동을 관리한다. 청크 이동 과정에서 목적지 샤드는 최초의 샤드로부터 현재의 모든 다큐먼트를 청크 단위로 전송받는다. 그 다음 목적지 샤드는 이동 동작 중 데이터에 생성되는 변경을 적용하면서 만들어진다. 마지막으로 config server에 청크 위치를 반영한 메타데이터가 갱신된다.

만약 이동 중 에러가 발생하면 밸런서는 최초의 샤드 중 변하지 않은 청크를 가지는 프로세스를 제거한다. 몽고DB는 이동 동작이 성공적으로 마무리된 이후 최초의 샤드로부터 청크 데이터를 제거한다.

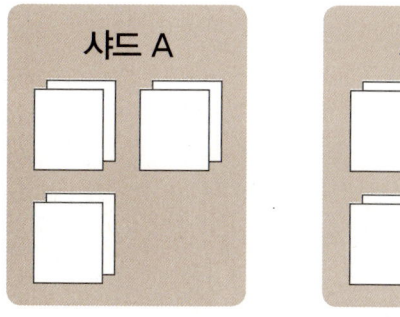
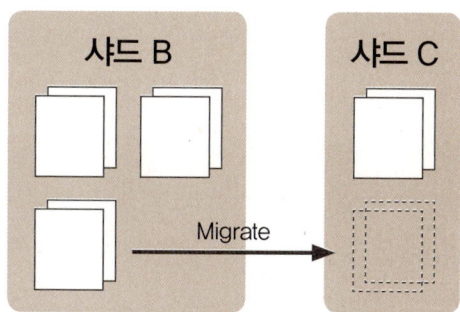

[그림 10-6] 샤드 이동 관리

❸ 클러스터에 샤드를 추가/제거

클러스터에 샤드를 추가하면 새로운 샤드가 청크를 갖고 있지 않기 때문에 불균형이 발생한다. 몽고DB가 새로운 샤드로 데이터를 이동시키는 동안, 클러스터 균형이 맞추어지기까지 일정 시간이 소요된다. 샤드를 제거할 때 밸런서는 어떤 샤드에서 다른 샤드로 모든 청크를 이동시킨다. 모든 데이터를 이동시키고 메타데이터를 갱신한 후, 사용자는 안전하게 샤드를 제거할 수 있다.

예제 10-3 새로운 데이터와 서버를 추가하는 것은 클러스터 사이에 데이터 분배의 불균형을 초래하는데, 클러스터가 균형을 유지하도록 동작하는 2개의 프로세스는 무엇인가?

① fluentd

② 스플리팅

③ mongod

④ 밸런서

답 ②, ④

샤딩 특성

여기서는 몽고DB의 샤딩에 대한 자세한 설명과 몽고DB 샤드 클러스터의 구성 요소, 구조 및 특성을 배운다.

(1) 샤드 클러스터 구성 요소

샤드된 클러스터는 샤딩을 실행한다. 샤드된 클러스터는 [그림 10-7]과 같은 구성 요소를 갖는다.

- Shards

    샤드는 컬렉션 데이터의 부분 집합을 갖는 몽고DB 인스턴스이고, 각 샤드는 단일 mongd 인스턴스 또는 복제 셋 중 하나이다. 제품 개발 단계에서 모든 샤드는 복제 셋이다.

- Config Servers

    Config server는 샤드된 클러스터에 대한 메타데이터를 보유한다. 메타데이터 맵은 샤드 형태로 청크된다. 몽고DB 3.2에서는 샤드된 클러스터용 config 서버가 복제 셋처럼 실행된다.

복제 셋 config 서버는 반드시 WiredTiger 저장 엔진에서 실행되어야 한다. 몽고DB 3.2에서는 3개 복제된 mongod 인스턴스를 config 서버용으로 복사한다.

- mongos 인스턴스

mongos 인스턴스는 애플리케이션에서 샤드로 읽기와 쓰기를 전달한다. 애플리케이션은 샤드에 직접 액세스하지 않는다.

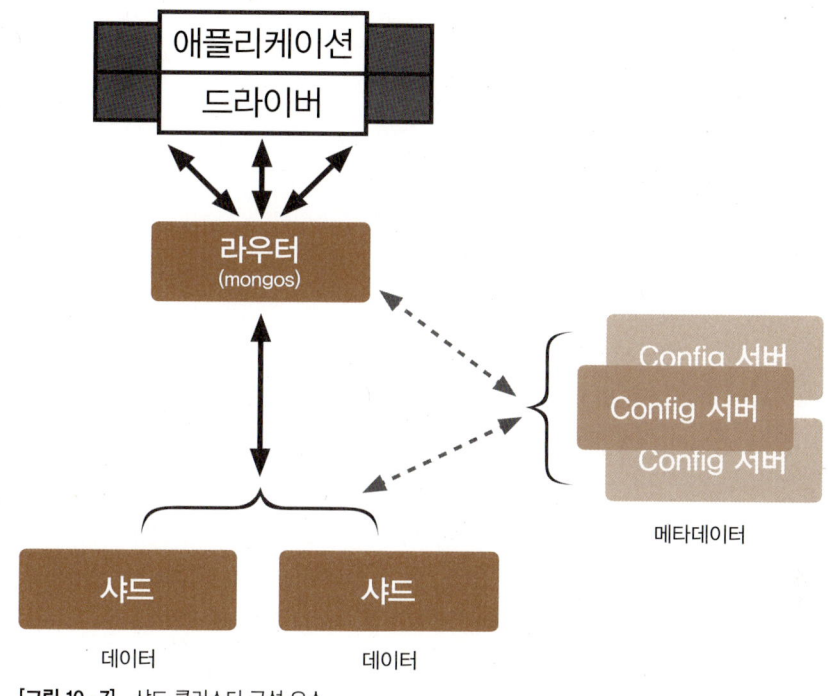

[그림 10-7] 샤드 클러스터 구성 요소

1) 샤드

샤드는 샤드된 클러스터 데이터의 부분 집합을 포함하는 복제 셋 또는 단일 mongod이다. 클러스터의 샤드들은 합쳐지면 클러스터의 전체 데이터 셋을 보유한다.

❶ 프라이머리 샤드

모든 데이터베이스는 [그림 10-8]과 같이 데이터베이스의 샤드되지 않은 모든 컬렉션을 포함하는 프라이머리를 갖는다.

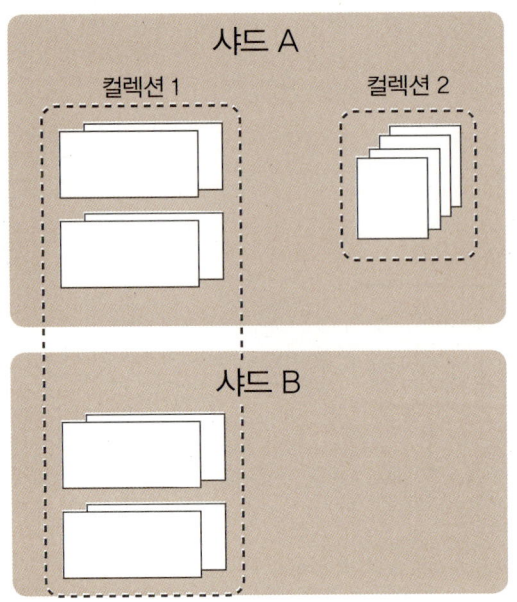

[그림 10-8] 샤드되지 않은 컬렉션을 포함하는 프라이머리 샤드

데이터베이스의 프라이머리 샤드를 변경하기 위해서는 `movePrimary` 명령어를 사용한다. 프라이머리 샤드를 이동시키는 작업은 상당한 시간이 걸리기 때문에, 사용자는 이 작업이 완료될 때까지 액세스해서는 안 된다. 사용자가 샤드 클러스터를 이전에 사용된 샤드들로 구성하면 남아 있는 데이터베이스는 원래 샤드에 남아 있게 된다. 이후 생성된 데이터베이스는 클러스터 안의 모든 샤드에 남는다.

❷ 샤드 상태

몽고 셸에서 `sh.status()` 메소드를 사용하여 클러스터의 전반적인 구조를 살펴볼 수 있다. 이는 어떤 샤드가 데이터베이스의 프라이머리인지, 샤드의 청크 분배는 어떤 형태인지에 대한 내용을 포함한다.

2) Config 서버

Config 서버는 샤드 클러스터의 메타데이터를 저장하는 특별한 mongod 인스턴스이다.

샤드된 클러스터는 정확하게 3개의 config 서버를 가진다. 모든 config 서버는 샤드 클러스터를 배포할 수 있어야 하고, 클러스터의 메타데이터에 변화를 줄 수 있어야 한다. config 서버는 복제 셋으로서 동작하지 않는다.

테스트를 위해 사용자는 클러스터를 단일 config 서버로 배포할 수 있다. 하지만 실제 서비스에서 안전을 보장하기 위해 사용자는 항상 3개의 config 서버를 사용해야 한다.

> **주의**
> 만약 사용자의 클러스터가 단일 config 서버를 갖는다면, config 서버가 고장 날 경우 전체 시스템이 동작하지 않는다. 만약 config 서버에 접근 불가능하다면, 클러스터에도 접근할 수 없다. config 서버의 데이터를 복구하지 못하면 클러스터는 동작이 불가능하다.

각 샤드 클러스터는 고유의 config 서버를 갖는다. config 서버를 다른 샤드 클러스터가 사용해서는 안 된다.

❶ config 서버에서의 읽기 쓰기 동작

config 서버는 클러스터의 메타데이터를 config 데이터베이스에 저장한다. mongos 인스턴스는 이 데이터를 캐시하고, 이를 이용해 읽기와 쓰기 동작을 샤드에 전달한다.

몽고DB는 다음과 같이 메타데이터가 변화된 경우에만 데이터를 config 서버에 작성한다.

- 청크 이동 후
- 청크 스플릿 후

몽고DB는 복제 셋 config 서버에 쓰기 동작을 수행할 때 write concern을 `"majority"`로 설정해야 한다.

몽고DB가 config 서버에서 데이터를 읽어오는 경우는 다음과 같다.

- 새로운 mongos가 처음 시작되거나 원래의 mongos가 재시작할 경우
- 클러스터 메타데이터 안에 청크 이동과 같은 변화가 생길 경우

몽고DB는 lock을 관리하기 위해 config 서버를 사용하기도 한다.

❷ config 서버 활용

만약 1~2개의 config 서버가 다운되면, 클러스터의 메타데이터는 읽기 동작만을 실행한다. 사용자는 샤드 밖에서 데이터의 읽기 쓰기 작업을 할 수 있지만, 3개의 서버가 모두 복구되기 전에는 분할 또는 청크 이동이 일어나지 않는다.

만약 3개의 config 서버가 모두 다운되면 사용자는 config 서버에 재접속하기 전까지 클러스터를 계속 사용할 수 있다. 만약 사용자가 mongos 인스턴스를 config 서버가 복구되기 전에 재시작한다면, mongos는 읽기 쓰기를 라우팅할 수 없다.

클러스터는 클러스터 메타데이터가 없다면 복구가 불가능하다. config 서버가 동작 가능하고 온전하다는 것을 확인할 때, config 서버를 백업하는 것은 치명적이다. config 서버의 데이터는 클러스터에 저장된 데이터와 비교하면 매우 작고, config 서버는 비교적 낮은 작업 부하를 갖는다. 이러한 특징은 윈도우가 config 서버를 백업 가능하게 한다.

만약 샤드 클러스터가 config 서버와 연결하기 위해 사용하는 이름이나 주소가 변하면, 사용자는 샤드 클러스터 안의 모든 mongod와 mongos 인스턴스를 재시작해야 한다.

예제 10-4 다음 중 샤딩 특성에 대한 설명 가운데 올바르지 <u>않은</u> 것을 고르시오.

① 샤드는 컬렉션 데이터의 부분 집합을 갖는 몽고DB 인스턴스이다. 각 샤드는 단일 mongod 인스턴스 또는 복제 셋 중 하나이다.

② 프라이머리 샤드는 모든 데이터베이스의 샤드되지 않은 모든 컬렉션을 포함하고, sh.status() 메소드를 사용하여 확인할 수 있다.

③ Config 서버는 샤드 클러스터의 메타데이터를 저장하는 특별한 mongod 인스턴스이다.

④ 3개의 Config 서버가 모두 다운되면 사용자는 클러스터를 사용할 수 없다.

답 ④

---

(2) 샤드 클러스터 아키텍처

1) 샤드 클러스터 자격 요건

샤딩이 강하고 뛰어난 기능이기는 하지만, 샤드 클러스터는 까다로운 구성 요구사항을 포함하기 때문에 실행 과정을 복잡하게 한다. 따라서 애플리케이션과 동작 조건을 지정할 경우에만 샤드 클러스터를 실행하는 것이 좋다.

샤드된 클러스터를 사용하는 경우는 다음과 같다.

- 사용자의 데이터 셋이 단일 몽고DB 인스턴스의 저장 능력에 접근하거나 초과할 경우
- 사용자 시스템의 실행 중인 작업 셋이 램 용량의 한도를 넘어설 경우
- 단일 몽고DB 인스턴스를 사용하여 사용자의 쓰기 동작 요구를 만족시킬 수 없는 경우
- 만약 이러한 특징이 시스템에 반영하지 않으면, 샤딩은 사용자의 시스템을 더욱 복잡하게 할 것이다.

> **중요**
> 샤딩을 실행하는 데는 시간과 자원이 필요하다. 만약 사용자의 시스템이 이미 용량을 초과했다면, 애플리케이션에 영향을 미치지 않고 샤딩을 배포하는 것은 매우 어려운 일이다.
> 결과적으로 만약 사용자가 데이터베이스를 나중에 분배하고자 한다면, 시스템의 용량을 초과하지 않도록 해야 한다.

■ 데이터 용량 요구 사항

사용자 클러스터는 효과적인 샤딩을 위해 많은 양의 데이터를 처리할 수 있어야 한다. 기본 청크 크기는 64MB이다. 밸런서는 샤드 청크의 불균형이 이동 한계 값을 초과하기 전까지는 샤드들의 데이터를 이동시키지 않는다. 현실적으로 사용자의 클러스터가 100MB 이상의 데이터를 갖지 않는 이상, 사용자의 데이터는 단일 샤드에 저장된다.

몇 가지 경우에 사용자는 작은 컬렉션의 데이터를 샤드해야 한다. 하지만 대부분의 경우 작은 컬렉션을 샤딩하는 것은 쓰기 작업을 하기 위한 추가 용량이 필요한 경우가 아니면 필요하지 않다. 만약 사용자가 작은 데이터 셋을 갖는다면, 정상적으로 구성된 단일 몽고DB나 복제 셋만으로도 사용자의 요구를 충족시킬 수 있다.

2) 실제 서비스 클러스터 아키텍처

실제 서비스에서 데이터가 고확장성을 갖고 시스템이 고가용성을 갖도록 한다. 이러한 목적을 만족하기 위해 클러스터 다음과 같은 구성 요소를 갖는다.

■ 3개의 Config 서버

각 config 서버는 분리된 장치에 있어야 하고 단일 샤드 클러스터는 전용 config 서버를 가져야 한다. 만약 사용자가 여러 개의 샤드 클러스터를 가질 경우 사용자는 각 클러스터를 위한 config 서버 그룹을 가져야 한다.

■ 샤드 형태를 가지는 2개 이상의 복제 셋

■ 1개 이상의 쿼리 라우터(mongos)

mongos 인스턴스는 클러스터를 위한 라우터이다. 일반적으로 각 애플리케이션 서버에 1개의 mongos 인스턴스를 가진다. 또한 사용자는 mongos 인스턴스 그룹을 실행하고, 애플리케이션과 mongos 사이에서 proxy/load 밸런서를 이용할 수 있어야 한다. 이러한 실행 과정에서 사용자는 반드시 클라이언트와 관련해 부하 밸런서를 설정하여 단일 클라이언트로부터의 모든 접속이 동일한 mongos에 연결되도록 한다.

커서와 다른 자원들이 단일 mongos 인스턴스에 특화되어 있기 때문에, 각 클라이언트는 단지 하나의 mongos 인스턴스에만 연결되어야 한다.

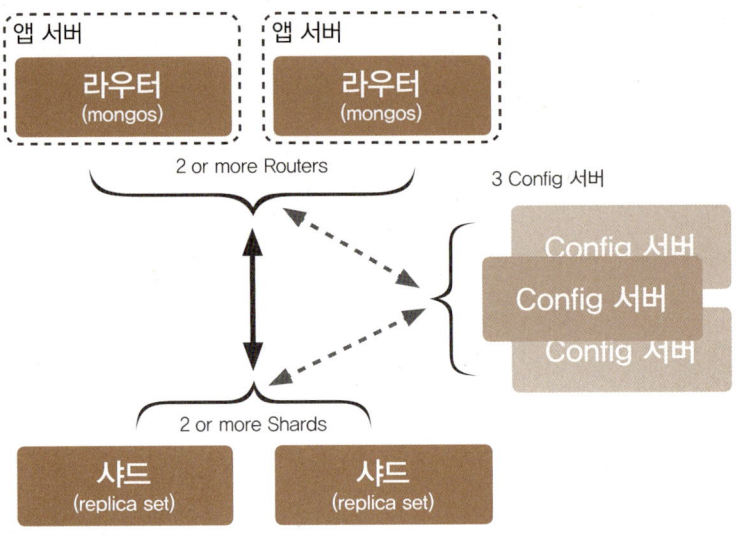

[그림 10-9] 실제 서비스를 위한 샤드 클러스터 구조

3) 테스트용 샤드 클러스터 아키텍처

테스트와 개발을 위해 사용자는 적은 양의 샤드 클러스터의 클러스터들을 동작시킬 수 있다. 이렇게 직접 서비스를 하지 않는 클러스터들은 [그림 10-10]과 같은 구성 요소를 갖는다.

- 단일 config 서버
- 적어도 1개의 복제 셋 또는 독립 mongod 인스턴스인 샤드
- 단일 mongos 인스턴스

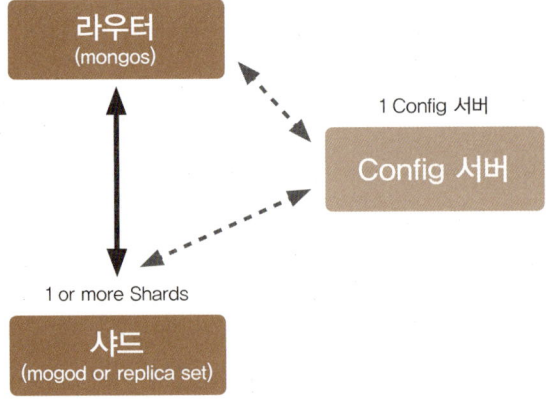

[그림 10-10] 실제 서비스를 위한 샤드 클러스터 구조

(3) 샤드 클러스터 특성

1) 샤드 키

샤드 키는 클러스터의 샤드에서 컬렉션 다큐먼트의 분배를 결정한다. 샤드 키는 컬렉션 안의 모든 데이터에 존재하는 인덱스 필드 또는 인덱스 필드의 조합이다. 몽고DB는 [그림 10-11]과 같이 샤드 키 값의 범위를 기준으로 컬렉션 안의 데이터를 분할한다. 각 청크는 중복되지 않는 샤드 키 값의 범위를 정의한다. 몽고DB는 클러스터 내부의 샤드 가운데에서 청크 또는 다큐먼트를 분배한다.

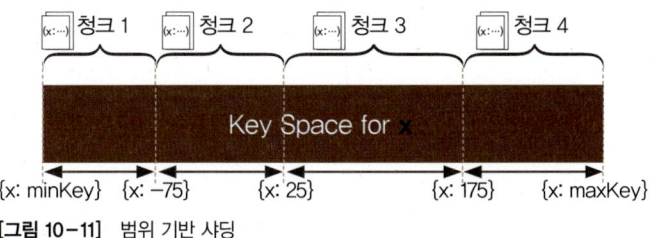

[그림 10-11] 범위 기반 샤딩

청크가 정해진 청크 크기보다 커지면, 몽고DB는 샤드 키의 범위를 기준으로 해당 청크를 더 작은 크기로 분할한다.

❶ 고려 사항

샤드 키는 불변 값이며, 삽입 후에는 변경될 수 없다. 또한 샤드 키 인덱스는 멀티 키 인덱스가 될 수 없다.

❷ 해시 샤드 키

해시 샤드 키는 단일 필드의 해시 인덱스를 샤드 키로 이용하여 사용자의 샤드 클러스터에 데이터를 분할한다.

만약 사용자가 해시 샤드 키를 사용해 빈 컬렉션을 샤드하면, 몽고DB는 자동적으로 청크를 생성하고, 청크로 이동하여 각 샤드는 2개의 청크를 갖게 된다. 사용자는 샤드 컬렉션에서 `numInitialChunks` 매개변수를 이용해 몽고DB가 몇 개의 청크를 만들지를 조절하거나 분할 명령어를 사용해 빈 컬렉션에 수동으로 청크들을 생성할 수 있다.

❸ 클러스터 동작 시 샤드 키의 영향

샤드 키는 몽고DB가 클러스터에 데이터를 분할하는 방법과 mongos 인스턴스가 클러스터에 얼마나 효율적으로 동작을 지시하는지에 따라 선택적으로 쓰기 및 쿼리 동작을 실행한다. 샤드 키 선택 동작을 살펴보자.

❹ 쓰기 스케일링

일부 샤드 키는 애플리케이션이 클러스터가 제공할 수 있는 쓰기 능력을 활용할 수 있게 한다. 다음은 기본 _id 필드 값을 이용해 샤딩한 `ObjectId`에 대한 내용이다.

몽고DB는 고유 식별자를 생성하기 위해 다큐먼트에 `ObjectId` 값을 생성한다. `ObjectId` 값의 최상위 bit들은 규칙적이고 예측 가능한 패턴으로 증가하는 시간 스탬프이다. 이 값은 높은 cardinality(청크로 데이터를 분할하기 위한 시스템의 능력)를 갖지만, 어떤 날짜 또는 샤드 키 형태로 단조롭게 증가하는 값을 사용할 경우, 모든 삽입 동작은 데이터를 하나의 청크로, 심지어 하나의 샤드로 저장한다.

단조롭게 증가하는 샤드 키는 사용자가 삽입 동작을 적게 하거나, 대부분의 쓰기 동작이 전체 데이터 셋에 분배되는 `update()` 동작인 경우 성능을 저해하지 않는다.

❺ 쿼리잉

mongos는 애플리케이션과 데이터 분배의 복잡성을 숨기는 샤드 클러스터가 상호 작용할 수 있는 인터페이스를 제공한다. mongos는 애플리케이션에서 쿼리를 수신하고, config 서버에서 받은 메타데이터를 mongod 인스턴스에 라우팅한다. 샤드 환경에서 모든 쿼리 동작을 할 수 있을 때, 사용자가 선택하는 샤드 키는 쿼리 성능에 큰 영향을 미친다.

❻ 쿼리 격리

샤드 환경에서 가장 빠른 쿼리는 mongos가 단일 샤드에 config 서버의 샤드 키와 클러스터 메타데이터를 사용하여 라우팅하는 쿼리이다. 쿼리가 샤드 키를 포함하지 않을 경우, mongos는 모든 샤드를 쿼리해야 하고 응답을 기다린 후 애플리케이션에 결과를 반환한다. 이러한 쿼리들은 "scatter/gather" 쿼리라고 하며, 동작 시간이 많이 걸리는 작업을 수행할 수 있다.

만약 사용자의 쿼리가 복합 샤드 키의 첫 구성요소를 포함한다면, mongos는 쿼리를 단일 샤드에 직접 라우팅하여 더 좋은 동작을 수행한다. 사용자가 다른 청크 안에 저장된 샤드 키의 값을 쿼리할지라도 mongos는 특정 샤드에 쿼리들을 직접 라우팅한다.

❼ 컬렉션을 위한 샤드 키 선택하기
- 주어진 애플리케이션에 대한 쿼리에 가장 일반적으로 포함된 필드를 결정한다.
- 성능에 가장 의존하는 동작을 찾는다.

만약 이 필드가 낮은 cardinality를 가지면 사용자는 복합 샤드 키를 만드는 샤드 키에 두 번째 필드를 추가해야 한다. 복합 샤드 키를 사용하면 데이터들은 더 분열하기 쉬워진다.

예제 10-5 샤드 키에 대한 내용 중 올바르지 않은 것을 고르시오.
① 샤드 키는 클러스터들의 샤드에서 컬렉션 다큐먼트의 분배를 결정한다.
② 만약 필요하다면 삽입 동작 이후 샤드 키를 변경할 수 있다.
③ 해시 샤드 키는 단일 필드의 해시 인덱스를 샤드 키로 사용한다.
④ 사용자가 빈 컬렉션을 샤드하면 2개의 청크를 갖게 된다.

답 ②
해설 샤드 키는 불변의 값이고, 삽입 후에는 변경될 수 없다.

---

2) 샤드 클러스터 고가용성

실제 서비스에서 클러스터는 단일 장애를 갖지 않는다. 이번에는 일반적인 몽고DB를 실행할 경우의 가용성 방법을 소개하고, 잠재적 장애 시나리오 및 사용 가능 해결법을 다룬다.

❶ 애플리케이션 서버나 mongos 인스턴스가 활용 불가능한 경우

각 애플리케이션 서버가 고유의 mongos 인스턴스를 가지면, 다른 애플리케이션 서버는 데이터베이스에 계속 액세스할 수 있다. 또한 mongos의 인스턴스는 상태를 계속 유지하지 않고, 재시작 후 상태나 데이터를 잃지 않고 활용 불가능해질 수 있다. mongos 인스턴스는 시작 후 config 데이터베이스의 복사본을 리턴하고 쿼리 라우팅을 시작한다.

❷ 샤드의 단일 mongod가 활용 불가능한 경우

복제 셋은 샤드에 고가용성을 제공한다. 활용 불가능한 mongod가 프라이머리이고 프라이머리와 연결이 끊어진다면, 세컨더리가 데이터를 계속해서 저장한다. 세 멤버로 구성된 복제 셋에서 만약 셋 중 하나의 멤버에 장애가 생기면, 다른 멤버들은 데이터의 모든 복사본을 갖는다.

항상 가용성 중단과 장애를 조사해야 한다. 만약 시스템이 복구 불가능할 경우, 그것을 대체하고 사라진 리던던시를 대체하기 위해 복제 셋의 새로운 멤버를 생성한다.

❸ **복제 셋의 모든 멤버가 활용 불가능한 경우**

복제 셋의 모든 멤버가 활용 불가능할 경우, 샤드가 저장하는 모든 데이터도 활용할 수 없다. 하지만 다른 샤드의 데이터는 활용 가능하고, 다른 샤드에 데이터를 읽고 쓰는 것도 가능하다. 사용자의 애플리케이션은 분배 결과를 받아들일 수 있어야 하고, 사용자는 인터럽트의 원인을 알아낸 후 샤드를 빨리 복구해야 한다.

❹ **1~2개의 config 서버가 활용 불가능한 경우**

3개의 구분된 mongod 인스턴스는 config 서버를 제공한다. 만약 1~2개의 config 서버가 활용 불가능한 경우, 클러스터의 메타데이터는 읽기 전용으로 변한다. 샤드에서 읽기 쓰기 작업을 계속 할 수 있지만, 3개의 서버가 모두 복구되기 전에는 청크 이동이나 청크 분배가 불가능하다. 만약 모든 config 데이터베이스가 다운되면, 클러스터는 동작하지 않는다. 따라서 config 서버를 가능한 한 빨리 교체해야 한다.

만약 config 서버에 일관성이 없다면, 밸런서는 청크 이동이나 mongod 동작을 하지 않고 mongos도 자동 청크 분할을 하지 않는다.

❺ **config 서버 이름 바꾸기와 클러스터 고가용성**

샤드 클러스터가 config 서버에 연결하기 위해 사용하는 이름이나 주소가 변화하면, 사용자는 샤드 클러스터의 모든 mongod와 mongos 인스턴스를 재시작해야 한다. CNAMEs를 사용하여 downtime을 피하고 몽고DB 환경의 config 서버를 식별한다.

config 서버의 이름을 바꿀 때 downtime을 피하기 위해서는 물리적 혹은 가상 호스트네임과 연관이 없는 DNS 이름을 사용한다.

❻ **샤드 키 및 클러스터 고가용성**

샤드 키를 선택할 때 고려해야 할 사항은 다음과 같다.

- 몽고DB가 여러 샤드 사이에서 데이터를 균등하게 배포할 수 있는지 확인한다.
- 클러스터에서 쓰기 작업을 확장한다.
- mongos가 대부분의 쿼리를 특정 mongod에 분리할 수 있게 한다.
- 각 샤드는 복제 셋이어야 하고, 만약 특정 mongod 인스턴스가 다운되면, 복제 셋 멤버는 다른 멤버를 프라이머리로 선출한 후 동작을 진행한다. 하지만 만약 샤드 전체에 접근할 수 없거나 어떠한 이유로 다운되었을 경우 데이터는 사용할 수 없다.

- 만약 샤드 키를 통해 mongos가 대부분의 동작을 단일 샤드에 분배할 수 있다면, 단일 샤드가 다운될 경우 일부 데이터는 사용할 수 없게 된다.
- 사용자의 샤드 키가 클러스터의 모든 동작에 필요한 데이터를 분배한다면, 전체 샤드의 실패는 클러스터 전체를 활용할 수 없게 한다.

결과적으로 단일 샤드에 쿼리 동작을 분배할 경우 샤드 키를 잘 선택해야 한다.

3) 샤드 클러스터 쿼리 라우팅

몽고DB의 mongos 인스턴스는 샤드 클러스트의 샤드에 쿼리와 쓰기 동작을 라우팅한다. mongos는 애플리케이션의 관점에서 샤드 클러스터에 대한 인터페이스를 제공한다. 애플리케이션은 샤드와 직접 연결하거나 통신하지 않는다.

mongos는 config 서버의 메타데이터를 캐싱하여 어떤 샤드에 어떤 데이터가 있는지를 추적한다. mongos는 메타데이터를 사용해 애플리케이션과 클라이언트에서 mongod 인스턴스로 라우팅한다. mongos는 지속 상태가 없고, 최소의 시스템 자원을 사용한다.

가장 일반적인 방법은 사용자의 애플리케이션 서버와 같은 시스템에서 mongos 인스턴스를 실행하는 것이다. 하지만 사용자는 샤드나 다른 지정된 리소스에서 mongos 인스턴스를 유지할 수 있다.

❶ 라우팅 프로세스

mongos 인스턴스는 다음 과정에 따라 쿼리를 라우팅하고 결과를 반환한다.

- mongos가 어떤 샤드가 쿼리를 받을지 결정하는 방법
  - 쿼리를 받아야 하는 샤드 목록을 결정한다.
  - 목표 샤드에 커서를 적용한다.

> **예**
>
> 다음 샤드 키가 주어졌을 경우
>   { zipcode: 1, u_id: 1, c_date: 1 }
> 클러스터안의 청크 분배에 따라 mongos는 쿼리가 아래의 필드를 포함할 경우 샤드 부분 집합에 맞을 수 있다.
>   { zipcode: 1 }
>   { zipcode: 1, u_id: 1 }
>   { zipcode: 1, u_id: 1, c_date: 1 }

❷ mongos 인스턴스의 연결 확인

사용자의 클라이언트가 연결된 몽고DB 인스턴스가 mongos인지를 판단하기 위해 'isMaster' 명령어를 사용한다. 클라이언트가 mongos에 연결되면, 'isMaster'는 'msg' 필드의

값이 문자열 'isdbgrid'인 다큐먼트를 반환한다.

```
{
    "ismaster" : true ,
    "MSG" : "isdbgrid" ,
    "maxBsonObjectSize" : 16777216 ,
    "ok" : 1
}
```

만약 애플리케이션이 mongod에 연결되어 있다면 반환된 다큐먼트는 문자열 "isdbgrid"을 포함하지 않는다.

❸ 브로드캐스트 동작과 타깃 동작

일반적으로 샤드 환경의 동작은 다음과 같다.
- 클러스터의 다큐먼트들을 가진 컬렉션이 들어 있는 모든 샤드에 브로드캐스트한다.
- 샤드 키를 기반으로 특정 샤드 또는 특정 샤드 그룹에 타깃한다.

ⓐ 브로드캐스트 동작

mongos 인스턴스는 mongos가 데이터를 특정 샤드 또는 서브 셋에 저장할지 결정할 수 없을 경우, 컬렉션의 모든 샤드에 쿼리를 브로드캐스트한다.

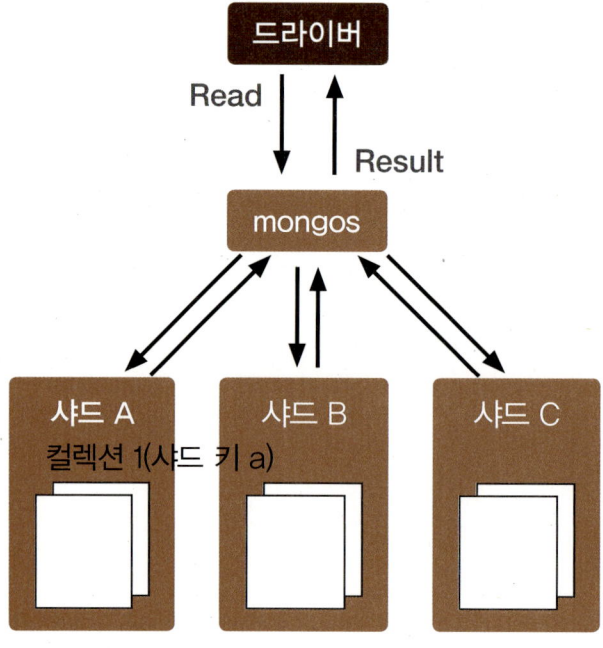

[그림 10-12] 브로드캐스트 동작

멀티 업데이트 작업은 항상 브로드 캐스트 동작이다. 또한 remove() 동작은 모든 샤드 키를 지정하지 않으면 항상 브로드 캐스트 동작이다.

ⓑ 타깃 동작
모든 insert() 동작은 하나의 샤드를 대상으로 한다. 또한 모든 단일 update() 및 upsert() 동작을 포함한 remove() 동작은 하나의 샤드를 대상으로 한다.

> **주의**
> justOne이나 multi: false 옵션을 지정하는 샤드 컬렉션에 사용되는 update()와 remove() 동작은 반드시 샤드 키 또는 _id 필드를 쿼리 설정에 포함해야 한다. 만약 포함하지 않고 justOne이나 multi: false를 샤드 컬렉션에 지정하면 에러가 발생한다.

샤드 키나 그 일부를 포함하는 쿼리의 경우 mongos는 특정 샤드나 샤드들의 셋을 타깃으로 정할 수 있다. 쿼리에 포함된 샤드 키의 일부가 샤드 키의 일부분인 경우에만 해당된다. 샤드 키가 다음과 같다고 가정해 보자.

```
{ a: 1, b: 1, c: 1 }
```

mongos 프로그램은 샤드 키 전체를 포함하는 쿼리를 라우팅하거나 다음과 같이 특정 샤드 또는 샤드 셋의 샤드 키 앞부분을 라우팅할 수도 있다.

```
{ a: 1 }
{ a: 1, b: 1 }
```

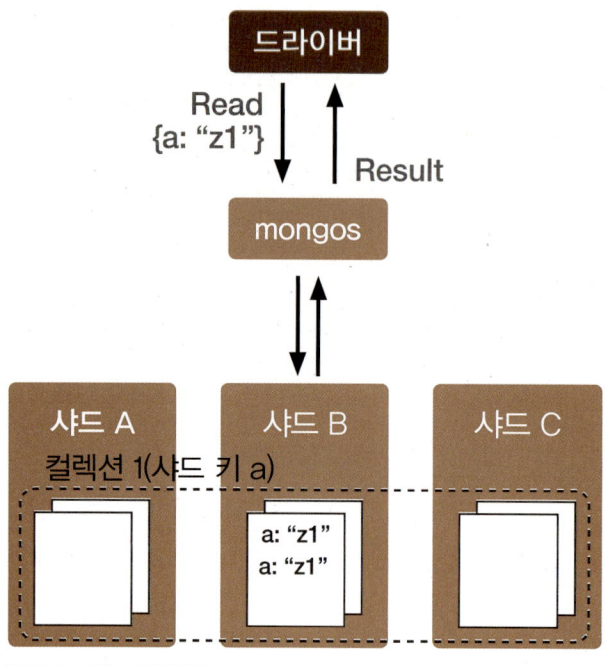

[그림 10-13] 타깃 동작

mongos는 클러스터의 데이터 분배와 쿼리의 선택에 따라 쿼리를 수행하기 위해 여러 샤드에 접촉할 수 있다. mongos는 필요하다면 샤드 키를 포함하고 있더라도 일부 쿼리에서는 라우트한다.

❹ 샤드된 데이터와 샤드되지 않은 데이터

샤드는 컬렉션 레벨에서 동작한다. 사용자는 하나의 데이터베이스에 여러 컬렉션을 샤딩하거나 샤딩 활성화로 여러 데이터베이스를 샤딩할 수 있다. 하지만 실제 서비스에서 다른 데이터베이스와 컬렉션이 하나의 샤드에 저장되어 있을 동안 일부 데이터베이스와 컬렉션은 샤딩을 사용한다.

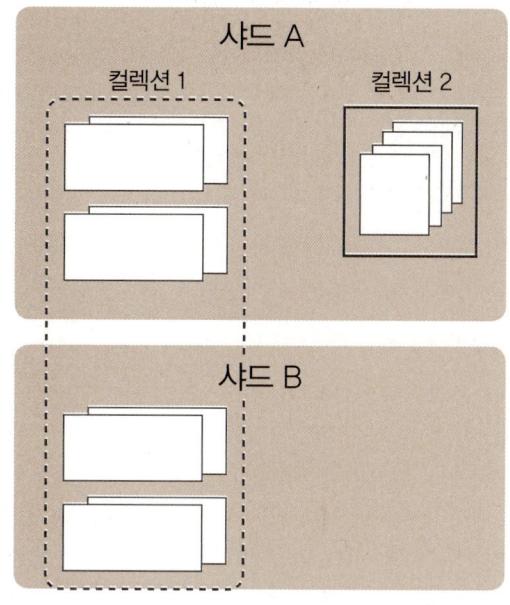

[그림 10-14] 샤드 또는 샤드되지 않은 데이터

사용자의 샤드 클러스터의 데이터 구조와는 관계없이, 데이터 클러스터에 액세스하기 위해 샤드 데이터에 영향을 미치지 않는 동작을 포함한 모든 쿼리와 동작이 mongos 라우터를 사용하도록 한다.

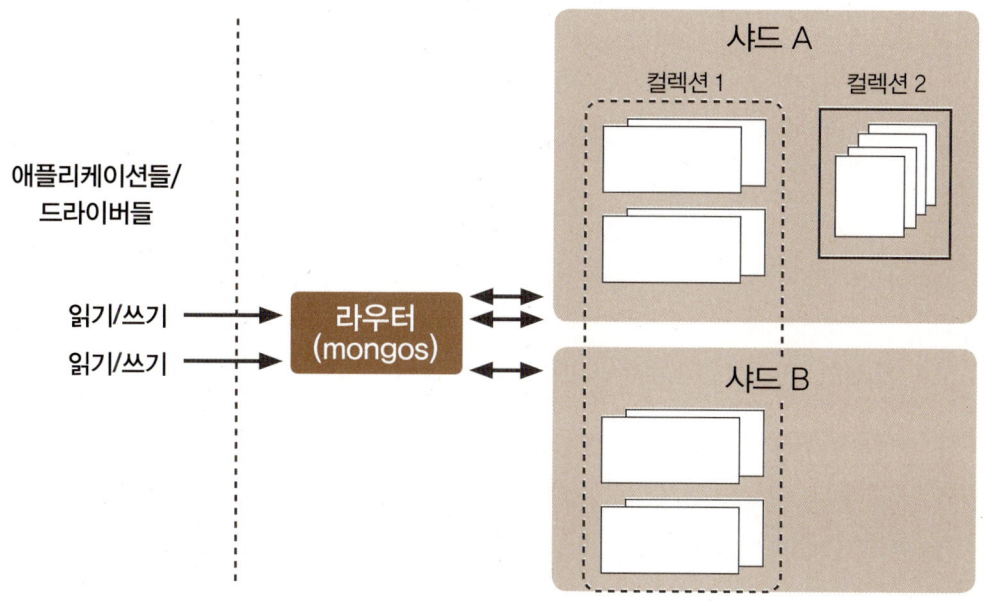

[그림 10-15] 샤드 또는 샤드되지 않은 데이터에서의 mongos 라우터

샤딩 특성 **385**

예제 10-6 mongos에 대한 설명으로 옳은 것을 고르시오.

① mongos를 사용할 때 샤드 데이터에 영향을 끼치는 동작에만 mongos를 사용하면 된다.

② mongos는 다음과 같은 { name : 1, location: 1, number : 1 } 샤드 키가 있을 때 { name : 1, number :1 }을 포함하는 쿼리의 경우 특정 위치를 타깃으로 정할 수 있다.

③ mongod 인스턴스가 연결되어 있다면 isMaster를 사용하였을 때 msg 필드의 값이 "isdbgrid"인 다큐먼트를 반환한다.

④ mongos는 config 서버의 메타데이터를 캐싱하여 어떤 샤드에 어떤 데이터가 있는지 추적한다.

답 ④

4) 태그 인식 샤딩

몽고DB는 샤드 키 값들의 범위를 태그하여 그 범위를 샤드 또는 샤드 그룹과 연결한다. 밸런서는 다음과 같은 배포 패턴을 가능하게 하는 태그된 범위 연결을 따른다.

- 특정 샤드에 대한 특정 데이터의 하위 집합을 격리
- 대부분의 관련 데이터가 지역적으로 애플리케이션 서버에 가까운 샤드에 저장되도록 한다.

❶ 고려 사항

- 샤드 키 범위 태그는 복제 셋 멤버 태그와 구분된다.
- 해시 기반 샤딩은 전체 컬렉션에 대한 태그 인식 샤딩만 지원한다.
- 샤드 범위는 항상 낮은 값을 포함하고 상부 경계에 배타적이다.

❷ 특성 및 동작

밸런서는 태그와 연관된 샤드에 샤드 컬렉션에 있는 다큐먼트들의 청크를 이동시킨다. 태그는 청크의 하부 경계 값보다 더 큰 상부 경계 값을 갖는 샤드 키를 포함한다. 균형을 맞출 때 밸런서가 어떤 청크가 구성 태그를 위반하는 것을 감지하면, 밸런서는 그 청크들을 태그와 연관된 샤드로 이동시킨다.

샤드 키 범위로 태그를 구성하고 샤드와 연관시키고 난 후, 클러스터는 샤드 사이에서 데이터의 밸런스를 맞추는 데 시간이 걸릴 수 있다. 이 과정은 청크 분배와 클러스터 데이터의 현재 분배에 달려 있다.

(4) 샤딩 구조 특성

1) 샤드 컬렉션 밸런싱

밸런싱은 몽고DB가 샤드 컬렉션의 데이터를 샤드 클러스터에 고르게 분배하는 데 사용하는 프로세스이다. 샤드가 다른 샤드보다 비교적 많은 샤드 컬렉션의 청크를 가질 때, 몽고DB는 자동으로 청크를 분배한다.

2) 샤드 간의 청크 이동

샤드 컬렉션의 청크를 한 샤드에서 다른 샤드로 이동시키는 청크 이동은 밸런서 과정의 일부이다.

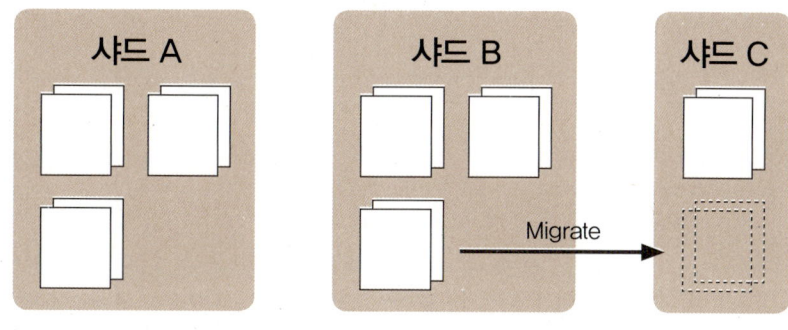

[그림 10-16] 청크 이동

❶ 청크 이동

몽고DB는 샤드 간에 샤드 컬렉션의 청크를 일정하게 분배하기 위해 샤드 클러스터 내에서 청크를 이동시킨다.

❷ 점보 청크

청크 이동 중에 청크가 특정 크기(기본 값으로 64MB)를 초과하거나 청크 안의 다큐먼트의 수가 청크가 이동시킬 수 있는 최대 다큐먼트 수(25만 개 또는 다큐먼트 사이즈의 평균 수가 1.3배 이상인 경우)를 넘는다면 몽고DB는 청크 이동을 하지 않고 청크를 분할한다. 만약 분할이 제대로 되지 않으면, 몽고DB는 해당 청크를 '점보 청크'라고 정의하고, 청크 이동이 반복되는 것을 방지한다.

3) 샤드 키 인덱스

모든 샤드 컬렉션은 샤드 키로 시작되는 인덱스를 가져야 한다. 만약 사용자가 다큐먼트 또는 인덱스 없이 컬렉션을 샤딩하면, shardCollection 명령어는 샤드 키에 인덱스를 생성한다. 만약 컬렉션이 이미 다큐먼트를 갖는다면, 사용자는 샤드 컬렉션을 사용하기 전에 인덱스를 생성해야 한다.

샤드 키의 인덱스는 멀티 키 인덱스가 될 수 없다.

"people" 샤드 컬렉션은 "zipcode" 필드를 샤드 키로 갖고 인덱스 { zipcode: 1 }를 갖는다. 사용자는 이 인덱스를 다음과 같이 복합 인덱스 { zipcode: 1, username: 1 }로 대체할 수 있다.

❶ { zipcode: 1, username: 1 } 인덱스를 생성한다.

```
db.people.createIndex( { zipcode: 1, username: 1 } );
```

❷ 몽고DB의 인덱스 생성이 완료된 후 기존 인덱스 { zipcode: 1 }을 제거한다.

```
db.people.dropIndex( { zipcode: 1 } );
```

샤드 키의 인덱스가 멀티 키 인덱스가 될 수 없기 때문에 { zipcode: 1, username: 1 } 인덱스는 "username" 필드에 배열 값이 없을 경우에만 { zipcode: 1 }로 대체할 수 있다.

만약 사용자가 샤드 키의 마지막 유효 인덱스를 제거하면, 샤드 키에 인덱스를 만드는 것으로 복구할 수 있다.

4) 샤드 클러스터 메타데이터

Config 서버는 샤드 클러스터의 메타데이터를 저장한다. 메타데이터는 샤드 데이터 셋과 시스템의 상태와 구성을 반영한다. 메타데이터는 모든 샤드의 청크 리스트와 청크를 정의하는 범위를 포함한다. mongos 인스턴스는 이러한 데이터를 캐시하고 읽기와 쓰기 동작을 샤드에 라우팅하는 데 사용한다.

config 서버를 유지 보수하기 전에 항상 config 데이터베이스를 백업해야 한다.

config 데이터베이스에 접속하기 위해 다음 명령어를 몽고 셸에서 실행한다.

```
use config
```

샤드 클러스터

(1) 샤드 클러스터 실행

다음의 작업들을 사용하여 샤드 클러스터를 실행시킨다.

1) Config 서버 데이터베이스 인스턴스 시작

Config 서버 프로세스는 클러스터의 메타데이터를 저장하는 mongod의 인스턴스이다. 사용자는 --configsvr 옵션을 사용하여 mongod를 config 서버로 지정할 수 있다. 각 config 서버는 클러스터의 메타데이터 복사본을 저장한다.

실제 서비스에서는 3개의 config 서버 인스턴스를 구성하고, 다른 서버에서 실행되고 있는 각 인스턴스에 uptime과 데이터의 안전을 보장한다. 테스트 환경에서 사용자는 3개 인스턴스를 모두 1개의 서버에서 동작시킬 수 있다.

> **중요**
> 샤드 클러스터의 모든 멤버들은 모든 샤드와 config 서버들을 포함하는 다른 샤드 클러스터의 멤버들과 연결될 수 있어야 한다. 모든 인터페이스와 firewalls를 포함하는 네트워크와 보안 시스템의 연결을 보장한다.

❶ 3개의 config 서버 인스턴스에 데이터 디렉토리를 생성한다. 기본적으로 config 서버는 데이터 파일을 /data/configdb 디렉토리에 저장하지만, 다른 장소를 선택할 수도 있다. 데이터 디렉토리를 생성하기 위해 다음과 같은 명령어를 실행한다.

```
mkdir /data/configdb
```

❷ 다음의 syntax를 사용하여 3개의 config 서버 인스턴스를 시작한다.

```
mongod --configsvr --dbpath <path> --port <port>
```

config 서버의 기본 포트는 27019이지만, 다른 포트를 지정할 수도 있다. 다음의 명령어는 기본 포트와 기본 데이터 디렉토리로 시작한다.

```
mongod --configsvr --dbpath /data/configdb --port 27019
```

2) mongos 인스턴스 시작

mongos 인스턴스는 매우 가볍고 데이터 디렉토리를 요구하지 않는다. 사용자는 다른 클러스터 구성을 실행하는 시스템에서 mongos 인스턴스를 실행할 수 있다. 예를 들어 애플리케이션 서버나 mongod 프로세스를 실행하는 서버이다. 기본적으로 mongos 인스턴스는 포트 27017에서 실행된다.

mongos 인스턴스를 시작할 때, config 서버 3개의 hostname을 구성 파일 또는 명령어 라인에서 매개변수로 설정한다. mongos 인스턴스를 시작하기 위해 다음의 syntax를 사용하여 명령어를 실행한다.

```
mongos --configdb <config server hostnames>
```

다음 명령어를 실행한다.

```
mongos --configdb
  cfg0.example.net:27019,cfg1.example.net:27019,cfg2.example.net:27019
```

샤드 클러스터의 각 mongos는 똑같은 순서로 적힌 host 이름과 동일한 configDB 문자열을 가져야 한다. 만약 사용자가 다른 클러스터 안의 mongos 인스턴스에서 사용된 문자열과 일치하지 않는 문자열을 사용해 mongos 인스턴스를 시작한다면, mongos는 config 데이터베이스 문자열 에러를 반환하고 시작하기를 거부한다.

3) 클러스터에 샤드 추가

샤드는 독립된 mongod 또는 복제 셋이 될 수 있다. 실제 서비스에서 각 샤드는 복제 셋이어야 한다. 다음과 같이 복제 셋 동작 과정을 참고하여 각 샤드에 복제 셋을 분배한다.

❶ 몽고 셸에서 mongos 인스턴스에 연결하기 위해 다음 syntax를 사용하여 명령을 실행한다.

```
mongo --host <hostname of machine running mongos> --port <port mongos listens on>
```

예를 들어 만약 mongos가 port 27017에서 mongos0.example.net에 접속할 수 있다면 다음 명령어를 실행한다.

```
mongo --host mongos0.example.net --port 27017
```

❷ 다음과 같이 sh.addShard() 메소드를 사용하여 클러스터에 각 샤드를 추가한다. 각 샤드에서 sh.addShard()를 실행한다. 만약 샤드가 복제 셋인 경우, 복제 셋의 이름을 구체화하고 셋의 멤버를 구체화한다. 실제 서비스에서 모든 샤드는 복제 셋이어야 한다.

- mongodb0.example.net의 port 27017에서 작동하는 rs1 복제 셋에 샤드를 추가하려면, 다음 명령어를 사용해야 한다.

```
sh.addShard( "rs1/mongodb0.example.net:27017" )
```

- mongodb0.example.net의 port 27017에서 작동하는 단일 mongod에 샤드를 추가하려면, 다음 명령어를 사용해야 한다.

```
sh.addShard( "mongodb0.example.net:27017" )
```

4) 데이터베이스 샤딩 활성화

사용자가 컬렉션을 샤드하기 전에, 컬렉션의 데이터베이스를 샤딩 활성화시켜야 한다. 데이터베이스에 샤딩 활성화하는 것은 데이터를 재분배하지 않지만, 해당 데이터베이스의 컬렉션을 샤드할 수 있게 한다. 사용자가 데이터베이스를 샤딩 활성화한 후, 몽고DB는 그 데이터베이스에 샤딩이 시작되기 전에 모든 데이터를 저장하는 프라이머리 샤드를 지정한다.

❶ 몽고 셸에서 mongos 인스턴스에 연결하기 위해 다음의 명령을 사용하여 실행한다.

```
mongo --host <hostname of machine running mongos> --port <port mongos listens on>
```

❷ 다음과 같이 샤딩을 활성화할 데이터베이스의 이름을 지정하여 sh.enableSharding() 메소드를 실행한다.

```
sh.enableSharding("<database>")
```

사용자는 enableSharding 명령어를 사용하여 데이터베이스에 샤딩을 활성화할 수도 있다.

```
db.runCommand( { enableSharding: <database> } )
```

5) 컬렉션 샤드

❶ 해당 컬렉션이 이미 데이터를 포함하고 있다면, 사용자는 createIndex()를 사용하여 샤드 키에 인덱스를 생성해야 한다. 반면 컬렉션이 비어 있다면 몽고DB는 인덱스를 sh.shardCollection() 과정의 일부로 생성한다.

❷ 몽고 셸에서 sh.shardCollection() 메소드를 실행시켜 컬렉션을 샤드하기 위해 다음 syntax를 사용한다.

```
sh.shardCollection("<database>.<collection>", shard-key-pattern)
```

<database>.<collection> 배열을 사용자의 데이터베이스의 namespace로 대체한다. namespace는 데이터베이스의 이름과 도트(.) 기호 그리고 컬렉션의 전체 이름으로 구성되어 있다. 샤드-키-패턴은 샤드 키를 대표한다.

다음 명령어들은 4개의 컬렉션을 샤딩한다.

```
sh.shardCollection("records.people", { "zipcode": 1, "name": 1 } )
sh.shardCollection("people.addresses", { "state": 1, "_id": 1 } )
sh.shardCollection("assets.chairs", { "type": 1, "_id": 1 } )
sh.shardCollection("events.alerts", { "_id": "hashed" } )
```

(2) 샤드 키 선택 시 고려 사항

1) 샤드 키 선택

많은 컬렉션의 경우에 좋은 샤드 키의 특성을 포함하는 자연적으로 발생되는 키는 존재하지 않는다. 다음 과정은 데이터에서 유용한 샤드 키를 생성하는 데 고려해야 할 사항이다.

❶ 사용자 애플리케이션 계층에서 보다 이상적인 샤드 키를 계산하고, 모든 다큐먼트의 _id 필드(잠재적으로)에 저장한다.

❷ scalable 쓰기 동작과 쿼리 isolation를 적절히 조합한 cardinality를 제공하는 모든 다큐먼트에서 2~3개의 값을 사용하는 복합 샤드 키를 사용한다.

❸ 다음과 같은 경우에는 가장 이상적이지 않은 샤드 키의 영향을 확인하는 것이 중요하지 않다.
- 제한된 쓰기 양
- 예상된 데이터 크기
- 예상된 애플리케이션 쿼리 패턴

❹ 해시 샤드 키를 사용한다. 높은 cardinality를 갖는 필드를 선택하고, 그 필드에 해시 인덱스를 생성한다. 몽고DB는 이 해시 인덱스 값을 샤드 키 값으로 사용해 샤드의 다큐먼트 분배를 보장한다.

2) 올바른 샤드 키 선택 방법

올바른 샤드 키를 선택하는 것은 사용자의 데이터베이스와 클러스터의 동작, 능력, 그리고 기능에 큰 영향을 미친다. 올바른 샤드 키를 선택하는 것은 사용자의 데이터 스키마와 사용자 애플리케이션의 쿼리와 데이터 쓰기에 의존한다.

❶ 쉽게 나눌 수 있는 샤드 키 생성

쉽게 나눌 수 있는 샤드 키는 몽고DB가 샤드의 정보를 쉽게 분배할 수 있게 한다. 제한된 가능 값을 갖는 샤드 키는 나눠지지 않는 청크가 될 수 있다. 예를 들어 청크가 단일 샤드 키 값을 반영하면, 청크가 분할하려는 청크 크기를 넘어서더라도 몽고DB는 분할 작업을 하지 못할 수 있다.

❷ 높은 레벨의 난수를 갖는 샤드 키 생성

높은 레벨의 난수를 갖는 샤드 키는 단일 샤드에 병목 현상이 발생하지 않도록 하고 클러스터에 쓰기 동작을 분배한다.

❸ 단일 샤드를 타깃하는 샤드 키 생성

단일 샤드를 타깃하는 샤드 키는 mongos 프로그램이 대부분의 쿼리 동작을 특정 mongod 인스턴스에서 반환할 수 있도록 한다. 사용자의 샤드 키는 쿼리가 사용한 프라이머리 필드여야 한다. 높은 급의 난수를 갖는 필드는 특정 샤드에 동작하도록 지정하는 것을 힘들게 한다.

❹ 복합 샤드 키를 이용한 샤딩

샤드 키 선택 시 어려운 점은 명확한 선택이 없다는 것이다. 종종 사용자 컬렉션의 현재 필드는 최선의 키가 아닐 수 있다. 그러한 경우, 특정 목적으로 샤드 키를 추가 필드에서 계산하거나 복합 키를 사용하는 것은 더 이상적인 것을 생성할 수 있다.

3) 샤드 키 선택 전략

많은 난수를 가지는 키를 생성하고 애플리케이션이 특정 샤드를 타깃하도록 하는 샤드 키를 생성하는 것은 매우 어려운 일이다. 어떤 업무에 있어서는 균일 데이터 분배를 하는 것이 매우 중요하고 다른 경우에는 타깃 쿼리가 매우 중요하다. 따라서 샤드 키의 선택 과정은 다양한 데이터 분배와 시스템 업무로 인해 발생된 사용자의 데이터와 동작 특성을 밸런싱하는 과정이다.

예제 10-7 샤드 키 선택 시 고려 사항에 대한 설명으로 올바르지 않은 것을 고르시오.

① 쉽게 나눌 수 있는 샤드 키: 청크가 단일 샤드 키 값을 반영한다면, 청크가 분할하려는 청크 크기를 넘어서더라도 몽고DB는 분할하지 못할 수도 있다.

② 높은 레벨의 난수를 가지는 샤드 키: 한 샤드에 병목 현상이 발생하지 않도록 하고 클러스터에 쓰기 동작을 분배한다.

③ 단일 샤드를 타깃하는 샤드 키: mongos 프로그램이 대부분의 쿼리 동작을 특정 mongod 인스턴스에서 반환할 수 있도록 한다. 높은 급의 난수를 가지는 필드는 보다 쉽게 특정 인스턴스에서 반환할 수 있도록 한다.

④ 복합 샤드 키를 이용한 샤딩: 특정 목적으로 샤드 키를 추가 필드에서 계산하거나 복합 키를 사용하는 것이 더 이상적인 선택이 될 수 있다.

답 ③

해설 높은 레벨의 난수는 단일 샤드를 타깃으로 하는 것을 보다 어렵게 한다.

Chapter 10 MongoDB 연습 문제

Q1 샤드 클러스터를 사용하는 경우가 <u>아닌</u> 것을 고르시오.
  ① 데이터 셋이 단일 몽고DB 인스턴스의 저장 능력에 접근하거나 초과할 경우
  ② 시스템이 실행 중인 작업 셋이 램 용량의 한도를 넘어설 경우
  ③ 시스템이 중단되고 다시 시작될 경우
  ④ 단일 몽고DB 인스턴스가 사용자의 동작 요구를 만족시키지 못할 경우

Q2 샤드 키가 쿼리(find) 동작을 포함하지 않고, 4개의 샤드가 있다. 이때 각 샤드는 노드 3개가 있는 복제 셋을 가졌을 때, 쿼리 동작이 확인하는 노드의 개수를 고르시오.
  ① 1개
  ② 3개
  ③ 4개
  ④ 12개

Q3 실제 서비스에서 2개의 샤드로 시스템을 구성하고자 하고, 각 샤드는 노드 3개가 있는 복제 셋이다. 이때 구동되어야 하는 mongod 프로세스의 개수를 고르시오.
  ① 2개
  ② 6개
  ③ 7개
  ④ 9개

Q4 몽고DB가 청크 이동을 하지 않을 경우로 올바르지 <u>않은</u> 것을 고르시오.
  ① 청크가 설정된 특정 크기를 초과하였을 경우
  ② 청크가 이동시킬 수 있는 최대 다큐먼트 수를 초과하였을 경우
  ③ 점보 청크로 정의된 경우
  ④ 청크의 데이터 셋이 모두 같은 컬렉션의 데이터인 경우

Q5 GridFS 청크의 기본 크기는 얼마인가?
① 16MB
② 255KB
③ 1MB
④ 2MB

Q6 GridFS 데이터를 저장하기 위해 몽고DB에서 사용하는 컬렉션은 무엇인가?
① fs.files와 fs.chunks
② fs.grid와 fs.chunks
③ fs.parts와 fs.files
④ fs.chunks와 fs.parts

Q7 샤드 복제 셋 환경에서, w 옵션은 쓰기 동작의 확인과 레벨을 설정하는 데 사용된다. 투표에 참가한 대다수가 인정한 후에 동작 성공 시에 리턴하는 w 값은 무엇인가?
① n
② majority
③ m
④ major

Q8 샤드 복제 셋 환경에서 w 옵션은 쓰기 확인에 사용되고, j 옵션은 디스크 저널에 쓰이는 동작을 설정하는 데 사용한다. 어떤 사용자가 7개의 복제 셋을 갖고 저널에 쓰기를 실행할 때 j 값은 얼마를 사용하는가?
① 0
② 1
③ 2
④ 7

Q9 샤드 복제 셋 환경에서 w 옵션은 쓰기 확인에 사용되고, j 옵션은 디스크 저널에 쓰이는 동작을 설정하는 데 사용한다. 어떤 사용자가 7개의 복제 셋을 갖고 최소 3개 노드를 갖는 저널에 쓰기를 실행할 때 w 값은 얼마를 사용하는가?
① 0
② 1
③ 3
④ 7

Q10 다수의 mongos 서버를 갖는 샤드 복제 셋 환경에서 mongos가 동작 불능인지를 판단하는 것은 무엇인가?

① 몽고 셸
② mongod
③ 개별 드라이버 장치
④ mongos

Q11 facebook과 같은 소셜 네트워크 서비스를 구축하고자 할 때 포스트의 기본 데이터 구조를 다음과 같이 하기로 결정했다.

```
{'username':'toeguy',
 'posttime':ISODate("2012-12-02T23:12:23Z"),
 "randomthought": "I am looking at my feet right now",
 'visible_to':['friends','family', 'walkers']}
```

샤드 키 선택을 고려했을 때, 다음 중 올바른 장단점을 고르시오.

① 샤드 키로 posttime을 선택하는 것은 시간에 따라 핫스팟을 야기할 것이다.
② 샤드 키로 username을 선택하는 것은 샤드 사이로 포스트를 적절히 분배할 것이다.
③ 샤드 키로 visible_to를 선택할 수 없다.
④ 샤드 키로 posttime을 선택하는 것은 낮은 cardinality를 받는다.

Chapter 11 Node.js 활용

nodeJS

+ 몽고DB

Node.js는 구글에서 개발한 오픈 소스 자바 스크립트 엔진 V8 위에서 실행되며, 2009년 라이언 달(Ryan Dahl)에 의해 만들어졌다. 간단하게 말하면 Node.js는 Server-side JavaScript이며, 고성능 네트워크 애플리케이션 프레임워크이다. 이번 장에서는 몽고DB와 노드 드라이버를 연결하여 몽고DB의 성능을 향상시키는 방법을 배운다.

Node.js 드라이버

노드(Node.js)는 Chrome의 V8 자바스크립트 엔진 상에서 동작하는 자바스크립트 런타임 플랫폼으로 자바스크립트를 웹 브라우저에서 해방시켰다. 노드는 효율적이고 가볍게 설계된 이벤트 구동 방식이며, 비동기 방식 I/O를 사용한다. 노드 패키지 관리 시스템(NPM)은 오픈 소스 라이브러리로써 자원 컴파일, 스크립트, 모니터링 및 백 엔드 서버를 비롯하여 여러 가지 작업에 활용될 수 있다.

(1) 이벤트 구동 방식

노드는 컴파일 언어에서 사용하는 스레드 모델 또는 스크립트 언어에서 인기 있는 프로세스 방식을 사용하지 않고 이벤트 구동 방식을 선택했다. 따라서 기본적으로 소프트웨어는 동시성을 처리하는 여러 가지 방식이 있다. 동시성이 서버에서 중요하게 생각되는 이유는 일반적으로 동시에 여러 명이 서버에 접속하기 때문이다.

자바와 같은 플랫폼은 접속 시마다 새로운 스레드를 생성해야 한다. 따라서 스레드는 생산 비용이 많이 소모되고 스레드마다 1MB 정도의(64bit x86-64bit 기준) 메모리를 소비하므로 한 번에 동작할 수 있는 스레드의 개수가 제한된다. 4GB 서버는 4,000개 정도만 동시 연결이 가능하다. 따라서 스레드 모델로써 안전한 플랫폼을 구축하기는 불가능하다. 이러한 이유 때문에 루비, 파이썬 및 PHP와 같은 언어에는 스레드가 없다.

노드를 만든 라이언 달(Ryan Dahl)과 개발 팀 동료들은 전통적인 스레드 기반의 동시성 모델보다 단일 스레드 기반의 비동기 이벤트 방식을 플랫폼의 기반 구조로 선택했다. 노드의 목표는 '확장 가능한 네트워크 서버를 구축하는 쉬운 방법'을 제공하는 것이다. 이벤트를 사용하여 동시성을 처리하는 라이브러리는 파이썬의 트위스티드(Twisted), 루비의 이벤트 머신(Event Machine), 자바의 아카(Akka) 등이 있지만, 노드에서는 자바스크립트 언어로 콜백 이벤트를 사용한다고 가정한다. [그림 11-1]에서는 멀티 스레드와 단일 스레드 동작 방식을 비교하였다.

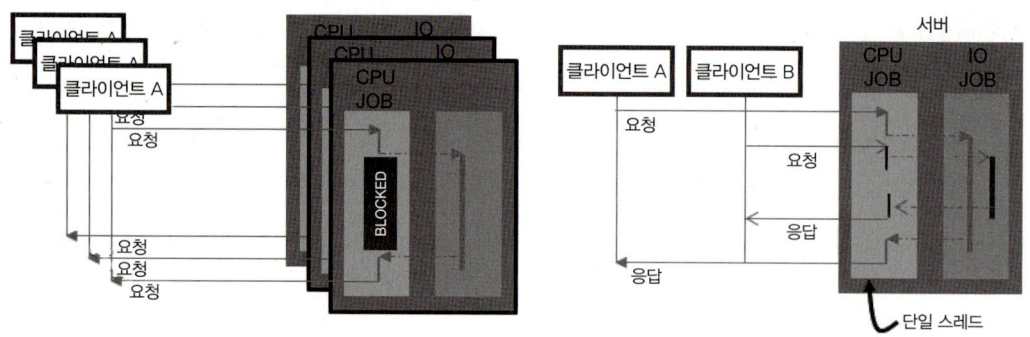

[그림 11-1] 멀티 스레드와 단일 스레드 동작 방식 비교

(2) 콜백(Callback) 동작 방식

단일 스레드를 가진 노드는 스레드 간에 문맥 전환 비용이 없고, I/O 작업 시 스레드 지연도 발생하지 않는다. 대신에 I/O 작업이 끝나면 이벤트를 발생시켜 루프를 돌다가 지정된 콜백 함수를 실행한다. 예를 들면 콜백이란 데이터베이스 호출 또는 HTTP 호출과 같은 I/O 작업을 요청하면 코드 경로를 계속 수행하기 위해 되돌아올 때까지 기다리는 것을 말한다.

[그림 11-2]는 동기식 방식과 콜백을 사용한 비동기식 처리 방식을 나타낸 것이다.

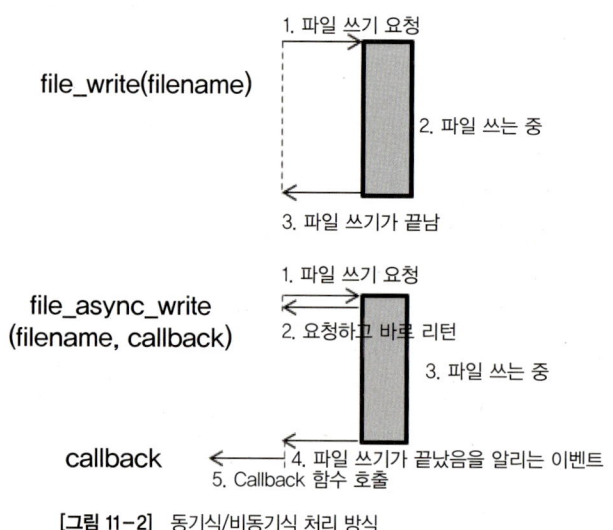

[그림 11-2] 동기식/비동기식 처리 방식

예를 들면 다음 코드는 데이터베이스에 질의하여 결과(result)를 얻을 때까지 스레드/프로세스는 멈추게 된다.

```
result = query('SELECT * from db');
// operate on result
```

쿼리가 데이터베이스에 전달되고 반환 값을 결정하여 돌려받기 전까지 멈추게 된다. 그리고 쿼리를 어떻게 구성하느냐에 따라 지연 시간이 더 늘어난다. 결국 지연 시간이 길어지면 문제가 발생한다. 즉, 새 요청이 들어와도 다시 지연될 확률이 높아지기 때문에 상황이 계속되면 점유 중인 스레드가 증가한다. 그리고 더 이상 스레드를 할당할 수 없는 상황에 이르면 새 요청은 누락되기 시작한다. 그뿐만 아니라 스레드가 많아지면 상태를 저장하고 복원하는 문맥 전환 비용이 증가하고, 각 실행 공간이 차지하는 메모리도 증가한다.

그러나 노드는 이러한 문제를 이벤트 기반의 비동기 콜백 방식을 사용하여 대부분의 오버헤드를 제거하면서 쉽게 해결한다. 노드에서 비동기 I/O 동작 방식은 객체에 접근하는 상대적인 시간을 비교함으로써 이해할 수 있다. 메모리에 있는 객체는 디스크 또는 네트워크에 있는 객체를 검색할 때보다 훨씬 빠르게(약 10억분의 1초) 접근할 수 있다. 조금 더 시간이 오래 걸리는 외부 객체 접근 시간은 CPU의 클록 사이클로 본다면 엄청나게 많은 시간에 해당한다.

앞에서 작성했던 쿼리를 노드로 바꾸면 다음과 같다. 차이점은 쿼리 결과 값 result가 함수의 실행 결과로 반환되는 것이 아니라 콜백 함수의 인자로 전달되는 점이다. 그리고 프로그램은 이벤트 루프로 돌아가서 다른 요청을 처리한다. 이렇게 이벤트 루프 안에서 실행되는 요청 가운데 하나가 바로 쿼리 응답 결과가 된다. 그리고 프로그램은 지정된 콜백 함수를 실행하여 그 응답을 넘겨준다.

```
query('SELECT * from db', function (result) {
  // operate on result
});
```

이벤트 모델 방식은 요청을 처리하고 재빨리 이벤트 루프로 돌아가기 때문에 사용자가 서버 가용성을 높여준다. 대개 웹 브라우저는 수많은 자원으로부터 쿼리를 이용하여 데이터를 가져온다. 그리고 많은 페이지 구성 요소들은 비동기 쿼리를 이용하여 병렬로 처리된다. 이러한 병렬 데이터 처리는 한 번에 1개씩 처리되는 동기식 쿼리보다 훨씬 더 많은 데이터를 처리할 수 있기 때문에 빠르게 페이지에 로드되어 사용자는 더욱 편안해진다.

Node.js 드라이버 활용

노드(Node.js) 드라이버는 서버 측 자바 스크립트를 사용하여 이벤트 구동 방식의 네트워크 프로그램을 작성하는 데 사용되며, 구글의 V8 엔진에서 실행된다. [그림 11-3]은 노드 드라이버가 동작하는 방법을 나타낸다. 사용자는 몽고 셸(mongo)에서 데이터베이스(mongod)로 BSON 형식의 데이터를 전송하고, 데이터베이스에서는 BSON 형식의 프로토콜을 사용하여 사용자 애플리케이션 코드를 노드 드라이버로부터 받는다.

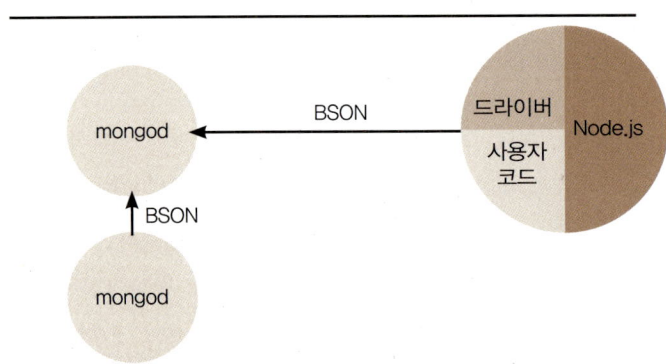

[그림 11-3] 노드 드라이버 동작 방식

(1) 노드 드라이버에서 find(), findOne() 및 cursors 활용하기

몽고DB의 쿼리에 가장 많이 사용하는 `find()` 메소드가 동작하는 방식을 알아보자. 먼저 `grades.json` 파일은 다음과 같이 학생들의 과제에 대한 성적이다.

```
{ "student" : "Joe", "assignment" : "hw1", "grade" : 90 }
{ "student" : "Joe", "assignment" : "hw2", "grade" : 80 }
{ "student" : "Joe", "assignment" : "hw3", "grade" : 85 }
{ "student" : "Joe", "assignment" : "exam", "grade" : 100 }
{ "student" : "Steve", "assignment" : "hw1", "grade" : 80 }
{ "student" : "Steve", "assignment" : "hw2", "grade" : 90 }
{ "student" : "Steve", "assignment" : "hw3", "grade" : 100 }
{ "student" : "Steve", "assignment" : "exam", "grade" : 100 }
{ "student" : "Amanda", "assignment" : "hw1", "grade" : 100 }
{ "student" : "Amanda", "assignment" : "hw2", "grade" : 90 }
{ "student" : "Amanda", "assignment" : "hw3", "grade" : 80 }
{ "student" : "Amanda", "assignment" : "exam", "grade" : 100 }
```

```
{ "student" : "Susan", "assignment" : "hw1", "grade" : 100 }
{ "student" : "Susan", "assignment" : "hw2", "grade" : 90 }
{ "student" : "Susan", "assignment" : "hw3", "grade" : 85 }
{ "student" : "Susan", "assignment" : "exam", "grade" : 80 }
```

mongoimport 명령어로 grades.json 파일을 데이터베이스(course)와 컬렉션(grades)으로 다음과 같이 변환시키면, localhost 서버에 16개 다큐먼트가 만들어진다.

```
$ mongoimport -d course -c grades grades.json
2015-12-11T14:59:30.208+0900    connected to: localhost
2015-12-11T14:59:30.992+0900    imported 16 documents
```

데이터베이스의 컬렉션에서 find() 메소드를 사용하여 다음과 같이 학생들의 성적을 확인할 수 있다.

```
> use course
switched to db course
> db.grades.find()
{ "_id" : ObjectId(".."), "student" : "Joe", "assignment" : "hw1", "grade" : 90 }
{ "_id" : ObjectId(".."), "student" : "Joe", "assignment" : "hw2", "grade" : 80 }
{ "_id" : ObjectId(".."), "student" : "Joe", "assignment" : "hw3", "grade" : 85 }
{ "_id" : ObjectId(".."), "student" : "Joe", "assignment" : "exam", "grade" : 100 }
{ "_id" : ObjectId(".."), "student" : "Steve", "assignment" : "hw1", "grade" : 80 }
{ "_id" : ObjectId(".."), "student" : "Steve", "assignment" : "hw2", "grade" : 90 }
{ "_id" : ObjectId(".."), "student" : "Steve", "assignment" : "hw3", "grade" : 100 }
{ "_id" : ObjectId(".."), "student" : "Steve", "assignment" : "exam", "grade" : 100 }
{ "_id" : ObjectId(".."), "student" : "Amanda", "assignment" : "hw1", "grade" : 100 }
{ "_id" : ObjectId(".."), "student" : "Amanda", "assignment" : "hw2", "grade" : 90 }
{ "_id" : ObjectId(".."), "student" : "Amanda", "assignment" : "hw3", "grade" : 80 }
{ "_id" : ObjectId(".."), "student" : "Amanda", "assignment" : "exam", "grade" : 100 }
{ "_id" : ObjectId(".."), "student" : "Susan", "assignment" : "hw1", "grade" : 100 }
{ "_id" : ObjectId(".."), "student" : "Susan", "assignment" : "hw2", "grade" : 90 }
{ "_id" : ObjectId(".."), "student" : "Susan", "assignment" : "hw3", "grade" : 85 }
{ "_id" : ObjectId(".."), "student" : "Susan", "assignment" : "exam", "grade" : 80 }
>
```

❶ findOne( ) 메소드를 사용하여 자바스크립트 파일 app.js를 다음과 같이 만든다.

```javascript
var MongoClient = require('mongodb').MongoClient;

MongoClient.connect('mongodb://localhost:27017/course'), function(err, db) {
    if(err) throw err;

    var query = { 'grade' : 100 };

    db.collection('grades').findOne(query, function(err, doc) {
        if(err) throw err;

        console.dir(doc);

        db.close();
    });
});
```

"MongoClient = require("mongodb").MongoClient;"는 몽고DB 드라이버에 접근하기 위해 사용되고, "localhost:27017/course"는 course 데이터베이스에 연결한다. 그리고 function(err, db)와 function(err, doc)는 콜백 함수이다. var query={ 'grade' : 100 }; 객체는 course 데이터베이스에서 grade가 '100'인 값을 설정하고, db.collection ('grades').findOne(query, function(err, doc)) 메소드를 사용하여 쿼리를 실행한다.

app.js 파일을 동작시키기 위해 먼저 노드 패키지 매니저(npm)를 사용하여 몽고DB를 다음과 같이 설치한다.

```
$ sudo npm install mongodb
```

node를 사용하여 app.js 파일을 실행하면 다음과 같다.

```
$ node app.js
{ _id: .. ,
  student: 'Joe',
  assignment: 'exam',
  grade: 100 }
```

실행 결과는 데이터베이스의 grades 컬렉션에서 find( ) 메소드를 사용하여 학생들의 성적을 확인한 것과 같이 Joe 학생의 exam 과목에서 100점을 얻은 것과 동일한 것을 알 수 있다.

❷ toArray( ) 메소드를 사용하여 자바스크립트 파일 toArray.js를 다음과 같이 만든다.

```js
var MongoClient = require('mongodb').MongoClient;

MongoClient.connect('mongodb://localhost:27017/course'), function(err, db) {
    if(err) throw err;

    var query = { 'grade' : 100 };

    db.collection('grades').find(query).toArray(function(err, docs) {
       if(err) throw err;

       console.dir(docs);

       db.close();
    });
});
```

toArray(function(err, docs)) 메소드는 쿼리 결과를 배열로 리턴한다. 따라서 데이터베이스에서 100점을 획득한 모든 학생의 명단을 배열로 처리하여 결과를 얻을 수 있다. toArray.js 파일을 실행하면 다음과 같다.

```
$ node toArray.js
[ { _id: .. ,
    student: 'Joe',
    assignment: 'exam',
    grade: 100 },
  { _id: .. ,
    student: 'Steve',
    assignment: 'hw3',
    grade: 100 },
  { _id: .. ,
    student: 'Steve',
    assignment: 'exam',
    grade: 100 },
  { _id: .. ,
    student: 'Amanda',
```

```
          assignment: 'hw1',
          grade: 100 },
    { _id: .. ,
          student: 'Amanda',
          assignment: 'exam',
          grade: 100 },
    { _id: .. ,
          student: 'Susan',
          assignment: 'hw1',
          grade: 100 } ]
```

❸ cursor() 메소드를 사용하여 자바스크립트 파일 cursor.js를 다음과 같이 만든다.

```
var MongoClient = require('mongodb').MongoClient;

MongoClient.connect('mongodb://localhost:27017/course'), function(err, db) {
    if(err) throw err;

    var query = { 'grade' : 100 };

    var cursor = db.collection('grades').find(query);

    cursor.each(function(err, doc) {
       if(err) throw err;

       if(doc == null){
           return db.close();
       }
       console.dir(doc.student + " got a good grades ");

    });
});
```

var cursor=db.collection("grades").find(query); find() 메소드를 사용하여 cursor 객체를 만들어 콜백 함수의 인자 doc로 결과 값을 리턴한다.

```
$ node cursor.js
'Joe got a good grades '
'Steve got a good grades '
'Steve got a good grades '
'Amanda got a good grades '
'Amanda got a good grades '
'Susan got a good grades ;
```

예제 11-1 다음 자바스크립트 파일의 콜백 함수(function callback(err, doc))를 완성하시오.

```
var MongoClient = require('mongodb').MongoClient;

MongoClient.connect('mongodb://localhost:27017/course', function(err, db)
{
    if(err) throw err;

    var query = { 'grade' : 100};

    function callback(err, doc) {
        if(err) throw err;

        console.dir(doc);

        db.close();
    }
    /* TODO */
});
```

답 db.collection('grades').findOne(query, callback);

(2) 노드 드라이버에서 Field Projection 사용하기

다음과 같이 Field Projection을 사용하는 field.js 파일을 만든다.

```javascript
var MongoClient = require('mongodb').MongoClient;

MongoClient.connect('mongodb://localhost:27017/course', function(err, db) {
    if(err) throw err;

    var query = { 'grade' : 100 };

    var projection = { 'student' : 1, '_id' : 0 };

    db.collection('grades').find(query, projection).toArray(function(err, docs) {
        if(err) throw err;

        docs.forEach(function (doc) {
            console.dir(doc);
            console.dir(doc.student + " got a good grade!");
        });

        db.close();
    });
});
```

이전 쿼리들과 유사하게 var query = { "grade" : 100 };를 사용하여 100점을 받은 학생들을 찾는다. var projection = { "student" : 1, "_id" : 0 };에서 "student" : 1은 student 필드를 포함하겠다는 것이고, 반대로 _id 필드는 0으로 설정해 검색하지 않는다.

node field.js를 실행하면 다음과 같은 결과가 나온다.

```
{ student: 'Joe' }
'Joe got a good grade!'
{ student: 'Steve' }
'Steve got a good grade!'
{ student: 'Steve' }
'Steve got a good grade!'
{ student: 'Amanda' }
'Amanda got a good grade!'
{ student: 'Amanda' }
```

```
'Amanda got a good grade!'
{ student: 'Susan' }
'Susan got a good grade!'
```

예제 11-2 'scores' 컬렉션에서 "type" 필드의 값이 "essay"이고, "score" 필드의 값이 '50'인 다큐먼트의 "student" 필드만을 반환하는 쿼리문을 작성하시오.

답 db.scores.find({type : "essay" , score : 50}, { student : true , _id : false})

(3) 노드 드라이버에서 $gt와 $lt 연산자 사용하기

다음은 $gt와 $lt 연산자를 사용하여 자바 스크립트 파일 gtlt.js 파일을 만든다.

```
var MongoClient = require('mongodb').MongoClient;
MongoClient.connect('mongodb://localhost:27017/course', function(err, db) {
    if(err) throw err;
    var query = { 'student' : 'Joe', 'grade' : { '$gt' : 80, '$lt' : 95 } };
    db.collection('grades').find(query).each(function(err, doc) {
        if(err) throw err;
        if(doc == null) {
            return db.close();
        }
        console.dir(doc);
    });
});
```

여기서는 student는 Joe이며, 성적은 80점에서 95점 사이인 것을 알 수 있다. 이 gtlt.js 파일을 실행한 결과는 다음과 같다.

```
{ _id: { _bsontype: 'ObjectID', id: '..' },
  student: 'Joe',
  assignment: 'hw1',
  grade: 90 }
{ _id: { _bsontype: 'ObjectID', id: '..' },
  student: 'Joe',
  assignment: 'hw3',
  grade: 85 }
```

예제 11-3 scores 컬렉션에서 score 필드의 값이 50 이상이고, 60 이하인 다큐먼트를 반환하는 쿼리문을 작성하시오.

답 db.scores.find({ score : { $gte : 50 , $lte : 60 } });

(4) 노드 드라이버를 사용한 외부 데이터 삽입(import)

전체 구조를 모르는 외부 데이터를 몽고DB로 가져오는 방법을 배우기 위해 Reddit 사이트의 데이트를 가져오는 코드를 작성한다. Reddit의 페이지로부터 /.json은 JSON 객체를 반환한다. 따라서 이 파일을 가져오기 위해 다음과 같은 명령어를 사용할 수 있다.

```
$ curl http://www.reddit.com/r/technology/.json > reddit.json
```

명령어를 실행하면 다음과 같은 내용이 명령어 창에 출력된다.

```
% Total    % Received % Xferd  Average Speed   Time    Time     Time  Current
                                 Dload  Upload   Total   Spent    Left  Speed
100 35178    0 35178    0     0  39481      0 --:--:-- --:--:-- --:--:-- 39570
```

이상의 명령어를 버추얼 박스에서 실행한 결과는 다음과 같다.

```
hl@hl-VirtualBox:~$ curl http://www.reddit.com/r/technology/.json > reddit.json
  % Total    % Received % Xferd  Average Speed   Time    Time     Time  Current
                                 Dload  Upload   Total   Spent    Left  Speed
100 35178    0 35178    0     0  39481      0 --:--:-- --:--:-- --:--:-- 39570
hl@hl-VirtualBox:~$ ls
Desktop    Downloads          Music         Pictures  reddit.json  tmp
Documents  examples.desktop   node_modules  Public    Templates    Videos
hl@hl-VirtualBox:~$
```

[그림 11-4] reddit 실행 결과

이번에는 Node.js를 통해 몽고DB로 외부 데이터를 가져오는 다음과 같은 자바스크립트를 작성한다. 이때 외부 사이트에 대해 자료를 요청하기 위해 request 라이브러리를 추가한다.

```
var MongoClient = require('mongodb').MongoClient
   , request = require('request');
```

```
MongoClient.connect('mongodb://localhost:27017/course', function(err, db) {
    if(err) throw err;

    request('http://www.reddit.com/r/technology/.json', function (error, response, body)
{
        if (!error && response.statusCode == 200) {
            var obj = JSON.parse(body);

            var stories = obj.data.children.map(function (story) { return story.data; });

            db.collection('reddit').insert(stories, function (err, data) {
                if(err) throw err;

                console.dir(data);

                db.close();
            });
        }
    });
});
```

노드를 통해 자바 스크립트를 실행하면 몽고DB에 해당 사이트의 JSON 객체를 받아서 그중 `data.children` 필드가 삽입된 것을 확인할 수 있다.

(5) 노드 드라이버에서 $regex 활용

데이터베이스는 이전 과정에서의 외부 Reddit 데이터를 활용한다. 여기서 $regex를 사용하여 특정 필드 데이터(NSA: 경우에 따라서는 사용자가 이 데이터를 reddit 컬렉션에서 사용 가능한지를 확인해야 하며, NSA 데이터가 존재하지 않으면 적당한 데이터로 변경해야 한다)를 포함하는 다큐먼트를 찾는 쿼리는 다음과 같다.

```
>db.reddit.find({ 'title' : {'$regex' : 'NSA' }})
>db.reddit.find({ 'title' : {'$regex' : 'NSA' }} , { 'title': 1, '_id' :0 })
```

이번에는 노드 드라이버를 통해 앞에서 배운 작업을 수행하는 방법을 확인한다. 동일하게 title 필드에 NSA를 포함하는 다큐먼트를 반환하고, 프로젝션으로 { "title": 1, "_id" :0 }을 사용한다.

```
var MongoClient = require('mongodb').MongoClient;

MongoClient.connect('mongodb://localhost:27017/course', function(err, db) {
    if(err) throw err;

    var query = { 'title' : { '$regex' : 'NSA' } };

    var projection = { 'title' : 1, '_id' : 0 };

    db.collection('reddit').find(query, projection).each(function(err, doc) {
        if(err) throw err;

        if(doc == null) {
            return db.close();
        }

        console.dir(doc.title);
    });
});
```

예제 11-4 title 필드 내에서 "Microsoft"를 포함하는 다큐먼트를 검색하기 위한 쿼리 표현인 것을 고르시오.

① { 'title' : { '$regex' : 'Microsoft' } }

② { '$regex' : 'Microsoft' }

③ { 'title' : { '$regex' : '^Microsoft' } }

④ { 'title' : 'Microsoft' }

답 ①

(6) 노드 드라이버에서 점 표기법 활용

중첩된 구조에서 하위 필드를 찾기 위해 노드 드라이버를 사용하여 다음과 같은 스크립트를 사용할 수 있다. 점 표기법은 몽고DB의 점 표기법과 같은 문법을 갖고 있다.

```
var MongoClient = require('mongodb').MongoClient;

MongoClient.connect('mongodb://localhost:27017/course', function(err, db) {
    if(err) throw err;
```

```
        var query = { 'media.oembed.type' : 'video' };

        var projection = { 'media.oembed.url' : 1, '_id' : 0 };

        db.collection('reddit_front').find(query, projection).each(function(err, doc) {
            if(err) throw err;

            if(doc == null) {
                return db.close();
            }
            console.dir(doc);
        });
    });
```

이때 Reddit 사이트는 실제 서비스되고 있는 사이트이기 때문에 데이터가 바뀔 수 있어 위의 쿼리에 만족하는 다큐먼트가 없을 수도 있으므로, 사용자는 사용 가능한 데이터가 있는지를 확인해야 한다.

예제 11-5 점 표기법을 사용하여 students 배열에 name이 Steve인 다큐먼트를 검색하는 쿼리를 작성하시오. 이때 다큐먼트 구조는 다음과 같다.

```
{
    'course' : 'M101JS',
    'students' : [
        {
            'name' : 'Susan'
        },
        {
            'name' : 'Steve'
        }
    ]
}
```

답 { "students.name": "Steve" }

(7) 노드 드라이버에서 Skip, Limit, Sort 메소드 활용

노드 드라이버에서 Skip, Limit, Sort를 사용하는 코드는 다음 스크립트와 같다. 이때 드라이버는 Skip, Limit, Sort의 사용 순서와 달리 Sort 메소드를 먼저 사용하고 Skip, 마지막으로 Limit 메소드를 실행한다.

```javascript
var MongoClient = require('mongodb').MongoClient;

MongoClient.connect('mongodb://localhost:27017/course', function(err, db) {
    if(err) throw err;

    var grades = db.collection('grades');

    var cursor = grades.find({});
    cursor.skip(1);
    cursor.limit(4);
    cursor.sort('grade', 1);

    // 1번 주석부
    //cursor.sort([['grade', 1], ['student', -1]]);

    // 2번 주석부
    //var options = { 'skip' : 1,
    //                'limit' : 4,
    //                'sort' : [['grade', 1], ['student', -1]] };
    //var cursor = grades.find({}, {}, options);

    cursor.each(function(err, doc) {
        if(err) throw err;
        if(doc == null) {
            return db.close();
        }
        console.dir(doc);
    });
});
```

주석 처리되어 있는 부분을 살펴보면, 1번 주석부는 복합된 기준으로 정렬하는 sort 메소드이고, 2번 주석부는 Skip, Limit, Sort를 find의 세 번째 매개변수로 사용한 것이다. 이때 첫 번째와 두 번째 매개변수는 통상 find 매개변수와 같다.

예제 11-6 노드 드라이버에서 Skip, Limit, Sort를 사용할 수 있는 방법을 모두 고르시오.
① find와 findOne의 옵션 객체로 skip, limit, sort 연산자를 포함한다.
② findAndModify에 sort 순서를 인자로 전달한다.
③ 커서가 어떤 다큐먼트도 반환받기 전에 skip, limit, sort 함수를 호출한다.
④ 커서가 여러 개의 다큐먼트를 반환받은 후에 skip, limit, sort 함수를 호출한다.

답 ①, ②, ③

(8) 노드 드라이버에서 삽입(insert)과 _id

노드 드라이버를 사용하는 단일 다큐먼트 삽입 동작처럼 기본적인 동작을 하는 코드는 다음 스크립트와 같다. 다음 스크립트를 노드로 실행하면 성공적으로 반환되었다는 문구와 함께 삽입된 다큐먼트가 자동적으로 고유한 _id 값이 생성된 것으로 표시될 것이다.

```
var MongoClient = require('mongodb').MongoClient;

MongoClient.connect('mongodb://localhost:27017/course', function(err, db) {
    if(err) throw err;

    var doc = { 'student' : 'Calvin', 'age' : 6 };

    db.collection('students').insert(doc, function(err, inserted) {
        if(err) throw err;

        console.dir("Successfully inserted: " + JSON.stringify(inserted));

        return db.close();
    });
});
```

위 코드를 다시 실행하면, 동일한 다큐먼트가 성공적으로 삽입되었다는 문구가 출력되고, 자동으로 생성되는 고유한 _id 값은 다르다.

다음 코드는 _id 값을 포함한 다큐먼트를 삽입하는 스크립트이다. 이 다큐먼트는 고유한 _id 값을 포함하고 있고, 따라서 재차 스크립트를 실행하면 중복된 _id 값으로 인해 다시 삽입되지 않고 에러를 반환한다.

```
var MongoClient = require('mongodb').MongoClient;

MongoClient.connect('mongodb://localhost:27017/course', function(err, db) {
    if(err) throw err;

    var doc = { '_id' : 'calvin', 'age' : 6 };

    db.collection('students').insert(doc, function(err, inserted) {
        if(err) throw err;

        console.dir("Successfully inserted: " + JSON.stringify(inserted));

        return db.close();
    });
});
```

이번에는 노드 드라이버를 사용하여 복수의 다큐먼트를 삽입하는 스크립트를 작성한다. 스크립트를 실행하면, 2개의 다큐먼트에 각각의 _id가 자동적으로 생성된 것을 반환된 출력을 통해 확인할 수 있다.

```
var MongoClient = require('mongodb').MongoClient;

MongoClient.connect('mongodb://localhost:27017/course', function(err, db) {
    if(err) throw err;

    var docs = [ { 'student' : 'Calvin', 'age' : 6 },
                 { 'student' : 'Susie', 'age' : 7 } ];

    db.collection('students').insert(docs, function(err, inserted) {
        if(err) throw err;

        console.dir("Successfully inserted: " + JSON.stringify(inserted));

        return db.close();
    });
});
```

예제 11-7 다음 코드를 실행 결과로 옳은 것을 고르시오.

```
var MongoClient = require('mongodb').MongoClient;

MongoClient.connect('mongodb://localhost:27017/course', function(err, db) {
    if(err) throw err;

    var docs = [ { '_id' : 'George', 'age' : 6 },
                 { '_id' : 'george', 'age' : 7 } ];

    db.collection('students').insert(docs, function(err, inserted) {
        if(err) throw err;

        console.dir("Successfully inserted: " + JSON.stringify(inserted));

        return db.close();
    });
});
```

① 배열의 단 하나의 다큐먼트만 삽입된다.
② 하나의 다큐먼트 대신 다큐먼트 배열을 삽입하려고 했기 때문에 에러를 반환한다.
③ 중복된 키 에러를 반환한다.
④ 두 다큐먼트 모두 성공적으로 삽입된다.

답 ④

(9) 노드 드라이버에서의 갱신

　노드 드라이버에서 갱신 동작은 몽고 셸에서 update() 메소드와 같이 대체하는 동작과 지정된 필드에 대해서만 갱신하는 동작, 복수에 대한 동작으로 단계적으로 살펴볼 수 있다. 먼저 쿼리에 일치하는 다큐먼트를 대체하는 동작에 대해 살펴본다. 다음은 assignment 필드의 값이 hw1인 하나의 다큐먼트를 기존의 _id 값과 new Date() 값을 가지는 date_returned로 대체하는 스크립트이다. 이 동작은 하나의 다큐먼트만 갱신한다.

```
var MongoClient = require('mongodb').MongoClient;

MongoClient.connect('mongodb://localhost:27017/course', function(err, db) {
    if(err) throw err;

    var query = { 'assignment' : 'hw1' };

    db.collection('grades').findOne(query, function(err, doc) {
        if(err) throw err;
        if(!doc) {
            console.log('No documents for assignment ' + query.assignment + ' found!');
            return db.close();
        }

        query['_id'] = doc['_id'];
        doc['date_returned'] = new Date();

        db.collection('grades').update(query, doc, function(err, updated) {
            if(err) throw err;

            console.dir("Successfully updated " + updated + " document!");

            return db.close();
        });
    });
});
```

다음 코드는 지정된 필드만 갱신하는 동작을 수행하는 스크립트이다. 노드 드라이버는 assignment의 값이 hw1인 다큐먼트를 대상으로 기존의 date_returned 필드 값을 new Date() 값으로 대체한다. 이 동작도 하나의 다큐먼트만을 대상으로 실행한다.

```
var MongoClient = require('mongodb').MongoClient;

MongoClient.connect('mongodb://localhost:27017/course', function(err, db) {
    if(err) throw err;

    var query = { 'assignment' : 'hw1' };
    var operator = { '$set' : { 'date_returned' : new Date() } };

    db.collection('grades').update(query, operator, function(err, updated) {
```

```
        if(err) throw err;

        console.dir("Successfully updated " + updated + " document!");

        return db.close();
    });
});
```

쿼리에 일치하는 복수의 다큐먼트를 갱신하기 위해 다음 스크립트를 작성한다. 앞의 두 update()와 달리 세 번째 인자로 옵션 인자를 갖는데, 이것은 몽고 셸에서의 update() 메소드 옵션 인자와 같다.

```
var MongoClient = require('mongodb').MongoClient;

MongoClient.connect('mongodb://localhost:27017/course', function(err, db) {
    if(err) throw err;

    var query = { };
    var operator = { '$unset' : { 'date_returned' : '' } };
    var options = { 'multi' : true };

    db.collection('grades').update(query, operator, options, function(err, updated) {
        if(err) throw err;

        console.dir("Successfully updated " + updated + " documents!");

        return db.close();
    });
});
```

예제 11-8 다음 스크립트를 노드 드라이버로 실행하면 동작 결과로 올바른 것을 고르시오.

```
var MongoClient = require('mongodb').MongoClient;

MongoClient.connect("mongodb://localhost:27017/course", function(err, db) {
    if(err) throw err;

    var query = { 'assignment': 'hw1'};
```

```
        var operator = {'assignment': 'hw2', '$set': {'date_graded': new Date() } };

        db.collection('grades').update(query, operator, function(err, updated) {
            if(err) throw err;

            console.dir("Successfully updated " + updated + " document!");

            return db.close();
        });
    });
```

① assignment가 hw2로, date_graded는 현재의 시간으로 바뀐다.
② date_graded가 현재 시간으로 바뀌지만, assignment는 무시된다.
③ 다큐먼트는 date_graded와 assignment 필드들로만 대체된다.
④ 에러를 반환한다.

답 ④

해설 $set 연산자를 사용과 사용하지 않은 것을 혼용할 수 없기 때문이다.

(10) 노드 드라이버에서의 Upserts

노드 드라이버에서 Upsert를 활용한 코드는 다음 스크립트와 같다. 1번 주석부를 활성화하고, 기존의 operator 변수에 대한 정의를 주석 처리하고 스크립트를 실행하면 기존의 스크립트 동작과는 다른 순서로 다큐먼트가 삽입될 것이다.

```
var MongoClient = require('mongodb').MongoClient;

MongoClient.connect("mongodb://localhost:27017/course", function(err, db) {
    if(err) throw err;

    var query = { 'student' : 'Frank', 'assignment': 'hw1'};
    var operator = { 'student' : 'Frank', 'assignment': 'hw1', 'grade' : 100 };
    // 1번 주석부
    //var operator = { '$set' : { 'date_returned' : new Date(), 'grade' : 100 } };
    var options = { 'upsert' : true };

    db.collection('grades').update(query, operator, options, function(err, upserted) {
```

```
        if(err) throw err;

        console.dir("Successfully upserted " + upserted + " document!");

        return db.close();
    });
});
```

노드 드라이버에서 save를 활용한 코드는 다음 스크립트와 같다.

```
var MongoClient = require('mongodb').MongoClient;

MongoClient.connect("mongodb://localhost:27017/course", function(err, db) {
    if(err) throw err;

    var query = { 'assignment': 'hw1'};

    db.collection('grades').findOne(query, function(err, doc) {
        if(err) throw err;

        doc{ 'date_returned' } = new Date();

        doc.collection('grades').save(doc, function(err, saved) {
            if(err) throw err;

            console.dir("Successfully saved " + saved + " document!");

            return db.close();
        });
    });
});
```

(11) 노드 드라이버에서 findAndModify

　findAndModify 동작에 대해 살펴보면, findAndModify는 쿼리하고 갱신하는 과정을 원자적으로 실행한다. 이 특징을 살펴보기 위한 findAndModify 동작을 실행하는 코드는 다음 스크립트와 같다. 쿼리에 만족하는 복수의 다큐먼트가 존재할 때 대상을 제어하기 위해 정렬을 사용할 수 있지만, 다음 스크립트에서는 별도로 지정하지 않는다.

```
var MongoClient = require('mongodb').MongoClient;

MongoClient.connect('mongodb://localhost:27017/course', function(err, db) {
    if(err) throw err;

    var query = { 'name' : 'comments' };
    var sort = [];
    var operator = { '$inc' : { 'counter' : 1 } };
    var options = { 'new' : true };

    db.collection('counters').findAndModify(query, sort, operator, options, function(err, doc) {
        if(err) throw err;

        if (!doc) {
            console.log("No counter found for comments.");
        }
        else {
            console.log("Number of comments: " + doc.counter);
        }

        return db.close();
    });
});
```

(12) 노드 드라이버에서 제거

마지막으로 노드 드라이버에서의 제거에 대해 살펴보기 위해 다음 스크립트를 작성한다.

```
var MongoClient = require('mongodb').MongoClient;

MongoClient.connect('mongodb://localhost:27017/course', function(err, db) {
    if(err) throw err;

    var query = { 'assignment' : 'hw3' };

    db.collection('grades').remove(query, function(err, removed) {
        if(err) throw err;

        console.dir("Successfully updated " + removed + " documents!");
```

```
        return db.close();
    });
});
```

예제 11-9 다큐먼트 내용과 상관없이 "foo" 컬렉션의 모든 다큐먼트를 제거하는 remove 메소드를 올바르게 사용한 경우를 모두 고르시오.

① db.collection('foo').remove(callback);

② db.collection('foo').remove({ 'x' : { '$nin' : [] } }, callback);

③ db.collection('foo').remove({}, callback);

④ db.collection('foo').remove({ 'x' : { '$exists' : true } }, callback);

답 ①, ②, ③

해설 ④의 경우에는 필드가 존재하지 않는 다큐먼트에 대해서는 동작하지 않는다.

Chapter 11 MongoDB 연습 문제

Q1 다음 내용 가운데 동기 방식과 비동기 방식의 입출력 방식을 고르시오.

```
①   var result = db.query("select x from table_Y");
    doSomethingWith(result); //wait for result!
    doSomethingWithOutResult(); //execution is blocked!
```

```
②   db.query("select x from table_Y",function (result) {
        doSomethingWith(result); //wait for result!
    });
    doSomethingWithOutResult(); //executes without any delay!
```

Q2 Node.js에 관한 다음 내용 가운데 올바른 것을 모두 고르시오.
① V8은 Google이 개발한 오픈 소스 자바스크립트 엔진이다.
② Node.js는 C++에서만 동작한다.
③ Node.js는 이벤트 구동 방식과 비동기 I/O 방식을 사용한다.
④ Node.js에서 모든 동작은 멀티 스레드 방식으로 실행된다.

Q3 **.json 파일을 데이터베이스(dbs)와 컬렉션(collections)으로 변환시키는 명령어는 무엇인가?
① mongoose
② mongod
③ mongoimport
④ mongo

Q4 Reddit 사이트의 데이트를 가져오기 위해 다음 명령어를 사용한다.

```
$ curl http://www.reddit.com/r/technology/.json > reddit.json
```

Node.js를 통해 자바 스크립트를 실행하면 몽고DB에 해당 사이트의 JSON 객체를 받아서 data. children 필드가 삽입된다. 이때 title 필드의 데이터가 무엇인지를 알기 위해 > db.reddit.find-One() 메소드를 실행한 결과는 무엇인가?

Q5 title 필드 내에서 SpaceX 를 포함하는 다큐먼트를 검색하기 위한 쿼리 표현으로 올바른 것은?

① { 'title' : { '$regex' : '^SpaceX' } }
② { '$regex' : 'SpaceX' }
③ { 'title' : { '$regex' : 'SpaceX' } }
④ { 'title' : 'SpaceX' }

Q6 점 표기법을 사용하여 grades 배열에 subject가 Music인 다큐먼트를 검색하는 쿼리를 작성하시오. 이때 다큐먼트 구조는 다음과 같다.

```
{    'course' : 'M101JS',
     'grades' : [
         { 'subject' : 'Math'  },
         { 'subject' : 'Music' }    ]
}
```

Q7 다음 findAndModify 중 가장 낮은 "grade"에 "homework" 다큐먼트에 "dropped" 필드를 추가하고, 출력 다큐먼트를 반환하는 것을 고르시오.

① db.collection('homeworks').findAndModify({}, [['grade' , 1]], { '$set' : { 'dropped' : true } }, { 'new' : true }, callback);
② db.collection('homeworks').findAndModify({}, [['grade' , -1]], { '$set' : { 'dropped' : true } }, { 'new' : true }, callback);
③ db.collection('homeworks').findAndModify({ 'grade' : { '$lt' : 90 } }, [], { '$set' : { 'dropped' : true } }, { 'new' : true }, callback);
④ db.collection('homeworks').findAndModify({}, [['grade' , 1]], { 'new' : true }, { '$set' : { 'dropped' : true } }, callback);

Chapter 12 fluentd

fluentd는 트레저데이터(https://www.treasuredata.com)에서 루비로 만든 오픈소스 로그 수집기로 안정적이고 확장 가능하며 플러그인을 사용하여 쉽게 기능을 추가하기 위하여 rubygems 생태계를 사용한다. syslogd와 유사하지만 로그 메시지를 위해 JSON을 사용한다.

fluentd 소개

fluentd는 2011년 트레저데이터의 공동 창업자인 'Sadayuki Furuhashi'가 창안하였다. 그해 10월 발표 이후에 fluentd 프로젝트는 수많은 사람들에 의해 급격하게 성장하고 있다. fluentd는 사용자의 데이터 컬렉션과 저장 파이프라인을 간소화시켜주는 오픈 소스 Log 관리 도구이다. [그림 12-1]과 [그림 12-2]는 fluentd 적용 전과 후의 모습을 나타낸다. 기존의 복잡한 데이터 처리 및 전송 방식에 fluentd를 적용하면 [그림 12-2]와 같이 데이터 관리 및 집계 또는 Log 기능이 간단해진다.

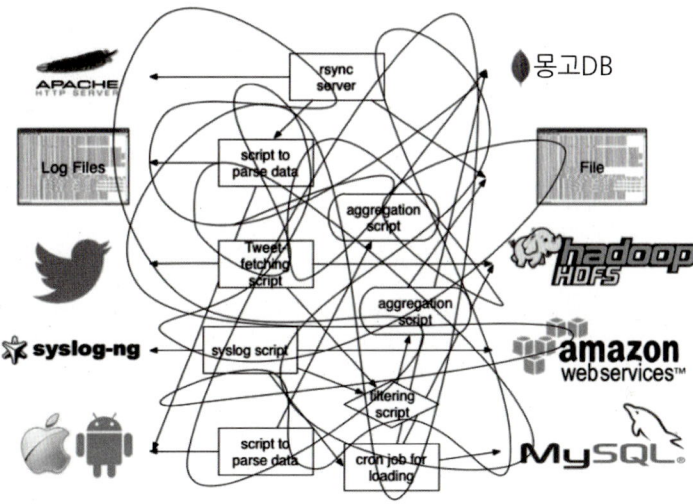

[그림 12-1] fluentd 사용 전

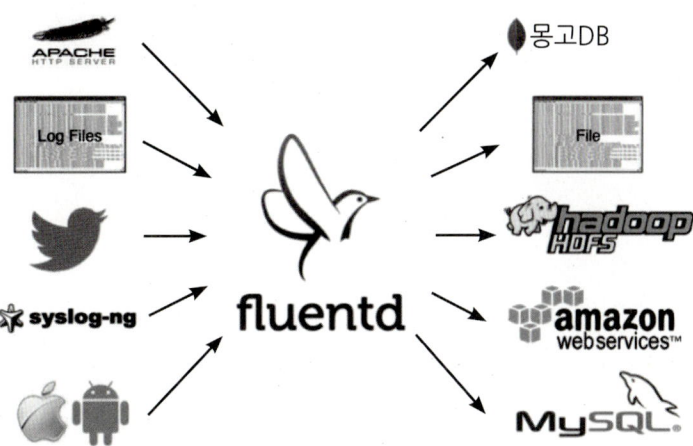

[그림 12-2] fluentd 사용 후

(1) fluentd 특성

1) JSON 형식을 활용한 일관된 로깅

fluentd는 가능한 JSON 형식으로 데이터를 구조화하여 다양한 데이터 소스(sources)와 목적지(destinations)를 일관된 로깅 계층(Unified Logging layer)으로 형성하고, 이 계층을 통하여 데이터를 수집하고, 필터링하며, 출력하는 동작 방식으로 일관되게 처리한다. 이러한 다운 스트림 데이터 처리 방식은 JSON 형식으로 훨씬 쉽게 처리하기 때문에 유연성 있는 스키마를 유지하면서 쉽게 접근할 수 있는 구조를 갖는다.

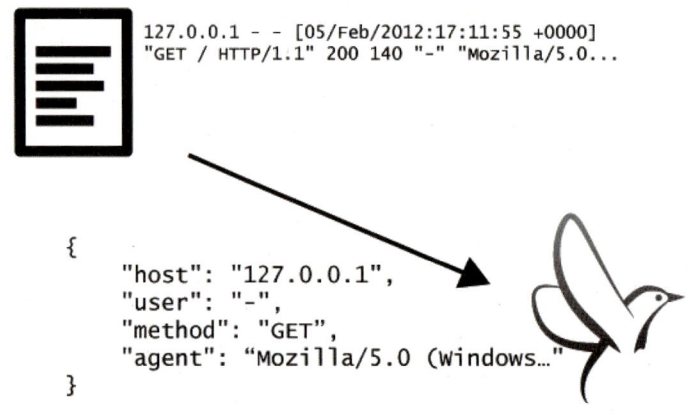

[그림 12-3] JSON 형식을 활용한 일관된 로깅

2) 플러그 가능한 구조

fluentd는 기능을 확장시킬 수 있도록 유연성 있는 플러그인 시스템 구조이다. 300개 이상의 커뮤니티 기반의 플러그인 기능은 수많은 데이터 소스와 데이터 출력 장치들과 연결되어 있다. 플러그 인 기능을 잘 활용하면 사용자 로그를 즉시 효율적으로 사용할 수 있게 된다.

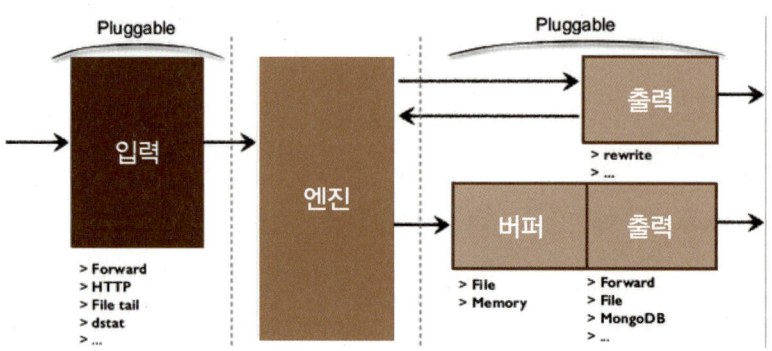

[그림 12-4] 플러그 가능한 구조

3) 최소한의 필요 자원

    fluentd는 C 언어와 루비 프로그래밍 언어를 결합하여 작성되었으며, 아주 작은 시스템 자원만을 요구한다. 바닐라 인스턴스는 30~40MB 메모리 상에서 동작하고 13,000[이벤트/초/코어당] 프로세스를 처리한다.

[그림 12-5] C 언어와 루비 프로그래밍 언어

4) 내장된 신뢰성

    fluentd는 노드 간의 데이터 손실을 줄이기 위하여 메모리-필터 기반의 버퍼링 기능을 제공한다. 또한 fluentd는 강건한 고장 복구 기능과 고활용성 설정 기능을 지원한다. 2,000개 이상의 데이터 처리 관련 회사들이 fluentd를 활용하여 자신들의 제품과 서비스를 차별화하고 있다.

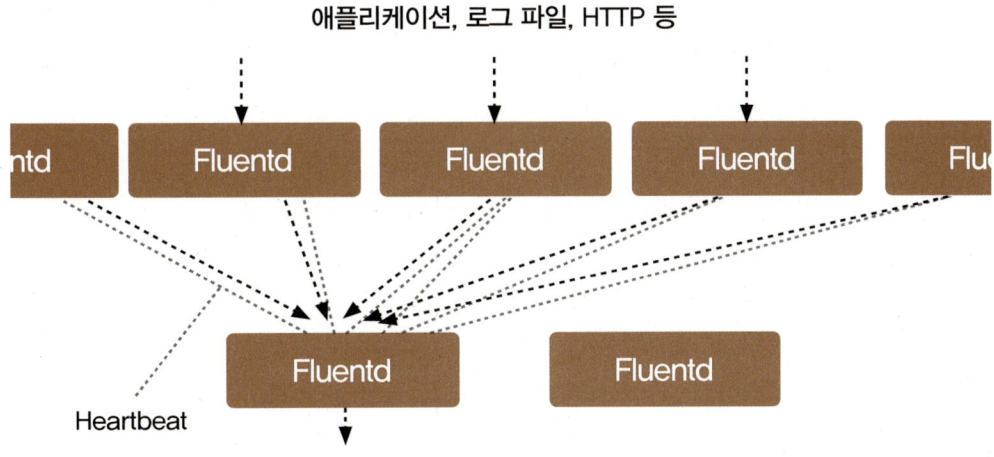

[그림 12-6] 메모리-필터 기반의 버퍼링 기능

fluentd는 다양한 계층 사이를 일관된 로깅 계층으로 제공함으로써 시스템 말단에서 데이터 소스를 분리한다. 이러한 계층 구조는 개발자와 데이터 분석가들에게 그들이 생성한 다양한 종류의 데이터 형식을 활용할 수 있도록 한다. 중요한 것은 이러한 동작 방식이 "나쁜(bad) 데이터"가 사용자 시스템에 나쁜 정보를 제공하고 성능을 저하시키는 위험성을 경감시킨다는 것이다. 일관된 로깅 계층은 사용자와 사용자 조직에게 데이터를 올바르게 사용하도록 돕고, 사용자 소프트웨어를 보다 빠르게 동작시키도록 지원한다.

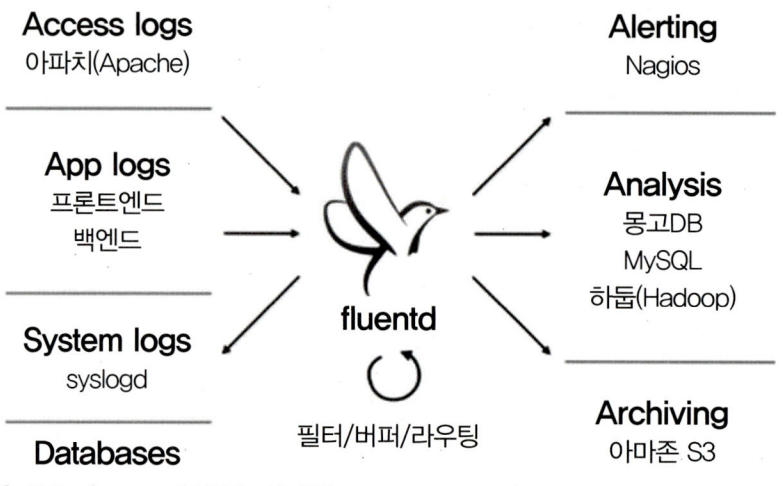

[그림 12-7] fluentd의 일관된 로깅 계층(Unified Logging Layer)

fluentd는 로그 기능을 요즘 가장 인기 있는 포맷인 JSON 형태로 처리하고, 기본적으로 C 언어로 작성되었으며, 사용자에게 유연성을 제공하기 위하여 Ruby 언어로 작성된다.

fluentd는 유연성을 위해 Ruby에서 작성되고, 예민한 동작과 관련되는 부분은 C로 작성된다. 하지만 일부 사용자들은 Ruby 데몬을 설치하고 사용하는 데 어려움을 느낄 수 있다. 그래서 트레저 데이터는 td-agent를 사용하여 fluentd에 안정성을 제공한다.

(2) fluentd 설치

fluentd를 사용자 컴퓨터에 설치하는 약 10분 정도면 설치가 완료된다. 가급적 사용자들은 우분투 또는 데비안 페키지(Ubuntu 또는 Debian Linux)에서 다운로드할 것을 추천한다.

1) Apt Repository로부터 설치

Ubuntu에서는 "Ubuntu 14.04 LTS / Trusty", "Ubuntu 12.04 LTS / Precise" 그리고 "Ubuntu 10.04 LTS / Lucid"가 제공된다. 각 버전의 설치를 위해 셸 스크립트가 제공된다. 셸

스트립트는 새로운 apt repository를 다음 위치에 저장하고, td-agent deb 패키지를 설치한다.

```
/etc/apt/sources.list.d/treasure-data.list
```

- Trusty의 경우(Ubuntu 14.04 LTS)

```
curl -L https://toolbelt.treasuredata.com/sh/install-ubuntu-trusty-td-agent2.sh | sh
```

- Precise의 경우(Ubuntu 12.04 LTS)

```
curl -L https://toolbelt.treasuredata.com/sh/install-ubuntu-precise-td-agent2.sh | sh
```

- Lucid의 경우(Ubuntu 10.04 LTS)

```
curl -L https://toolbelt.treasuredata.com/sh/install-ubuntu-lucid-td-agent2.sh | sh
```

- Debian Jessie의 경우

```
curl -L https://toolbelt.treasuredata.com/sh/install-debian-jessie-td-agent2.sh | sh
```

- Debian Wheezy의 경우

```
curl -L https://toolbelt.treasuredata.com/sh/install-debian-wheezy-td-agent2.sh | sh
```

- Debian Squeeze의 경우

```
curl -L https://toolbelt.treasuredata.com/sh/install-debian-squeeze-td-agent2.sh | sh
```

설치가 끝나면 다음과 같이 실행 결과가 출력되고, /etc/init.d/td-agent가 만들어진다.

```
Installing default conffile /etc/td-agent/td-agent.conf ...
Starting td-agent:    * td-agent
Processing triggers for libc-bin (2.19-0ubuntu6.6) ...
hl@hl-VirtualBox:~$
```

```
hl@hl-VirtualBox:~$ ls /etc/init.d/td-agent
/etc/init.d/td-agent
```

2) 데몬(Daemon) 시작

다음 명령어를 사용하여 시작, 정지, 재시작 그리고 현 상태를 확인할 수 있다.

```
/etc/init.d/td-agent

$ /etc/init.d/td-agent start
 [sudo] password for hl:
 Starting td-agent:   * td-agent
$ /etc/init.d/td-agent stop
 Stopping td-agent:   * td-agent
$ /etc/init.d/td-agent restart
 Restarting td-agent:
 * td-agent
$ /etc/init.d/td-agent status
 * td-agent is running
```

3) HTTP를 통해 샘플 로그 띄우기

기본적으로 /etc/td-agent/td-agent.conf가 구성되어 있어 HTTP에서 로그를 가져오고 stdout(/var/log/td-agent/td-agent.log)에 로그를 전달할 수 있다. 사용자는 curl 명령어를 사용하여 샘플 로그 기록을 나타낼 수 있다.

```
$ curl -X POST -d 'json={"json":"messasge"}' http://localhost:8888/debug.test
```

이제 fluentd를 사용하여 실제 log를 가져올 준비가 되었다. 이제 설정 파일에 대해 알아보자.

4) 설정 파일

Deb 기반으로 파일을 다운받았다면, 설정 파일은 /etc/td-agent/td-agent.conf에 위치한다. sudo /etc/init.d/td-agent reload 명령어를 사용하면 다음과 같이 설정 파일을 reload할 수 있다.

```
hl@hl-VirtualBox:/etc/td-agent$ sudo /etc/init.d/td-agent reload
Reloading td-agent:   * td-agent
hl@hl-VirtualBox:/etc/td-agent$
```

설정 파일은 다음과 같은 지시어로 구성되어 있다.

- source: 입력 소스를 결정한다. 각 source 지시어는 type 매개변수를 포함하는데, type 매개변수는 어떤 입력 플러그 인을 사용할지 결정한다.
- match: 출력 장소를 경정한다. match 지시어는 이벤트를 다른 시스템으로 출력하는 역할을 하기 때문에 "출력 플러그 인"이라고도 불린다.
- filter: 이벤트 처리 파이프라인을 결정한다.
- system: 시스템의 전체 구성을 설정한다.
- label: filter와 출력을 그룹화한다.
- @include: 다른 파일들을 추가한다.

5) fluentd 이벤트 동작 방식

환경 설정 파일은 사용자가 입력과 출력 플로그인을 선택하고 플러그인 매개변수를 설정함으로써 fluentd의 입력과 출력 특성을 제어할 수 있다. 따라서 이 파일은 fluentd가 올바르게 동작하도록 하는 데 반드시 필요하다. 모든 fluentd 이벤트는 입력에 1개의 태그를 갖는다.

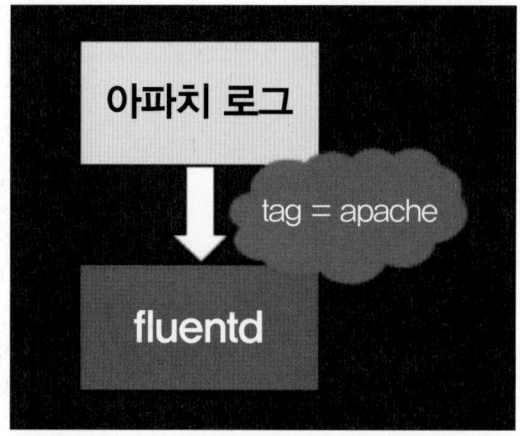

[그림 12-8] fluentd 이벤트의 입력 태그

fluentd는 다른 입력들에 대하여 태그를 비교한다.

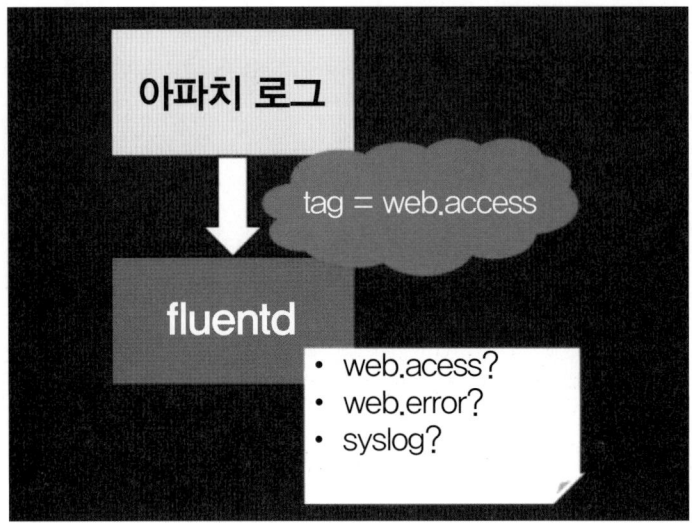

[그림 12-9] fluentd 이벤트의 태그 비교

fluentd는 일치된 출력에 이벤트를 전송한다.

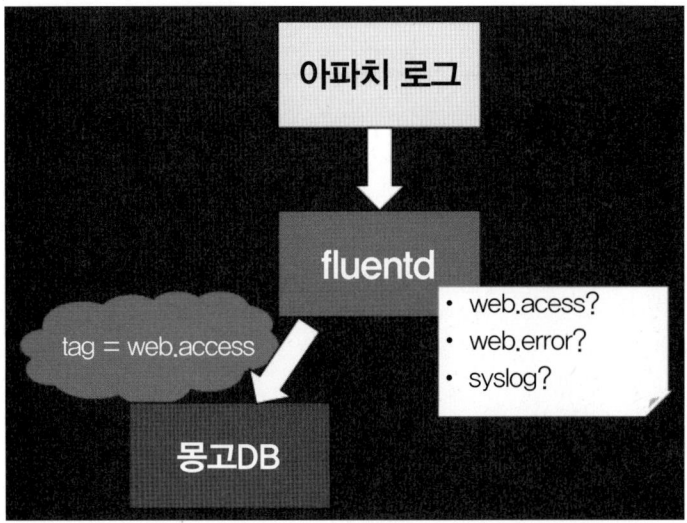

[그림 12-10] fluentd 이벤트 전송

fluentd는 다양한 데이터 소스와 목적지를 지원한다.

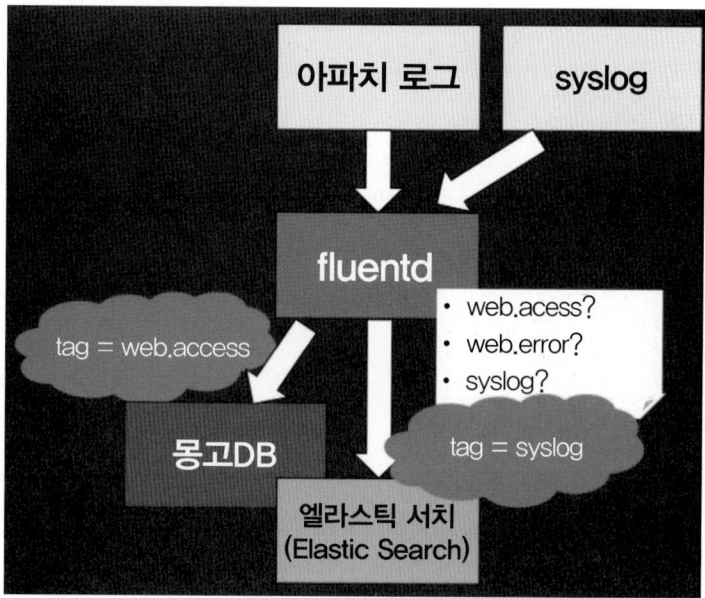

[그림 12-11] fluentd의 여러 데이터 소스와 목적지

fluentd는 새로운 태그를 갖는 fluentd로 이벤트를 다시 전송할 수 있다. 이를 '필터링 동작'이라고 한다.

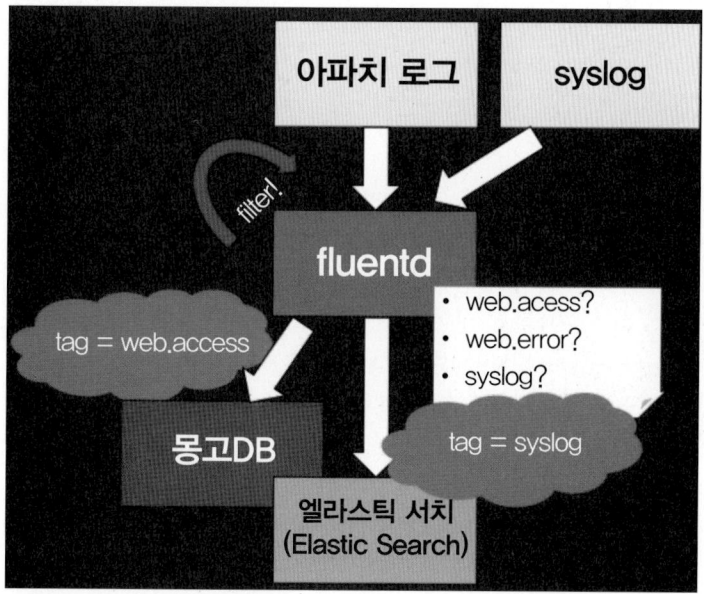

[그림 12-12] fluentd의 필터링 동작

Node.js 애플리케이션에서 fluentd로 데이터 가져오기

"fluentd-logger-node" 라이브러리는 Node.js 애플리케이션에서 fluentd로 데이터를 가져오는 데 활용된다.

(1) 기본 조건

- Node.js와 NPM에 대한 기본 지식
- fluentd에 대한 기본 지식
- 0.6 버전 이상의 Node.js

(2) 설정 파일

forward 입력 플러그인을 데이터 소스로 사용하기 위해 다음과 같은 코드를 /etc/td-agent/td-agent.conf 파일에 추가한다.

```
<source>
  @type forward
  port 24224
</source>
<match fluentd.test.**>
  @type stdout
</match>
```

설정 파일 수정을 완료한 후 td-agent를 재시작한다.

```
# for rpm/deb only
$ sudo /etc/init.d/td-agent restart
```

(3) Fluent-logger-node 라이브러리 사용

1) 예제 애플리케이션 만들기

fluent-logger-node를 사용한 예제 Express 소스 코드는 다음과 같다.

■ package.json

```
{
  "name": "node-example",
  "version": "0.0.1",
  "dependencies": {
    "express": "2.5.9",
    "fluentd-logger": "0.1.0"
  }
}
```

■ npm 사용

npm을 사용해 의존성을 설치한다.

```
$ npm install
```

다음과 같은 결과가 나타난다.

```
fluentd-logger@0.1.0 ./node_modules/fluentd-logger
express@2.5.9 ./node_modules/express
|-- qs@0.4.2
|-- mime@1.2.4
|-- mkdirp@0.3.0
|-- connect@1.8.6 (formidable@1.0.9)
```

■ web.js

다음 web app은 가장 간단한 형태의 코드이다.

```
var express = require('express');
var app = express.createServer(express.logger());

var logger = require('fluentd-logger');
logger.configure('fluentd.test', {host: 'localhost', port: 24224});

app.get('/', function(request, response) {
  logger.emit('follow', {from: 'userA', to: 'userB'});
  response.send('Hello World!');
});
var port = process.env.PORT || 3000;
app.listen(port, function() {
  console.log("Listening on " + port);
});
```

다음 명령어로 web.js를 실행하고, http://localhost:3000/에 접속하면 [그림 12-13]과 같이 웹 브라우저에 'Hello World!'를 확인할 수 있다.

```
$ node web.js
```

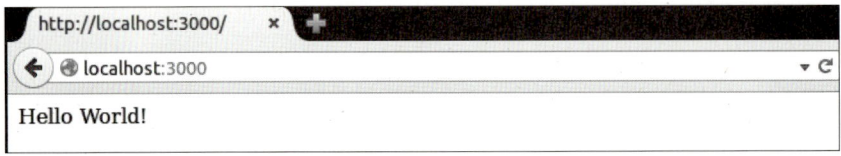

[그림 12-13] web.js를 실행한 lcoalhost:3000

log는 /var/log/td-agent/td-agent.log 위치에 저장되거나 stdout Output 플러그인을 통해 fluentd 프로세스의 stdout에 저장된다.

Apache Log를 몽고DB에 저장

fluentd의 몽고DB Output 플러그인(out_mongo)을 사용하여 부분적으로 설계된 로그를 합치는 방식을 설명하고, fluentd를 사용하여 Apache log를 몽고DB에 삽입하는 방식을 설명한다.

(1) 구조

[그림 12-14]는 fluentd를 사용하여 몽고DB로 아파치(Apache) 웹 서버의 로그를 삽입하는 과정을 나타낸다.

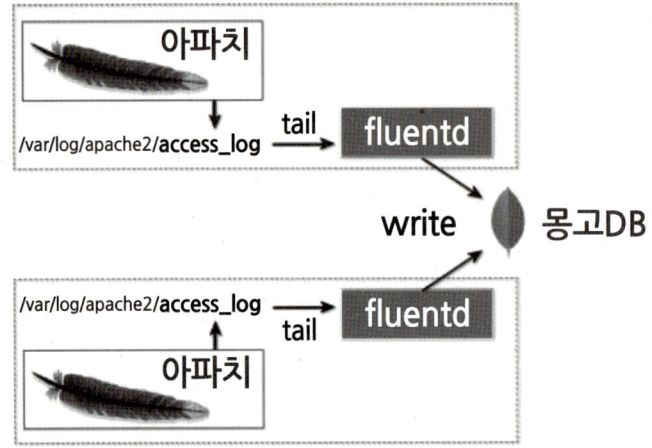

[그림 12-14] fluentd를 사용하여 몽고DB에 Apache 로그 삽입

(2) fluentd의 세 가지 역할

❶ access log 파일을 지속적으로 "tail"한다.
❷ 내부의 로그 entries를 분석하여 의미를 갖는 필드로 분석하여(예를 들어, ip 또는 etc와 같은 필드로) 이들을 버퍼한다.
❸ 버퍼된 데이터를 몽고DB에 주기적으로 삽입한다.

(3) 설치

❶ 설치할 소프트웨어

다음의 소프트웨어를 같은 노드 안에 설치한다.

- fluentd
- 몽고DB Output 플러그인(td-agent에 기본적으로 포함되어 있다.)
- 몽고DB
- Apache2 (Combined Log 포맷으로)

❷ 명령어 사용

다음 명령어를 사용하여 Apache2를 설치한다.

```
$ apt-get install apache2
```

❸ access.log 파일에 접근 권한 부여

다음 명령어를 사용하여 access.log 파일에 접근 권한을 부여해준다.

```
$ chmod 777 /var/log/apache2/access.log
```

접근 권한이 부여되었는지 확인하기 위해서는 다음 명령어를 사용한다.

```
$ ls -ld /var/log/apache2/access.log
```

위 명령어를 사용하면 다음과 같이 권한이 부여되었는지를 확인할 수 있다. -rwxrwxrwx라고 표시되거나, access.log 파일의 색이 변했다면, 권한이 부여된 것이다.

```
-rwxrwxrwx 1 root adm 202400  1월  6일 17:33 ./var/log/apache2/access.log
1q2w3e4r
```

(4) 설정 방법

fluentd를 deb/rpm 패키지를 이용해 설치했다면, fluentd의 설정 파일은 /etc/td-agent/td-agent.conf에 위치해 있다. 다른 경우에는 /etc/fluentd/fluentd.conf에 위치할 수 있다.

❶ Tail 입력

입력 source를 위해 사용자는 fluentd를 최근의 Apache log를 추적할 수 있도록 설정한다(일반적으로 /var/log/apache2/access.log에 위치한다). fluentd 설정 파일은 다음과 같은 형태이다. 사용자의 td-agent.conf 파일에 다음의 source 파일 내용을 추가해준다.

```
<source>
  @type tail
  format apache2
  path /var/log/apache2/access.log
  pos_file /var/log/td-agent/apache2.access_log.pos
  tag mongo.apache.access
</source>
```

구성 파일을 한 줄씩 해석해보자.

- type tail: tail 입력 플러그인은 계속해서 log 파일을 추적한다.
- format apache2: fluentd 의 내장 Apache log parser를 사용한다.
- path /var/log/apache2/access.log: Aplache log의 위치. 이는 시스템마다 다를 수 있다.
- tag mongo.apache.access: mongo.apache.access는 fluentd 내부에서 메시지를 라우팅하기 위해 tag로 사용된다.

사용자는 이제 JSON 형태의 데이터 스트림을 fluentd가 실행할 수 있도록 출력시킬 수 있다.

❷ 몽고DB 출력

최종 출력 목적지는 몽고DB이다. 출력 설정 파일은 다음과 같은 형태이다. 다음의 match 파일을 td-agent.conf에 추가한다.

```
<match mongo.*.*>
  # plugin type
  @type mongo

  # mongodb db + collection
  database apache
```

```
    collection access

    # mongodb host + port
    host localhost
    port 27017

    # interval
    flush_interval 10s

    # make sure to include the time key
    include_time_key true
</match>
```

match 섹션은 매치하는 태그를 찾기 위해 사용된 regexp를 나타낸다. 만약 매치하는 태그가 log 안에서 발견되었다면, <match>...</match> 안의 config가 사용된다(즉 log는 내부의 config에 따라 route 된다). 이 경우 mongo.apache.access 태그는 (tail에 의해 일반화됨) 항상 사용된다.

(5) 점검하기

td-agent.conf 파일 수정 후, 수정된 설정 파일로 td-agent를 다시 시작해야 한다. 다음 두 가지 명령어 모두 td-agent를 재시작할 수 있다.

```
$ sudo service td-agent restart
```

```
$ sudo /etc/init.d/td-agent restart
```

설정 파일을 테스트하기 위해서는 Apache 웹 서버에 ping해야 한다. 이 예제는 ab(Apache Bench) 프로그램을 사용한다. 이때 Apache 웹 서버의 기본 포트는 '80'이다.

```
$ ab -n 100 -c 10 http://localhost/80
```

테스트 명령어를 실행하면 다음과 같은 화면이 나타난다.

```
This is ApacheBench, Version 2.3 <$Revision: 1528965 $>
Copyright 1996 Adam Twiss, Zeus Technology Ltd, http://www.zeustech.net/
Licensed to The Apache Software Foundation, http://www.apache.org/

Benchmarking localhost (be patient).....done


Server Software:        Apache/2.4.7
Server Hostname:        localhost
Server Port:            80

Document Path:          /80
Document Length:        274 bytes

Concurrency Level:      10
Time taken for tests:   0.226 seconds
Complete requests:      100
Failed requests:        0
Non-2xx responses:      100
Total transferred:      45300 bytes
HTML transferred:       27400 bytes
Requests per second:    442.24 [#/sec] (mean)
Time per request:       22.612 [ms] (mean)
Time per request:       2.261 [ms] (mean, across all concurrent requests)
Transfer rate:          195.64 [Kbytes/sec] received

Connection Times (ms)
              min  mean[+/-sd] median   max
Connect:        0    1   2.1      0       9
Processing:     5   21   8.4     20      39
Waiting:        0   20   8.4     20      38
Total:          8   22   7.4     21      39

Percentage of the requests served within a certain time (ms)
  50%     21
  66%     26
  75%     28
  80%     29
  90%     31
  95%     34
  98%     36
  99%     39
 100%     39 (longest request)
```

그 다음에 몽고DB에 접속한 후 저장된 데이터를 확인한다.

```
$ mongo
> use apache
> db.access.findOne();
{ "_id" : ObjectId(".."), "host" : "127.0.0.1",
"user" : "-", "method" : "GET", "path" : "/", "code" : "200",
"size" : "44", "time" : ISODate("2011-11-27T07:56:27Z") }
{ "_id" : ObjectId(".."), "host" : "127.0.0.1",
"user" : "-", "method" : "GET", "path" : "/", "code" : "200",
"size" : "44", "time" : ISODate("2011-11-27T07:56:34Z") }
{ "_id" : ObjectId(".."), "host" : "127.0.0.1",
"user" : "-", "method" : "GET", "path" : "/", "code" : "200",
"size" : "44", "time" : ISODate("2011-11-27T07:56:34Z") }
```

결론적으로 fluentd와 몽고DB를 함께 사용하면 실시간으로 log 컬렉션을 쉽고, 간단하며, 안정적으로 확인할 수 있다.

몽고DB 출력 플러그 인

1) fluentd와 몽고DB

fluentd는 사용자 app에서 몽고DB로 비동기적 일괄 처리 방식으로 레코드를 삽입할 수 있도록 지원한다. 이러한 특징은 다음과 같은 장점을 갖는다.

❶ 애플리케이션 성능에 영향을 끼치지 않는다.
❷ JSON 레코드 구조를 유지하면서 높은 몽고DB 삽입 성능을 갖는다.

2) 설정 파일

앞에서 배운 몽고DB 출력 설정용 `td-agent.conf` 코드는 제거한다.

```
# Single MongoDB
<match mongo.**>
  @type mongo
  host localhost
  port 27017
  database fluentd
  collection test
```

```
    # for capped collection
    capped
    capped_size 1024m

    # key name of timestamp
    time_key time

    # flush
    flush_interval 10s
</match>
```

(3) 테스트

td-agent.conf 파일 수정 후, 수정된 설정 파일로 td-agent를 다시 시작해주어야 한다. 다음의 두 명령어 모두 td-agent를 재시작할 수 있다.

```
$ sudo service td-agent restart
```

```
$ sudo /etc/init.d/td-agent restart
```

실행 결과는 다음과 같이 td-agent의 상태를 변환한다. 만약 앞의 *가 붉은색으로 표현된다면, status 명령어로 상태를 자세히 확인해봐야 한다(통상 실행되고 있지 않은 상태이다).

```
Restarting td-agent:   * td-agent
```

설정 파일을 테스트하기 위해 Apache 웹 서버에 ping한다. 이 예제는 ab(Apache Bench) 프로그램을 사용한다.

```
$ ab -n 100 -c 10 http://localhost/80
```

그런 다음 몽고DB에 접속하고 저장된 데이터를 확인한다.

(4) 매개변수

[표 12-1] 몽고DB 출력 구성 파일 매개변수

type	value는 반드시 mongo이다.
host	몽고DB의 호스트 네임
port	몽고DB의 포트
database	데이터베이스의 이름
capped	이 옵션은 컬렉션을 capped 컬렉션으로 만든다. 일정 기간 이전의 데이터가 필요하지 않다면 설정하여 저장 공간을 효율적으로 관리할 수 있다.
capped_size	capped 컬렉션의 크기를 설정한다.
user	사용자 인증을 사용하기 위해 사용되는 사용자 이름
password	사용자 인증을 사용하기 위해 사용하는 비밀번호
time_key	타임스탬프의 키 이름으로, 기본적으로 "time"이다.
tag_mapped	out-mongo가 fluentd의 태그를 사용하여 최종 컬렉션을 결정할 수 있도록 한다.

```
<match mongo.*>
    @type mongo
    host localhost
    port 27017
    database fluentd

    # tag mapped 모드를 사용하고자 한다면 'tag_mapped' 매개변수를 사용
    tag_mapped

    # tag가 "mongo.foo"일 경우, 파일 이름 앞부분의 "mongo"는 제거된다.
    # 삽입되는 컬렉션의 이름은 "foo"이다.
    remove_tag_prefix mongo.

    # 이 구성은 태그가 발견되지 않을 경우에 사용된다. 기본 설정은 'untagged'이다.
    collection misc
</match>
```

위와 같이 옵션을 사용하는 것은 다양한 log 컬렉션을 사용하는 데 매우 유용하다. 설정 파일에 위의 내용을 추가하고 td-agent를 재시작한 후 ab 명령어로 확인한다.

```
$ sudo service td-agent restart
$ sudo /etc/init.d/td-agent restart
$ ab -n 100 -c 10 http://localhost/80
```

몽고DB에 접속하면 fluentd 데이터베이스와 foo 컬렉션이 생긴 것을 확인할 수 있다.

```
$ mongo
> show dbs
fluentd    4.076GB
> use fluentd
switched to db fluentd
> show collections
foo
system.indexes
```

몽고DB 복제 셋 출력 플러그 인

out_mongo_replset 버퍼 출력 플러그인은 기록들을 몽고DB 안에 레코드를 작성하는 다큐먼트 지향 데이터베이스 시스템이다.

(1) 설정 파일

```
# Single MongoDB
<match mongo.**>
  @type mongo_replset
  database fluentd
  collection test
  nodes localhost:27017,localhost:27018,localhost:27019

  # flush
  flush_interval 10s
</match>
```

(2) 매개변수

　　tag_mapped: 이 옵션은 out-mongo가 fluentd의 태그를 사용하여 최종 컬렉션을 결정할 수 있도록 한다.

[표 12-2] 몽고DB 복제 셋 출력 구성 파일 매개변수

매개변수	설명
name	복제 셋의 이름
host	복제 셋의 읽기 선호도(예 세컨더리 등)
refresh_mode	복제 셋 refresh 모드(예 sync 등)
refresh_interval	복제 셋 내부 refresh
num_retries	복제 셋 복구 threshold. 기본 값은 60이다.

Treasure Agent 모니터링 서비스를 활용한 예제

Treasure 사이트에서 제공하는 Treasure Agent 모니터링 서비스를 활용하여 fluentd 구성파일에 있는 각 match문의 Buffer queue length, Buffer queued size, Emit count, Retry count를 시간에 따라 도식화할 수 있다. 이를 위해서는 Treasure 사이트에 회원 가입을 해야 한다. 이 계정은 회원 가입 후 14일간 무료로 사용할 수 있고, 이후부터는 한 달에 60쿼리 이하 1억 5,000레코드까지는 무료로 사용 가능하다.

(1) Treasure Data 계정 생성

https://console.treasuredata.com/ 사이트에서 계정을 생성한 후, 사이트의 프로필에서 API Key를 확인할 수 있다. 이 API Key를 코드의 < API Key > 부분에 삽입해주어야 계정과 연결할 수 있다.

(2) 설정 파일

기본 설정 파일에 추가할 코드는 다음과 같다. ## for Monitoring 주석 이하 부분이 모니터링을 위해 추가한 코드이다.

이때 각 <match>문의 buffer_path를 서로 다르게 지정해주지 않으면 에러가 발생하고, <API Key> 사이트에서 확인한 API Key를 입력해주고, 각각의 〈임의의 파일명〉에는 출력할 파일명이나 전체 경로를 지정해준다.

```
<source>
  @type tail
  format apache2
  path /var/log/apache2/access.log
  pos_file /var/log/td-agent/apache2.access_log.pos
  tag mongo.apache.access
```

```
</source>

<match mongo.*.*>
  # plugin type
  @type mongo

  # mongodb db + collection
  database apache
  collection access

  # mongodb host + port
  host localhost
  port 27017

  # interval
  flush_interval 10s

  # make sure to include the time key
  include_time_key true
</match>

## for Monitoring
<source>
    type td_monitor_agent
    apikey < API Key >
</source>

# BEFORE MONITORING
<match td.*.*>
    type tdlog
    apikey < API Key >
    auto_create_table
    buffer_type file
    buffer_path /var/log/td-agent/buffer/ <임의의 파일명>
</match>

# AFTER MONITORING
<match td.*.*>
    type td_counter
    <store>
        type tdlog
        apikey < API Key >
        auto_create_table
```

```
        buffer_type file
        buffer_path /var/log/td-agent/buffer/ <임의의 파일명>
    </store>
</match>
```

설정 파일을 수정한 후, 변경된 설정 파일로 td-agent를 구동하기 위해 다음 명령어 중 하나를 실행한다.

```
$ sudo service td-agent stop && sudo service td-agent start
```

```
$ sudo service td-agent restart
```

(3) Treasure Agent 모니터링 서비스

시스템에서 td-agent를 구동시킨 후, 해당 API Key를 가진 Treasure 계정에 접속하면 [그림 12-15]와 같은 형태를 볼 수 있다.

하단부에 있는 인스턴스 목록에서 각각의 ID를 갖고 있는 인스턴스들 중 시각화할 인스턴스를 선택할 수 있다. 이때 인스턴스는 시스템에서 td-agent의 설정 파일에서 별도의 ID 값을 지정하지 않으면 경로를 ID 값으로 가진다.

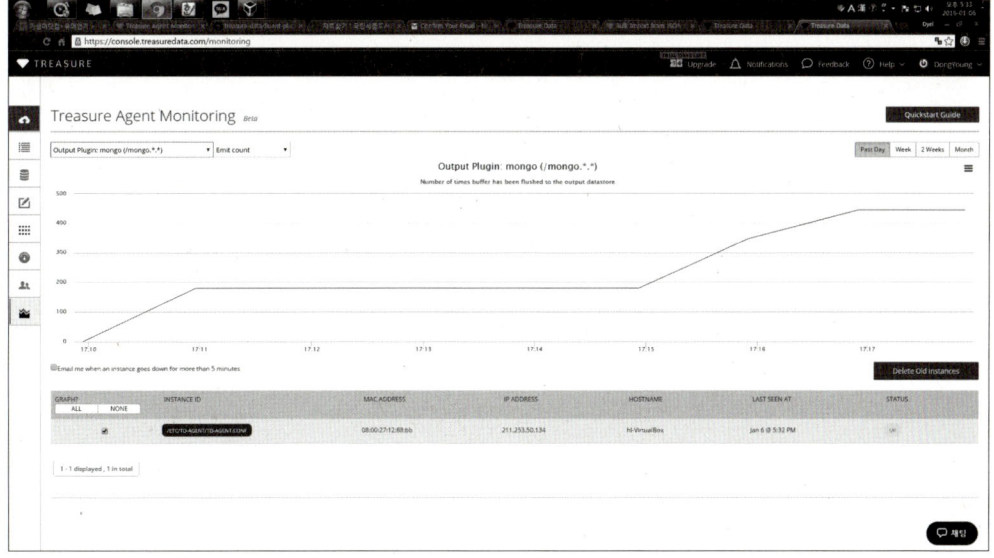

[그림 12-15] Treasure Agent 모니터링 서비스

별도의 인스턴스 id 값을 지정하기 위해서는 위의 td-agent 설정 파일의 코드에서 두 번째 <source>문에 다음 코드를 추가해주어야 한다.

```
instance_id < 사용할 ID 값>
```

[그림 12-15]의 상단부에서 OutPut Plugin: mongo (/mongo.*.*)라고 표시되어 있는 탭을 누르면 목록에 설정 파일의 각 <match>문들이 나열되어 있다. 이때 Emit count라고 표시된 탭을 클릭하여 각 <match>문마다 Buffer queue length, Buffer queued size, Emit count, Retry count를 확인할 수 있다.

[그림 12-15] 중단부의 그래프는 <match mongo.*.*>의 Emit count를 도식화한 그래프이기 때문에 다음 명령을 실행할 때마다 그 로그 데이터가 추가되어 그래프의 값이 변화한다. 위의 그래프에서는 명령을 두 번 실행한 것을 확인할 수 있다. 단, 도식화되기 위해서는 시스템에 따라 지연 시간이 있을 수 있다.

```
$ ab -n 100 -c 10 http://localhost/80
```

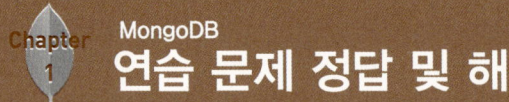

Chapter 1 MongoDB 연습 문제 정답 및 해설

A1 ①, ④

A2 ①, ②

A3 ①

A4 ①, ②, ③, ④

A5 ③

A6 { "food" : ["bread", "pasta", "curry"] }

A7 { "address" : { "Country" : "Korea", "province" : "Gyeongbuk, Ulleung-gun", "region" : "Ulleung-eup, Dokdo-ri 1-96", "zipcode" : "799-805" } }

A8 ①

> **해설** 몽고DB는 다큐먼트마다 다른 형식으로 사용할 수 있고, 다큐먼트의 내장된 배열 데이터에 대해서도 인덱스를 지원하며 중복된 객체를 필요에 따라 구분할 수 있지만, 이것이 별도의 컬렉션에 데이터를 넣어야 하는 직접적인 이유는 아니다. 그에 반해 16MB를 초과하는 것은 분리해야 할 이유가 된다.

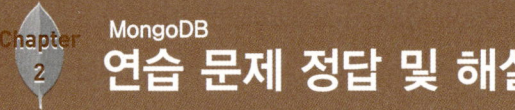

Chapter 2 MongoDB 연습 문제 정답 및 해설

A1 db.grades.findOne({"name":"Gildong"},{"_id":"true","score":"false"})

A2 ③

A3 ④

A4 $ mongoimport -d test -c test < test.json

A5 db.grades.aggregate([{'$match':{'score':{'$gte':65},'type':'exam'}}, {'$sort':{'score':1}},{'$limit':1}])

A6 정답 생략. 스스로 해 본다.

A7 db.grades.find({ type : 'exam' , score : 70 }, {score: 1, _id: 0})

A8 ①

A9 ③

Chapter 3 MongoDB 연습 문제 정답 및 해설

A1 >db.users.update({status:"Sleeping"}, {$set:{grade:"C"}}, {multi:1})
>db.users.update({status:{$ne:"Sleeping"}}, {$set:{grade:"B"}}, {multi:1})

A2 ①, ③

A3 db.students.find({type:"A", Age:{$gte:18, $lte:22}, sport:{$in:["basketball", "swimming"]}})

A4 > db.inventory.find({rasting:5})
> db.inventory.find({"ratings.0":5})

A5 { Age: {$elemMatch: {$gt:18, $lt:24}}}는 배열의 항목 중에서 18보다 크고 24보다 작은 항목 하나라도 있을 경우 조건을 만족하고, {Age: {$gt:18, $lt:24}}는 항목들의 조합이 만족하는 경우, 즉 하나의 항목이 18보다 크고, 다른 하나가 24보다 작으면 조건을 만족한다.

A6 >db.inventory.find({"memos.order":1}, {"memos.order":1, _id:0})

A7 첫 번째 find() 메소드는 type 필드가 "wood"인 한 다큐먼트의 모든 필드를 출력하고, 두 번째 find() 메소드는 type 필드가 "wood"인 한 다큐먼트의 _id, brand, price 필드를 출력하며, 세 번째 메소드는 type 필드가 "wood"인 한 다큐먼트의 type 필드를 제외한 모든 필드를 출력한다.

A8 DBQuery.shellBatchSize,
> DBQuery.shellBatchSize = 100

Chapter 4 MongoDB 연습 문제 정답 및 해설

A1 { "_id" : 0, "name" : "Andrew William", "teachers" : [0, 1] }
{ "_id" : 1, "name" : "Richard Kreuter", "teachers" : [0, 1, 3] }

A2 db.students.find({'teachers':{$all:[1,3]}},{name:1})

A3 ③ - ② - ④ - ⑥ - ⑤ - ⑦

A4 ②

A5 { "author" : "Herman Melville", "ISBN" : 451526996 }

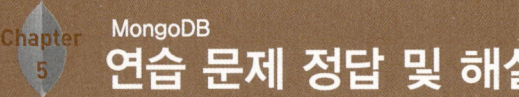

A1 ③
A2 ④
A3 ⑤
A4 ③

해설 구성 파일을 수정함으로써 기본 port를 변경할 수 있다.

A5 `mongod --config /etc/mongod.conf`

`mongod -f /etc/mongod.conf`

A6 ①
A7 ③

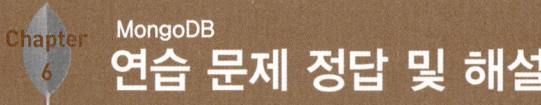

A1

필드	내용
user	새로운 사용자 이름
pwd	사용자 패스워드. $external 데이터베이스에서 db.createUser( ) 메소드를 실행하면 pwd 필드가 필요 없다.
customData	선택 사항. 사용자의 id 또는 기타 정보를 추가한다.
roles	사용자에게 부여된 역할. 역할이 없다면, 공배열[ ]을 사용한다.

A2 `db.system.users.find()`

A3 `use students`

`db.changeUserPassword("Mozart", "abcd1234")`

A4 MONGODB-CR

A5 ③

A6 system.roles 컬렉션

A7 JSON 포맷

A8 `mongod --dbpath data/db –auditDestination syslog`

A9 `bsondump data/db/auditLog.bson`

MongoDB 연습 문제 정답 및 해설

A1
```
use aggregate
db.products.aggregate([
    {$group:
        { _id:"$category",
          total:{$sum:"$price"}
    } } ] )
```

A2 ③

A3 ④

A4 `db.zips.aggregate([{"$group":{"_id": "$state", pop: {$min: "$pop"}}}])`

A5 `db.zips.aggregate([{$sort:{state:1, city:-1}}])`

A6 가장 많은 comment를 작성한 author를 검색하기 위해 예시와 같은 쿼리를 사용할 수 있고, 가장 적게 작성한 author를 검색하기 위해서는 역순으로 정렬하여 목록을 제한하면 된다.

```
db.posts.aggregate([{$unwind: "$comments"}, {$group: {"_id": "$comments.author", "count": {$sum: 1}}}, {$sort: {"count": -1}}, {$limit: 1}])
```

A7 "CA"와 "NY"의 "pop" 평균값은 44805이고, 예시 코드는 다음과 같다.

> **예시**
> ```
> db.zips.aggregate([{$group: {"_id": {"state": "$state", "city": "$city"}, "pop": { $sum: "$pop"}}}, {$match: {"_id.state": {$in: ["CA", "NY"]}, "pop": { $gt: 25000}}}, {$group: {"_id": "avg", "pop": {$avg:"$pop"}}}])
> ```

A8
```
db.grades.aggregate([
{$project: {"_id": {student_id: "$student_id", class_id: "$class_id"}, scores: 1}}, {$unwind: "$scores"}, {$match: {"scores.type": {$in:["homework", "exam"]}}},
{$group: {_id: {student_id: "$_id.student_id", class_id: "$_id.class_id"}, score: {$avg: "$scores.score"}}}, {$group: {_id: " $_id.class_id", average: {$avg: "$score"}}}, {$sort: {avgscore: -1}}, {$limit: 1}]);
```

A9
```
298015
db.zips.aggregate([{$project: {_id: 0, city: {$substr: ["$city", 0, 1]}, pop: 1}},
{$match: {city: {$in: ["0", "1", "2", "3", "4", "5", "6", "7", "8", "9"]}}}, {$group: {"_id": "in_digi", sum: {$sum: "$pop"}}}]);
```

또는 $regex를 활용하여 수행할 수 있다.

Chapter 8 MongoDB 연습 문제 정답 및 해설

A1
```
{ "_id" : ObjectId("50906d7fa3c412bb040eb690"), "student_id" : 70, "type" : "quiz", "score" : 50.34185736088064 }
{ "_id" : ObjectId("50906d7fa3c412bb040eb5b8"), "student_id" : 16, "type" : "quiz", "score" : 50.34242323656437 }
{ "_id" : ObjectId("50906d7fa3c412bb040eb600"), "student_id" : 34, "type" : "quiz", "score" : 50.86875297989185 }
{ "_id" : ObjectId("50906d7fa3c412bb040eb84c"), "student_id" : 181, "type" : "quiz", "score" : 52.81080891537071 }
{ "_id" : ObjectId("50906d7fa3c412bb040eb6ec"), "student_id" : 93, "type" : "quiz", "score" : 53.13439639233661 }
{ "_id" : ObjectId("50906d7fa3c412bb040eb684"), "student_id" : 67, "type" : "quiz", "score" : 53.2179557286507 }
```

A2 ③

A3 ③

A4 db.map.find({"gps3":{"$near":[40, 70]}, "dest":"store"})

A5 db.students.createIndex({"student_id":-1, "class_id":-1}, {"unique":true});

A6 db.numbers.createIndex({ i: 1, j: 1, k: 1 });

A7 100개

A8 ①, ④

A9 db.places.find({location:{$near:[74, 140]}}).limit(5)

A10 db.places.find({location:{$near:{$geometry:{type:"Point", coordinates:[2.174484, 48.512616]}, $maxDistance:500}}})

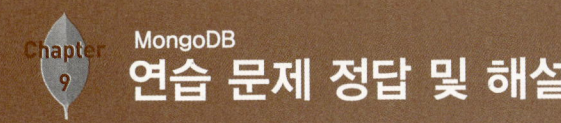

Chapter 9 MongoDB 연습 문제 정답 및 해설

A1 ②, ④

A2

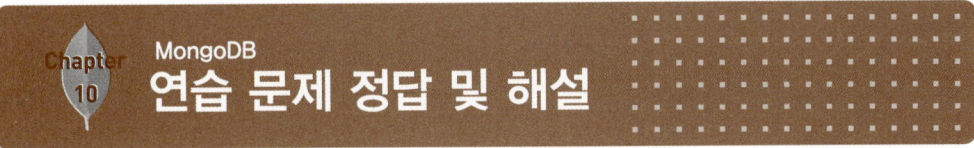

A3 정답 생략. 스스로 해 본다.

Chapter 10 MongoDB 연습 문제 정답 및 해설

A2 ③

A2 ③ 4개

샤드 키는 쿼리 동작을 포함하지 않기 때문에 각 샤드에 쿼리를 전송해야 하고, 각 샤드는 3개의 복제 셋 멤버에서 기본 값으로 프라이머리에서 처리하거나, 설정에 따라 다른 멤버에서 처리하거나, 결국 하나의 멤버에서 쿼리를 취급한다.

A3 ④ 90개

해설: 샤드당 3개의 mongod 프로세스를 갖고, 시스템에서 샤드의 개수는 총 2개이다. 추가로 실제 서비스에서는 config 서버 3개가 구동되는 것을 권고한다.

A4 ④

A5 ②

A6 ①

A7 ②

A8 ②

A9 ③

A10 ③

A11 ①, ②, ③

해설 ④의 경우 posttime는 계속 증가하는 다양한 값이다.

Chapter 11 MongoDB 연습 문제 정답 및 해설

A1 ① 동기 방식 I/O, ② 비동기 방식 I/O

A2 ①, ③

A3 ③

A4 사용자마다 다르다.

A5 ③

A6 { "grades.subject" : "Music" }

A7 ①

> **해설** findAndModify의 각 인자들을 고려하면 ①이 올바른 동작을 실행한다.

부록 몽고DB DBA 인증 시험 대비 연습 문제 80

몽고DB
DBA 인증 시험 대비 연습 문제 80

Q1 데이터베이스 몽고DB는 어떤 특징을 갖는가?
① 객체 지향
② 키-값 쌍
③ 다큐먼트 지향
④ 행 기반

Q2 몽고DB의 컬렉션과 다큐먼트는 각각 SQL의 무엇과 대응되는가?
① 열과 행
② 데이터와 열
③ 테이블과 행
④ 데이터베이스와 테이블

Q3 몽고DB에 대한 설명 가운데 올바른 것은?
① 몽고DB는 다큐먼트를 표현하기 위하여 BSON 포맷을 사용한다.
② 몽고DB는 컬렉션 조인 연산을 지원한다.
③ 몽고DB는 몇 개 SQL 함수를 지원한다.
④ 몽고DB는 공간 정보(geospatial) 인덱스를 지원한다.

Q4 몽고DB JSON 포맷으로 올바르게 사용된 것은 무엇인가?

①
```
{}
```

②
```
{
    "user_id"=1,
    "user_name"="Park",
    "occupation"=["engineer","musician"]
}
```

③
```
{
    "user_id":1;
    "user_name":"Park";
    "occupation":["engineer","musician"]
}
```

④
```
{
    "user_id":1,
    "user_name":"Park",
    "occupation":[
            "occupation1":"engineer",
            "occupation2":"musician"
        ]
}
```

Q5 몽고DB 프로세스에 대한 설명 가운데 올바른 것은 무엇인가?

① mongod.exe는 셸 프로세스이고, mongo.exe는 실제 데이터베이스 프로세스이다.
② mongo.exe는 셸 프로세스이고, mongod.exe는 실제 데이터베이스 프로세스이다.
③ mongos.exe는 데이터베이스를 동작시키는데 필요한 몽고DB 서버 프로세스이다.
④ mongodump.exe는 데이터베이스 백업 덤프를 임포트하는 데 사용된다.

Q6 users 컬렉션이 다음과 같은 필드(_id, post_text, post_author, post_timestamp, post_tags 등)를 갖는다. 첫 번째 다큐먼트에서 키 이름이 post_text만을 추출하는 쿼리 명령어는 무엇인가?

① db.users.find(id: 0, post_text: 1)
② db.users.findOne(post_text: 1)
③ db.users.findOne(post_text: 1)
④ db.users.findOne(id: 0, post_text: 1)

Q7 몽고DB에서 find와 findOne 연산에 대한 틀린 설명은 무엇인가?

① find는 컬렉션의 모든 다큐먼트를 반환하고, findOne은 첫 번째 것을 반환한다.
② find와 findOne은 컬렉션 다큐먼트에 커서를 반환한다.
③ findOne은 컬렉션에서 실제로 첫 번째 다큐먼트를 반환한다.
④ find.limit1은 findOne과 동일한 쿼리는 아니다.

Q8 500개 다큐먼트를 갖는 items 컬렉션에서 아래 명령은 무슨 일을 수행하는가?

```
db.items.find(skip5.limit5);
```

① 건너뛰고 0으로 제한한다. 따라서 처음 5개 다큐먼트를 반환한다.
② 처음 5개 다큐먼트를 건너뛰고 6번째 다큐먼트를 5번 반환한다.
③ 처음 5개 다큐먼트를 건너뛰고 다음 5개를 반환한다.
④ 처음 5개 다큐먼트를 제한하고 역순으로 이들을 반환한다.

Q9 아래와 같은 SQL 쿼리에 대응하는 몽고 DB 쿼리는 무엇인가?

```
UPDATE users SET status = "A" WHERE age > 22
```

①
```
db.users.update(
{ age: { $ gt: 22 } },
{ status: "A" })
```

②
```
db.users.update(
{ age: { $gt: 22 } },
{ $set: { status: "A" } })
```

③
```
db.users.update(
{ age: { $gt: 22 } },
{ $set: { status: "A" } },
{ multi: true })
```

④
```
db.users.update(
{ age: { $gt: 22 } },
{ status: "A" },
{ multi: true })
```

Q10 몽고DB explain 메소드가 다음 명령 가운데 지원하지 않는 것은 ?

① queryPlanner
② executionStats
③ allPlanExecution
④ customExecutionStats

Q11 explain 명령어를 실행시킬 때 기본적으로 동작하는 것은?

① queryPlanner
② executionStats
③ allPlanExecution
④ customExecutionStats

Q12 몽고DB가 journal에 쓰기 동작에 걸리는 시간은 얼마까지인가?

① 30초
② 100밀리초
③ 1초
④ 100초

Q13 샤딩(sharding)에 관한 설명 중 올바른 것은 무엇인가?

① 샤딩은 데이터베이스 레벨에서 활성화된다.
② 샤드 키를 생성하면 자동적으로 그 키를 사용하는 컬렉션에 대한 인덱스가 만들어진다.
③ 일단 생성된 샤드 키는 직접/자동적으로 변경할 수 없다.
④ 샤드 환경은 다큐먼트가 다양한 mongod 인스턴스상에 존재하기 때문에 기능적으로 분류 작업을 지원하지 못한다.

Q14 몽고DB 다큐먼트의 최대 크기는 얼마인가?

① 8MB
② 16MB
③ 12MB
④ RAM의 용량에 따라 다르다.

Q15 컬렉션당 인덱스 키 제한(Key Limit)과 개수(Number)의 최대 크기는 얼마인가?

① 64바이트와 1,024개 인덱스
② 12메가 바이트와 64개 인덱스
③ 1,024바이트와 64개 인덱스
④ 1,024바이트와 개수 무제한

Q16 posts 컬렉션에서 post_timestamp 필드가 null인 모든 다큐먼트를 찾는 명령은 다음 중 무엇인가?

① db.posts.find({ post_timestamp : { $type: 10 } })
② db.posts.find({ post_timestamp: { $type: null } })
③ db.posts.find({ post_timestamp: { $fieldtype: 10 } })
④ db.posts.find({ post_timestamp: { $fieldtype: null } })

Q17 mongoimport 명령을 사용하는 목적은 무엇인가?

① 1개의 데이터베이스에서 다른 데이터베이스로 모든 데이터를 전송할 때
② 1개의 컬렉션에서 다른 컬렉션으로 모든 데이터를 전송할 때
③ mongoexport로부터 만들어지거나 데이터 포맷이 JSON, CSV 또는 TSV 형식에서 데이터를 임포트할 때
④ 1개의 포맷에서 다른 포맷으로 모든 몽고 데이터를 임포트할 때

Q18 사용자 몽고DB 인스턴스에 존재하는 모든 데이터베이스를 확인하기 위하여 몽고 셸에서 사용하는 명령어는 무엇인가?

① show dbs
② show databases
③ show dbs-all
④ ls dbs

Q19 프라이머리 복제 셋을 선택하는 투표에 참여할 수 있는 복제 셋은 다음 중 무엇인가?

① 세컨더리(Secondary)
② 히든(Hidden)
③ 지연(Delayed)
④ 상단 모두

Q20 posts 컬렉션의 크기를 검사하는 데 사용되는 명령어는 다음 중 무엇인가?

① db.posts.stats()
② db.posts.findStats()
③ db.posts.find({stats:1})
④ db.stats({collection : post })

Q21 데이터베이스가 잠기는(록: locked) 원인이 될 수 있는 명령어는 무엇인가?
① 쿼리 발생하기
② 데이터 쓰기
③ 맵-리듀스
④ 상단 모두

Q22 기본적으로 몽고 셸에서 몽고DB 커서(cursor)는 몇 개의 다큐먼트를 반환하는가? 또한 다음 다큐먼트를 보기 위하여 어떤 명령을 사용하는가?
① 20, it
② 200, more
③ 50, it
④ 제한없음, 없음

Q23 posts 컬렉션에서 likes 100 이상과 200 이하를 포함하는 모든 다큐먼트를 반환하는 명령은 무엇인가?
① db.posts.find(likes: $gt: 100, $lt: 200);
② db.posts.find(likes: $gte: 100, $lt: 200);
③ db.posts.find(likes: $gt: 100, $lte: 200);
④ db.posts.find(likes: $gte: 100, $lte: 200);

Q24 다음 몽고DB 명령어는 무엇을 반환하는가?

```
db.users.find(likes: $gt: 100, likes: $lt: 200);
```

① 100을 초과하고 200 미만을 반환한다.
② 100 이상과 200 이하를 반환한다.
③ 200 이하를 반환한다.
④ 문법 에러를 반환한다.

Q25 사용자가 입력한 태그를 갖는 다음과 같은 배열 필드를 생각하자.

```
{
    _id: 1,
    tags: ["tutorial", "fun", "learning"],
    post_text: "This is my first post",
    //other elements of document
}
```

tutorial을 태그로 갖는 모든 다큐먼트를 찾는 명령어는 다음 중 무엇인가?

① db.posts.find({ tags : "tutorial" });
② db.posts.find({ tags : ["tutorial"] });
③ db.posts.find({ $array : {tags: "tutorial"} });
④ db.posts.findInArray({ tags : "tutorial" });

Q26 몽고DB에서 스키마(schema)를 설계할 때, 가장 중요하게 고려해야 할 내용은 무엇인가?
① 스키마는 반드시 데이터 접근과 쿼리 패턴을 일치시켜야 한다.
② 스키마는 반드시 SQL 스키마와 유사하게 3NF를 유지해야 한다.
③ 스키마는 반드시 내장된 다큐먼트를 생성하는 데 초점을 맞추어야 한다.
④ 스키마는 반드시 최대 인덱스를 포함해야 한다.

Q27 단일 다큐먼트에서 원자적으로 동작하는 연산은 다음 중 무엇인가?
① update
② $push
③ 1번과 2번 모두
④ 답이 없음

Q28 몽고DB에서 지원되는 동작은 다음 중 무엇인가?
① ACID 트랜잭션
② 컬렉션 사이의 관계(프라이버리 키 - 외부 키)
③ 저널링
④ 트랜잭션 관리

Q29 사용자가 입력한 태그를 갖는 다음과 같은 배열 필드를 생각하자.

```
{
    _id: 1,
    tags: ["tutorial", "fun", "learning"],
    post_text: "This is my first post",
    //other elements of document
}
```

다음 명령은 무엇을 반환하는가?

```
db.posts.find( { 'tags.0': "tutorial" } )
```

① tags 배열이 tutorial을 포함하는 모든 posts
② tags 배열 내부에 1개의 태그 항목만을 포함하는 모든 posts
③ tags 배열의 첫 번째 항목이 tutorial을 포함하는 모든 posts
④ 0 또는 그 이상의 태그를 tutorial로 포함하는 모든 posts

Q30 다음 형식으로 여러 사용자들로부터 제공된 등급을 포함하는 ratings라는 배열을 갖는 inventory 컬렉션에 대하여 생각하자.

```
{
    _id: 1,
    post_text: "This is my first post",
    ratings: [5, 4, 2, 5],
    //other elements of document
}
```

3부터 6 사이의 적어도 1개의 항목을 포함하는 배열 ratings에서 모든 다큐먼트를 반환하는 쿼리는 무엇인가?

① db.inventory.find({ ratings: { $elemMatch: { $gt: 3, $lt: 6 } } })
② db.inventory.find({ ratings: { ratings: { $gt: 5, $lt: 9 } } })
③ db.inventory.find({ ratings: { ratings.$: { $gt: 5, $lt: 9 } } })
④ db.inventory.find({ ratings: { $elemMatch: { $gte: 3, $lte: 6 } } })

Q31 몽고DB 쿼리에서 특정한 조건으로 모든 다큐먼트를 업데이트하는 데 사용되는 명령은 무엇인가?

① update 대신에 updateAll
② update 명령의 세 번째 매개변수에 {multi : true}를 설정한다.
③ update 명령의 세 번째 매개변수에 {all : true}를 설정한다.
④ update 명령의 세 번째 매개변수에 {updateAll : true}를 설정한다.

Q32 posts 컬렉션에서 어떤 경우에 다음 쿼리를 사용하는가?

```
db.posts.update({_id:1},{Title:This is post with ID 1"})
```

① Title post를 업데이트
② $set 연산자로 1개의 다큐먼트를 업데이트
③ _id = 1인 모든 다큐먼트를 두 번째 매개변수로 설정된 다큐먼트로 교체하기
④ 문법 에러

Q33 posts 컬렉션에서 어떤 경우에 다음 쿼리를 사용하는가?

```
db.posts.update({_id:1},{$set:{Author:"Kim"}})
```

① _id=1인 모든 다큐먼트를 두 번째 매개변수로 설정된 다큐먼트로 교체하기
② 검색한 컬렉션에서 기존에 존재하지 않는다면 새로운 Author 필드를 추가하기
③ _id=1인 다큐먼트의 Author 필드만을 업데이트하기
④ 2번과 3번이 모두 답이다.

Q34 일치하는 다큐먼트가 쿼리 조건에서 발견되지 않는다면, 새로운 다큐먼트를 생성할 수 있는 업데이트 명령으로 사용할 수 있는 조건은 무엇인가?
① 업데이트 명령의 3번째 매개변수에 {upsert: true}를 설정한다.
② update 명령 대신에 upsert 명령을 사용한다.
③ update 명령의 3번째 매개변수에 {update : true, insert: true}를 사용한다.
④ Node.js PHP, JAVA, c# 등과 같은 애플리케이션 코드에서 다루어야 한다.

Q35 사용자가 업데이트 명령에 { upsert : true } 조건을 사용하였다. 만일 새로운 다큐먼트가 추가 되었는지를 확인하는 데 사용되는 것은 다음 매개변수 중 무엇인가?
① nMatched
② Inserted
③ nModified
④ nUpserted

Q36 Author = Lee인 조건을 만족하는 단일 다큐먼트를 제거하는 명령은 다음 중 무엇인가?
① db.posts.removeOne({ Author : "Lee" }, 1)
② db.posts.remove({ Author : "Lee" }, 1)
③ db.posts.remove({ Author : "Lee" }, {justOne: true})
④ 2번과 3번 모두 정답

Q37 몽고DB에서 다음 2개 명령의 실행 결과는 무엇인가?

```
db.posts.update({_id:1},{Title:This is post with ID 1"})
```

① 2개 다큐먼트는 _id=1로써 추가된다.
② 몽고DB는 자동적으로 두 번째 다큐먼트 _id를 2로 증가시킨다.
③ 중복 키 에러를 발생시킨다.
④ 2개의 다큐먼트가 추가되고, 사용자에게는 경고를 출력한다.

Q38 수정 이전의 다큐먼트 대신에 수정된 다큐먼트를 반환받기 위하여 findAndModify( ) 명령과 함께 사용해야 하는 조건 명령은 무엇인가?
① 기본적으로 findAndModify 명령은 수정 이전 다큐먼트를 반환한다.
② { new : true }를 설정한다.
③ findAndModifyPost 명령을 사용한다.
④ 2번과 3번이 정답이다.

Q39 다음 posts 다큐먼트를 생각하자.

```
{
    _id: 1,
    post_text: "This is my first post",
    author: "Hong",
    tags: [ "book", "reading", "music", " quiz", "sports"]
}
```

tags 배열에서 첫 번째 tags 만을 갖는 다큐먼트를 반환하는 쿼리는 무엇인가?
① db.posts.find({author:"Tom"},{tags:{$slice:2}})
② db.posts.find({author:"Tom"}).limit({tags:2})
③ db.posts.find({author:"Tom"}).limit($slice:{tags:2})
④ 2번과 3번이 정답이다.

Q40 배열의 일정 부분만을 투영(project)하는 방법은 무엇인가?
① $elemMatch
② $slice
③ $
④ 1번, 2번, 3번 모두 정답이다.

Q41 업데이트가 완료된 이후에 다큐먼트의 배열 필드에서 다큐먼트 개수를 제한하는 데 사용되는 연산자는 무엇인가?

① $each, $sort 와 $slice 함께 $push 연산자

② $removeFromSet

③ $arrayLimit

④ 정답 없음

Q42 커서 객체에서 사용할 수 있는 메소드는 무엇인가?

① cursor.next()

② cursor.hasNext()

③ cursor.forEach()

④ 1번, 2번, 3번 모두 정답

Q43 몽고DB는 어떤 프로그래밍 언어로 만들어졌는가?

① C++

② Java

③ Python

④ MongoC

Q44 몽고DB에서 사용할 수 있는 인덱스는 무엇인가?

① 복합 인덱스

② 멀티 키 인덱스

③ 지리 정보 인덱스

④ 1번, 2번, 3번 모두 정답

Q45 explain 메소드의 totalKeysExamined 필드가 가르키는 것은 무엇인가?

① 쿼리 조건과 일치하는 다큐먼트 개수

② 검색한 인덱스 항목 개수

③ 검색한 다큐먼트 개수

④ winning plan 실행 결과 상세 정보

Q46 만일 totalKeysExamined가 "30,000"이고 totalDocsExamined가 "0"이라면, 다음 사항 중 올바른 것은?

① 쿼리는 결과를 패치(fetch)하는 인덱스를 사용하였다.

② 쿼리는 다큐먼트를 검색한 다음에 30,000개의 다큐먼트를 반환한다.

③ 쿼리는 0개의 다큐먼트를 반환한다.

④ 정답 없음.

Q47 사용자는 몽고DB에서 어떤 개념을 사용하여 다중 다큐먼트 트랜젝션을 수행하는가?
① Tailable Cursor
② Two Phase Commits
③ 복합 인덱스
④ 몽고DB에서는 다중 다큐먼트 트랜젝션을 지원하지 않는다.

Q48 Update If Correct 전략은 몽고DB에서 어떤 개념에 대한 접근 방법인가?
① 동시성 제어(Concurrency Control)
② 트랜젝션 관리
③ 원자성
④ 성능 관리

Q49 Capped 컬렉션에 대한 다음 사항 중 올바른 것은?
① 고정된 크기
② 만일 capped 컬렉션에서 허용된 크기를 벗어나면, 새로운 다큐먼트가 추가되는 것을 멈춘다.
③ 추가 순서에 따라 다큐먼트를 추가하거나 제거하는 고성능 동작 방식이다.
④ 1번과 3번이 정답이다.

Q50 몽고DB의 시스템 컬렉션에 속하지 않는 것은 무엇인가?
① database.system.indexes
② database.system.namespaces
③ admin.system.users
④ admin.system.preferences

Q51 다음 SQL 쿼리와 동일한 몽고DB 명령은 무엇인가?

```
SELECT * FROM posts WHERE author like "%john%"
```

① db.posts.find({ author: /john/ })
② db.posts.find({ author: {$like: /john/} })
③ db.posts.find({ $like: {author: /john/} })
④ db.posts.find({ author: /^john^/ })

Q52 Capped 컬렉션에서 어떤 커서가 클라이언트가 호출된 결과를 모두 소진한 이후까지 남아있다가 제거되는가?

① Capped Cursors
② Tailable Cursors
③ Open Cursors
④ Indexing Cursors

Q53 GridFS 청크의 기본 크기는 얼마인가?

① 16MB
② 255KB
③ 1MB
④ 2MB

Q54 GridFS 데이터를 저장하는 데 사용되는 컬렉션은 무엇인가?

① fs.files와 fs.chunks
② fs.grid와 fs.chunks
③ fs.parts와 fs.files
④ fs.chunks와 fs.parts

Q55 몽고DB에서 BSON 형식을 처리하는 빠른 순서대로 나열한 것은?

① Null, Number, String과 Object
② Number, Null, String과 Object
③ String, Null, Number와 Object
④ Null, Number, Object와 String

Q56 집계 파이프라인 최적화 기법에서 $match 연산 전에 $sort 연산을 사용하면?

① $sort 연산에 앞서서 $match 연산이 실행된다.
② $match 연산 전에 $sort 연산이 실행된다.
③ 몽고DB는 연산 순서를 따지지 않는다.
④ 이들 매개변수들은 성능에 영향을 끼치지 못한다.

Q57 집계 파이프 라인은 다음과 같은 제약 사항이 있다.
① 2MB 다큐먼트와 100MB RAM
② 16MB 다큐먼트와 100MB RAM
③ 2MB 다큐먼트와 RAM은 무제한
④ 다큐먼트 무제한과 100MB RAM

Q58 관계형 다큐먼트에 대하여 몽고DB에서 사용하는 메소드는 무엇인가?
① Manual References
② DBRefs
③ ①번과 ②번 모두 정답
④ 정답 없음

Q59 집계 명령 내부에서 다음 파이프라인으로 설정된 조건만을 전달시키는 데 사용되는 명령은 무엇인가?
① $group
② $match
③ $aggregate
④ $sum

Q60 다음 집계 쿼리는 무엇을 수행하는가?

```
db.posts.aggregate( [
     { $match : { likes : { $gt : 100, $lte : 200 } } },
     { $group: { _id: null, count: { $sum: 1 } } }
] );
```

① 100과 200 사이의 posts 개수를 계산한다.
② (101, 102, 103)처럼 매번 1씩 숫자를 더한다.
③ 100과 200 사이에 post를 패치하고 _id를 null로 설정한다.
④ 100과 200 사이에 post를 패치하고 첫 번째 다큐먼트의 _id를 null로 설정한다.

Q61 몽고DB 집계 쿼리 결과 x는 무엇인가?

```
db.posts.aggregate( [ { $group: { _id: "$author", x: { $sum: "$likes" } } } ] )
```

① author로 그룹화되고 post된 모든 likes의 평균
② author에 의한 posts 개수
③ author로 그룹화되고 post된 모든 likes의 합계
④ 모든 author에 의한 likes의 합계

Q62 state와 city 필드를 갖는 population이라는 컬렉션에서 이들 필드로 그룹화되는 인구를 계산하는 쿼리는 무엇인가?

① db.population.aggregate([{ $group: { _id: { state: "$state", city: "$city" },pop: { $sum: "$pop" } } }])
② db.population.aggregate([{ $group: { _id: { state: "$state", city: "$city" },pop: { $sum: 1 } } }])
③ db.population.aggregate([{ $group: { _id: { state: "$state", city: "$city" },pop: { "$pop": 1 } } }])
④ db.population.aggregate([{ $group: { _id: { city: "$city" },pop: { $sum: "$pop" } } }])

Q63 복제 셋에서 노드를 선택할 수 있는 가장 작은 개수는 몇 개인가?
① 2
② 3
③ 4
④ 5

Q64 샤드 복제 셋 환경에서 w 조건은 쓰기 관심 능력을 나타내고, j는 디스크 저널에 쓰이는 데이터를 나타낸다. 쓰고 저널링하기를 원하는 7개의 복제 셋이 있다면 j 값은 얼마인가?
① 0
② 1
③ 2
④ 7

Q65 샤드 복제 셋 환경에서 w 조건은 쓰기 관심 능력을 나타내고, j는 디스크 저널에 쓰여지는 데이터를 나타낸다. 쓰고 저널링하기를 원하는 7개의 복제 셋이 있고, 최소한 3개의 노드가 있다면 w 값은 얼마인가?
① 0
② 1
③ 3
④ 7

Q66 다중 mongos 서버를 갖는 샤드 복제 셋 환경에서 mongos 고장을 판단하는 것은 무엇인가?
① 몽고 셸
② mongod
③ 각각 드라이버 장치
④ mongos

Q67 집계 파이프라인의 다음 단계로 넘겨주는 데 필요한 특정 필드를 선정하는 데 사용되는 연산은 무엇인가?
① $match
② $project
③ $group
④ $aggregate

Q68 다음과 같은 다큐먼트가 있다.

```
{
    "_id" : 1,
    "post_text" : "This post does not matter",
    "tags": [ "book", "sports", "reading"],
    // rest of the document
}
```

다음과 같은 쿼리 결과는 무엇인가?

```
db.posts.aggregate( [ { $unwind : "$tags" } ] )
```

① 3개 태그에 대하여 분리된 다큐먼트를 반환한다.
② 오름차순으로 태그를 정렬한다.
③ 내림차순으로 태그를 정렬한다.
④ 객체 내에서 태그를 변환하여 1개의 다큐먼트를 반환한다.

Q69 어떤 컬렉션에서 모든 인덱스를 찾기 위한 명령은 무엇인가?

① `db.collection.getIndexes()`
② `db.collection.showIndexes()`
③ `db.collection.findIndexes()`
④ `db.showIndexes()`

Q70 다음과 같은 배열 주석을 갖는 다큐먼트가 posts 컬렉션에 있다. 주석 작성자를 내림차순으로 찾는 인덱스 명령은 무엇인가?

```
{
    "_id":1,
    "post_text":"This is a sample post",
    "author":"Hong",
    "comments":[
        {
            "author":"Jung",
            "comment_text":"This is comment 1"
        },
        {
            "author":"Lee",
            "comment_text":"This is comment 2"
        }
    ]
}
```

① `db.posts.createIndex({"comments.$.author":-1});`
② `db.posts.createIndex({"comments.author":-1});`
③ `db.posts.createIndex({"comments.author":1});`
④ `db.posts.createIndex({"comments.$.author": {"$desc":1}});`

Q71 posts 컬렉션의 author 필드 상에 고유 인덱스를 만드는 명령은 무엇인가?

① db.posts.createIndex({"author":1 }, {"unique": true});

② db.posts.createIndex({"author": unique });

③ db.posts.createIndex({"author": {"$unique":1} });

④ db.posts.createIndexUnique({"author":1 });

Q72 집계 동작의 성능을 향상시키기 위하여 파이프라인 명령에 사용하는 것은 무엇인가?

① aggregate

② mapReduce

③ group

④ 모두 정답.

Q73 샤드 컬렉션에서 지원하는 몽고DB의 집계 명령은 무엇인가?

① aggreagte

② mapReduce

③ group

④ 모두 정답.

Q74 복제 셋에서 복제 셋의 어떤 개수가 프라이머리를 항상 선택할 수 있도록 보장하는가?

① 홀수

② 짝수

③ 애플리케이션 구조에 따라 다르다.

④ 2개

Q75 oplog는 사용자 데이터베이스 내부에 저장된 데이터를 수정하는 모든 동작을 기록하는 capped 컬렉션이다. 모든 복제 셋 멤버들은 어떤 컬렉션에 oplog 복사본을 보관하는가?

① oplog.rs

② local.oplog.rs

③ ..oplog.rs

④ .oplog.rs

Q76 샤드 복제 셋 환경에서 w는 쓰기 확인 레벨을 정의한다. 투표에 참여한 대다수가 인식하는 경우에만 성공을 반환하도록 설정하려면 w는 어떤 값인가?
① n
② majority
③ m
④ major

Q77 몽고DB 내부에서 다큐먼트를 저장하는 데 사용하는 데이터 포맷은 무엇인가?
① BSON
② JSON
③ B+ 트리 구조
④ XML

Q78. 2중 unwind 연산 결과를 되돌리는 연산은 무엇인가?
① $push
② $wind
③ $wind.$wind
④ 정답 없음

Q79 벌크 단위로 다중 다큐먼트를 쓰기 위하여 어떤 연산을 사용하는가?
① initializeUnorderedBulkOp
② initializeBulkOp
③ initializeBulk
④ initializeUnorderedBulk

Q80 다음과 같은 $slice 쿼리 결과는 무엇을 반환하는가?

```
db.posts.find( {}, { comments: { $slice: [ -10, 5 ] } } )
```

① 마지막 10개 항목으로부터 5개 문장을 반환한다.
② 처음부터 10개 문장을 반환한다.
③ 마지막에서 10개 문장을 반환한다.
④ 처음 10개 항목으로부터 5개 문장을 반환한다.

몽고DB DBA 인증시험 대비 연습문제 80
정답

Q1 ③	Q28 ③	Q55 ①
Q2 ③	Q29 ③	Q56 ①
Q3 ④	Q30 ①	Q57 ②
Q4 ①	Q31 ②	Q58 ③
Q5 ②	Q32 ③	Q59 ②
Q6 ④	Q33 ④	Q60 ①
Q7 ②	Q34 ①	Q61 ③
Q8 ③	Q35 ④	Q62 ①
Q9 ③	Q36 ④	Q63 ②
Q10 ④	Q37 ③	Q64 ②
Q11 ①	Q38 ②	Q65 ③
Q12 ②	Q39 ①	Q66 ③
Q13 ③	Q40 ④	Q67 ②
Q14 ②	Q41 ①	Q68 ①
Q15 ③	Q42 ④	Q69 ①
Q16 ①	Q43 ①	Q70 ②
Q17 ③	Q44 ④	Q71 ①
Q18 ①	Q45 ②	Q72 ①
Q19 ④	Q46 ①	Q73 ③
Q20 ①	Q47 ②	Q74 ①
Q21 ④	Q48 ①	Q75 ②
Q22 ①	Q49 ④	Q76 ②
Q23 ④	Q50 ④	Q77 ①
Q24 ③	Q51 ①	Q78 ①
Q25 ①	Q52 ②	Q79 ①
Q26 ①	Q53 ②	Q80 ①
Q27 ③	Q54 ①	

참고 문헌 사이트

1. 몽고DB 사용자 메뉴얼 및 전반적인 자료/정보가 존재하는 사이트 (https://docs.mongodb.org/manual/)

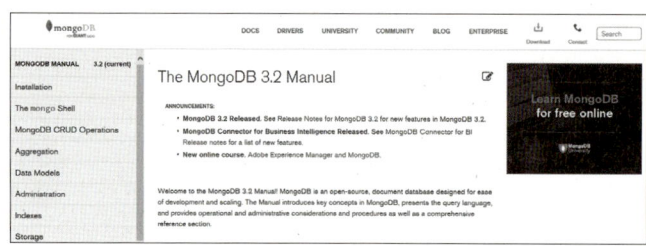

2. 몽고DB 온라인 자격증 취득에 관한 사이트 (https://university.mongodb.com/)

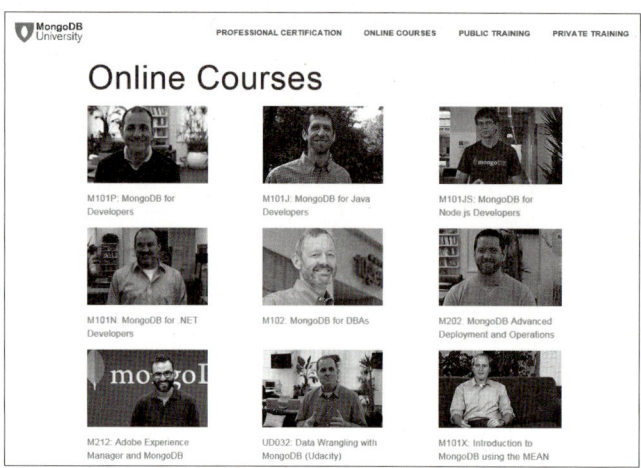

3. 몽고DB 한국 파트너: 국내 몽고DB 개발자 실무 과정 (www.pitmongo.co.kr (대표: 주종면))